仲裁法学

王瑛◎主编

Arbitration Law

知识产权出版社
全国百佳图书出版单位
—北京—

图书在版编目（CIP）数据

仲裁法学 / 王瑛主编 . —北京：知识产权出版社，2022. 10
ISBN 978 - 7 - 5130 - 8338 - 6

Ⅰ. ①仲… Ⅱ. ①王… Ⅲ. ①仲裁法—法的理论 Ⅳ. ①D915. 701

中国版本图书馆 CIP 数据核字（2022）第 161396 号

责任编辑：薛迎春　　**责任校对**：王　岩
执行编辑：杨　帆　　**责任印制**：刘译文
封面设计：瀚品设计

仲裁法学

王　瑛　主编

出版发行：知识产权出版社有限责任公司　　**网　　址**：http://www. ipph. cn
社　　址：北京市海淀区气象路 50 号院　　**邮　　编**：100081
责编电话：010 - 82000860 转 8724　　**责编邮箱**：471451342@ qq. com
发行电话：010 - 82000860 转 8101/8102　　**发行传真**：010 - 82000893/82005070/82000270
印　　刷：北京中献拓方科技发展有限公司　　**经　　销**：新华书店、各大网上书店及相关专业书店
开　　本：720mm × 1000mm　1/16　　**印　　张**：22. 75
版　　次：2022 年 10 月第 1 版　　**印　　次**：2022 年 10 月第 1 次印刷
字　　数：359 千字　　**定　　价**：98. 00 元

ISBN 978 - 7 - 5130 - 8338 - 6

说　明

1. 关于案例的法律适用问题。本书写作引用真实案例的目的是让学生更深入地理解相关知识点，所以对于仲裁庭依据案涉法律所作出的仲裁裁决书，未按现行法律作出修改。

2. 关于案例中不适宜公开信息的处理问题。由于仲裁的不公开特征，仲裁的裁决书也是不公开的，案例中很多信息都作了处理，隐去了那些不适宜公开的信息。

3. 关于适用法律或仲裁规则版本问题。在引用的具体案例中，没有对适用的法律版本或仲裁规则版本给出详细的叙述，例如，第四章第三节中没有指明应该适用哪个版本的仲裁规则，因为引用案例的重点在于解释说明“三、（三）仅约定仲裁规则而没有指定仲裁机构的仲裁协议”。

目 录

绪　论

仲裁是我国法律规定的纠纷解决制度，也是国际通行的纠纷解决方式。充分发挥仲裁在尊重当事人意思自治和便捷、高效解决纠纷等方面的作用，对完善仲裁、调解、行政裁决、行政复议、诉讼等有机衔接、相互协调的多元化纠纷解决机制，公正及时地解决矛盾，妥善化解纠纷，维护社会稳定，促进改革开放，保障经济社会持续健康发展具有重要意义。仲裁是一种传统的、民间的替代性纠纷解决机制，仲裁制度是随着经济发展、商事主体平等地位的确立、自由意志得到认可及人与人之间的身份关系逐步转变为理性的契约关系而相应产生和发展起来的。这种纠纷解决机制以当事人意思自治为首要原则，以仲裁协议为前提条件，以国家法律为依据，以国家司法机关的支持、监督为后盾，以程序的规范性、灵活性和保密性为特点，以裁决者的中立地位作为仲裁公正性的保障，并以仲裁裁决的强制执行性使当事人之间的纠纷得以最终解决。

第一节　仲裁的概念与主要特征

一、仲裁的概念

在汉语中，“仲”即地位居中，“裁”即衡量、裁决。由此可见，“仲裁”二字的基本含义为“居中裁决”。因此，仲裁在中国又称为“公断”，现在则通用“仲裁”一词。在英语里，与仲裁对应的词汇是 arbitration，其基本含义也是居中裁决。作为一个法学概念，仲裁是指纠纷当事人各方通过合意，自愿将有关争议提交非司法机构的第三者，即仲裁员或公断人（arbitrator or referee）居中审理，由其依据法律或依公平原则作出对争议双方均有约束力的裁决的纠纷解决制度。①

仲裁的起源可以追溯到原始社会氏族部落首长对内部纠纷的居中公断，其作为一项制度最早为政治国家所接纳是在古希腊和古罗马。② 在当时的雅典，人们经常任用私人仲裁员或公断人，根据公开原则解决争议。古罗马的《十二铜表法》中也有关于仲裁的规定。在19世纪中期以后，各国以及国际社会普遍承认了仲裁是解决民商事争议的一种常用方法，并且赋予其法律上的意义，使其成为一种法律解决方式，并使得商事仲裁法律制度也成为一种程序法律制度。进入20世纪中后期，西方各国都根据其社会发展的需要多次修改或者重新制定了各自的商事仲裁规则，使得商事仲裁法律制度日趋完善。在这一时期，商事仲裁已经成为国际经济贸易领域中普遍采用的重要的纠纷解决方式，各国立法越来越重视仲裁所固有的民间性质，从立法上对其民间性给予了充分的肯定，如确立当事人意思自治、减少国家公权力干预、缩小司法监督的范围等。

仲裁是指纠纷当事人在自愿的基础上达成协议，将纠纷提交非司法机构的第三方审理，第三方就纠纷居中评判是非，并作出对争议各方均有拘束力的裁决的一种解决纠纷的制度、方法或方式。③《中华人民共和国仲裁法》（以下简称《仲裁法》）第2条规定："平等主体的公民、法人和其他组织之间发生的合同纠纷和其他财产权益纠纷，可以仲裁。"根据该条规定，可以提交仲裁的纠纷应符合以下3个条件：①主体的平等性，即发生纠纷的双方当事人应当是平等的公民、法人和其他组织；②仲裁事项的可处分性，即仲裁的争议事项是当事人依法享有处分权的；③仲裁事项的限定性。实践中提交仲裁的纠纷仅限于民商事纠纷，包括合同纠纷和涉及其他财产权益的非合同纠纷。

---

① 参见宋朝武：《中国仲裁制度：问题与对策》，经济日报出版社2002年版，第1页。

② 参见宋朝武：《中国仲裁制度：问题与对策》，经济日报出版社2002年版，第4页。

③ 参见黄进等：《仲裁法学》，中国政法大学出版社2002年版，第5页。

二、仲裁的主要特征

作为一种解决纠纷的具有民间性质的古老方式，仲裁如今已被世界大多数国家的法律所确认，成为一种解决纠纷的法律手段，并且越来越为人们重视，特别是在民商事领域。与协商、调解、民事诉讼等其他解决纠纷的方式相比，仲裁具有以下几个法律特征。

（一）自治性

自治性（autonomy），也即自愿性，是仲裁最为重要、最为明显的特征。自治性是指仲裁的开始、继续和终止等基于双方或一方当事人的自愿，任何人均不得强迫。《仲裁法》第4条规定："当事人采用仲裁方式解决纠纷，应当双方自愿，达成仲裁协议。没有仲裁协议，一方申请仲裁的，仲裁委员会不予受理。"自治性主要体现在以下几个方面：①当事人可以合意确定是否以仲裁的方式解决民事纠纷；②当事人可以合意确定仲裁事项、仲裁委员会；③当事人可以合意确定仲裁员；④当事人可以合意确定特定案件是否适用简易程序；⑤当事人可以合意确定仲裁是否开庭进行；⑥当事人可以合意确定仲裁是否公开进行；⑦当事人可以合意确定在仲裁中是否和解或调解；⑧当事人可以合意确定仲裁裁决书的部分内容是否简化。

（二）专业性

专业性（expertise）是指提交仲裁解决的民商事纠纷的性质具有特殊性，往往专业性、技术性很高，涉及众多复杂的法律问题、贸易问题和技术问题，处理难度整体较大，通常要求裁决者具有专门性知识和较高的综合能力。根据《仲裁法》的规定，仲裁机构都备有分专业、由专家组成的仲裁员名册供当事人自由选择。专家仲裁已发展成为商事仲裁的重要特点之一。

（三）灵活性

灵活性（flexibility）是指仲裁庭可以按双方当事人所约定的程序进行审理，还可以依据当事人双方合意选择的法律，甚至基于当事人双方的授权，依据公平原则对当事人之间的有关争议作出裁决。原则上，法律仅规定一些基本原则以保证仲裁程序最低限度的规范性，而具体程序则委托仲裁人自行选择决定，因而相对于诉讼审判程序而言，仲裁程序更为简便和灵活，可以减少甚至是避免烦琐的程序。灵活性主要体现在以下几个方面：①仲裁程序不像诉讼程序那样严格；②时限和法律适用方面弹性很大；③当事人甚至还可以自定程序，很多环节可以简化，有关文书的格式甚至裁决书的内容和形式可以灵活处理；④在仲裁管辖上不实行地域管辖和级别管辖等。

（四）快捷性

快捷性（speed）是指仲裁采取一裁终局制，仲裁机构受理并经仲裁庭审理的纠纷，一经仲裁庭裁决，该裁决即发生终局法律效力，当事人不能就同一纠纷向人民法院起诉，也不能向其他仲裁机构再申请仲裁。《仲裁法》第9条第1款规定："仲裁实行一裁终局的制度。裁决作出后，当事人就同一纠纷再申请仲裁或者向人民法院起诉的，仲裁委员会或者人民法院不予受理。"仲裁一裁终局制度能够确保商主体之间的民商事纠纷得以及时、迅速地解决。

（五）民间性

民间性（non－governmental）是指仲裁作为一种替代性的纠纷解决方式，是社会救济的主要方式，不受行政机关、社会团体和个人的干涉。《仲裁法》第8条规定："仲裁依法独立进行，不受行政机关、社会团体和个人的干涉。"第14条规定："仲裁委员会独立于行政机关，与行政机关没有隶属关系。仲裁委员会之间也没有隶属关系。"民间性主要体现在以下几个方面：①仲裁机构没有直接采取证据保全、财产保全措施的权力；②仲裁机构没有直接强制执行仲裁裁决的权力；③仲裁规则具有可选择性；④仲裁员不占用国家工作人员编制；⑤仲裁机构的经费来源不以国家财政支持为主；⑥仲裁机构的设立通常不是由政府出面组织的；⑦作为仲裁机构的自律性组织，仲裁协会不具有如行政机关般的行政权力。

（六）独立性

独立性（independence）是指仲裁机构依法独立进行审理、裁决，不受任何机关、团体和个人的干涉。纠纷裁决的公正性是仲裁得以生存和发展的必要条件。独立性主要体现在以下几个方面：①仲裁独立于行政机关；②仲裁组织体系中仲裁协会、仲裁委员会和仲裁庭三者之间相互独立；③仲裁不受任何社会团体和个人干涉。

（七）秘密性

秘密性（privacy）是指仲裁不公开进行，仲裁程序参与人、当事人及其仲裁代理人参与仲裁过程，仲裁所涉文件及过程未经当事人同意不得公开。仲裁保密原则一直是仲裁的显著特点和优势，主要体现在以下两个方面：①仲裁以不公开审理为原则；②仲裁员、任何一方当事人及仲裁参与人负有仲裁保密义务，不得将仲裁文件、案件实体情况及审理过程对外披露。仲裁以不公开进行为原则、以公开进行为例外，这是世界性的通行做法。《仲裁法》第40条规定："仲裁不公开进行。当事人协议公开的，可以公开进行，但涉及国家秘密的除外。"不公开审理，是指仲裁庭在审理案件时，只允许双方当事人、代理人、证人、有关的专家、翻译人员以及审理本案的仲裁人员参加，不对社会公开，不允许其他与案件无关的人旁听，也不允许新闻记者采访与报道。

第二节 仲裁的性质与主要类型

一、仲裁性质的基本理论

对于仲裁的性质，即仲裁特有的本质属性问题，学界一直争论不休，学者从不同的视角对仲裁的性质予以阐述，形成了以下几种观点：

（一）司法权理论

司法权理论（Jurisdictional Theory）强调国家对于仲裁所具有的控制权和调整功能，仲裁虽源于当事人之间的协议，但国家通过立法已赋予其法律约束力，并可以通过法院申请强制执行来保证仲裁裁决的实现，也即国家具有控制和管理发生在其管辖领域内的所有仲裁的权力。也就是说，仲裁具有司法权的属性，实质上认为仲裁庭是国家司法体系的一个组成部分。仲裁的效力、仲裁员的权力和仲裁裁决的承认与执行的权威性来自国家法律，致使私权转化为公权。但是，该理论对当事人和仲裁员的自主权作出了较大的限制，因为其要求仲裁程序、仲裁裁决必须遵从有关仲裁进行地国家和仲裁裁决执行地国家的法律。

（二）契约理论

契约理论（Contractual Theory）强调仲裁的契约性，仲裁来源于当事人的协议，仲裁程序也是根据当事人在协议中的约定所确定的。提出该理论的法国学者让·P. 尼布耶特（Jean P. Niboyet）认为："仲裁裁决具有契约性质，这是因为仲裁员权力的取得不是来源于法律或司法机构，而是来自当事人之间的协议。仲裁员是按照当事人在协议中的意愿去裁定争议的。当事人让仲裁员以公断人的身份作出裁决是一种真正的委托，由此，裁决也被注入了契约性。……如同所有协议一样，裁决必然具有法定效力，而且具有终审判决的权威。"① 仲裁作为解决纠纷的手段，是当事人对其民事权利的自由处分，属于私法范畴。契约理论肯定了当事人在选择支配其关系的法律方面具有高度的自治性。但是，该理论忽视了国家法律对于仲裁的强大影响，尽管当事人有权处分其民事权利，但这种处分权的行使须受法律限制，并不是无限延伸的。即当事人行使处分权不能违反法律的基本原则和公共政策。各国法律也对仲裁的范围进行了一定的限制。同时，仲裁裁决的强制执行等也需要得到有关国家的司法支持和监督等。

（三）混合理论

混合理论（Mixed/Hybrid Theory）强调仲裁具有混合性，仲裁应在仲裁地法允许的范围内按照双方当事人的协议进行。只有在当事人没有明示的情况下，仲裁庭才可以直接根据仲裁地法的规则进行。如果仲裁裁决违反法院地的公共政策，或者仲裁审理的事项属于国家法院的专属管辖范围，法院则有权拒绝执行仲裁裁决。混合理论的倡导者索瑟－霍尔（Sauser－Hall）认为，仲裁起源于私人契约，仲裁员的人选和支配仲裁程序的规则主要取决于当事人之间的协议。但是，仲裁不能超越所有的法律体系，实际上总是存

---

① 齐树洁主编：《民事程序法》，厦门大学出版社2002年版，第513～514页。

在一些能够确定仲裁协议的效力和裁决可执行性的法律。因此，仲裁契约和司法因素是相互关联和不可分割的。他提出，仲裁是一种混合性的特殊的司法制度，它来自当事人之间的协议，同时又从民事法律中获取司法上的效力。①

可以将混合理论看作司法权理论和契约理论的折中，其认为绝对的司法主义或绝对的契约主义都不能全面地解释仲裁所具有的特点，主张仲裁具有司法和契约的双重性质，即"仲裁起自于当事人的协议，并从民事法律中获取司法效力"②。即国家司法权和当事人的契约权并不是相互对立的，而是可以协调的。当事人有权在法定范围内订立契约，当然有权在法定范围内构建仲裁的形式与内容，如果是当事人依法约定的仲裁形式，则必然受到法律的保护和支持。这种互动的关系体现了仲裁的契约性因素与司法性因素的有效结合，保证了仲裁的生命力。③ 但混合理论也导致法律适用的复杂化，仲裁的契约性因素与司法性因素实际上是无法调和的。

（四）自治理论

自治理论（Autonomous Theory）强调仲裁的自治与独立，承认当事人具有控制仲裁的绝对自由，肯定当事人无限的意思自治，认为仲裁的性质既不是契约性、司法性，也不是契约和司法的混合性，而是自治性。仲裁是各国商人顺应处理商业关系的基本需要，是实践的"惯性的必须性"④，即仲裁的发展是商人们注重实效实践的结果，是商人们首先在国家法律制度外发展了仲裁，而后才得到了法律的确认；仲裁协议和仲裁裁决之所以具有强制性，既不是因为它们是契约，也不是因为国家特许。因此，仲裁法应以满足当事人的愿望为目标，其功能是发展商人法；完全的当事人意思自治是仲

---

① 参见江伟、肖建国主编：《仲裁法》（第三版），中国人民大学出版社2020年版，第16页。

② 韩健：《现代国际商事仲裁法的理论与实践》（修订本），法律出版社2000年版，第38页。

③ See A. Redfern, M. Hunter, *Law and Practice of International Commercial Arbitration*, 1991, p. 8; A. Samuel, *Jurisdictional problems in International Commercial Arbitration; A study of Belgian, Dutch, English, Franch, Swedish, U. S. and West German Law*, 1989, p. 60. 转引自黄进主编：《国际私法与国际商事仲裁》，武汉大学出版社1994年版，第137～139页。

④ 韩健：《现代国际商事仲裁法的理论与实践》（修订本），法律出版社2000年版，第40页。

裁充分发展所必需的，尽管还应以保留最低限度的公共政策为限制因素。①

仲裁是一种独立的、超国家的自治体系。② 仲裁在现代经济贸易中充分应用了自治理论，但该理论与大多数国家的仲裁和实际不符。法院介入仲裁，有时会给自由而宽松的仲裁环境带来一些限制，但有时却是必要的，如法院强制执行仲裁协议、代指定仲裁员、采取保全措施等。如果缺少这些环节，仲裁程序有时无法有效进行，或者对当事人的权益保护不足。因此，全面否定仲裁法的作用尚不可行。③

二、仲裁的主要类型

根据不同的分类标准，可以将仲裁划分为不同的类型。根据《仲裁法》的规定将仲裁进行分类，对于当事人双方正确选择仲裁机构以及仲裁机构正确运用法律和仲裁规则具有重要意义。

（一）国内仲裁与涉外仲裁

根据仲裁当事人、所发生纠纷提交仲裁的法律关系等要素是否具有涉外因素，可以将仲裁划分为国内仲裁与涉外仲裁。

国内仲裁（domestic arbitration）是指一国当事人之间为解决没有涉外因素的国内民商事纠纷，而由本国仲裁机构进行的仲裁。根据我国法律的规定，依照我国法律成立的“三资”企业是中国的法人或组织，因此，属于“三资”企业的法人或组织与国内主体在国内经济活动中发生纠纷，对此所进行的仲裁为国内仲裁。国内仲裁中的当事人各方和仲裁机构具有国籍上的一致

---

① A. Samuel, *Jurisdictional problems in International Commercial Arbitration; A study of Belgian, Dutch, English, Franch, Swedish, U. S. and West German Law*, 1989, p. 67. 转引自宋连斌：“仲裁的契约性新探——以国际商事仲裁为例”，载《仲裁与法律》，2000年第4期，第21页。

② See Rubellin Devichi, *Larbitrage. Nature juridigue. Droin interne et droit international prive*（仲裁、司法性质、国内法与国际法），1965, Para. 14。转引自韩健：《现代国际商事仲裁法的理论与实践》（修订本），法律出版社2000年版，第40页。鲁贝林·德维丝是自治理论的创始人，她认为“问题是应该知道仲裁是否存在司法性和契约性这两种构成之外形成了一种自治体系。确定该体系的性质不应参照合同或司法体系，而应根据仲裁的目的以及不愿诉诸国家法院的当事人所做的保证或承诺，对法律的权威进行论证。”

③ 参见谭兵主编：《中国仲裁制度研究》，法律出版社1995年版，第11～12页；王生长：《仲裁与调解相结合的理论与实务》，法律出版社2001年版，第67～68页。

性，并且在仲裁规则的适用、仲裁程序的进行以及仲裁所适用的法律方面都具有明显的国内性。

涉外仲裁（foreign related arbitration）是指争议主体（公民、法人、其他组织）分属于不同国家或者争议内容涉及不同国家的仲裁。涉外仲裁中的涉外因素体现在：①仲裁当事人的一方或双方为外国的自然人、法人、其他组织或无国籍人；②引起民事法律关系产生、变更或消灭的事实发生在外国；③仲裁所涉及的标的物位于外国。需要强调的是，涉及我国香港、澳门和台湾地区的仲裁案件，即当一方当事人是中国香港地区、中国澳门地区或者中国台湾地区的自然人、法人或者其他组织时，该仲裁案件准用涉外仲裁的规定。

涉外仲裁属于国际仲裁，除此之外，国际仲裁还包括外国仲裁。1958 年在纽约召开的联合国国际商业仲裁会议上签署的《承认及执行外国仲裁裁决公约》（以下简称《纽约公约》）将在一国领土内作出、在另一国请求承认和执行的仲裁裁决称为外国仲裁裁决。①

（二）机构仲裁与临时仲裁

根据商事仲裁组织的形式，可以将仲裁划分为机构仲裁与临时仲裁。

机构仲裁（institutional arbitration）又称为制度仲裁，是指依照当事人双方的协议将争议交由一定的常设仲裁机构并依该机构所制定的现存仲裁规则进行仲裁。这种仲裁方式中有固定的仲裁地点、组织章程、仲裁规则、仲裁员名册以及完备的办事机构和管理制度。机构仲裁为当事人提供了公开的、可以预见的仲裁机制，在整个仲裁期间，仲裁机构能够在通信联络、文书流转、开庭场所、翻译记录等各方面提供协助和服务，从而为及时迅速地解决争议创造良好的氛围和条件。此外，机构仲裁对仲裁员的聘任要求和管理考核有着比较严格系统的规定，保障了仲裁庭的裁决质量，在当事人中赢得了良好的声誉，也在客观上增强了当事人对机构仲裁的信任。机构仲裁的出现虽然晚于临时仲裁，但随着仲裁制度的不断发展，其已经成为当今世界上最

① 参见《纽约公约》第 1 条。参见联合国官网，https：//www. un. org/zh/documents/treaty/UNCITRAL－1958－2，2022 年 1 月 20 日访问。

主要的仲裁方式。总的来说，机构仲裁体现了以下几个优势：

（1）机构仲裁便于当事人进行仲裁。从事经济贸易活动的主体在协议仲裁条款时只需直接援引常设仲裁机构中固定、完善的仲裁规则，而不必再创造一种新的仲裁规则。

（2）机构仲裁使仲裁程序的效率具有保障。常设仲裁机构一般都备有供当事人选择的仲裁员名册，方便当事人选择仲裁员，在一方当事人不配合或仲裁员需要替换的情况下，常设仲裁机构可以提供协助。而在临时仲裁中，只能求助于法院。

（3）基于机构仲裁，仲裁裁决的质量更具可信性。列入常设仲裁机构仲裁员名册的仲裁员通常都是经济贸易、技术和法律等方面的专家，在以仲裁方式解决商事争议上有丰富的经验，能够最大限度地保证裁决的质量。另外，如果一方当事人经适当通知仍拒绝参加仲裁，仲裁庭可以依据仲裁规则缺席审理并作出裁决。因此，机构仲裁往往比临时仲裁更能取得司法机关的信任，这对于仲裁裁决的执行是有好处的。

（4）机构仲裁中所涉仲裁费用明确而合理。常设仲裁机构一般都有明确的仲裁费用表，而不像临时仲裁，其仲裁费用由仲裁员自己临时决定。

（5）服务水平较高。常设仲裁机构一般都设有秘书处或类似的机构，提供与仲裁有关的管理与服务，如收转仲裁文件，代为收取仲裁费用，负责安排庭审，提供翻译、通信、交通等方面的服务。

尽管如此，我们也不能忽视机构仲裁中存在的弊端。一方面，程序与规则的严格性会或多或少地损害当事人的意思自治；另一方面，手续费等费用的收取可能会增加当事人的纠纷解决成本而影响他们提交仲裁解决纠纷的积极性。有学者认为，机构仲裁可能会使得当事人将纠纷提交仲裁解决的成本大大地提高了，必然会影响当事人选择仲裁的积极性。①

临时仲裁（ad hoc arbitration）是指无固定仲裁机构介入，而是由当事人各方通过仲裁协议直接组织仲裁庭并由其进行仲裁，在仲裁裁决作出之

---

① 参见比烈兴："论仲裁协议——法律和实务中的重要问题"，载中国国际商会仲裁研究所编译：《国际商事仲裁文集》（中英文对照），中国对外经济贸易出版社1998年版，第62~63页。

后临时仲裁庭即行解散的一种仲裁制度。临时仲裁不依赖于任何常设的仲裁机构和仲裁组织，仲裁庭的组成人员由双方当事人协商确定，在仲裁裁决作出后，临时仲裁庭的使命随之终结，继而宣告解散。临时仲裁的程序十分灵活、效率高、成本低，能最大限度地满足当事人对程序主体性的要求。

现代仲裁制度起源于临时仲裁。尽管机构仲裁已经成为商事仲裁的主要形式，但是临时仲裁制度在现代商事争议解决中仍然发挥着重要的作用。其特征主要体现为以下几点：

（1）程序灵活，能够最大限度地满足当事人的意愿，这是其他仲裁形式无法比拟的。在临时仲裁中，双方当事人有较大范围的自主权，可以通过约定使仲裁方式更加适合自己的实际需要。临时仲裁的程序也因为没有固定规则的限制而更能凸显出其灵活性和便捷性。通常与商事仲裁有关的所有事项都可由争议的双方当事人协商约定。

（2）如果争议双方合作，加上灵活的程序，就能够提高仲裁效率和减少仲裁费用，从而有效地降低仲裁的经济成本，更加符合纠纷解决的效率性和经济性的要求。双方当事人可以商定省去很多程序或手续，也不需要像机构仲裁那样收取管理服务费。

（3）更为重要的是，在临时仲裁中，不会出现仲裁所在地仲裁法的规定与某仲裁机构仲裁规则之间的冲突，这为仲裁的顺利进行与仲裁裁决的承认和执行提供了便利。

但是，临时仲裁也有其难以克服的缺陷。一方面，对当事人之间自主权的必要监督的缺乏会导致仲裁半途而废或无果而终；另一方面，当事人对仲裁员的信息不了解或了解不全面会损及仲裁的公正性。为了弥补这些缺陷，1976 年《联合国国际贸易法委员会仲裁规则》正式通过。该规则供临时仲裁庭和从事国际商事活动的当事人选择适用，由于该规则对国际商事仲裁的程序问题规定得比较系统，因而对发挥临时仲裁的优势具有重要作用。①

（三）依法仲裁与友好仲裁

根据仲裁是否必须按照法律作出裁决，可以将仲裁划分为依法仲裁与友好仲裁。

依法仲裁（arbitration according to law）又称为合法仲裁，是指仲裁人必须依据一定的法律对纠纷进行仲裁。在所依据的法律和程序上适用仲裁地的仲裁法，在实体上允许当事人在涉外仲裁中选择适用外国法。依法仲裁并不排除它在根据法律的同时可以采取折中或调解方式作出裁决，或者并不意味着完全排除仲裁庭适用公平合理原则处理所涉及的一些无法可依的问题。依法仲裁是世界各国普遍使用的仲裁方式，大多数国家通常以立法的形式规定仲裁裁决必须依据法律作出，主要表现在两个方面：①裁决依据的法定性；②裁决结果的可预见性。《仲裁法》第7条规定："仲裁应当根据事实，符合法律规定，公平合理地解决纠纷。"

友好仲裁（amiable arbitration）又称为友谊仲裁或者衡平仲裁，是指当事人经协商，授权仲裁庭不依据严格的法律规定而依据公平合理的原则和商

---

① 鉴于临时仲裁和机构仲裁各自的优势和缺陷，在现代仲裁实践中，多数国际仲裁公约和大部分国家的仲裁法都同时肯定了这两种仲裁形式的效力，规定当事人可以根据自己的具体情况和需要自由选择其中的一种。但是我国仲裁立法中不承认临时仲裁，只把机构仲裁作为仲裁的唯一合法形式。这种做法与国际上的通行做法是相悖的，存在一定的弊端，主要表现在四个方面。一是造成我国享有和承担的国际条约权利与义务不对等。我国是《纽约公约》的缔约国，根据该公约，对于临时仲裁庭作出的外国仲裁裁决，我国法院负有承认与执行的义务。但是由于我国法律对临时仲裁持否定态度，所以外国法院可能因该裁决在我国无效而不予承认与执行。二是无形中缩小了仲裁的适用范围，使一些欲通过临时仲裁解决的纠纷不能以仲裁方式解决。三是给当事人增加了不必要的负担。特别是不得不放弃临时仲裁的当事人，只能将相关争议诉诸人民法院，通过诉讼的方式来解决，而法院判决的域外承认与执行具有较大的难度，当事人的权益难以得到实质的保障。四是不利于我国仲裁事业的发展。对于我国为什么只规定机构仲裁，而不确立临时仲裁，全国人大常委会法制工作委员会曾作过如下解释："主要理由有两个：其一是在仲裁制度的发展史上是先有临时仲裁，后有机构仲裁，从今后的发展趋势看，临时仲裁已趋于衰落。其二是中国设立仲裁的历史较短，只有机构仲裁没有临时仲裁。"全国人大常委会法制工作委员会的解释有待商榷。首先，虽然在商事仲裁的发展史上临时仲裁的出现早于机构仲裁，但并不能据此就判断临时仲裁趋于衰落。而且从临时仲裁在国际社会的发展现状来看也并非如此，相反，其得到了国际社会的尊重与认可。其次，虽然我国确立仲裁制度的历史较短，只有机构仲裁没有临时仲裁，但这并不能构成否定临时仲裁制度的理由，或许正基于此，《仲裁法》才更有理由确认发展临时仲裁。

业惯例进行裁决的仲裁。《国际商事仲裁示范法》第 28 条第 3 款规定：“仲裁庭只有在当事人各方明确授权的情况下，才应按照公平合理的原则或作为友好调解人作出决定。”

友好仲裁的特征主要表现在两个方面：①裁决依据的不确定性；②友好仲裁的适用基础是当事人的明示授权。尽管友好仲裁具有很大程度的灵活性，但必须以双方当事人的授权为前提，必须遵循仲裁地的公共政策和法律强制性规定。同时，由于仲裁员是以“友好仲裁人”的身份出现的，是根据他们所理解的公平、公正原则进行仲裁的，所以仲裁裁决不可避免地带有一定的主观倾向性。而友好仲裁这种特有的缺陷是一些国家排除或限制这种方式适用的重要原因。

从表面形式来看，友好仲裁与依法仲裁是对立的。但从实质来看，二者又具有统一性。在依法仲裁的情形下，仲裁员在查找、解读及适用相关法律规则的过程中，内心深处始终受到法治公正观念的影响，仲裁员在仲裁活动中总是力图使解读、适用法律规则后的个案裁决结果符合其所认知的法治公正观念；而在友好仲裁的情形下，仲裁员在个案中所形成的法治公正观念也不是凭空冒出的，而是基于对相关法律规则的认知和理解，经过充分比较、分析后并结合个案情形，最终作出符合其公平观念的裁决结果。友好仲裁更侧重仲裁员的个人主观认识，依法仲裁更体现仲裁员对法律规则的客观运用。但二者并不是绝对对立的，而是相对存在、相互影响，友好仲裁同样需要法治思维。①

我国目前在仲裁的立法和实践中并没有确立友好仲裁制度。根据《仲裁法》第 7 条所规定的“公平合理”原则，仲裁庭在仲裁活动中必须保持中立，平等地对待双方当事人，依据事实，公平合理地作出裁决。也就是说，在法律无规定或规定不明确的情况下，仲裁庭按照公平合理的原则解决纠纷，而非在有法律明文规定但严格地适用法律会导致不公平结果的情况下，经当

① 参见向磊：“论友好仲裁与依法仲裁的辩证关系”，载《社会科学家》2021 年第 6 期，第 114 页。

事人明确授权而依公平善意原则进行仲裁。① 尽管目前我国并不存在严格意义上的友好仲裁制度，但是不难看出，已经渗透了“公平合理”的友好仲裁精神，我国仲裁实践中也已呈现出发展友好仲裁的趋势。②

（四）传统仲裁与网上仲裁

根据仲裁是否以互联网为依托，可以将仲裁划分为传统仲裁与网上仲裁。

传统仲裁（traditional arbitration），是指仲裁程序的启动以及仲裁的审理等活动均以传统方式进行的仲裁。在传统仲裁中，仲裁程序的启动采取当事人依据仲裁协议提交书面仲裁申请的方式进行。仲裁程序启动后，仲裁的审理也以传统的口头审理或者书面审理方式进行。其中，口头审理，又称为开庭审理，是指仲裁庭在当事人及其他仲裁参与人的参加下，对争议案件进行审理的一种仲裁审理方式。书面审理则是指仲裁庭仅根据当事人提供的证据和书面材料，对争议案件进行审理的一种仲裁审理方式。书面审理通常是当事人各方协议选择适用的。合议制仲裁员审理争议案件时，无论是采取口头审理，还是采取书面审理，都需要集中在某一地点对争议案件进行审理。传统仲裁是商事仲裁领域中的通行做法。③

网上仲裁（on-line arbitration）是指利用现代电子技术和互联网，从仲裁当事人提出仲裁申请、仲裁机构立案受理仲裁案件到仲裁庭开庭审理并作出仲裁裁决的整个过程都在国际互联网上进行的一种仲裁模式。也有学者认为，网上仲裁是以互联网为主要媒介，结合多媒体视频会议等其他技术手段以协助解决争议的争议解决方式。④ 网上仲裁的类型主要有 3 种：第一种是指整

---

① 参见郭玉军：“国际商事仲裁中的友好仲裁问题”，载《武汉大学学报》1999 年第 6 期，第 14 页。

② 建立发展友好仲裁制度具有积极意义。首先，有利于保障当事人的意思自治。友好仲裁是对当事人意思自治最充分的体现，建立友好仲裁不仅能够赋予当事人充分的程序选择权，而且能够更好地满足当事人解决纠纷的需要。其次，有利于实现个案公正。依“公平合理”原则进行仲裁的最大价值就在于弥补现有法律规则的漏洞、解决法律之间的冲突以及纠正严格适用法律所带来的不公正，从而最大限度地实现个案的公正。最后，有利于我国仲裁制度与国际做法接轨，消除国外当事人选择中国仲裁机构的障碍，促进中国仲裁事业的发展。

③ 参见宋朝武主编：《仲裁法学》，北京大学出版社 2013 年版，第 6 页。

④ Cecil Abraham, *Cyber Arbitration*, ARBITRATION (2001—2002), The Chartered Institute of Arbitrators Malaysia Branch, p. 71.

个仲裁程序，即从程序的发起到裁决的作出，都在“网”上进行的仲裁。第二种是指有一个封闭的在线仲裁系统，该系统由一个在线争议解决提供者维持，通过密码和用户身份卡安全连接而进行访问。第三种是指采用了网络信息交流方式的仲裁。目前，网上仲裁仍处在不断变化和发展中，远未达到一个成熟和定型的状态，在世界范围内没有统一的定义，而要给出全面而精准的定义也是很困难的。在具体实践中，仲裁的全部过程均在网上进行固然是网上仲裁，但实际操作中是很少见的，更多的是采用“混合程序”，即线上线下相结合。①

网上仲裁来源于传统仲裁，利用传统仲裁的架构，是网络信息技术应用传统仲裁的结果。网上仲裁的主要特征包括：①虚拟性；②在线性；③快捷性。相较于传统争议纠纷解决的手段，网上仲裁最大的优势在于便捷性，即可以充分地利用网络技术，将传统仲裁程序中仲裁机构、仲裁员和当事人三者之间信息的处理与交换、仲裁文书及证据资料的提交与传递等，在尽量不损害其原有法律内涵的前提下，把传统的纸面文书信息处理与交换改为以电子方式通过互联网数字化地进行，从而实现“无纸仲裁”，同时利用同步网络技术及远程通信手段等实现案件的网上虚拟庭审以及仲裁员之间的网上虚拟合议等其他程序性事项。另外，网上仲裁的保密性强，在保证专业、公平、高效的同时，能够顺应市场发展，不断提供更好的服务。网上仲裁也面临着许多法律问题，如是否需要确定仲裁地点、仲裁裁决书的签字、网上仲裁的裁决能否得到国家法院的承认与执行等。

第三节 仲裁法律关系

一、仲裁法律关系的概念和特征

仲裁法律关系是指仲裁法主体之间在仲裁过程中形成的，并由仲裁法所

① 参见邓瑞平、唐海涛：“电子商务时代网上仲裁：困境与出路”，载《河北法学》2013年第12期，第20页。

确认和调整的一种仲裁权利义务关系。仲裁法律关系具有以下几个特征：

（1）仲裁法律关系是当事人的申请权与仲裁机构的受理权相结合而形成的法律关系。具体包括：第一，仲裁法律关系的形成原因；第二，当事人的申请权与仲裁机构受理权之间的关系。也就是说，当事人之间发生争议后，一方当事人根据双方签订的仲裁协议向仲裁机构申请仲裁，仲裁机构受理案件后，当事人与仲裁机构、其他参与人之间才能形成仲裁法律关系。仲裁庭作出裁决后，仲裁活动结束，仲裁法律关系消灭。

（2）仲裁法律关系产生于仲裁机构、仲裁当事人及其他参与人之间。因为仲裁法调整的主体只有仲裁机构、仲裁当事人和其他参与人，所以其他任何单位和个人都不能参与到仲裁过程中来，形成仲裁法律关系。

（3）仲裁法律关系的内容是仲裁法律关系主体在仲裁过程中享有的权利和承担的义务。以仲裁机构为中心的裁决法律关系和以当事人为中心的争执法律关系的组合，是多个仲裁法律关系主体之间形成的多种社会关系，具体包括仲裁机构与仲裁当事人之间的仲裁法律关系、仲裁机构与仲裁代理人之间的仲裁法律关系、仲裁机构与其他仲裁参与人之间的仲裁法律关系、仲裁当事人之间的仲裁法律关系和仲裁当事人与其他仲裁参与人之间的仲裁法律关系。

（4）仲裁法律关系是受仲裁法调整的。仲裁法律关系的发生、变更和消灭，仲裁法律关系的主体、内容、客体都是以仲裁法为依据，受仲裁法调整的。

（5）仲裁法律关系是仲裁机构、仲裁当事人、仲裁参与人之间形成的一种社会关系。①

二、仲裁法律关系的要素

仲裁法律关系的要素是指构成仲裁法律关系的必备要素，包括主体、内容和客体三个方面。其中，仲裁法律关系的内容是指仲裁法律关系主体所享有的仲裁权利和所承担的仲裁义务，此部分的内容在其他章节中会详细涉及，

---

① 参见李政、徐秋菊、韩红俊编著：《仲裁法实训教程》，法律出版社2017年版，第42页。

在此不做阐述。

（一）仲裁法律关系的主体

仲裁法律关系的主体是指在仲裁过程中依法享有权利和承担义务的人，包括三方主体：一是仲裁机构；二是仲裁当事人及其代理人；三是其他仲裁参与人。

1. 仲裁机构

仲裁机构是为了解决有仲裁协议的当事人之间的民商事纠纷而依法设立的一种管理机构，而仲裁庭是由当事人选定或仲裁机构指定的对仲裁案件的实体或程序部分问题予以审理、调解与裁决的临时性组织。依据仲裁法的规定，仲裁机构接受仲裁当事人的申请，受理案件，并组成仲裁庭裁决当事人之间的争议，是仲裁法律关系中的重要主体。

2. 仲裁当事人及其代理人

仲裁当事人是指根据有效的仲裁协议或仲裁条款，以自己的名义参加仲裁程序并受仲裁裁决约束的平等主体，包括公民、法人和其他组织。仲裁当事人的行为对仲裁程序的发生、发展和终结有重要影响，仲裁当事人是仲裁法律关系中的重要主体。仲裁代理人，是根据法律规定或者当事人、法定代理人的授权委托，以被代理人的名义，为维护被代理人的合法权益，在代理权限范围内代理一方当事人进行仲裁活动的人。

3. 仲裁参与人

仲裁参与人包括仲裁参加人、证人、鉴定人、翻译人员等主体。仲裁参与人是为了协助仲裁机构和当事人查明案件事实，其参与到仲裁活动中依法享有权利、承担义务，是仲裁法律关系的主体。

需要指出的是，仲裁法律关系的主体与仲裁主体并不等同。后者的外延要小于前者的外延，后者只包括仲裁机构和仲裁参加人。仲裁参加人之外的其他仲裁参与人不是仲裁主体。简言之，是仲裁主体的，一定是仲裁法律关系主体；是仲裁法律关系主体的，未必是仲裁主体。仲裁参加人包括当事人、代理人以及第三人。

（二）仲裁法律关系的客体

仲裁法律关系的客体是指仲裁法律关系主体的仲裁权利与仲裁义务所共同指向的对象，即仲裁法律关系的主体行使仲裁权利、履行仲裁义务所要达到的目的。这一目的的关键是要查清事实、确定当事人之间的民事权利义务关系以保证纠纷公正、及时地解决。仲裁法律关系主体的多元化和内容的多面性决定了仲裁法律关系的客体不具有单一性，对仲裁法律关系内部每一组成部分的客体都需要做具体的分析。

1. 仲裁机构与仲裁当事人之间的仲裁法律关系的客体

申请人向仲裁机构提出仲裁申请，被申请人向仲裁机构提出仲裁答辩，仲裁当事人在仲裁进程中向仲裁机构提出证据证明自己所主张的事实是否存在、自己的主张是否成立，以及仲裁机构对仲裁程序进行组织指挥和对案件的实体问题作出实质性判断的目的就在于查明事实、确定当事人之间的民事权利义务关系。所以，仲裁机构与仲裁当事人之间的仲裁法律关系的客体就是案件事实、民事实体权利和仲裁权利请求。

2. 仲裁机构与仲裁代理人之间的仲裁法律关系的客体

为弥补当事人行为能力不足，便于案件得到更为迅速、顺利的解决，仲裁制度通常允许且鼓励代理人参与。代理人参与仲裁进程、行使仲裁权利以及履行仲裁义务的直接目的是维护其所代表的一方当事人的合法权益。所以，仲裁机构与仲裁代理人之间的仲裁法律关系的客体和仲裁机构与仲裁当事人之间的仲裁法律关系的客体是等同的。

3. 仲裁机构与其他仲裁参与人之间的仲裁法律关系的客体

仲裁当事人和仲裁代理人之外的其他仲裁参与人虽然也享有一定的仲裁权利，承担一定的仲裁义务，但他们对案件争议的标的没有独立的请求权，与案件的处理结果没有直接的利害关系，他们参与仲裁的目的只在于协助仲裁机构查明事实。所以，仲裁机构与其他仲裁参与人之间的仲裁法律关系的客体是案件事实。

4. 仲裁当事人之间的仲裁法律关系的客体

仲裁当事人是仲裁程序的启动者、仲裁程序进行的推动者、仲裁程序终结的决定者，二者在地位和立场上具有相反相对性，都在主张有利于自己一方的案件事实，一方所实施的行为通常都是为了对抗对方的权利主张。他们不仅关注实体权利的认定是否妥当，而且关注裁决的公正性是否欠缺。所以，仲裁当事人之间的仲裁法律关系的客体是案件事实、实体权利和裁决的公正品质。

5. 仲裁当事人与其他仲裁参与人之间的仲裁法律关系的客体

仲裁当事人和仲裁代理人之外的其他仲裁参与人参与仲裁时，他们的立场主观上既不偏于申请人一方，也不偏于被申请人一方，并不直接关注实体权利的状态和纠纷解决的效果，仅就涉及的案件事实进行仲裁行为活动。所以，仲裁当事人与其他仲裁参与人之间的仲裁法律关系的客体是案件事实。①

练　习　题

一、思考题

1. 简述仲裁与诉讼的异同。

2. 仲裁与其他商事争议解决的方式有何异同？

3. 如何理解仲裁的契约性？

二、司法考试试题

1. 下列有关仲裁与民事诉讼两者的关系的表述中哪些是正确的？（2002年·卷三·94题）

A. 各类民事纠纷既可以用仲裁的方式解决，也可以用诉讼的方式解决

B. 请求仲裁机构解决纠纷，应当以双方当事人之间有仲裁协议为条件，而进行民事诉讼则不一定要求双方当事人之间有进行民事诉讼的协议

C. 仲裁案件，通常情况下不公开审理，而法院审理民事案件通常情况下应公开审理

D. 审理案件的仲裁员可以由双方当事人选定或仲裁委员会主任指定，审理

① 参见蔡虹、刘加良、邓晓静：《仲裁法学》（第二版），北京大学出版社2021年版，第7页。

案件的法院审判员则原则上不可以由当事人选定，除非经人民法院院长同意

2. 下列关于民事诉讼和仲裁异同的哪一表述是正确的？（2006年·卷三·35题）

A. 法院调解达成协议一般不能制作判决书，而仲裁机构调解达成协议可以制作裁决书

B. 从理论上说，诉讼当事人无权确定法院审理和判决的范围，仲裁当事人有权确定仲裁机构审理和裁决的范围

C. 对法院判决不服的，当事人有权上诉或申请再审，对于仲裁机构裁决不服的可以申请重新仲裁

D. 当事人对于法院判决和仲裁裁决都有权申请法院裁定不予执行

3. 民事诉讼与民商事仲裁都是解决民事纠纷的有效方式，但两者在制度上有所区别。下列哪些选项是正确的？（2008年·卷三·88题）

A. 民事诉讼可以解决各类民事纠纷，仲裁不适用与身份关系有关的民事纠纷

B. 民事诉讼实行两审终审，仲裁实行一裁终局

C. 民事诉讼判决书需要审理案件的全体审判人员签署，仲裁裁决则可由部分仲裁庭成员签署

D. 民事诉讼中财产保全由法院负责执行，而仲裁机构则不介入任何财产保全活动

4. 甲、乙公司管辖权异议纠纷（2018年·卷四·4题）

甲公司中标了某块地的开发权，与乙公司签订合同。合同约定由乙公司负责建筑施工。但甲公司未支付工程款项8000万元，于是甲公司和乙公司协商又重新达成协议：将甲公司之前的欠款本金及利息共计8500万元作为对乙公司的借款。乙公司同意以未完成的工程作抵押向银行贷款2亿元，双方约定甲公司先偿还借款中的5000万元，剩余的1.5亿元作为资本继续开发。但甲公司的公章要交由乙公司保管，甲公司对外签订合同要经过乙公司同意。甲、乙公司约定若发生争议，由汉东省京州市仲裁委员会管辖。

乙公司拿到甲公司的公章后，私自重新制作了补充协议，并加盖了甲公司的公章，并且将仲裁委员会改成汉东省吕州市仲裁委员会。后来乙公司以甲公司的名义与丁公司签订购货合同，并加盖甲公司公章。

后甲、乙公司发生争议，乙公司向汉东省吕州市提出仲裁申请。仲裁委员会

受理，甲公司提出管辖异议，汉东省吕州市仲裁委员会认为仲裁协议有效，继续审理，并作出裁决。甲公司向法院申请撤销仲裁裁决。

后甲公司与丙公司的韩某签订房屋销售委托合同，经乙公司同意，加盖了甲公司的公章，但合同上只有韩某的签名，没有丙公司的公章。由丙公司负责销售甲公司的楼房，事后才知道丙公司刚换了法定代表人，但未办理变更登记。韩某是被替换的法定代表人（甲、乙公司派律师打听了该消息，并获知实情）。

后丙公司销售不力，造成楼房滞销严重，甲公司以此向法院起诉解除委托合同。一审法院判决丙公司败诉。丙公司不服提起上诉，在上诉中变更了诉讼请求，请求判决合同无效，并赔偿损失。后来甲公司负债严重，于是和丁公司签订了借款合同，同时签订了房屋买卖合同，约定丁借款2亿元给甲公司，若甲公司到期无法清偿则房屋归丁公司所有。

甲公司没有资金向乙公司支付工程款，乙公司遂罢工，导致甲公司建成房屋出售后的盈利无法实现，遂提出解除与乙公司的合同。

后甲公司负债累累，有债权人向汉西省B市法院提出破产申请，汉西省B市法院受理了申请。之前与甲公司有购货合同的丁公司向甲公司发货，已经发货后，收到了破产通知，遂通知卡车返回。丁公司申报破产债权，被甲公司拒绝。丁公司遂向法院提起诉讼。

问题：

1. 仲裁裁决是否有效？

2. 如甲公司申请撤销仲裁裁决，应向哪个法院申请？

3. 甲、乙公司间有仲裁协议，现甲公司破产，法院已经受理破产申请，双方的纠纷是由法院管辖还是由仲裁委员会管辖？

三、案例

案例一：市政工程房地征收后补偿款的权利认定及分配

本案系债权债务争议。申请人原为日用制品厂，是“三来一补”企业，转型升级后变更为有限责任公司。被申请人是由原农村集体经济组织改造而成的股份合作公司。被申请人将其工业仓储用地内的铁皮房建筑物出租给申请人使用，申请人支付了铁皮房补偿款，享有铁皮房的改造和使用权。后因政府工程项目实施，需将位于项目范围内的房屋（包括土地使用权、地上建筑物、构筑物及其他附属物）收归国有并给予补偿。为此，某街道办事处与申请人、被申请人签订了“补偿协议书”。土地房屋补偿款共计人民币21 318 960元已支付至申请人和被申请人共同开设的银行监管账号，但由于双方对土地房屋补偿款的分割存在争议，故申请人基于“补偿协议书”中的仲裁条款提起仲裁。①

【案情简介】

一、申请人的陈述与仲裁请求

申请人称：

(1) 根据“补偿协议书”，某街道办事处征收了被申请人和申请人的房屋及相应的占用的土地，应当补偿给申请人和被申请人的补偿费金额合计人民币24 913 350元。扣除“两规”处理罚款金额、地价金额以及拖欠被申请人的土地租金、服务管理费等费用后共计人民币21 318 960 元。

(2) 由于申请人和被申请人对某街道办事处支付的土地房屋补偿款的分割存在争议，因此某街道办事处将应当支付的土地房屋补偿款共计人民币21 318 960元支付至申请人和被申请人共同开设的银行监管账号。

(3) 根据“租赁合同”的约定，被申请人收取的费用主要是土地租金和管理费二项，因政府征收土地而给被申请人造成的实际经济损失就是预期的土地租金和管理费的损失，这部分损失正是被申请人在土地房屋补偿款中应当分得的费用，即土地租金和管理费共计人民币 2 900 645. 73 元。

(4) 被征收补偿的 5 536. 30 平方米房屋是申请人以人民币 80 万元的补偿款作为对价购买的。

(5) 根据“租赁合同”的约定，申请人出资对铁皮房建筑进行了改造。被征收的房屋之所以能够得到补偿，完全是因为申请人对铁皮房进行改造的结果。

(6) 政府的征收行为给申请人造成了巨大的经济损失。

基于上述事实和理由，申请人提出如下仲裁请求：

(1) 请求裁决分割申请人与被申请人共有的土地房屋补偿款人民币21 318 960元，将其中人民币 2 900 645. 73 元分给被申请人，其余部分即人民币

---

① 本案例为深圳国际仲裁院（深圳仲裁委员会）受理的债权债务纠纷的真实仲裁案件，仲裁庭由首席仲裁员张昉女士、仲裁员周成新先生、卓洁辉先生组成。本案例由深圳国际仲裁院（深圳仲裁委员会）庄淮清先生编撰整理。参见深圳国际仲裁院官网，https：//www. scia. com. cn/home/index/cases/id/z1. html，2022 年 1 月 20 日访问。

18 418 314.27 元分给申请人；

(2) 请求裁决仲裁费用按照申请人与被申请人获得土地房屋补偿款的比例进行分担。

二、被申请人的答辩

(1) 被申请人系“补偿协议书”项下房屋及土地的唯一所有权人，申请人主张系该房屋的共有权人，缺乏事实和法律依据。

(2) 申请人与被申请人签订的“租赁合同”，明确了该合同的性质是租赁合同而非买卖合同或者其他形式的转让合同，无论从合同的名称，还是签订合同的目的以及合同条款的具体内容，“租赁合同”约定的内容是明确具体的，足以证明申请人与被申请人属于租赁合同法律关系，被申请人是出租人，申请人是承租人。

(3) 案涉“租赁合同”约定的“铁皮房建筑物”系当事人对租赁物名称的通俗表述，并不能因建筑物名称表述的差异而发生铁皮房建筑物物权变动的法律效力。申请人主张被申请人交付的铁皮房系临时建筑，其对铁皮房进行了投资改造，但未提供诸如施工合同、工程款支付凭证等证据证明，依法应当不予采信。

(4) 根据《国有土地上房屋征收与补偿条例》第 2 条、《深圳市房屋征收与补偿实施办法（试行)》第 2 条的规定，房屋征收补偿的对象为房屋所有权人，并不包括承租人，申请人作为涉案被征收房屋的承租人，并不属于法定补偿对象，依法不享有被征收房屋的征收补偿利益。由于征收行为导致“租赁合同”项下涉及被征收铁皮房的租赁合同不能继续履行、租赁关系提前解除及违约损害赔偿问题，属于租赁关系解除引起的房屋租赁合同纠纷，并非“补偿协议书”约定的仲裁事项。

(5)“补偿协议书”约定的补偿款人民币 23 429 622 元（已扣减“两规”处理罚款金额及地价金额）是征收部门对被征收房屋及土地价值的补偿，申请人欠付被申请人的土地租金、服务管理费、管理费合计人民币2 110 662元，属于另一法律关系，应从申请人依法可以分配的补偿款项中进行扣减。

基于上述事实和理由，申请人是案涉房屋及土地的承租人，并非所有权人和法定补偿对象，不享有该房屋的征收利益，无权请求分配被征收房屋的补偿款。综上所述，请仲裁庭依法驳回申请人的仲裁请求。

三、事实查明

(1) 申请人原为日用制品厂，该厂为“三来一补”企业，转型升级后变更为有限责任公司。被申请人是由原农村集体经济组织改造而成的股份合作公司。

(2) 申请人与被申请人签订"租赁合同",合同主要约定如下:

①被申请人将其工业仓储用地内的铁皮房建筑物约11 000平方米出租给申请人使用,申请人应支付铁皮房补偿款人民币80万元,自合同签订日起,申请人享有铁皮房的改造和使用权。

②申请人租用前述工业仓储用地内的土地面积20 000平方米,租用期限50年。

③租用铁皮房租金的付款方式为一次性支付人民币80万元,租用土地租金分阶段递增收取。

上述合同签订后,申请人按约支付了铁皮房补偿款人民币80万元给被申请人。

(3) 因政府工程项目实施,需将位于项目范围内的房屋(包括土地使用权、地上建筑物、构筑物及其他附属物)收归国有并给予补偿。为此,某街道办事处与申请人、被申请人签订了"补偿协议书",主要约定的内容如下:

第1条:根据申请人与被申请人提供的被补偿房屋产权证书或其他产权证明文件,经三方核实,对被补偿房屋的情况确认如下:被征收房屋位于××社区(房地产权证号深房地字第××号,证载占地面积31 953.60平方米,测绘编号××,实测红线内征收建筑面积5536.30平方米)。

第2条:根据估价机构对被补偿房屋出具的估价报告书,补偿内容及金额如下:房屋主体(含土地)补偿费金额人民币24 913 350元,除此之外无其他停产、停业损失,无擅自改经营性用途适当补偿费、无搬迁费、无安置费补偿项目等等;扣减"两规"处理罚款金额人民币1 373 002元及地价金额人民币110 726元,合计人民币1 483 728元后,某街道办事处实际应支付申请人、被申请人补偿金额合计为人民币23 429 622元;上述补偿内容及金额不仅包括某街道办事处对申请人、被申请人被补偿房屋(包括土地使用权、地上建筑物、构筑物及其他附属物)的全部补偿,同时也包括了对申请人、被申请人被补偿房屋承租人等其他任何第三人的全部补偿。

第3条:由于签订协议时,申请人、被申请人双方未就该项目征收补偿款项的分配问题达成一致协议,申请人与被申请人双方为支持政府征收工作顺利进行,同意以下支付方式:①本协议签订后,某街道办事处在被征收土地房屋补偿款中先付申请人拖欠被申请人的土地租金、服务管理费、管理费(截至2017年6

月31日，暂共计人民币2 110 662元，后续费用按原协议面积扣减已征收面积计算）至被申请人银行账户，该笔款项在申请人与被申请人双方分配份额明确后，将从申请人份额中相应扣减。剩余土地房屋补偿款人民币21 318 960元则拨付至申请人与被申请人双方共同银行监管账号。如被申请人无可分配款项或可分配款项不足以扣减拖欠申请人的上述费用的，申请人可另行要求被申请人支付。②申请人、被申请人一致同意以仲裁方式解决上述有关份额分配纠纷……③申请人、被申请人双方待确定分配份额的仲裁裁决书生效后，可持有效文书及主体证明文件向监管银行按文书的分配份额申请拨付补偿款。

(4)“房地产估价报告”载明被征收建筑物工程量共5730.02平方米，评估价值共人民币25 238 857.00元，包括5栋建筑物，其中编号××号建筑物的建筑结构为砖墙结构铁皮顶，工程量为5536.30平方米，评估单价为××区政府发布的房屋征收补偿工业类基准价人民币4500元/平方米，其余建筑物的评估价值为其重置价（不含土地价值），单价在1500~1750元/平方米之间。

仲裁庭经查，《××区领导办公会议纪要》第4款第2条载明：“鉴于××厂为被申请人主要产业之一……同意按以下原则对该厂进行征收补偿：1. 鉴于××厂测绘编号为××厂房的层高达到4.2~8.55米，屋顶的结构及材质较好，且土地已办理房产证，同意对××厂房按市场评估价进行补偿，并给予六个月停产停业补助和三个月临时安置费；2. ……3. ……”上述“房地产估价报告”对编号××号建筑物的市场评估价为人民币3683元/平方米，而××区对于市场评估价补偿的厂房可以给予厂房征收基准价进行补偿，因此××建筑物采用厂房征收基准价人民币4500元/平方米。

(5) 申请人提供了工程发包协议书、施工明细、现金支出传票及相关判决书等证据证明对铁皮房进行了改造和加建。

【仲裁庭的意见】

一、本案是否属于“补偿协议书”约定的仲裁事项

仲裁庭认为，《中华人民共和国行政诉讼法》第12条规定：“人民法院受理公民、法人或者其他组织提起的下列诉讼：……（十一）认为行政机关不依法履行、未按照约定履行或者违法变更、解除政府特许经营协议、土地房屋征收补偿协议等协议的……”本案中，将补偿款项交给第三方监管是某街道办事处与申请人、被申请人共同协商的结果，某街道办事处已经履行了“补偿协议书”中约定

的义务，没有不依法履行、未按照约定履行协议的情形存在，故本案不属于行政诉讼的受案范围。“补偿协议书”第2条载明：本协议所确定的补偿方式、补偿内容及金额不仅包括某街道办事处对申请人、被申请人被补偿房屋（包括土地使用权、地上建筑物、构筑物及其他附属物）的全部补偿，同时也包括了对申请人、被申请人被补偿房屋承租人等其他任何第三人的全部补偿。第3条第1款载明：“由于签订协议时，申请人、被申请人双方未就该项目征收补偿款项的分配问题达成一致协议，申请人与被申请人双方为支持政府征收工作顺利进行，同意以下支付方式：……剩余土地房屋补偿款人民币21 318 960.00元则拨付至申请人与被申请人双方共同银行监管账号……”第3条第2款载明：“申请人、被申请人一致同意以仲裁方式解决上述有关份额分配纠纷……”第3条第3款载明：“申请人、被申请人双方待确定分配份额的仲裁裁决书生效后，可持有效文书及主体证明文件向监管银行按文书的分配份额申请拨付补偿款。本案申请人根据上述协议条款，要求分配某街道办事处支付的房屋征收补偿款。”这明显属于“补偿协议书”所约定的仲裁事项。被申请人相关抗辩意见理由不成立，仲裁庭不予采纳。

二、申请人是否属于房屋征收补偿的对象

仲裁庭认为，申请人属于房屋征收补偿的对象，理由如下：

（1）“补偿协议书”确认补偿款系对房屋主体（含土地）的补偿费。申请人系上述补偿协议书的合同当事人之一，与被申请人共同作为房屋（含土地）的被征收人，参与对征收补偿协议书内容的协商及签订。从协议书的内容可知，房屋征收部门并未否定申请人作为被补偿对象的资格。

（2）《深圳市房屋征收与补偿实施办法（试行）》第2条规定，房屋征收补偿的对象为房屋所有权人。本案被征收的房屋并未取得房产证，虽然被申请人对该房屋所附着的土地有使用权，但不必然得出房屋系被申请人建设、由被申请人所有的结论。应结合全案证据，确认申请人是否属于房屋征收补偿款的权利人。

（3）“租赁合同”约定申请人向被申请人租赁20 000平方米的土地及11 000平方米的铁皮房，双方就土地使用权约定了租赁期限及租金。对铁皮房，合同条款既使用了“租给乙方（即申请人）使用”的措辞，但对相应对价，却未使用“租金”这一常用的定义，而是约定为“补偿款”；双方未对租用期限作出约定，不符合租赁系“使用权在一定时间内转移”的法律特征；双方约定申请人有改造铁皮房的权利，但未约定申请人有其他处分权。故此，仲裁庭认为双方对铁皮房是买卖还是租赁的约定前后矛盾，存在不明确之处，被申请人援引《最高人民法院关于审理城镇房屋租赁合同纠纷案件具体应用法律若干问题的解释》的规定，主张申请人仅可以承租人身份，要求被申请人赔偿已形成复合的装饰装修物损失或者扩建费用，理由不充分，仲裁庭不予采纳。

(4) 申请人提供了工程发包协议书、施工明细、现金支出传票及相关判决书等证据，结合“租赁合同”关于申请人自合同签订之日起对“铁皮房的改造和使用权”、申请人“负责兴建厂房及配套设施工程的全部资金投入并承担所有的债权债务”的约定，仲裁庭采信申请人的主张，确认申请人在向被申请人支付了一次性“补偿款”人民币80万元后，对铁皮房进行了较大范围和规模的改建，“补偿协议书”系对申请人改建后的房屋及其土地使用权的补偿。

综上，依据现有证据，根据相关法律规定，结合诚信、公平原则，仲裁庭确认申请人及被申请人共同对被征收房屋主体（含土地）享有获得补偿款的权利。

三、关于补偿款的分配比例

申请人以其受让了铁皮房后对铁皮房进行加建，拥有补拆迁房屋的全部权利为由，主张被申请人仅能从补偿款中取得土地租金、服务费及管理费，因对铁皮房是租赁还是转让给申请人，“租赁合同”的约定并不明确，故申请人上述主张，理由不充分，仲裁庭不予采纳。考虑到：

(1) 房屋补偿费是对被补偿房屋的土地使用权及地上建筑物整体的补偿，两者的价值相辅相成，单独按照房屋重置价、市场评估价或者土地补偿价来考虑分割比例，不具有合理性。

(2) 被申请人是被拆迁房屋的土地使用权人。

(3) 被拆迁的房屋是在被申请人最初交付给申请人的铁皮房的基础上加建的，申请人与被申请人双方均未提交证据证明“租赁合同”签订时铁皮房的规模、层高、结构、使用材质及新旧程度，无法明确原有部分与新建、改造部分的价值比例。

(4) 申请人提交的证据足以证明其对原铁皮房进行了较大规模的改造、加建。

(5)《××区领导办公会议纪要》载明：鉴于“××厂房的层高达到4.2～8.55米，屋顶的结构及材质较好，且土地已办理房产证，同意对××厂房按市场评估价进行补偿……”

综合考虑上述五项因素，根据公平原则，仲裁庭确认申请人与被申请人就房屋补偿费的分配比例为7:3。申请人主张，被征收的房屋之所以能够得到补偿，完全是因为申请人对铁皮房进行改造的结果，因缺乏证据支持，仲裁庭不予采纳。

四、关于应分配的房屋补偿费的基数

“补偿协议书”确认房屋主体（含土地）补偿费金额人民币24 913 350元，除此之外无其他停产、停业损失，无擅自改经营性用途适当补偿费、无搬迁费、无安置费补偿项目等；扣减“两规”处理罚款金额人民币1 373 002元及地价金额人民币110 726元，合计人民币1 483 728元后，某街道办事处实际应支付申请人、被申请人补偿金额合计为人民币23 429 622元；“由于签订协议时，申请人、被申请人双方未就该项目征收补偿款项的分配问题达成一致协议，申请人与被申请人双方为支持政府征收工作顺利进行，同意以下支付方式：1. 本协议签订后，某街道办事处在被征收土地房屋补偿款中先付申请人拖欠被申请人的土地租金、服务管理费、管理费（截至2017年6月31日，暂共计人民币2 110 662元，后续费用按原协议面积扣减已征收面积计算）至被申请人银行账户，该笔款项在申请人与被申请人双方分配份额明确后，将从申请人份额中相应扣减。剩余土地房屋补偿款人民币21 318 960元则拨付至申请人与被申请人双方共同银行监管账号”。

根据上述协议内容，应分配的房屋补偿款金额为人民币23 429 622元，有事实依据，仲裁庭予以采纳。根据前述分配比例，申请人应分得其中的70%即人民币16 400 735.40元，被申请人应分得其中的30%即人民币7 028 886.60元。鉴于“补偿协议书”确认先予扣除申请人应支付给被申请人的土地租金、服务管理费及管理费共计人民币2 110 662元，该笔款项在申请人与被申请人双方分配份额明确后，将从申请人份额中相应扣减。故申请人实际可分配得的补偿款为人民币14 290 073.40元（16 400 735.40－2 110 662.00）。申请人仲裁请求中过高部分，仲裁庭不予支持。

五、关于本案仲裁费用

申请人对被申请人的仲裁请求，大部分得到了支持，结合申请人第2项仲裁请求的内容，根据《深圳国际仲裁院仲裁规则》第63条规定，本案仲裁费人民币148 466元，由申请人承担人民币33 276元，被申请人承担人民币115 190元。

【案例评析】

一、本案争议焦点

（一）是否属于“补偿协议书”约定的仲裁事项

行政诉讼的受案范围包括：行政处罚、行政强制措施、行政征收、行政许可、行政给付等侵犯相对人人身权和财产权的具体行政行为。本案中，某街道办事处已履行了支付补偿款的义务，将补偿款项支付至第三方监管账户是某街道办事处与申请人、被申请人共同协商的结果，某街道办事处不存在未依法履行、未按照约定履行协议或具体侵犯行政相对人权益等的情形，故本案争议不属于行政诉讼。同时，“补偿协议书”约定申请人、被申请人双方待确定分配份额的仲裁裁决书生效后，可持有效文书及主体证明文件向监管银行按文书的分配份额申请拨付补偿款。本案涉及的是平等的民事权利主体就土地房屋补偿款分割的争议。因此，本案争议属于“补偿协议书”所约定的仲裁事项。

（二）申请人是否属于房屋征收补偿的对象

仲裁庭认为，有以下几点理由确认申请人属于房屋征收补偿对象：第一，“补偿协议书”确认补偿款系对房屋主体（含土地）的补偿费，申请人系上述合同的当事人之一；第二，本案被征收的房屋并未取得房产证，不必然得出房屋系被申请人建设、由被申请人所有的结论；第三，申请人与被申请人签订的“租赁合同”对铁皮房是买卖还是租赁的约定前后矛盾，存在不明确之处，被申请人主张申请人仅是承租人身份的理由不充分；第四，申请人在向被申请人支付了一次性“补偿款”人民币80万元后，对铁皮房进行了较大范围和规模的改建，“补偿协议书”系对申请人改建后的房屋及其土地使用权的补偿。

（三）补偿款的分配比例

仲裁庭考虑到房屋补偿费是对被补偿房屋的土地使用权及地上建筑物整体的补偿，同时被申请人是被拆迁房屋的土地使用权人，且被拆迁的房屋是在被申请人最初交付给申请人的铁皮房的基础上加建的，所以根据公平原则，仲裁庭确认申请人与被申请人就房屋补偿费的分配比例为7∶3。

本案同时涉及历史遗留建筑的租赁和买卖、市政工程房屋征收补偿的行政行为、房屋征收补偿款分配3个方面的问题，仲裁庭在审理本案时除了依据上位法以外还参照了政府规章，并结合实际情况，较为公平、合理地维护了当事人的合法权益。

【本案启示】

第一，涉及行政管理中的管理方的案件并不必然属于行政诉讼。

第二，实务中，房屋征收补偿范围多有争论，坚持以事实为依据、充分考虑各方意见，是处理此类争议的关键。

第三，本案关于补偿款分配的思路对城市更新与棚户区改造谈判促进机制具有参考借鉴意义。

案例二：凯莱斯科公司与铜川市国土资源局纠纷案

【案情简介】

2017年8月15日，铜川仲裁委员会作出（2017）铜仲裁决字第26号仲裁裁决："一、原仲裁被申请人凯莱斯科公司自本裁决书送达之日起15日内向原仲裁申请人铜川市国土资源局支付土地使用权出让金710万元；二、原仲裁被申请人凯莱斯科公司自2016年5月24日之日起至实际支付日止，依照拖欠金额日1‰向原仲裁申请人铜川市国土资源局支付违约金。"

另查明，被申请人铜川市国土资源局于2017年5月26日向铜川仲裁委员会提出仲裁申请，请求裁决申请人凯莱斯科公司立即支付拖欠的国有土地出让金710万元，同时承担相关违约金及仲裁费用。铜川仲裁委员会于2017年6月6日立案受理，并向双方发出受理案件通知书及仲裁应诉通知书。2017年7月11日，铜川市国土资源局选定胡解良为仲裁员，因凯莱斯科公司未在规定期限内选定仲裁员，铜川仲裁委员会指定宋海宏与该会指定的首席仲裁员闵菊花共同组成仲裁庭对本案进行仲裁。2017年8月15日，铜川仲裁委员会对本案进行了开庭审理。申请人凯莱斯科公司的委托诉讼代理人林佩，被申请人铜川市国土资源局的委托诉讼代理人梁安到庭参加庭审。

同时查明，2016年3月4日，申请人与被申请人签订"国有建设用地使用权出让合同"，约定被申请人向申请人出让宗地编号为20－24－10（H9）土地，土地使用权出让价款为1 510万元。截至目前凯莱斯科公司仍拖欠土地使用权出让金710万元。该合同第40条约定有仲裁条款，即"因履行本合同发生争议，由争议双方协商解决，解决不成的，提交铜川仲裁委员会仲裁"。①

【陕西省铜川市中级人民法院的裁定】

被申请人凯莱斯科公司向陕西省铜川市中级人民法院申请，依法撤销铜川仲裁委员会（2017）铜仲裁决字第26号仲裁裁决。法院经审理认为，本案铜川市

① 参见中国裁判文书网，https：//wenshu. court. gov. cn/website/wenshu/181029CR4M5A6&CH/index. html，2022年5月3日访问。案号：（2018）陕02民特4号。

国土资源局与凯莱斯科公司签订的《国有建设用地使用权出让合同》是铜川市国土资源局行使其行政管理职责的体现，合同的目的亦是为合理配置土地资源，促进土地开发，实现其行政管理目标，故上述合同属于行政协议。因本案行政协议中当事人一方系行政机关，双方当事人之间并非平等主体，该合同中约定的仲裁条款不符合《仲裁法》第2条“平等主体的公民、法人或其他组织之间发生的合同纠纷和其他财产权益纠纷，可以仲裁”的规定，申请人认为铜川仲裁委员会无权仲裁的申请撤销理由成立，本院予以支持。申请人提出该合同中约定的违约责任过高的申请撤销理由，因该理由不属于《仲裁法》第58条所规定的法定撤销事由，本院不予支持。依照《仲裁法》第58条、第59条、第60条规定，裁定如下：撤销铜川仲裁委员会（2017）铜仲裁决字第26号裁决。

【案例评析】

《仲裁法》对可仲裁事项进行了原则性规定，并对不可仲裁事项进行了列举式规定。《仲裁法》第2条规定：“平等主体的公民、法人和其他组织之间发生的合同纠纷和其他财产权益纠纷，可以仲裁。”第3条规定：“下列纠纷不能仲裁：（一）婚姻、收养、监护、扶养、继承纠纷；（二）依法应当由行政机关处理的行政争议。”另外，如果仲裁裁决处理了不可仲裁的事项，当事人可在撤销仲裁裁决程序中寻求救济。《仲裁法》第58条第1款规定：“当事人提出证据证明裁决有下列情形之一的，可以向仲裁委员会所在地的中级人民法院申请撤销裁决：……（二）裁决的事项不属于仲裁协议的范围或者仲裁委员会无权仲裁的；……”

如何认定“裁决的事项不属于仲裁协议的范围或者仲裁委员会无权仲裁的”。《最高人民法院关于人民法院办理仲裁裁决执行案件若干问题的规定》第13条的规定可以作为参照：“下列情形经人民法院审查属实的，应当认定为民事诉讼法第二百三十七条第二款第二项规定的‘裁决的事项不属于仲裁协议的范围或者仲裁机构无权仲裁的’情形：（一）裁决的事项超出仲裁协议约定的范围；（二）裁决的事项属于依照法律规定或者当事人选择的仲裁规则规定的不可仲裁事项；（三）裁决内容超出当事人仲裁请求的范围；（四）作出裁决的仲裁机构非仲裁协议所约定。”根据前述规定，通常认为前述第二项和第四项属于仲裁机构无权仲裁的事项。而第二项则包括“不可仲裁”这一事项，即如裁决涉及不可仲裁事项，其所对应的撤裁事由为前述“仲裁委员会无权仲裁的”。

第一章

仲裁法总论

仲裁法是调整各种仲裁法律关系的法律规范的总称，是民事程序法的重要构成。1995年9月1日《仲裁法》（于2009年和2017年分别进行了修正）正式实施，结束了中国仲裁的混乱局面，是中国仲裁制度史上的里程碑，确立了仲裁纠纷争议解决机制，为我国仲裁制度的发展提供了法律依据。

第一节　仲裁法概述

仲裁制度作为一种争议解决方式历史悠久，可以追溯到古希腊和古罗马时期。在古巴比伦时代犹太人的记事中就有关于私人居中裁断的记载。公元前403年，有记载："金额较大的争议先由仲裁员解决，如果他无法在当事人之间解决，仲裁员要听审证人后作出裁断。对裁断不服，可向法院上诉，但法院不得接受新的证据，而只能在仲裁院审理的基础上裁决。"① 罗马法《民法大全》"论告示"第2编中记载了古罗马五大法学家之一保罗的论述："为解决争议，正如可以进行诉讼一样，也可以进行仲裁。"②

仲裁制度成为商事争议的解决方式也可以追溯到11世纪。当时，商事交易活动在地中海北部沿岸和意大利各城邦之间日益频繁，由此产生了大量的

① 谭兵主编：《中国仲裁制度研究》，法律出版社1995年版，第1页。

② 全国人大常委会法制工作委员会民法室、中国国际经济贸易仲裁委员会秘书局编著：《中华人民共和国仲裁法全书》，法律出版社1995年版，第5页。

商人习惯法，商事仲裁成为其中的重要内容。在发生争议时，商人们通常都会自己选任中间人，采用较为简单的形式和程序，依照公平合理原则来处理。[①] 之后，随着航海贸易兴盛，大西洋沿岸的各主要国家也开始采用仲裁方式来解决商事纠纷。

仲裁制度在 14 世纪左右开始被法律认可。14 世纪中叶，瑞典的一些地方法规对仲裁作出规定，开始承认以仲裁方式解决商事争议的合法性。但有关仲裁制度的立法 19 世纪才在真正意义上开始展开，随着商事交易活动的日益频繁和密切，仲裁作为争议解决的方式受到了广泛的欢迎，西方各国开始陆续制定仲裁法，设立常设仲裁机构，正式赋予仲裁应有的法律效力。

仲裁法的制定以仲裁制度为前提和基础，是仲裁活动和仲裁关系的总和。它的产生使仲裁制度成为一项程序性法律制度，并促进了仲裁制度的规范化、机构化、制度化，使仲裁显示出了崭新的面貌。

一、仲裁法的含义

仲裁法（Arbitration Law）是指由国家立法机关制定或认可的，规定仲裁的范围和基本原则、仲裁机构的地位及设立、仲裁庭的组成和仲裁程序的进行、当事人和仲裁机构在仲裁活动中必须遵守的行动规则、仲裁裁决的效力及其执行等内容及其调整，由此引起的仲裁法律关系的法律规范的总称。仲裁法有广义和狭义之分。

狭义的仲裁法，又称形式意义上的仲裁法，即仲裁法典，是国家最高权力机关制定颁行的关于仲裁的专门法律。我国在 1994 年 8 月 31 日由第八届全国人民代表大会常务委员会第九次会议通过，并于 1995 年 9 月 1 日起施行的《仲裁法》即是狭义上的仲裁法。广义的仲裁法，又称实质意义上的仲裁法，是指国家制定或认可的所有调整仲裁关系的一切法律规定。例如，《中华人民共和国民事诉讼法》（以下简称《民事诉讼法》）第 26 章关于仲裁的规定、散见于其他法律中的仲裁条款、最高人民法院有关仲裁的系列司法解释以及我国缔结或参加的国际公约中有关仲裁的规定等，所有这些调整仲裁

---

① 参见宋连斌主编：《仲裁法》，武汉大学出版社 2010 年版，第 25 页。

关系的法律规范的总和构成了我国广义上的仲裁法。

二、仲裁法的宗旨

《仲裁法》第1条规定："为保证公正、及时地仲裁经济纠纷，保护当事人的合法权益，保障社会主义市场经济健康发展，制定本法。"仲裁法是我国解决民商事纠纷的重要法律，推行仲裁法律制度是落实全面依法治国基本方略的具体体现。我国仲裁法的宗旨主要表现在3个方面。

（一）保证公正、及时地仲裁民商事纠纷

仲裁法作为仲裁机构依法行使仲裁权处理民商事纠纷的基本程序法，其首要任务就是保证仲裁机构在查明事实、分清是非的基础上正确适用法律，公正及时地解决民商事纠纷。

公正仲裁要求仲裁机构不偏袒任何一方当事人，站在不偏不倚的中立位置独立地进行仲裁，不受任何行政机关、社会团体和个人的干涉。《仲裁法》第8条规定："仲裁依法独立进行，不受行政机关、社会团体和个人的干涉。"这是仲裁在国内外范围内具有强大生命力的关键所在。

及时仲裁是指仲裁机构在仲裁审理民商事纠纷时要严格按照《仲裁法》及仲裁机构的仲裁程序规则的时限要求审理，提高审理效率，及时解决纠纷。仲裁解决纠纷的快捷性也是仲裁的一个优势。

（二）保护当事人的合法权益

仲裁机构审理民商事纠纷如同法院审理民事诉讼纠纷案件一样，其目的在于保护当事人，即公民、法人、其他组织的合法权益，从而使得被扭曲的民商事权利义务关系得以恢复到有序状态。仲裁处理的核心就是在事实上作出判断，在权利义务上作出仲裁裁决，并责令义务人履行应尽的义务，否则，权利人可以申请人民法院强制执行仲裁裁决，从而确保实现自己的合法权益。因此，保护当事人合法权益是仲裁法的一项重要任务。

（三）保障社会主义市场经济健康发展

市场经济本质上就是法治经济。由于仲裁具有当事人自愿、独立、迅捷、保密、灵活、专业、经济、一裁终局等优点，深受民商事主体的青睐，因而

成为当事人解决民商事纠纷、与诉讼并驾齐驱的一种重要法律手段。尽管社会主义市场经济体制因经济法治完善而健全，但是市场经济主体之间由于经济利益的不同，因而在激烈的市场竞争中容易发生各类民商事纠纷。仲裁机构正是通过独立的仲裁审理活动，正确运用法律，公正、及时地解决民商事纠纷，不仅维护了纠纷当事人的合法权益，而且稳定了社会经济秩序，从而保障了社会主义市场经济的健康发展。由此可见，保障社会主义市场经济健康发展也是我国仲裁法一项不可忽视的重要任务。①

三、仲裁法的适用范围

仲裁法的适用范围，又称为仲裁法的效力，是指仲裁法对什么人、什么事，在什么时间和空间范围内发生效力。

（一）国外仲裁法的适用范围

国外仲裁法对仲裁范围的规定有以下 3 种形式：

1. 概括式规定

概括式规定是指立法上不具体列举可仲裁或不可仲裁的争议类型，只对可仲裁争议事项的范围作抽象的规定。概括式规定使仲裁范围不拘泥于条文表述，具有更大的灵活性，所以采取这种方式的国家和国际组织比较多，如法国、德国、意大利、荷兰、瑞士、瑞典、比利时、西班牙、葡萄牙以及国际商会等。概括式规定又分为肯定式概括和否定式概括。瑞士和比利时是肯定式概括立法的典范。例如，1988 年《瑞士联邦国际私法典》第 177 条规定："任何具有财产性质的纠纷均可提交仲裁。"《比利时仲裁法》规定："一切民商事争议均可诉诸仲裁解决。"采取否定式概括立法的有埃及等国家。例如，《埃及国际商事仲裁法案》第 9 条规定："不能和解的争议不允许仲裁。"

2. 列举式规定

列举式规定是指立法上具体列举可仲裁或不可仲裁的争议类型，故列举式规定可以分为肯定式列举和否定式列举。列举式规定有利于准确快捷地判

① 参见李广辉、林泰松：《仲裁法学》，中国法制出版社 2019 年版，第 30 页。

断一项争议是否具有仲裁性，但存在着仲裁范围过窄的缺点，故只有少数国家采取这种方式。采取肯定式列举立法的有比利时等国家。例如，1971 年《比利时王国安特卫普咖啡仲裁处仲裁规则》第 1 条规定："下列各类仲裁，可以提交仲裁处：①质量仲裁；②技术仲裁；③混合仲裁；④关于技术仲裁的上诉和关于混合仲裁的上诉。"[①] 采取否定式列举立法的典型是意大利、英国等国家。例如，《意大利民事诉讼法典》第 806 条规定，当事人可以将他们之间产生的法律争议提交给仲裁解决，但与个人身份和分居有关的争议及不能成为调解对象的争议除外。1996 年《英国仲裁法》规定："除犯罪案件、离婚问题、婚姻案件以及公共安全问题外的一切争议，均可以提交仲裁解决。"

3. 结合式规定

结合式规定是指立法上兼采两种方式来界定可仲裁的争议事项的范围，既反映了可仲裁争议事项范围日益扩大的态势，又避免了概括式立法模糊的缺陷。[②] 结合式规定通常采取肯定式概括和否定式列举相结合的方式，如葡萄牙、瑞典等国家，我国也是如此。而 1996 年经澳门总督核准，并于同年 6 月 11 日在《澳门政府公报》（1996 年第 24 期第一组）上公布的第 29/96M 号法令，在澳门建立了新的本地仲裁制度，该法令第 2 条则采用了"否定性概括 + 否定性列举"的结合式规定：不涉及不可处分权利之任何争议均可成为仲裁标的；已经裁决或解决的争议、引致检察院参与诉讼之争议尤其不得为仲裁标的。

（二）我国仲裁法的适用范围

《仲裁法》关于仲裁范围的规定采取结合式规定，即采取肯定式概括与否定式列举相结合的立法体例。《仲裁法》第 2 条规定："平等主体的公民、法人和其他组织之间发生的合同纠纷和其他财产权益纠纷，可以仲裁。"

2006 年 9 月发布的《最高人民法院关于适用〈中华人民共和国仲裁法〉若干问题的解释》第 2 条规定："当事人概括约定仲裁事项为合同争议的，

---

① 参见李广辉、林泰松：《仲裁法学》，中国法制出版社 2019 年版，第 32 页。

② 宋连斌主编：《仲裁法》，武汉大学出版社 2010 年版，第 20 页。

基于合同成立、效力、变更、转让、履行、违约责任、解释、解除等产生的纠纷都可以认定为仲裁事项。”

根据规定，可以提交仲裁的纠纷应符合三个条件：

（1）主体的平等性。这是指发生纠纷的双方当事人在法律地位上的平等，享有民事权利和承担民事义务的资格平等，包括平等的公民、法人和其他组织。

（2）仲裁事项的可处分性。仲裁的争议事项是当事人依法享有处分权的事项，即双方当事人对于争议的实体权利可以在法律规定的范围内自由处置，可以根据自己的意愿决定行使权利、主张权利、放弃权利。

（3）仲裁事项的限定性。这是指纠纷的可争讼性和争议内容的财产性，即争议存在于特定的相向主体之间，争议主体具有直接、公开地遏制、排斥对方的对抗性，并且双方当事人之间发生的争议涉及财产权益。

即使我国仲裁法的范围相当广泛，但也有些纠纷不能通过仲裁方式解决。《仲裁法》第3条规定：“下列纠纷不能仲裁：（一）婚姻、收养、监护、扶养、继承纠纷；（二）依法应当由行政机关处理的行政争议。”第77条规定：“劳动争议和农业集体经济组织内部的农业承包合同纠纷的仲裁，另行规定。”所以，不能通过商事仲裁解决的争议事项，具体如下：

（1）婚姻、收养、监护、扶养、继承纠纷。该类纠纷关涉的身份关系不能任由当事人自由处分。

（2）依法由行政机关处理的行政争议。该类纠纷基于行政关系而产生，是国家行政机关之间，国家行政机关与企事业单位、社会团体以及公民之间，因行政管理而发生的争议。行政争议即所谓的“官民”之争，双方当事人属于管理与被管理的关系。这对特殊的关系中，当事人地位的不平等决定了他们之间的纠纷不具有自由协商的基础和约定仲裁的可能性，这种争议本身也超出了民商事法律关系的范畴，因此，其救济途径只能是行政复议或行政诉讼，而非仲裁。[①]

（3）劳动争议。《中华人民共和国劳动争议调解仲裁法》第2条规定：

① 参见杨兢主编：《仲裁法理论与实务教程》，厦门大学出版社2019年版，第13页。

“中华人民共和国境内的用人单位与劳动者发生的下列劳动争议，适用本法：（一）因确认劳动关系发生的争议；（二）因订立、履行、变更、解除和终止劳动合同发生的争议；（三）因除名、辞退和辞职、离职发生的争议；（四）因工作时间、休息休假、社会保险、福利、培训以及劳动保护发生的争议；（五）因劳动报酬、工伤医疗费、经济补偿或者赔偿金等发生的争议；（六）法律、法规规定的其他劳动争议。”虽然劳动争议也属于财产权益纠纷，但因其涉及劳动者保护的特殊性，立法规定由劳动争议仲裁委员会以仲裁的方式对特定劳动争议予以解决。

劳动仲裁属于必经的前置程序，不经过仲裁不能诉讼。劳动仲裁的启动程序与民商事仲裁不同，劳动争议仲裁不需要仲裁协议即可申请仲裁，但只能在劳动合同履行地或用人单位所在地的劳动争议仲裁委员会申请仲裁。劳动争议仲裁具有公开性，但是当事人可以协议不公开，或者涉及国家秘密、商业秘密和个人隐私的可以不公开进行。在仲裁时效上，申请劳动争议仲裁的时效期间为一年，仲裁时效期间从当事人知道或者应当知道其权利被侵害之日起计算。劳动仲裁裁决不具有终局性，当事人若对于仲裁裁决不服的，可以向法院起诉，但是对小额争议、标准争议仲裁裁决，用人单位不得起诉。

（4）农业集体经济组织内部的农业承包合同纠纷。该类纠纷以仲裁的方式，由农业承包合同仲裁委员会，对农业承包合同纠纷进行审理和裁决。但因征收集体所有的土地及其补偿发生的纠纷不属于农村土地承包仲裁委员会的受理范围，故可以通过行政复议或诉讼等方式解决。法律没有明确要求申请农村土地承包合同纠纷仲裁要有仲裁协议，仲裁也非诉讼的必经程序，当事人可以选择向农村土地承包仲裁机构申请仲裁，也可以直接向法院起诉。在时效方面，申请仲裁的时效期间为两年，自当事人知道或者应当知道其权利被侵害之日起计算。农村土地承包合同纠纷仲裁裁决不具有终局性，当事人对仲裁裁决不服的，可以提起诉讼。

（5）人事争议纠纷。《人事争议处理规定》第2条规定：“本规定适用于下列人事争议：（一）实施公务员法的机关与聘任制公务员之间、参照《中华人民共和国公务员法》管理的机关（单位）与聘任工作人员之间因履行聘任合同发生的争议。（二）事业单位与工作人员之间因解除人事关系、履行聘用合同发生的争议。（三）社团组织与工作人员之间因解除人事关系、履行聘用合同发生的争议。（四）军队聘用单位与文职人员之间因履行聘用合同发生的争议。（五）依照法律、法规规定可以仲裁的其他人事争议。”该类纠纷由人事争议仲裁委员会对人事争议进行审理和裁决。

（三）我国仲裁法适用范围的效力领域

1. 对人的适用范围

仲裁法对人的适用范围是指仲裁法对哪些人发生作用，亦即哪些人要受仲裁法的约束的问题。《仲裁法》第 2 条规定：“平等主体的公民、法人和其他组织之间发生的合同纠纷和其他财产权益纠纷，可以仲裁。”也就是说，《仲裁法》对下列人有效：中国公民、法人和其他组织；在中国仲裁机构进行仲裁活动的外国人、无国籍人、外国企业和组织。

2. 对事的适用范围

对事的适用范围又称为可仲裁的事项。仲裁法对事的适用范围是仲裁制度中首先要解决的一个基本问题，每一个国家都可以出于本国社会公共利益的考虑，确定哪些问题可以通过仲裁解决，哪些问题不可以通过仲裁解决。即使对仲裁持支持态度的一些国家和地区，其法律也对仲裁范围作出一些限制。[①] 仲裁法对事的适用范围的界定，具有重要的法律意义：第一，其决定着仲裁作为一种解决社会冲突机制之职能的实现程度；第二，其直接关涉仲裁协议有效与否，决定着仲裁管辖权的问题。[②]《仲裁法》只适用于平等主体的公民、法人及其他组织之间发生的合同纠纷和其他财产权益纠纷，不适用于：①婚姻、收养、监护、扶养、继承纠纷；②依法由行政机关处理的行政争议；③劳动争议；④农业集体经济组织内部的农业承包合同纠纷；⑤人事争议纠纷。

3. 时间上的适用范围

这是指仲裁法发生法律约束力的时间。《仲裁法》第 80 条规定：“本法

---

① 参见韩健：《现代国际商事仲裁法的理论与实践》（修订本），法律出版社 2002 年版，第 80 页。

② 参见宋朝武主编：《仲裁法学》，北京大学出版社 2013 年版，第 26 页。

自1995年9月1日起施行。”即在1995年9月1日之后产生的仲裁关系适用《仲裁法》的规定。《仲裁法》第78条规定：“本法施行前制定的有关仲裁的规定与本法的规定相抵触的，以本法为准。”由此可知，自1995年9月1日起，与《仲裁法》相抵触的仲裁条款不再具有法律效力，使我国仲裁制度朝着规范化和系统化的方向发展。同时，为了正确处理涉及仲裁的案件，完善法院的仲裁司法审查工作，最高人民法院审判委员会第1375次会议于2005年12月26日通过了《最高人民法院关于适用〈中华人民共和国仲裁法〉若干问题的解释》。该司法解释于2006年9月8日起施行，内容主要包括仲裁协议效力的认定、撤销或不予执行仲裁裁决案件的审查以及人民法院管辖、受理及相关程序等方面的内容。

4. 空间上的适用范围又称为仲裁法的地域效力

这是指在中华人民共和国领域内的仲裁机构进行仲裁活动时，都要遵守《仲裁法》的规定。《仲裁法》是全国人民代表大会常务委员会通过的基本法，是在中华人民共和国领域内发生效力的法律，因此，《仲裁法》的空间效力范围应当及于整个中华人民共和国领域。①

四、我国现行仲裁法的特点

1995年9月1日《仲裁法》的实施，结束了国内仲裁的混乱局面，恢复了仲裁的本来面目，确立了协议仲裁、或裁或审、一裁终局的仲裁制度。《仲裁法》的颁布实施成为中国仲裁制度史上新的里程碑。

我国现行《仲裁法》由8章80个条款组成，包含总则、仲裁委员会和仲裁协会、仲裁协议、仲裁程序、申请撤销裁决、执行、涉外仲裁的特别规定和附则等内容。作为国家制定和认可的、规范仲裁法律关系主体的行为和调整仲裁法律关系的法律规范，我国《仲裁法》仲裁法体现了以下几个特点：

（一）机构仲裁

根据仲裁组织产生和存续的状态，可以将仲裁分为临时仲裁和机构仲裁。

① 如果是在我国香港、澳门、台湾地区进行仲裁，适用当地的仲裁规则。

机构仲裁是指当事人根据仲裁协议，将纠纷提交给约定的某一常设仲裁机构所进行的仲裁。临时仲裁又称为特别仲裁，是指在现实并不存在仲裁组织的情况下，当事人根据仲裁协议，将争议交给他们临时组成的仲裁庭进行审理并作出裁决的仲裁。仲裁结束，仲裁庭自行解散。[①] 临时仲裁和机构仲裁各有利弊。临时仲裁的程序较为灵活，当事人享有较大的自主权，但缺乏固定的管理机构和仲裁规则，仲裁可能会因为当事人的不配合而久拖不决。机构仲裁具有固定的行政管理机构和仲裁规则，仲裁员的专业化水准较高，裁决水准值得信赖，但存在程序复杂、手续繁多的缺点。

根据《仲裁法》和《最高人民法院关于适用〈中华人民共和国仲裁法〉若干问题的解释》的规定，当事人订立仲裁协议时，应当选定具体的仲裁委员会，对仲裁委员会没有约定或者约定不明确的，可以补充协议，如果达不成补充协议，又无法推定出具体的仲裁机构的，仲裁协议无效。这表明，在我国只能采取机构仲裁的方式，而不能进行临时仲裁。

尽管在我国当事人只能选择机构仲裁的方式，但对于涉外案件，当事人事先在合同中约定或争议发生后约定由国外的临时仲裁机构或非常设仲裁机构仲裁的，我国原则上应当承认该仲裁条款的效力，法院不得再受理当事人的起诉。[②]

（二）对涉外仲裁进行特别规定

立法者在起草《仲裁法》的过程中面临着国内仲裁与涉外仲裁是否需要统一标准的问题。如果完全统一仲裁制度，则面临诸多困难：涉外仲裁贴合国内仲裁，还是国内仲裁贴合涉外仲裁的问题；我国的仲裁水平难以在短时间内全部提高至涉外仲裁的水平；对仲裁的司法监督问题等。

全国人大法律委员会在向全国人大常委会做关于《中华人民共和国仲裁法（草案）》审议结果的报告时指出："一些委员和有关部门提出，涉外仲裁有其特点，需要作出特别规定。建议增加'涉外仲裁的特别规定'一章，对

---

① 参见宋连斌主编：《仲裁法》，武汉大学出版社2010年版，第5页。

② 详见1995年10月20日最高人民法院《关于福建省生产资料总公司与金鸽航运有限公司国际海运纠纷一案中提单仲裁条款效力问题的复函》，载北大信息法律网，https：//www.chinalawinfo.com/law？keyword，2022年2月16日访问。

涉外仲裁机构的组织设立、聘任外籍仲裁员、涉外仲裁中的财产保全、证据保全、涉外仲裁裁决不予执行的条件、对外国仲裁裁决的承认和执行等问题作出规定。”① 基于涉外仲裁自身的特点，《仲裁法》以专章对涉外仲裁的特定事项作出有别于国内仲裁的特别规定，包括涉外仲裁机构的设立，仲裁员资格，采取保全措施的法院，涉外仲裁裁决的撤销、不予执行等。

（三）仲裁与调解相结合

《仲裁法》第51条明确规定：“仲裁庭在作出仲裁裁决前，可以先行调解。当事人自愿调解的，仲裁庭应当调解。调解不成的，应当及时作出裁决。调解达成协议的，仲裁庭应当制作调解书或者根据协议结果制作裁决书。调解书与裁决书具有同等法律效力。”这表明仲裁程序和调解程序的有机结合是我国仲裁的显著特点。

在案件事实清楚、当事人完全自愿的情况下，仲裁庭通过灵活的方式促成双方当事人自愿达成调解协议的可能性非常大。仲裁与调解相结合，不仅有利于定分止争，节省当事人的仲裁费用，而且有利于双方保持友好合作关系，促进经济贸易往来。随着社会经济的发展，仲裁纠纷与日俱增，仲裁与调解相结合的方式展现出越来越强的生命力。

第二节　仲裁法的历史沿革

一、域外仲裁立法概述

尽管仲裁制度作为一种纠纷解决方式历史悠久，但仲裁制度被法律认可却是中世纪以来的事情。而仲裁成为一项被国际社会广泛认可并运用的纠纷解决方式是在19世纪，仲裁立法也在此时全面展开。

仲裁法的建立和发展可以分为两个时期。第一个时期是19世纪末到20

① 全国人大常委会法制工作委员会民法室、中国国际经济贸易仲裁委员会秘书局编著：《中华人民共和国仲裁法全书》，法律出版社1995年版，第153页。

世纪初。这一时期是仲裁法律制度的建立时期。英国在1889年制定了第一部专门的仲裁法。美国联邦最高法院在1854年认可了仲裁员可以作出有约束力的裁决，并于1925年颁布了《美国联邦仲裁法》，该法承认仲裁协议以及根据仲裁协议作出的仲裁裁决的法律效力。瑞典于1887年制定了第一个仲裁法令，1929年通过了《瑞典仲裁法》和《瑞典关于外国仲裁协议和仲裁裁决的条例》。德国于1877年的《德国民事诉讼法》中规定了仲裁程序、仲裁协议的形式和效力、仲裁院、仲裁庭审程序和裁决的效力以及执行等事项。法国于1807年的《法国民事诉讼法》中对仲裁作出专篇规定，并于1925年通过国内立法的方式，第一次明确认可了仲裁条款的法律效力。[①] 日本在1890年《民事诉讼法》中设专章规定了仲裁程序。阿根廷1887年颁布了《民事诉讼法典》，对仲裁作出详细规定。仲裁法律制度的建立还表现在仲裁机构化上，许多国家相继建立了仲裁机构。例如，英国于1892年建立了伦敦仲裁院；瑞典于1902年建立了斯德哥尔摩商会仲裁院；法国于1923年在巴黎成立了国际商会仲裁院等。这样，仲裁制度被各国法律所确立，仲裁法律制度在世界范围内普及。

第二个时期是20世纪30年代以后，这一时期主要为仲裁法律制度的发展和完善时期。在这一时期，各国对仲裁法进行了多次修改甚至重新确立。如英国于1934年、1950年、1975年、1979年、1996年多次修改或颁布新的仲裁法。美国国会于1970年对1925年的《美国联邦仲裁法》作出修订。1999年瑞典也颁布了新的仲裁法。德国于1997年颁布了《仲裁程序修订法》，并于1998年1月1日生效。

（一）英国的仲裁立法

英国是世界上最早颁布仲裁法的国家之一，仲裁作为其解决争议的方式历史悠久，早在1347年，英国一部年鉴中即有关于仲裁的记载。

某些从事对外贸易的公司，如东印度公司，在章程中就订有仲裁条款，规定公司或成员间发生争议，应通过仲裁解决。[②]

---

① 参见谢石松主编：《商事仲裁法学》，高等教育出版社2003年版，第16页。

② 参见林一飞：《国际商事仲裁法律与实务》，中信出版社2005年版，第4页。

1697 年，英国议会制定了第一部仲裁法案，正式承认了仲裁制度，并于 1698 年制定了只有两个条文的仲裁法。

1889 年，英国国会颁布了《1889 年仲裁法》，共有 30 个条文，内容包括仲裁员的权力、证人的传唤、裁决的撤销等。《1889 年仲裁法》从形式到内容都较《1698 年仲裁法》更为完备和成熟，并且完全取代了《1698 年仲裁法》。[①] 后英国又分别颁布了《1950 年仲裁法》、《1975 年仲裁法》和《1979 年仲裁法》3 部仲裁法。

在现代英国仲裁立法史上，《1950 年仲裁法》被称为“主法”（principal act）；《1975 年仲裁法》主要是为了适应英国加入《纽约公约》的需要，该法的颁布进一步方便了一些外国裁决的执行；《1979 年仲裁法》共计 8 条，其对《1950 年仲裁法》作出部分重要修订，它完全改写了有关司法机构控制仲裁的规则，并将一个向法院提出上诉的新体系投入应用，还增加了大量的法院判例。

1985 年联合国国际贸易法委员会通过《国际商事仲裁示范法》之后，英国政府为了完善本国仲裁制度，随即成立了英国仲裁法法律咨询委员会，研究该示范法。1989 年该委员会就仲裁制度改革提出了建议，在征求了大量的仲裁用户、国际商人、实践者、法官和公众意见的基础上，形成了议会讨论草案。

新的仲裁法最终于 1996 年在国会通过，并于 1997 年 1 月 31 日起生效。《1996 年仲裁法》共 4 编 110 条。第 1 编为“依据仲裁协议的仲裁”，第 2 编为“与仲裁有关的其他条款”，第 3 编为“承认和执行某些外国仲裁裁决”，第 4 编为“一般规定”。这部新的仲裁法主要有以下特点：充分尊重当事人的意思自治，扩大了书面仲裁协议之“书面”的含义，从立法上加强了对仲裁的保护以及新的仲裁法内容翔实。[②]

《1996 年仲裁法》生效后，《1950 年仲裁法》《1975 年仲裁法》《1979 年仲裁法》和 1988 年的《消费者仲裁协议法》即行废止，但《1950 年仲裁

① 参见罗楚湘：《英国仲裁法研究》，武汉大学出版社 2012 年版，第 25 页。
② 参见罗楚湘：《英国仲裁法研究》，武汉大学出版社 2012 年版，第 29 页。

法》第二编仍被保留。

《1996年仲裁法》主要作出以下几项修改：

第一，确立了有限的法院干预原则，充分尊重当事人的意思自治。《1996年仲裁法》总则部分明确规定："法院不得干预本编规定的事项，除非本编另有规定。"由此观之，立法正逐步向尊重当事人意思自治和扩大仲裁庭权力的方向发展，彻底改变了由于长期奉行"法院管辖权不容剥夺"原则带来的法院对仲裁过度干预的状况，构成了区别于以往仲裁法的基本原则。

第二，从立法上加强了对仲裁的保护，对法院在仲裁中的作用予以重新定位。《1996年仲裁法》赋予了当事人在多种情况下可以申请法院对仲裁有关事项作出决定、命令或裁定，要求法院保障仲裁程序顺利进行。例如，法院应当执行仲裁协议；在约定的仲裁机构或仲裁员无法履行职责时指定仲裁员；执行仲裁员对当事人作出的程序和证据事项的决议；执行在当事人缺席时仲裁员要求提供临时救济的裁决和决议。

第三，明确规定了时限的计算方法，以免在时限计算方面不明确导致程序无效或当事人故意规避参与仲裁程序。①

（二）美国的仲裁立法

美国的仲裁立法体系完善。美国有两部专门的仲裁法典《美国联邦仲裁法》和《统一仲裁法》，也有专业性很强的仲裁规则和程序，如《美国仲裁协会国际仲裁规则》《美国海事仲裁员协会海事仲裁规则》《美国仲裁协会专利仲裁规则》《美国仲裁协会商事仲裁规则》《美国海事仲裁员协会简短仲裁程序》等。

美国建国之前曾是英国的殖民地，来自英国的移民将仲裁这种民事纠纷的解决方式带到了北美大陆。1873年制定的伊利诺伊州法从立法的角度对仲裁进行了承认。

在20世纪之前，由于英国奉行"法院管辖权不容剥夺"原则和瑟古德·马歇尔任美国联邦最高法院首席大法官时期法院权力膨胀，仲裁作为一

① 参见沈伟、陈治东：《商事仲裁法：国际视野和中国实践》（上），上海交通大学出版社2020年版，第46页。

种商事争议解决方式所发挥的作用受到了限制。对于仲裁裁决，其不仅不具有强制执行的效力，且仲裁协议面临随时可能被撤销的风险。在实践中，美国法院对于违反仲裁协议的一方，仅裁决其支付轻微的违约金，司法干预成为制约美国仲裁发展的头号敌人。立法者在这一时期也没有积极推动仲裁立法。

1920 年纽约州通过的仲裁法规标志着美国仲裁走上了飞速发展的轨道。在美国律师协会的推动下，美国国会于 1925 年 2 月通过了《美国联邦仲裁法》（Federal Arbitration Act，FAA），该法案只有 1 章 14 条，自 1926 年 1 月 1 日起生效。

《美国联邦仲裁法》第一章的 14 个条文于 1947 年 7 月 30 日被系统整理，于 1954 年 9 月 3 日被部分修正，于 1988 年 11 月 16 日被增加了第 15 条“不受国家宗教法规的影响”，于 1988 年 11 月 19 日被增加了第 16 条“上诉”。

美国于 1970 年加入《纽约公约》，为配合这一公约，1970 年 7 月 31 日《美国联邦仲裁法》增加了第 2 章“承认及执行外国仲裁裁决的公约”（共 8 条）。它规定仲裁协议和裁决具有强制性，并包含了协助国际仲裁进行的各种条款。此外，该修正案扩大了联邦法院在涉及《纽约公约》的案件中的事物管辖权、移送权限和强制权利。①

1975 年 1 月 30 日《美洲国家国际商事仲裁公约》（又称《巴拿马公约》）获得通过，为配合这一公约，1990 年 8 月 15 日，FAA 增加了第 3 章“美洲国家国际商事仲裁公约”（共 7 条），其核心仍是有关执行仲裁协议和仲裁裁决的规定及其程序。经过多年的发展，现在的《美国联邦仲裁法》共 3 章 31 条。

1955 年，美国统一州法全国委员会（National Conference of Commissioners on Uniform State Laws，简称 NCCUSL）为保证与州法相冲突时，仲裁协议的强制执行，制定了美国《统一仲裁法》（United States Arbitration Act，简称 UAA）。UAA 是为各州立法所提供的范本，其本身并无强制约束力，除非为

① 参见丁颖：《美国商事仲裁制度研究——以仲裁协议和仲裁裁决为中心》，武汉大学出版社 2007 年版，第 13 页。

州政府所采用。在内容上，各州既可以采纳其全部内容，也可以在采纳时作出更改。美国的各个州都有仲裁法律制度，在其49个州的仲裁法律中，有39个州使用的就是UAA，另外10个州则制定了类似于UAA的仲裁法律，即以UAA为蓝本制定的仲裁法。

但是，随着社会经济的进一步发展，UAA对一些现代仲裁案件中的问题没有解决的法律依据，2000年，NCCUSL通过了修订后的《统一仲裁法(2000)》(Revised Uniform Arbitration Act，简称RUAA)。

（三）瑞典的仲裁立法

瑞典一直是仲裁制度发达的国家，其国际商事仲裁制度尤其发达，由于政治上处于中立，许多国际贸易合同中都规定瑞典作为仲裁地。其已成为东西方国际贸易的仲裁中心。早在中世纪，发生争议的双方当事人就开始采用双方各自推荐一名仲裁员来裁决纠纷的形式来解决争议，14世纪中叶，瑞典的地方法规对仲裁作出规定，成为具有700多年历史的临时性仲裁制度。

长期以来，瑞典一直承认各方自主解决争端这一行为的合法性。私人之间的纠纷不涉及公共利益，因此，公权力较少介入。在仲裁是解决争端的合法手段观念支配下，国家机关必须执行仲裁裁决。1887年，瑞典通过了第一部仲裁法令，并于1919年对其作出重要修订。1929年，瑞典在该法令的基础上，结合其所参加的1927年日内瓦《关于执行外国仲裁裁决的公约》，颁布了第一部仲裁法。

1971年瑞典加入《纽约公约》后，对《仲裁法》作了一些修改。瑞典为实现仲裁立法的现代化、满足仲裁程序快捷正当的基本要求、维护其作为国际商事争议解决地的优势地位，于1999年颁布了新的仲裁法，该法自1999年4月1日起生效，分仲裁协议、仲裁员、仲裁程序、裁决、裁决的无效与撤销、仲裁费用、管辖法院与时效、国际事项8章，共60条。1999年瑞典《仲裁法》没有以1985年联合国国际贸易法委员会通过的《国际商事仲裁示范法》为蓝本，而是更多地强调瑞典自从1929年《仲裁法》颁布以来，实践应用中所积累的经验。

（四）德国的仲裁立法

德国人以理性、细致闻名于世，德国的法律制度也继承了罗马法的理性、严谨，其司法制度经过精心的设计，通常被认为是欧洲大陆最理性、最严密的法律制度。德国采用混合立法型的体例，在德国《民事诉讼法》第十编第1025～1066条，是关于仲裁程序的规定。自1877年《德国民事诉讼法》生效以来，在仲裁程序方面几乎没有实质性的改变。

1990年10月，德国组建了仲裁程序法革新委员会，经过7年的讨论和准备，于1997年12月颁布了《仲裁程序修订法》，对《德国民事诉讼法》第10编中关于仲裁程序的规定进行了修订。[①]《德国民事诉讼法》第10编“仲裁程序”修改前有32条，也没有进一步分段；修改后则有42条（第1025～1066条）且分为10章（总则、仲裁协议、仲裁庭的组成、仲裁庭的管辖、仲裁程序的进行、仲裁裁决与仲裁程序的终结、对仲裁裁决的法律救济、承认与执行仲裁裁决的要件、法院的程序、合同外的仲裁庭），[②] 摒弃了许多不合时代潮流的旧规定，增加了许多符合国际和时代发展的新内容。

关于德国这次仲裁法修订的宗旨，相关的立法文件如此写道：“《德国民事诉讼法》第10编中规范的仲裁程序法很大程度上仍然是上一个世纪的产物，它应当与现代的发展相适应。一个符合时代要求并与国际大环境相适应的（仲裁）法可以提高德意志联邦共和国作为国际仲裁地的声誉。此外，它还可以在解决国内争议方面推动仲裁得以更广泛地适用，从而减轻法院的负担。”[③]

（五）法国的仲裁立法

法国仲裁制度有着悠久的历史和丰富的实践。法国国民议会于1790年将仲裁定义为解决国民之间争议最为合理的方法。1800年，《法院组织法》第3条规定，公民有权选择将其争议交由仲裁员判断，对此项权利不得加以限制。除另有明确规定外，仲裁员所作的决定不受任何审查。

进入20世纪，仲裁制度在世界各国得到广泛的接受与认可。法国采用混

① 参见齐玎：“德国ADR制度的新发展”，载《人民法院报》2010年10月29日，第8版。

② 参见《德意志联邦共和国民事诉讼法》，谢怀栻译，中国法制出版社2001年版，第274～289页。

③ 《联邦议院公报》第13/5274号（BT－Drucks，13/5274），第1页。转引自孙珺：“德国仲裁立法改革”，载《外国法译评》1999年第1期，第234页。

合立法型的体例，将仲裁制度规定在《法国民事诉讼法》《法国民法典》等法律规范中。除此之外，法国最高法院和巴黎上诉法院的判例也极大地丰富了法国仲裁制度的内涵。《法国民事诉讼法》第4编第1442～1507条，是关于仲裁制度的专门规定，包括：仲裁协议、仲裁审理、仲裁裁决、上诉途径、国际仲裁和对在外国作出的仲裁裁决或者国际仲裁裁决的承认、强制执行与提起上诉6编。法国也于1925年12月通过立法，认可了仲裁条款的法律效力，同时还修订了《法国民事诉讼法》中有关仲裁的法律规定。其后，1980年12月，法国颁布了《仲裁法令》，此次仲裁制度的修订汲取了国际公约及域外国家的立法实践。例如，第1466条规定："如一方当事人对仲裁员的裁判权力范围与原则向仲裁员提出异议时，由仲裁员本人就其授权之有效性或范围作出裁判。"① 根据这一规定，仲裁员有权对其授权的有效性与界限范围进行审查。再如，第1458条规定："在仲裁法庭依据仲裁协定而受理的争议被提至国家法院时，该法院应当宣告无管辖权。如仲裁法庭尚未受理案件，除仲裁协定明显无效之外，法院亦应当宣告无管辖权。在上述二种场合，法院得依职权提出解除其无管辖权。"②

二、中国的仲裁立法

（一）1949年之前仲裁立法

中国历来就有利用友好的方式解决纷争的传统，也就是争议双方请德高望重的人对争议作出公断。如果当事人对第三人的公断不服从，则按特定的村规或社团的规矩加以处罚。这种请第三人来作出公断，就是利用仲裁解决争议的雏形。③

我国现代意义上的仲裁制度产生于清末民初。晚清政府于1904年初颁行的《商会简明章程》中第15条规定："凡华商遇有纠葛，可赴商会告知总

① 《法国新民事诉讼法典》，罗结珍译，中国法制出版社1999年版，第310页。
② 《法国新民事诉讼法典》，罗结珍译，中国法制出版社1999年版，第308页。
③ 参见赵秀文：《国际商事仲裁及其适用法律研究》，北京大学出版社2002年版，第3页。

理，定期邀集各董秉公理论，一众公断。”[①] 为便于处理纠纷，各地商会纷纷成立专门的商事仲裁机构，1909 年成都商务总会首先成立了“商事裁判所”。

1913 年 1 月 28 日北洋政府司法、工商两部颁布的《商事公断处章程》，被看作是我国第一个关于商事仲裁制度的专门规定。同年 9 月，颁行《商事公断处办事细则》，对公断处的主旨、组织、职员之选任及任期、公断处的权限、公断程序等问题作出详细规定。1921 年，北洋政府颁布的《民事公断暂行条例》，明确了仲裁可适用于一般民事争议。民初的商事公断处附设于各地商会，实际上充当了一种调解机构，其裁决必须由双方当事人同意才发生法律效力，当事人不同意时再诉至法院通过诉讼解决。

革命根据地时期和解放区时期也制定了一些有关仲裁的法律。1931 年颁布的《中华苏维埃共和国劳动法》确立了以仲裁方式解决劳动争议的法律制度；1943 年晋察冀边区行政委员会公布的《晋察冀边区租佃债息条例》也设有“调解与仲裁”的规定；同年发布的《关于仲裁委员会的工作指示》全面规定了仲裁委员会的性质和任务、仲裁委员会的权限及仲裁委员会本身的工作制度等。

（二）1949 年之后仲裁立法

在《仲裁法》颁布前，我国仲裁制度主要是经济合同仲裁制度，由一系列法律、行政法规和地方性法规来规定，仲裁具有行政性质，由设在政府行政管理部门内部的仲裁机构行使仲裁权。

第一阶段：1949 年至 1966 年。

中华人民共和国成立初期，为了适应经济发展的需要，1954 年 5 月 6 日《中央人民政府政务院关于在中国国际贸易促进委员会内设立对外贸易仲裁委员会的决定》（共 38 条）发布，对即将成立的对外贸易仲裁委员会的组织、任务、受案范围、程序等作出原则性规定。

1956 年 3 月，中国国际贸易促进委员会通过了《中国国际贸易促进委员会对外贸易仲裁委员会仲裁程序暂行规则》；1956 年 4 月，对外贸易仲裁委

① “清商部奏定商会简明章程”，载《大清光绪新法令》（第 19 册），商务印书馆 2011 年版，第 341 页。

员会（现中国国际经济贸易仲裁委员会）正式成立。1958 年 11 月，国务院通过了《关于在中国国际贸易促进委员会内设立海事仲裁委员会的决定》。1959 年 1 月，中国国际贸易促进委员会通过了《中国国际贸易促进委员会海事仲裁委员会仲裁程序暂行规则》，并成立了海事仲裁委员会。根据 1962 年 8 月发布的《关于各级经委仲裁国营工业企业之间拖欠债款的意见（草案）》和 1962 年 12 月 10 日发布的《关于严格执行基本建设程序、严格执行经济合同的通知》等文件的规定，各级经济委员会是合同纠纷的仲裁机关，人民法院不得受理合同纠纷案件，当事人不服仲裁裁决的，可以向上一级行政机构申请再仲裁；合同纠纷仲裁原则上实行两裁终局制，对于重大的合同纠纷案件实行三裁终局制。这个阶段的仲裁法律制度主要以两级仲裁体制为特征，原各级经济委员会主管经济合同仲裁，法院不具有管辖权，对于特殊的重大项目合同纠纷实行三级仲裁体制，当事人不服省、自治区、直辖市经济委员会二级仲裁的，还可以向国家经济委员会请求三级仲裁。该阶段实际上是以行政手段来处理经济合同纠纷，政府的强制管辖违背了仲裁的自愿性，是国家严格实行计划经济的产物。

第二阶段：1978 年中国共产党第十一届中央委员会第三次全体会议至 1994 年，全党的工作重点转移到经济建设上来，我国开始逐步恢复和发展仲裁制度。1978 年 9 月，国务院发布了《国务院关于成立工商行政管理总局的通知》，将调解仲裁纠纷纳入工商行政管理部门的工作范围。

1979 年 8 月 8 日，国家经济委员会、工商行政管理总局、中国人民银行联合发布了《国家经济委员会、工商行政管理总局、中国人民银行关于管理经济合同若干问题的联合通知》（共 12 条）。该联合通知第 6 条规定："在合同执行中，如发生纠纷，签约双方应主动进行协商，尽量求得合理解决，协商不成，任何一方均可按照合同管理分工，向对方所在地的县（市）和大中城市的区级经委（或相应机关）、工商行政管理局申请调解仲裁。如一方对仲裁不服，可在接到仲裁通知书的次日起十天内向上一级管理合同机关申请复议。如对复议仍然不服，则可在接到复议仲裁通知书的次日起十天内向人民法院提起诉讼。……各部门本系统内的经济合同纠纷，由各业务主管部门自行规定调解仲裁程序。……"根据该联合通知，国家各级经济委员会、各级工商行政管理局和同一系统的业务主管部门是解决合同争议的仲裁机关，当事人对仲裁裁决不服可以向上一级机关复议，对复议结果不服的，还可以向人民法院起诉。由此可知，这一阶段我国实行的是多头仲裁、两裁两审制。1980 年 2 月，国务院发布了《国务院关于将对外贸易仲裁委员会改称为对外经济贸易仲裁委员会的通知》。该通知扩大了仲裁委员会的受案范围，规定有关中外合资经营企业、外国来华投资建厂、中外银行互相信贷等各种对外经济合作方面发生的争议亦可进行仲裁。

由此可见，在 1978 年至 1982 年 7 月 1 日《中华人民共和国经济合同法》实施之前的这段时间里，我国对经济合同纠纷实行强制仲裁、多头仲裁、两裁两审制，仲裁机构多元化，仲裁程序具有多样性，仲裁的整体情况十分混乱。根据 1982 年 7 月 1 日实施的《中华人民共和国经济合同法》第 48 条的规定，经济合同发生纠纷时，当事人任何一方均可向国家规定的合同管理机关申请仲裁，也可以直接向人民法院起诉。1983 年 8 月 22 日发布的《中华人民共和国经济合同仲裁条例》第 2 条规定："经济合同仲裁机关是国家工商行政管理局和地方各级工商行政管理局设立的经济合同仲裁委员会。"该条例第 33 条规定："当事人一方或者双方对仲裁不服的，在收到仲裁决定书之日起十五天内，向人民法院起诉；期满不起诉的，仲裁决定书即发生法律效力。"据此，在发生经济合同纠纷后，当事人可以自由决定将有关争议提交仲裁或向人民法院提起诉讼。对于当事人提起诉讼的，由人民法院实行两审终审制；对于当事人提起仲裁的，实行一裁终局制度，当事人对仲裁裁决不服的，仅能够在规定的期限内向法院提起诉讼，由人民法院实行两审终审制，而不能进行二次仲裁。

我国将多头分工仲裁改为由工商行政管理局设立的经济合同仲裁委员会统一仲裁，建立了专门的经济合同仲裁机构，经济合同仲裁实行了一元化，对经济合同纠纷实行一裁两审制。同时，仲裁不再是诉讼的必经程序，当事人可以自由选择仲裁或诉讼。当事人对仲裁裁决不服的，仍可提起诉讼。

由于当时并不存在一部统一的仲裁法调整国内和涉外商事仲裁，据不完全统计，至 1994 年，全国一共有 14 部法律、82 项行政法规和 192 个地方法规中规定了以仲裁方式解决争议，这些法规所规定的仲裁制度形式多样。[①]由于我国有仲裁的立法很不一致，建立一部统一规范仲裁制度的法律势在必行。

第三阶段：1995 年至今。

为了解决国内仲裁制度混乱的局面，与国际通行仲裁制度接轨，我国于 1991 年 5 月开始制定仲裁法。该法在制定过程中，充分考虑了在我国建设社会主义市场经济体制的要求，借鉴了国外成功仲裁制度的有益经验和国际上通行的做法，特别是《纽约公约》和联合国国际贸易法委员会于 1985 年制定的《国际商事仲裁示范法》。[②]

《中华人民共和国仲裁法（草案）》于 1994 年 6 月提交全国人大常委会审议，并于同年的 8 月 31 日获得通过。这部《仲裁法》分为总则、仲裁委员会和仲裁协会、仲裁协议、仲裁程序、申请撤销裁决、执行、涉外仲裁的特别规定、附则共 8 章 80 条，自 1995 年 9 月 1 日起实施。该法统一规定了除劳动争议仲裁和行政争议仲裁外的民商事仲裁的原则和制度，并将仲裁机构从国家行政机关的体制中独立出来。这是中国第一部单行的仲裁法，其制定与实施成为中国仲裁制度发展史上一个里程碑式的法制事件，结束了多头仲裁的混乱局面，确立了协议仲裁、或裁或审、一裁终局、仲裁司法监督四大制度，充分体现了仲裁的主要特征，是一部水平较高且符合国际通行做法的仲裁法。

随着我国经济的快速发展以及对外开放程度的不断扩大，仲裁案件的数量呈现持续增长的态势。为了充分发挥仲裁机制解决纠纷的作用，依法监督仲裁活动，维护当事人合法权益，2006 年 9 月 8 日施行《最高人民法院关于适用〈中华人民共和国仲裁法〉若干问题的解释》。截至目前，我国仲裁制度已经走过了半个多世纪的发展历程并迈入正轨，经历了从行政仲裁到民间仲裁的过渡阶段，现已基本建立起一套符合国际水平的仲裁法律

---

① 参见顾昂然 1994 年 6 月 28 日在第八届全国人民代表大会常务委员会第八次会议上所做的《关于〈中华人民共和国仲裁法〉（草案）的说明》，载北大信息法律网，https：//www.chinalawinfo.com/law? keyword，2022 年 2 月 20 日访问。

② 参见赵秀文：《国际商事仲裁及其适用法律研究》，北京大学出版社 2002 年版，第 261 页。

体系。

（三）我国香港、澳门和台湾地区仲裁制度的历史沿革

1. 香港地区仲裁制度的历史沿革

香港的商事仲裁制度经历了由临时仲裁到常设机构仲裁、由判例法到成文法、由本地仲裁到国际仲裁、由本地立法到国际条约的演变过程。① 现行的商事仲裁法律渊源主要包括《香港仲裁条例》、以《纽约公约》为核心的国际条约、《国际商事仲裁示范法》、商事仲裁判例。

香港的仲裁制度始于1963年《香港仲裁条例》的生效实施。《仲裁条例》以英国《1950年仲裁法》为蓝本，于1963年7月5日在香港正式实施。之后，经过1982年、1984年、1985年、1987年、1989年、1991年、1996年、2000年、2003年、2011年及2021年对有关条文的修改和增减，《仲裁条例》不断得到发展与完善，将香港仲裁制度以成文法的形式固定下来，使香港的仲裁更加规范有序。

同时，1977年4月21日，英国根据1958年《纽约公约》及《1975年仲裁法》的规定，将《纽约公约》扩大适用到香港地区。② 1990年，《国际商事仲裁示范法》被作为《仲裁条例》的一部分在香港地区直接适用。

《香港仲裁条例》规定了仲裁程序的框架，没有细节性的仲裁规则，常以附件的方法来补充有关条例的不足。但是，香港在仲裁法律方面一直采取主动，在《仲裁条例》修订中大量采纳了《国际商事仲裁示范法》的条文，因此，香港《仲裁条例》虽然以英国仲裁法为蓝本，但在对《国际商事仲裁示范法》的采用上，已经超过英国仲裁法。③

香港回归后，1999年6月21日，我国最高人民法院与香港特别行政区政府在深圳签署了《关于内地与香港特别行政区相互执行仲裁裁决的安排》，两地相关机关协议订立机制，让内地与香港所作的仲裁裁决可以在两地的法院相互执行，标志着内地与香港在仲裁裁决执行的相互配合上迈出了重要

---

① 参见乔欣主编：《比较商事仲裁》，法律出版社2004年版，第27页。

② 参见张斌生主编：《仲裁法新论》，厦门大学出版社2004年版，第529页。

③ 参见詹礼愿：《中国内地与中国港澳台地区仲裁制度比较研究》，武汉大学出版社2006年版，第31页。

一步。

2000 年 1 月，香港特别行政区政府修订《香港仲裁条例》，集中体现了一国两制框架下仲裁制度的协调与合作，既保留了香港作为独立司法领域的特点，又保持了《纽约公约》的继续适用。

2021 年 2 月 17 日，香港律政司发布公告，建议根据《关于内地与香港特别行政区相互执行仲裁裁决的补充安排》修订《香港仲裁条例》。次月，香港特别行政区立法会审议并通过该修订。就执行内地裁决而言，最主要的修订有二：一是删除《香港仲裁条例》第 93 条对执行内地仲裁裁决的限制，允许当事人同时向内地、香港高等法院申请执行仲裁裁决；二是取消《香港仲裁条例》第 97 条经“认可”的内地仲裁机构名单。[①]

2. 澳门地区仲裁制度的历史沿革

澳门的仲裁法律制度最早可以追溯到延伸适用于澳门的 1961 年《葡萄牙民事诉讼法典》第 4 卷关于仲裁的专门规定。该法典第 2 条明确规定一切争议都须经过公断，禁止私断，但其中也保留着仲裁制度。但是，这种生硬的法律移植使得两种截然不同的法律文化在澳门并行，现实中澳门的仲裁制度长期处于虚置状态。实际上，澳门的仲裁制度长期处于有名无实的状态，澳门的民商事争议除了通过民间传统的中国方式解决外，主要依赖于法院诉讼解决。[②] 最终这一制度随着葡萄牙的民事诉讼改革在 1986 被废止。

随着澳门商业贸易的迅速发展，各类商业纠纷的数量在不断增加，单一的纠纷解决机制已无法满足澳门地区经济发展的需要。于是，澳门政府于 1990 年 2 月 15 日公布澳门《自愿仲裁法（草案）》，经过对社会各界的咨询及反复修改，最终于 1996 年 6 月 11 日以第 29/96/M 号法令颁布了《自愿仲裁法》。

同时，为了进一步完善涉外商事仲裁法律制度，澳门以《国际商事仲裁示范法》作为范本，于 1998 年 11 月 23 日颁布了《涉外商事仲裁专门制度》。

① 参见香港特别行政区政府网站，https：//www. gld. gov. hk/result？query，2022 年 7 月 10 日访问。

② 参见韩健：《现代国际商事仲裁法的理论与实践》，法律出版社 2000 年版，第 489 页。

该法几乎完全照搬《国际商事仲裁示范法》的内容，仅对该示范法的第7条第1款和第36条第1款作出修改。

澳门地区仲裁法律制度以临时仲裁为主要形式，采取本地商事仲裁与涉外商事仲裁分立的模式，赋予利害关系人、检察官公署、法院宣告仲裁无效的权利，并设立某些争议的强制仲裁制度。

《自愿仲裁法》对自愿仲裁作出详细的规范。《涉外商事仲裁专门制度》序言部分的引介，专门规范有涉外因素方面的法律，也是作为充实自愿仲裁规范性框架，没有规范的内容，补充适用《自愿仲裁法》的有关规定。

1995年葡萄牙加入《纽约公约》，但未将该公约延伸适用于澳门地区。所以，澳门在回归前需要在内地执行的仲裁裁决，只能依据内地有关的非公约裁决的规定办理，即根据互惠原则执行。在澳门回归后，对于澳门地区与内地仲裁裁决的相互执行问题存在立法上的空白。为了解决这一法律障碍，内地与澳门地区就两地仲裁裁决的执行问题举行了多轮磋商，在内地与澳门代表的共同努力下，2007年10月30日，最高人民法院与澳门特别行政区行政法务司的负责人分别代表内地和澳门签署了《关于内地与澳门特别行政区相互认可和执行仲裁裁决的安排》。根据该规定，澳门与内地仲裁裁决的相互执行问题可仿照内地与香港仲裁裁决相互执行的方法办理。首先，内地将《纽约公约》在互惠保留的前提下扩展适用于我国澳门特别行政区。外国裁决在中国澳门的承认与执行及中国澳门裁决在外国的承认与执行依照《纽约公约》进行。其次，内地与澳门特别行政区应作为一个有关相互执行仲裁裁决的安排，以内地和中国香港相互执行仲裁裁决同样的方式相互执行澳门地区与内地作出的仲裁裁决。

3. 我国台湾地区仲裁制度的历史沿革

1955年，台湾地区设立“商务仲裁协会”。考虑到商务争议与市场交易息息相关，力求速决，且多有国际性，诉讼解决势必旷日持久，故顺应世界立法趋势，适合台湾地区社会实际需要，先确立商务仲裁制度，等施行有效，再推及一般民事。[①] 因此，1961年台湾地区颁布了“商务仲裁条例”，这是

① 参见林俊益：《法院在商务仲裁之角色》，永然文化出版股份有限公司1996年版，第196页。

台湾地区现代商务仲裁的首个“立法”例。

但是20世纪70年代以来，随着中国台湾地区对外贸易的迅速发展，“商务仲裁条例”因缺少关于“涉外”仲裁裁决在中国台湾地区执行的相关规定而显露弊端。因此在1982年和1986年两次修订该“条例”，增添了“承认与执行外国仲裁裁决”等相关规定，为“涉外”贸易纠纷当事人申请选定仲裁员调解提供法律依据。

为进一步完善台湾地区商事仲裁制度，符合仲裁制度的最新发展趋势，1998年6月24日中国台湾地区颁布仲裁有关规定，并于当年12月24日开始实施。该规定广泛借鉴了英、美、德、法、日等国的立法经验，参考了《国际商事仲裁示范法》的相关规定，强调“国际化与自由化”，确立了效率优先的基本价值取向，承认临时仲裁的效力，既注重扩大当事人意思自治的范围与程度，又赋予仲裁庭较大的权力，把仲裁机制中权利与权力的平衡推向新的高度，保障并促进了仲裁程序的便捷进行。①

现行有效的是2002年7月10日的修订本，它对1998年12月24日生效的仲裁有关规定中仲裁人和仲裁机构的相关规定进行了部分修订。

三、国际商事仲裁立法的历史沿革

随着社会经济的发展，仲裁不仅被广泛用于解决国内民商事纠纷，而且在国际商事纠纷领域也发挥着重要的作用，越来越成为解决国际经济贸易争议的重要方式。

但是，各国的仲裁法并不一致，此外还受到主权、利益平衡等多方面因素的影响，致使利用仲裁方式解决国际经济贸易争议出现障碍。为了适应国际商事仲裁实践的需要，缓和各国仲裁立法的冲突，国际社会开始了统一各国仲裁立法的国际仲裁立法工作，国际商事仲裁出现了统一化的趋势。

从19世纪末开始，国际社会通过了一系列国际公约、双边或多边条约、区域性仲裁条约和具有示范作用的法律文件。

---

① 参见张斌生主编：《仲裁法新论》，厦门大学出版社2004年版，第502~504页。

1923年9月，在国际联盟的主持下，16个欧洲国家在日内瓦签订了《仲裁条款议定书》，这标志着现代意义上承认与执行商事仲裁裁决的国际法律制度的正式形成，为商务仲裁之国际立法迈出第一步。[①] 但是该议定书的规定过于原则化，且在适用范围和作用上具有局限性，因此，1927年9月仍由国际联盟主持，有关国家又在日内瓦签订了《关于执行外国仲裁裁决的公约》。后者作为对前者的补充，较为具体地规定了承认和执行他国仲裁裁决的条件以及拒绝承认和执行此项仲裁裁决的条件等问题，使得《关于执行外国仲裁裁决的公约》的国际化程度和可操作性都有所加强。但其仍存在许多问题，如在裁决终局性的规定上、法院如何审查仲裁进行过程中存在的问题、申请执行方当事人的举证责任过重以及承认或执行裁决的条件过严、手续烦琐等。[②] 为了建立更为简便易行的国际商事法律制度，1958年6月在纽约召开的联合国国际商事仲裁会议上，通过了《纽约公约》。该公约经过了来自世界各地45个国家及有关国际性机构代表们的反复磋商，是当今国际社会缔约国最多的国际公约之一，并已实际取代了1923年《仲裁条款议定书》和1927年《关于执行外国仲裁裁决的公约》，被誉为“现代国际商事仲裁制度的基石”。该公约明确规定了在承认及执行外国仲裁裁决时，不得比承认及执行本国仲裁裁决附加更为苛刻的条件或收取更多的费用，使得仲裁裁决的执行具有广泛的国际性，保障了国际商事仲裁裁决的承认和执行，凸显了国际商事仲裁制度的优势，推动了国际商事仲裁制度的发展。

此外，为求得各国与他国国民间投资争议的妥善解决，有关国家在世界银行的主持下于1965年签署了《解决国家与他国国民间投资争议的公约》，并在世界银行总部华盛顿建立了“解决投资争端国际中心”。1976年又制定了《联合国国际贸易法委员会仲裁规则》，现已广泛地被临时仲裁机构和一些常设仲裁机构所采用。为推动各国仲裁立法的统一，1985年联合国国际贸易法委员会主持制定了《国际商事仲裁示范法》，对于协调和统一各国仲裁

① 参见刘铁铮：《论商务仲裁之国际立法》，中国台湾地区文物供应社1984年版，第42页。
② 参见寇丽：《现代国际商事仲裁法律适用问题研究》，知识产权出版社2013年版，第7页。

法，具有十分重要的意义。该示范法所确立的原则和制度也被越来越多的国家所接受，已有50多个国家和地区参照该示范法制定或修订本国或地区的仲裁法。该示范法适用于国际商事仲裁，对仲裁协议、仲裁庭的组成、仲裁庭管辖权、仲裁程序的进行、裁决的作出和程序的终止、对裁决的追诉以及裁决的承认与执行等，作出比较系统而明确的规定。

除了普遍性的国际条约和文件之外，还有一些区域性的条约及双边协定对仲裁予以规范。例如，1928年2月20日，美洲国家在哈瓦那通过的《布斯塔曼特法典》规定，只要被请求执行裁决的国家法律允许将有关的争议和解解决，则公约所载的承认与执行缔约国法院判决的规定同样适用于裁决的执行。1961年4月21日，在联合国欧洲经济委员会主持下，22个欧洲国家代表在日内瓦通过了《欧洲国际商事仲裁公约》。该公约的目的是尽量排除欧洲各国的自然人或法人相互之间在有关国际商事仲裁的组织工作中的困难，特别是在临时仲裁的情况下仲裁程序规则上的问题，以便推动欧洲贸易的发展。1966年1月20日，欧洲理事会成员国在斯特拉斯堡签订了《规定统一仲裁法的欧洲公约》。该公约要求各缔约国承诺，在本公约对该国发生效力之日起6个月内，将公约所附的统一法规范纳入其有关的法律体系之内。1975年1月30日，美洲国家组织在巴拿马召开的国际私法特别会议上签订了《美洲国家国际商事仲裁公约》。

国际商事仲裁的国际条约和国际法律文件的通过，无疑是各国仲裁制度一体化发展的重要表现，也是国际商事仲裁制度日益健全和完善的重要标志；不仅是各国仲裁制度日益走向现代化和国际化的必然产物，更是各国在国际商事仲裁领域广泛开展国际合作的重要法律基础。①

第三节 仲裁法的立法体例

关于仲裁的立法体例，从世界范围来看，主要包括两种类型：一是国内

① 参见宋连斌主编：《仲裁法》，武汉大学出版社2017年版，第28页。

仲裁制度和涉外仲裁制度是否适用同一仲裁法律制度；二是仲裁制度是否由一部单独的仲裁法典来规范。

一、单独性仲裁立法

采用单独性仲裁立法体制的国家制定有单独的仲裁法，即采用单行法的形式制定仲裁法，代表性国家有英国、美国、瑞典、加拿大、新西兰、印度、巴西、尼日利亚等国。可以将这些国家分为两类。一类以英国、美国为代表，这些国家仲裁发展较早，但因为没有成文法传统，因而单独制定仲裁法。例如，1697 年，英国议会就制定了第一个仲裁法案，正式承认仲裁制度，20 世纪又颁布了 3 部仲裁法；美国国会于 1925 年制定了《美国联邦仲裁法》。另一类以印度、巴西为代表，这些国家仲裁发展较晚，单独的仲裁法较容易学习和移植，并符合当今国际社会仲裁发展的潮流，因而采取单独性仲裁立法体例。单独性仲裁立法易于突出仲裁的特点和独立性，但不利于与诉讼制度衔接，不易形成逻辑严密的法律制度，容易造成仲裁法与民事诉讼法规定的冲突。

二、混合性仲裁立法

采用混合性仲裁立法体例的国家并不制定单独的仲裁法，而是在其他法律（主要是民事诉讼法）中规定仲裁制度，代表性国家有德国、法国和日本。混合性仲裁立法主要包括依附性仲裁立法和分散性仲裁立法。

1. 依附性仲裁立法

依附性仲裁立法是指不单独制定仲裁法，由其他综合性的部门法在某一章节或某些条款中规定仲裁制度的立法体例。通常情况下，在依附性立法体例下规定仲裁制度的部门法是民事诉讼法，如德国、日本、法国、奥地利、荷兰等国，但也有在其他民商事法典中规定仲裁制度的做法，如墨西哥在 1993 年的《墨西哥商法典》中规定了仲裁。采取依附性立法体例的国家多数具有成文法的法律传统，并且仲裁发展较早，如法国在 1807 年公布的《法国民事诉讼法》中就以专编规定了仲裁制度；德国在民事诉讼法中规定仲裁程序也可以追溯到1877年的《德国民事诉讼法》。依附性立法体例的优势在于：首先，在立法程序上简便易行，在仲裁制度司法化的今天，甚至可以在部分仲裁法律制度规定中准用民事诉讼的规定。其次，尽管仲裁是独立于诉讼的纠纷解决制度，但仲裁离不开司法的支持和监督。将诉讼与仲裁规定于同一部法典中，可以清晰地看出两者之间的联系。但这种立法体例的缺陷也在于，将仲裁依附于其他部门法中，难以突出仲裁的特点，使仲裁与诉讼相混淆。

2. 分散性仲裁立法

分散性仲裁立法是指一国的仲裁制度以多种形式在若干个其他部门法典中规定的一种立法体例。[①] 这种体例的表现形式是没有专门的仲裁法或部门法中的某一编针对主要仲裁制度进行规范，而是有关仲裁制度的规定散见于各种法律、法规、规范性文件中。例如，瑞士的仲裁规则就散见于联邦宪法、仲裁协约、州程序法、《瑞士联邦国际私法法典》中；卢森堡的仲裁程序规定则散见于民法典、商法典、民事诉讼法典中。[②] 这种立法体例较为烦琐，各规定间不易形成一个相互联系的规则体系，容易造成混乱与冲突，因此，采取这一体例的国家较少。

三、我国仲裁法的立法体例

我国采用单独性仲裁立法，《仲裁法》第7章对涉外仲裁作了专门规定，在《民事诉讼法》第3编“执行程序”和第4编“涉外民事诉讼程序的特别规定”的第26章“仲裁”也对仲裁制度作出规定，即以《仲裁法》为主，以《民事诉讼法》中的相关仲裁规定和最高人民法院有关仲裁的司法解释为辅，并使一些特殊的仲裁规定体现在相关实体法中。

一方面，我国这种独特的立法体例具有一定优势，表现在两个方面。①《仲裁法》作为全面、系统规定仲裁制度与仲裁程序的法律，宜从整体上

---

① 参见谭兵主编：《中国仲裁制度研究》，法律出版社1995年版，第78页。

② 参见丁建忠编著：《外国仲裁法与实践》，中国对外经济贸易出版社1992年版，第30~31、232页。

进行把握，能够更好地领会、遵守和执行。②基于仲裁与民事诉讼的联系性以及特定实体法律关系的特殊性，在《民事诉讼法》及实体法中对仲裁进行规定，有利于诉讼与仲裁的衔接、实体法律问题与程序法律问题的衔接。例如，《民事诉讼法》第279条规定："当事人申请采取保全的，中华人民共和国的涉外仲裁机构应当将当事人的申请，提交被申请人住所地或者财产所在地的中级人民法院裁定。"第280条规定："经中华人民共和国涉外仲裁机构裁决的，当事人不得向人民法院起诉。一方当事人不履行仲裁裁决的，对方当事人可以向被申请人住所地或者财产所在地的中级人民法院申请执行。"第282条规定："仲裁裁决被人民法院裁定不予执行的，当事人可以根据双方达成的书面仲裁协议重新申请仲裁，也可以向人民法院起诉。"

另一方面，在《仲裁法》与《民事诉讼法》等法律中同时对仲裁进行规范，不但较为烦琐，而且容易产生冲突。例如，根据《民事诉讼法》第281条第1款的规定，对中华人民共和国涉外仲裁机构作出的裁决，被申请人提出证据证明仲裁裁决有特定情形之一的，经人民法院组成合议庭审查核实，裁定不予执行。同时第2款明确规定人民法院认定执行该裁决违背社会公共利益的，裁定不予执行。而根据《仲裁法》第71条的规定，被申请人提出证据证明涉外仲裁裁决有《民事诉讼法》第281条第1款规定的情形之一的，经人民法院组成合议庭审查核实，裁定不予执行。该规定并未承认《民事诉讼法》赋予法院的审查仲裁裁决是否符合公共利益的权力。[①]

练习题

一、思考题

1. 简述仲裁法的含义。
2. 简述机构仲裁与临时仲裁的异同。
3. 简述我国不能使用仲裁解决的纠纷类型。

---

① 参见江伟、肖建国主编：《仲裁法》（第三版），中国人民大学出版社2020年版，第45页。

二、司法考试试题

1. 某仲裁机构对甲公司与乙公司之间的合同纠纷进行裁决后，乙公司不履行仲裁裁决。甲公司向法院申请强制执行，乙公司申请法院裁定不予执行。经审查，法院认为乙公司的申请理由成立，裁定不予执行该仲裁裁决。对此，下列哪一种说法是正确的？（2005 年 · 卷三 · 46 题）

A. 甲公司可以就法院的裁定提请复议一次

B. 甲公司与乙公司可以重新达成仲裁协议申请仲裁

C. 甲公司与乙公司可以按原仲裁协议申请仲裁

D. 当事人不可以再就该纠纷重新达成仲裁协议，此案只能向法院起诉

2. 当事人在合同中约定了仲裁条款，出现下列哪些情况时，法院可以受理当事人的起诉？（2007 年 · 卷三 · 90 题）

A. 双方协商拟解除合同，但因赔偿问题发生争议，一方向法院起诉的

B. 当事人申请仲裁后达成和解协议而撤回仲裁申请，因一方反悔，另一方向法院起诉的

C. 仲裁裁决被法院依法裁定不予执行后，一方向法院起诉的

D. 仲裁裁决被法院依法撤销后，一方向法院起诉的

3. 甲、乙因遗产继承发生纠纷，双方书面约定向某仲裁委员会仲裁。后甲反悔，向遗产所在地法院起诉。法院受理后，乙向法院声明双方签订了仲裁协议。关于法院的做法，下列哪一选项是正确的？（2010 年 · 卷三 · 43 题）

A. 裁定驳回起诉

B. 裁定驳回诉讼请求

C. 裁定将案件移送某仲裁委员会审理

D. 法院裁定仲裁协议无效，对案件继续进行审理

4. 关于民事仲裁与民事诉讼的区别，下列哪一选项是正确的？（2011 年 · 卷三 · 36 题）

A. 具有给付内容的生效判决书都具有执行力，具有给付内容的生效裁决书没有执行力

B. 诉讼中当事人可以申请财产保全，在仲裁中不可以申请财产保全

C. 仲裁不需对案件进行开庭审理，诉讼原则上要对案件进行开庭审理

D. 仲裁机构是民间组织，法院是国家机关

三、案例

案例一：华建电子有限责任公司、华建机器翻译有限公司与广州科技风险投资有限公司、谢雄平等合作协议纠纷案

【案情简介】

2005年，华建电子有限责任公司（以下简称华建电子公司）与广州科技风险投资有限公司（以下简称科技公司）等签署“合作协议”“框架协议”及“股权转让协议”，约定华建电子公司受让科技公司所持实业公司20%股权，若华建电子公司海外子公司“如因各种原因重组上市未果”，则实业公司股权应恢复原状，其中《股权转让协议》特别约定了仲裁条款。2006年，依科技公司申请，仲裁庭裁决《华建电子公司支付科技公司股权转让金及利息。2008年，华建电子公司以其海外子公司上市进程搁浅，各方均同意终止协议为由，向法院起诉，要求科技公司将实业公司股权恢复原状。科技公司以生效仲裁裁决已认定“股权转让协议”继续履行，认为华建电子公司起诉不符合“一事不再理”原则。①

【广东省广州市中级人民法院的意见】

华建电子公司、华建机器翻译有限公司（以下简称华建翻译公司）与谢雄平、黄若浩、张贺平、仇绍明、科技公司签订的《合作协议》是各方当事人的真实意思表示，协议的内容没有违反法律法规的强制性规定，属有效协议。各方当事人应当严格依约履行各自义务。该协议约定：“如因各种原因甲方重组上市未果，则终止本协议、双方签订的股权转让协议、VC投资协议。对已经履行的部分，双方同意尽可能地恢复原状，包括（但不限于）返还协议价格，恢复旷世公司股权架构、重新进行相应工商变更等，对由此给双方造成的损失，双方同意按照公平原则各自承担。”华建电子公司、华建翻译公司与科技公司、谢雄平、张贺平、仇绍明、黄若浩签订的“股权转让协议”约定了仲裁条款，且经过北京仲裁委员会的仲裁，该裁决已经发生法律效力。

【广东省高级人民法院的意见】

科技公司以华建电子公司违反“股权转让协议”约定，未向科技公司支付股

---

① 参见最高人民法院办公厅编：《中华人民共和国最高人民法院公报（2011年卷）》，人民法院出版社2012年版，第215页。案号：（2010）民提字第10号。

权转让款为由于2005年12月12日向北京仲裁委员会申请仲裁，北京仲裁委员会于2006年5月16日作出（2006）京仲裁字第0474号裁决书，裁决华建电子公司向科技公司支付股权转让费300万元、逾期付款利息440 000元及从2005年12月1日起到股权转让款清偿完毕之日止的逾期付款利息。华建电子公司不服该仲裁裁决，向北京市第二中级人民法院提起撤销该仲裁裁决的申请，被驳回。

现华建电子公司、华建翻译公司依照“合作协议”向人民法院起诉科技公司、张贺平、谢雄平、仇绍明、黄若浩，请求终止“合作协议”并将旷世公司的股份办理到科技公司及张贺平、谢雄平、仇绍明、黄若浩的名下。尽管当事人在“合作协议”与“框架协议”约定如华建电子公司的海外子公司在香港上市未果，则应终止“合作协议”与“框架协议”并将旷世公司的股份恢复到科技公司及张贺平、谢雄平、仇绍明、黄若浩的名下，但仲裁机构没有对“合作协议”与“框架协议”进行裁决。

在本案中，“合作协议”“框架协议”及“股权转让协议”属于不可分割的整体，人民法院应对上述协议一并审理。因仲裁机构已依据“股权转让协议”的约定裁决华建电子公司向科技公司支付股权转让费300万元及逾期付款利息，因此人民法院受理华建电子公司、华建翻译公司要求终止“合作协议”并将旷世公司的股份办理到科技公司及张贺平、谢雄平、仇绍明、黄若浩名下的起诉必然涉及“股权转让协议”，而仲裁机构对“股权转让协议”已作出裁决，因此华建电子公司、华建翻译公司的诉讼请求势必与仲裁裁决相冲突。原审法院判决解除“合作协议”并将旷世公司在华建电子公司、华建翻译公司名下的股份恢复办理到科技公司及张贺平、谢雄平、仇绍明、黄若浩的名下与涉案仲裁裁决的内容相矛盾，实质上将仲裁机构所裁决的内容再次进行裁判，违反“一事不再理”的原则。

【最高人民法院的意见】

（1）“如因各种原因重组上市未果”约定有效。本案中，虽经当事人运作，但华建电子公司海外子公司最终未上市属客观事实，符合双方约定的前述合同终止条件。据此，华建电子公司诉请依“合作协议”就实业公司股权结构恢复原状纠纷，与双方依“股权转让协议”支付股权转让款纠纷系不同法律关系，分属“合作协议”履行不同阶段，应依协议约定分别适用不同管辖规定。

（2）“股权转让协议”约定了仲裁条款，排除了法院管辖，该纠纷已经仲裁裁决，并明确未将“合作协议”纳入仲裁范围，故法院受理股权恢复原状纠纷不违反“一事不再理”原则。即使仲裁裁决结果是履行“股权转让协议”，而判决结果是恢复实业公司股权结构，判决系依“合作协议”约定作出，该约定仍系各方当事人真实意思表示，即仲裁和判决均依当事人真实意思表示作出，均为当事人履行双方协议必然结果。换言之，当事人真实意思表示是，为重组上市，先要进行且实际上进行了实业公司股权变更，但如上市未果，已变更股权就应恢复原状，故在上市未果的情况下，法院应判决恢复实业公司股权架构。

【案例评析】

分段实施的合作协议纠纷，仲裁与法院可分别管辖。

合作框架协议约定了分步骤实施方案的，为达成前一阶段合作签署的协议特别约定了仲裁条款，当事人依此获得仲裁裁决后，因后一阶段合作终止条件成就，导致前一阶段仲裁裁决事项需恢复原状的，在合作框架协议未约定仲裁条款的情况下，法院受理恢复原状纠纷不构成一事再理。

案例二：互联网金融纠纷案

【案情简介】

本案申请人为某银行控股的消费金融公司，具有银行业监督管理部门核发的“金融许可证”，被申请人为自然人，中华人民共和国公民。

2019 年 7 月 22 日 18 时 17 分 13 秒，被申请人通过个人手机端某第三方支付平台“××贷”向申请人申请个人消费贷款人民币 7000 元（以下金额均指“人民币”），同时上传了本人身份证、通过了电子身份核实，18 时 21 分 13 秒双方当事人通过电子签名的方式签订了“某消费金融公司“××贷”个人消费贷款协议”（以下简称“贷款协议”）、“客户知情确认书”，18 时 25 分 18 秒被申请人通过电子签名的方式确认了申请人出具的“审批结果”，同日 18 时 25 分 26 秒申请人向被申请人名下某银行账户发放了贷款 7000 元。

根据“贷款协议”及“审批结果”，贷款金额为 7000 元，日利率为 0.066%，还款期数为 24 期，每期为一个自然月，每期还款额为 369.26 元，罚息利率为借款利率的 1.5 倍，具体计算公式为罚息 = 逾期金额 × 约定年利率/360 × 150% × 逾期天数。合同还约定了贷款提前到期、网上仲裁条款等内容。

被申请人偿还第 1 期的 200 元本金外未再履行还款义务。2019 年 11 月 27

日，申请人以发送手机短信的形式通知被申请人，宣告贷款于2019年11月27日提前到期，请被申请人立即向申请人清偿全部贷款和费用。申请人依据“贷款协议”网上仲裁条款向武汉仲裁委员会申请仲裁，请求如下：

（1）确认“贷款协议”已到期，被申请人向申请人支付贷款本金余额6800元及利息891.99元（利息暂计至2020年7月3日）。

（2）被申请人向申请人支付自逾期起始日2019年8月22日起至2020年7月3日止的罚息1209.94元。

（3）被申请人向申请人支付自2020年7月3日次日起至被申请人实际清偿之日止的罚息。罚息的计算方式为以贷款本金余额为基数、按日计收罚息，罚息利率为借款日利率（日利率等于年利率/360）的1.5倍。

（4）被申请人向申请人支付为解决争议实现债权而支出的实际损失133.53元。

（5）被申请人承担本案的全部仲裁费用。①

【仲裁庭的意见】

一、争议焦点

1. 关于电子合同效力。

电子合同的本质仍属于书面合同，在合同有效成立的前提下仍应遵循合同法的相关规定。电子合同的法律效力主要审查两个方面。一是电子合同订立主体的合法性，即合同订立双方均为具有民事行为能力人。二是电子合同订立过程的合法性，即合同订立双方的法律地位平等，订立时应当遵循意思自治原则，一方不得将意志强加给另一方。在审理电子合同效力时，司法实践中一般通过审查电子签名的有效性来确定是谁签署了合同、该主体是否认可了电子合同的内容，以及审查当事人签约的意思表示是否真实。

2. 关于电子证据的认定

电子证据的认定主要也是审查3个方面，即电子证据的真实性、合法性和关联性。因电子合同的虚拟性、易被篡改其无痕迹的特点，所以比较难认定的是其真实性。司法实践中，一般通过电子认证技术来证明电子合同内容的真实性，通过第三方进行电子数据认证，同时当事人也可以在此基础上通过补充其他证据来

---

① 参见武汉仲裁委员会网站，https：//www.whac.org.cn/index.phplzczl/index/type/33.html，2022年1月20日访问。本案例为武汉仲裁委员会推荐的互联网金融纠纷典型案例。

证明电子合同的真实性，如借贷纠纷中借款人核身程序、银行交易往来流水记录、还款记录、电话录音、通信往来记录等。

3. 关于应还本息金额的认定

借贷纠纷中，当事人的主要争议点在于应还本息的问题。一般主要从三个方面认定应还本息。一是确定争议本金金额，即通过支付凭证、银行流水来确定贷款人支付给借款人的本金，以避免出现“砍头贷”① 等情形。二是确定合同约定利息、罚息、违约金及其他费用的利率标准是否符合法律规定，即审查申请人主张的利息、罚息、违约金及其他费用的标准是否超过法定最高限额，如果超过法定标准，根据法律规定、参照司法解释予以调整。三是确定借款人已还本息，即审查认定借款人已还款项的性质，一般采用先息后本的方式从应还金额中予以扣除。

二、裁决结果

（1）确认“贷款协议”提前到期。

（2）被申请人向申请人偿还贷款本金及利息。

（3）被申请人以尚欠本金为基数、按每日 0.066% 的利率标准向申请人支付自 2020 年 7 月 4 日起至借款偿还之日止的罚息。

（4）被申请人向申请人支付认证费损失。

（5）驳回申请人的其他仲裁请求。

（6）仲裁费由被申请人承担。

三、相关法律法规解读

《中华人民共和国合同法》（以下简称《合同法》）第 10 条规定：“当事人订立合同，有书面形式、口头形式和其他形式。法律、行政法规规定采用书面形式的，应当采用书面形式。当事人约定采用书面形式的，应当采用书面形式。”第 11 条规定：“书面形式是指合同书、信件和数据电文（包括电报、电传、传真、电子数据交换和电子邮件）等可以有形地表现所载内容的形式。”第 33 条规定：“当事人采用信件、数据电文等形式订立合同的，可以在合同成立之前要求签订确认书。签订确认书时合同成立。”第 197 条规定：“借款合同采用书面形式，但自然人之间借款另有约定的除外。借款合同的内容包括借款种类、币种、用途、

---

① 砍头贷，是指贷款金额与实际到账金额不一致。比如，贷款合同金额 1 万元，实际到账7500 元，但是计算利息时，仍按照 1 万元计算。

数额、利率、期限和还款方式等条款。”上述条文规定了合同的形式，电子合同是一种书面合同，借款合同应采用书面形式，所以可以采取电子合同的方式签订。

《中华人民共和国电子签名法》第2条规定：“本法所称电子签名，是指数据电文中以电子形式所含、所附用于识别签名人身份并表明签名人认可其中内容的数据。本法所称数据电文，是指以电子、光学、磁或者类似手段生成、发送、接收或者储存的信息。”第3条规定：“民事活动中的合同或者其他文件、单证等文书，当事人可以约定使用或者不使用电子签名、数据电文。当事人约定使用电子签名、数据电文的文书，不得仅因为其采用电子签名、数据电文的形式而否定其法律效力。……”第13条规定：“电子签名同时符合下列条件的，视为可靠的电子签名：（一）电子签名制作数据用于电子签名时，属于电子签名人专有；（二）签署时电子签名制作数据仅由电子签名人控制；（三）签署后对电子签名的任何改动能够被发现；（四）签署后对数据电文内容和形式的任何改动能够被发现。当事人也可以选择使用符合其约定的可靠条件的电子签名。”第14条规定：“可靠的电子签名与手写签名或者盖章具有同等的法律效力。”第16条规定：“电子签名需要第三方认证的，由依法设立的电子认证服务提供者提供认证服务。”订立电子合同应采取电子签名，签字签名的法律效力在于：①确认经电子签名的文件主体；②确认该主体认可的文件内容。电子签名需要符合条件的第三方进行认证。

《合同法》第200条规定：“借款的利息不得预先在本金中扣除。利息预先在本金中扣除的，应当按照实际借款数额返还借款并计算利息。”第204条规定：“办理贷款业务的金融机构贷款的利率，应当按照中国人民银行规定的贷款利率的上下限确定。”《最高人民法院关于审理民间借贷案件适用法律若干问题的规定》第26条规定：“出借人请求借款人按照合同约定利率支付利息的，人民法院应予支持，但是双方约定的利率超过合同成立时一年期贷款市场报价利率四倍的除外。前款所称‘一年期贷款市场报价利率’，是指中国人民银行授权全国银行间同业拆借中心自2019年8月20日起每月发布的一年期贷款市场报价利率。”第30条规定：“出借人与借款人既约定了逾期利率，又约定了违约金或者其他费用，出借人可以选择主张逾期利息、违约金或者其他费用，也可以一并主张，但是总计超过合同成立时一年期贷款市场报价利率四倍的部分，人民法院不予支持。”第32条规定：“本规定施行后，人民法院新受理的一审民间借贷纠纷案件，适用本规定。借贷行为发生在2019年8月20日之前的，可参照原告起诉时一年期贷款市场报价利率四倍确定受保护的利率上限。……”上述条文规定借款合同中本金的认定，利息、罚息、违约金及其他费用的认定问题，因本案在2020年8月20日之前受理，参照上述司法解释规定，执行的法定最高利率标准是年利率24%。

【案例评析】

本案为武汉仲裁委员会受理某消费金融公司批量互联网金融纠纷案件中的一件，采用全流程线上仲裁的形式，当事人通过网上仲裁云平台提交材料、参与仲裁程序，仲裁员通过网上仲裁云平台进行线上审理。随着互联网发展不断融入社会生活，互联网金融纠纷数量逐年增多。现阶段互联网金融纠纷呈现出数量大、标的小、同质化的特点。这一类型案件法律关系明确、法律事实清晰，当事人争议不大，借款人分布在全国各地，适宜采用“互联网+”仲裁批量集中化解。

处理互联网金融纠纷关键在于两点：一是电子合同的认定；二是查明借贷法律事实。目前，电子合同广泛应用于互联网金融领域，但并不是所有电子合同都符合合同的成立要件，电子数据的真实性是审查的核心，需要从电子数据形式有效性和合同成立与生效的法定条件两个维度进行审核。透过电子数据的形式，互联网金融纠纷本质上还是借贷纠纷，在审理时应审慎审查双方履约情况，兼顾合同自愿性和法律强制性规定，适当参照最高人民法院相关司法解释，这也是依法进行仲裁裁决的应有之义。

互联网金融市场鱼龙混杂，近年来国家已从法律层面、制度层面、管理层面出发，从严从实加强对互联网金融市场的监管。针对今后互联网金融纠纷的化解，提出建议如下：

一是“互联网+”仲裁服务应专业化。选拔一批既懂互联网又懂法律的仲裁员，培养一支知识复合型的高素质秘书队伍，优化升级“互联网+”仲裁服务，加强对互联网发展和司法实务发展的理论研究，探索多元化解纠纷方式，拓宽网络仲裁服务边界，持续推动仲裁服务融入社会治理。

二是市场主体订立互联网金融合同应规范化。订立电子合同时，对合同内容进行固化，合理运用电子认证技术，使用符合法律规定的电子签名，对合同签订及履行进行完整的数据操作日志记录，加强电子合同的有效性。

三是技术手段应更加安全化。互联网金融纠纷涉及大量电子合同的数据信息，在信息存储、维护上要下功夫，防止信息被篡改、泄露或遗失，提高数据信息安全性和可靠性，让技术更好地服务社会生产和人民生活。

第二章

仲裁法的基本原则

“原则”一词来自拉丁语 principium，其基本含义是指开始、起源和基础。在法学中，法律原则是指可以为法律规则提供某种基础或本源的、综合性的、指导性的原理和准则。① 仲裁法的基本原则（fundamental principles of arbitration law），是指在仲裁活动中，仲裁机构、双方当事人及其他仲裁参与人必须遵循的、贯穿仲裁机构在仲裁过程的、以及在仲裁活动进行的各阶段起着主导作用的基本行为准则。仲裁法的基本原则主要包括自愿仲裁原则、依法仲裁原则以及仲裁独立原则。

第一节 自愿仲裁原则

自愿仲裁原则（principle of voluntary arbitration）是指当事人达成仲裁协议申请仲裁，选择仲裁机构及仲裁员，达成仲裁调解协议、和解协议等都必须出自其真实意愿，任何机关、组织和个人都不得强迫当事人仲裁，任何一方不得将自己的意志强加于对方。仲裁最本质的特征即尊重当事人的意愿，遵循意思自治原则。自愿原则既是这一本质的反映，也是仲裁这一纠纷解决方式的特点。自愿原则贯穿仲裁程序的始终，是仲裁制度的根本原则，也是仲裁制度存在和发展的基础。

仲裁制度强调的是当事人的意思自治，主要包含两个方面的内容：一方

① 参见舒国滢主编：《法理学》，中国人民大学出版社2007年版，第76页。

面，当事人有权决定采用仲裁方式解决民商事争议以及仲裁解决争议的程序制度；另一方面，当事人的意思自治不能违背社会公共秩序和善良风俗。《仲裁法》第4、6、16、18、30、31、39、40、44、49、51、54条的规定都是对当事人自愿原则的具体体现：

1. 以当事人双方自愿为前提提交仲裁

《仲裁法》第4条规定："当事人采用仲裁方式解决纠纷，应当双方自愿，达成仲裁协议。没有仲裁协议，一方申请仲裁的，仲裁委员会不予受理。"双方当事人自愿以仲裁方式解决纠纷是启动仲裁程序的必要前提。这是自愿原则最重要的体现。仲裁和诉讼是两种不同的纠纷解决方式。通过诉讼方式解决纠纷，无须当事人的合意，只需当事人一方向有管辖权的法院依法提交诉状即可。而仲裁方式解决纠纷，则必须基于双方当事人的合意。法院对争议事项的管辖权来自法律赋予的管辖权；而仲裁机构对争议事项的管辖权来源于当事人双方的授权，基于双方当事人的合意。

2. 仲裁机构和仲裁地点，由双方当事人协商选定

《仲裁法》第6条规定："仲裁委员会应当由当事人协议选定。仲裁不实行级别管辖和地域管辖。"仲裁不实行级别管辖和地域管辖，当事人双方协商选定仲裁委员会。也就是说，当事人可以任选共同信任并且对于纠纷处理比较方便的仲裁委员会进行仲裁，而不受地域因素、争议金额大小或案件难易程度、影响大小等因素影响，任何仲裁机构也不得强迫当事人违反其意志在其仲裁机构仲裁。

3. 仲裁庭的组成形式及仲裁员，由当事人选定

《仲裁法》第30条规定："仲裁庭可以由三名仲裁员或者一名仲裁员组成。由三名仲裁员组成的，设首席仲裁员。"第31条规定："当事人约定由三名仲裁员组成仲裁庭的，应当各自选定或者各自委托仲裁委员会主任指定一名仲裁员，第三名仲裁员由当事人共同选定或者共同委托仲裁委员会主任指定。第三名仲裁员是首席仲裁员。当事人约定由一名仲裁员成立仲裁庭的，应当由当事人共同选定或者共同委托仲裁委员会主任指定仲裁员。"上述规定表明，在仲裁中当事人有权自主决定仲裁庭的组成形式和仲裁员的选任，这是仲裁争议解决方式易于被当事人接受的原因，也是仲裁制度的优势

之一。

4. 提交仲裁的争议事项，由当事人双方约定

《仲裁法》第16条规定："仲裁协议包括合同中订立的仲裁条款和以其他书面方式在纠纷发生前或者纠纷发生后达成的请求仲裁的协议。仲裁协议应当具有下列内容：（一）请求仲裁的意思表示；（二）仲裁事项；（三）选定的仲裁委员会。"该条界定了仲裁协议是当事人自愿以仲裁方式解决纠纷的外在形式，其内容主要包括：一是法定内容，即法律规定仲裁协议必须具备的内容；二是约定内容，即法定内容外可由当事人自由约定的内容，当事人可以在不违反法律规定的前提下约定的事项。另外，《仲裁法》第18条规定："仲裁协议对仲裁事项或者仲裁委员会没有约定或者约定不明确的，当事人可以补充协议；达不成补充协议的，仲裁协议无效。"该条对内容不明确的仲裁协议作了补充规定。对于该类协议，双方有仲裁的意愿，只是内容有所欠缺，也应当受到尊重而不能被轻易否定。当事人双方可以协商确定仲裁事项的范围。仲裁机构必须在当事人约定的争议范围内作出裁决，超出范围的仲裁裁决，当事人可以申请法院撤销裁决或不予执行裁决。

5. 当事人可以约定开庭形式、审理方式等有关程序事项

《仲裁法》规定当事人可以对仲裁审理方式、开庭审理的方式、专门性问题的鉴定、仲裁和解、仲裁调解及裁决书的内容等程序事项进行约定。《仲裁法》第39条规定："仲裁应当开庭进行。当事人协议不开庭的，仲裁庭可以根据仲裁申请书、答辩书以及其他材料作出裁决。"第40条规定："仲裁不公开进行。当事人协议公开的，可以公开进行，但涉及国家秘密的除外。"第44条第1款规定："仲裁庭对专门性问题认为需要鉴定的，可以交当事人约定的鉴定部门鉴定，也可以由仲裁庭指定的鉴定部门鉴定。"第49条规定："当事人申请仲裁后，可以自行和解。达成和解协议的，可以请求仲裁庭根据和解协议作出裁决书，也可以撤回仲裁申请。"第51条第1款规定："仲裁庭在作出裁决前，可以先行调解。当事人自愿调解的，仲裁庭应当调解。调解不成的，应当及时作出裁决。"第54条规定："裁决书应当写明仲裁请求、争议事实、裁决理由、裁决结果、仲裁费用的负担和裁决日期。当事人协议不愿写明争议事实和裁决理由的，可以不写。裁

决书由仲裁员签名，加盖仲裁委员会印章。对裁决持不同意见的仲裁员，可以签名，也可以不签名。”因此，仲裁在程序性事项上具有灵活性，体现了仲裁制度对当事人意愿的尊重，也表明了仲裁制度在经济、效率等价值上的追求。

6. 自愿仲裁原则的限制

在我国，关于有效仲裁协议的内容，《仲裁法》做出了明确的规定。《仲裁法》第2条规定：“平等主体的公民、法人和其他组织之间发生的合同纠纷和其他财产权益纠纷，可以仲裁。”第3条规定：“下列纠纷不能仲裁：（一）婚姻、收养、监护、扶养、继承纠纷；（二）依法应当由行政机关处理的行政争议。”若涉及社会利益或不平等的主体之间的关系，则依法不能由当事人协议仲裁。

为避免不能以仲裁方式解决的争议提交仲裁机构处理而引出各种不利于争议解决的问题，争议当事人在订立仲裁协议时，可以按照仲裁机构推荐的示范仲裁条款来订立。

仲裁自愿原则体现了仲裁制度的本质，贯穿了从是否提交仲裁、由谁来仲裁到怎样仲裁的仲裁活动始终。我国仲裁法的仲裁自愿原则与国际上通行的“意思自治原则”相一致，不但尊重了当事人的真实意愿，而且有利于纠纷的迅速解决，体现了仲裁制度灵活性的特点。仲裁法上的许多具体制度如协议仲裁制度、仲裁员的选任制度等都是以仲裁自愿原则为基础制定的。

第二节　依法仲裁原则

依法仲裁原则（principle of arbitration according to law）是指以事实为根据，以法律为准绳，是我国法制建设的一项基本原则，也是《仲裁法》所确立的基本原则，即仲裁庭在查清事实的基础上，应当根据法律的有关规定确认当事人的权利和义务。《仲裁法》第7条规定：“仲裁应当根据事实，符合法律规定，公平合理地解决纠纷。”仲裁制度分为依法仲裁和依原则仲裁两种类型，依原则仲裁又称为友好仲裁制度，是指仲裁庭经过双方当事人授权，在认为严格适用法律规范会导致不公平的情况下，不依据严格的法律规范，而是依据它所认为的公平标准作出对双方有约束力的裁决方式。

根据《仲裁法》第7条与仲裁实践，明确有法律规定的依法裁定，在法律没有规定或法律规定不完备的情况下，仲裁庭可以按照公平合理的一般原则解决经济纠纷。该条所规定的“符合法律规定”，首先，要符合民事实体法的规定，包括立法机关依法制定的法律法规、最高人民法院作出的相关司法解释，以及对双方当事人具有约束力的国际公约等的规定。其次，必须符合仲裁程序法的规定，依法进行仲裁活动，维护当事人的程序性权利，保障仲裁程序的顺利进行。根据事实、符合法律是公正解决纠纷的基础和核心，是我国实行依法仲裁的依据。

依法仲裁的另一个要求是公平合理。公平合理原则是指仲裁庭在仲裁活动中必须保持中立，平等对待双方当事人，依据法律事实公平合理地作出裁决。公平合理原则作为解决纠纷的一般性原则，在仲裁活动中，主要体现在：①仲裁庭平等对待当事人，保障其权利义务平等；②仲裁庭应公平合理地作出裁决，遵循法律的精神和理念，即仲裁庭应在查清案件事实的基础上，正确适用法律，公平合理地确定当事人之间的权利、义务关系，以解决纠纷。为了保证仲裁能够公正地进行，我国《仲裁法》规定了较为完善的回避制度，同时，仲裁法对仲裁员的职业道德也提出了严格的要求，如严格保守仲裁事项所涉及的商业秘密，不得私自会见当事人、代理人或者接受当事人、代理人的请客送礼等，目的是避免仲裁中不公正现象的发生，从而维护仲裁员的公正形象。

第三节　仲裁独立原则

仲裁独立原则（principle of independence of arbitration）是仲裁法的重要原则，是保障仲裁公正性的前提。从仲裁机构的设置，到仲裁纠纷解决的整个过程，都具有独立性。《仲裁法》第8条规定：“仲裁依法独立进行，不受行政机关、社会团体和个人的干涉。”第 14 条进一步规定：“仲裁委员会独立于行政机关，与行政机关没有隶属关系。仲裁委员会之间也没有隶属关系。”显然，仲裁机构不隶属于任何行政机关；仲裁庭享有独立的仲裁权，仲裁委员会不作干预；法院对仲裁裁决虽然有必要的监督，也并不意味着仲裁附属于法院。仲裁独立原则包括以下方面内容：

1. 仲裁独立于行政

仲裁独立于行政是仲裁独立原则的核心内容。我国原仲裁体制中因仲裁机构附属于行政机关而导致行政权力对仲裁的干预，仲裁员被赋予一种行政管理权，仲裁手段、职能也带有鲜明的行政特点，使得仲裁实际上是一种行政裁断。确立仲裁独立于行政，对于消除我国仲裁长期以来具有的浓厚行政色彩具有积极作用。

《仲裁法》第 8 条确立了仲裁独立原则，结合第 14 条，明确了仲裁机构在设置上，不依附于任何机关、团体，在审理案件时，依法独立进行审理、裁决，不受任何机关、团体和个人的干涉。法院对仲裁裁决虽然有必要的监督，但并不意味着仲裁附属于法院。仲裁与行政脱钩，仲裁机构与行政机构不再具有隶属关系，仲裁员不再是承担管理职能的行政人员，这为独立、公正地进行仲裁提供了法律依据。

2. 仲裁机构具有独立性

仲裁机构，又称为仲裁委员会，是为了解决有仲裁协议的当事人之间的民商事纠纷而依法设立的管理机构，作为民间机构，不实行级别管辖和地域管辖。《仲裁法》第 14 条明确仲裁机构虽然由其所在市的人民政府有关部门组建，但仲裁机构与行政机关各自独立，相互之间不存在隶属关系，也不存在业务指导关系。《仲裁法》第 10 条第 1 款规定：“仲裁委员会可以在直辖市和省、自治区人民政府所在地的市设立，也可以根据需要在其他设区的市设立，不按行政区划层层设立。”也就是说，仲裁委员会是根据法定条件和程序组成的，依当事人之间所达成的仲裁协议受理并裁决法定范围内的民商或经济争议的常设性仲裁机构。因此，仲裁委员会作为民间性的组织，不按行政区划层层设立，独立于行政机关，与行政、司法机关没有隶属关系。各委员会之间也相互独立，无隶属关系，各自依据法律，独立仲裁案件。

3. 仲裁组织体系内的相对独立

《仲裁法》第 15 条规定："中国仲裁协会是社会团体法人。仲裁委员会是中国仲裁协会的会员。中国仲裁协会的章程由全国会员大会制定。中国仲裁协会是仲裁委员会的自律性组织，根据章程对仲裁委员会及其组成人员、仲裁员的违纪行为进行监督。中国仲裁协会依照本法和民事诉讼法的有关规定制定仲裁规则。"该条规定，作为社会团体法人的中国仲裁协会是仲裁委员会的自律性组织，其职责在于依据《民事诉讼法》与《仲裁法》制定统一的仲裁规则，并对仲裁委员会及其组成人员、仲裁员的违纪行为进行监督。尽管仲裁委员会是中国仲裁协会的会员，但中国仲裁协会与仲裁委员会之间，不是行政意义上的领导与被领导的关系，而只是组织体与成员之间的关系。仲裁庭是由当事人选定或仲裁机构指定的对仲裁案件的实体或部分程序问题予以审理、调解与裁决的临时性组织。虽然仲裁庭的成员由仲裁委员会聘任的仲裁员担任，但仲裁庭一旦组成，即可独立地行使对争议事项进行审理并作出裁决的权力，不受包括仲裁委员会在内的其他任何机构或组织的干预，因此，仲裁庭与仲裁委员会之间不存在领导与被领导或上下级的关系，仲裁委员会、中国仲裁协会都不能对仲裁庭审理和裁决案件本身实行干预。也就是说，仲裁组织体系内的仲裁协会、仲裁委员会和仲裁庭三者之间相对独立。

4. 仲裁庭独立行使仲裁权

仲裁庭是由当事人选定，或者其他有权机构依据当事人的授权或者依据法律或仲裁规则的规定所指定的仲裁员组成的，具体负责对已交付仲裁的争议事项进行审理，并作出裁决的组织。《仲裁法》第 4 章规定了仲裁程序，仲裁庭作为行使仲裁权的主体，对仲裁案件具有独立的审理权和裁决权，仲裁庭的独立性是案件公正裁决的基础。同时，仲裁庭对案件独立审理和裁决，不受包括仲裁委员会在内的任何机关、团体和个人的干预，司法只是对仲裁庭在审理案件的监督，同样也不能干预。

5. 仲裁员的独立

当事人对于仲裁的信任，包含了对仲裁机构的信任，但更多的是对仲裁员的信任。因此，信任因素是构建仲裁制度体系的核心，仲裁员的独立是当事人信任的首要因素。《仲裁法》第 13 条规定："仲裁委员会应当从公道正派的人员中聘任仲裁员。仲裁员应当符合下列条件之一：（一）通过国家统一法律职业资格考试取得法律职业资格，从事仲裁工作满八年的；（二）从事律师工作满八年的；（三）曾任法官满八年的；（四）从事法律研究、教学工作并具有高级职称的；（五）具有法律知识、从事经济贸易等专业工作并具有高级职称或者具有同等专业水平的。仲裁委员会按照不同专业设仲裁员名册。”

独立性是仲裁员应当具有的最基本规范，仲裁员的独立性也是仲裁结果公正的前提和保障。《仲裁法》第 8 条规定：“仲裁依法独立进行，不受行政机关、社会团体和个人的干涉。”由于仲裁是在仲裁员的主导下进行的，所以仲裁的独立进行必须以仲裁员的独立性为前提。仲裁员的独立性体现在以下几个方面：

（1）仲裁员应当独立

第一，独立于当事人。仲裁员应当独立于当事人，无论是当事人选定的仲裁员，还是仲裁机构指定的案件首席仲裁员，均不代表当事人一方的利益，应当于中立的第三者立场审判案件。仲裁员独立于当事人具体表现在仲裁员与当事人以及当事人代理人没有利害关系，这种利害关系可能体现于财务上、职业上、业务上和亲属上等。如果仲裁员与某方当事人或代理人存在可能影响独立性的利害关系，则应当根据《仲裁法》第 34 条提出回避，不应该继续担任该案件的仲裁员，当事人也有权根据《仲裁法》第 34 条对不具有独立性的仲裁员提出回避请求。

第二，独立于仲裁庭的其他成员。仲裁员独立于仲裁庭其他成员是指在案件有一名以上（通常有 3 名）仲裁员组成仲裁庭时，每个仲裁员应当独立地对案件进行分析判断，独立提出意见。仲裁庭的成员不应影响和干涉仲裁庭其他成员对案件发表意见。仲裁庭成员的相互独立是仲裁制度给予各方当事人选定仲裁员权利的必然要求，是仲裁各方当事人均能实现“自己选择自己法官”的保障手段之一。

第三，独立于仲裁机构。仲裁员独立于仲裁机构包括两方面的内容：一是对于争议进行仲裁的实体审判的是仲裁员而不是仲裁庭，仲裁员的独立审判权不受审判机关的任何干涉、剥夺和限制；二是体现在《仲裁法》第 38 条：“仲裁员有本法第三十四条第四项规定的情形，情节严重的，或者有本法第五十八条第六项规定的情形的，应当依法承担法律责任，仲裁委员会应当将其除名。”在仲裁机构中，为保证案件审理的质量和机构的声誉，仲裁机构会对仲裁员给予必要的监督。

（2）仲裁员应当公正

公正是包括仲裁在内的任何争议解决方式均遵循和追求的基本价值目标，也是当事人争议解决时最主要的心理期待。而仲裁的公正性主要通过仲裁员的公正性来实现。换言之，只有具备公正性的仲裁员才能实现仲裁的公正。因此，公正性是仲裁员应具备的最基本的道德规范之一，贯穿仲裁员仲裁行为的始终。

（3）仲裁员的回避

仲裁中当事人可以选择自己的“法官”即仲裁员，这是仲裁的主要优势。但当事人的这一权利也不能滥用。为了对这一权利进行必要的制约，保证仲裁案件审理的公正，《仲裁法》规定了回避制度。仲裁员的回避是指仲裁员具有影响或可能影响案件公正判决的情形时，依照法律的规定应当退出仲裁程序。

《仲裁法》第 34 条规定：“仲裁员有下列情形之一的，必须回避，当事人也有权提出回避申请：（一）是本案当事人或者当事人、代理人的近亲属；（二）与本案有利害关系；（三）与本案当事人、代理人有其他关系，可能影响公正仲裁的；（四）私自会见当事人、代理人，或者接受当事人、代理人的请客送礼的。”这表明回避是仲裁中一项重要的制度，能对仲裁案件审理中可能出现的徇私舞弊、枉法裁判起到提前预防的作用。

（4）仲裁员的披露责任

仲裁实践中当事人很难行使回避申请权，因为当事人很难查明仲裁员是否存在回避事由。建立仲裁员信息披露制度有助于当事人行使回避申请权。仲裁员信息披露是一项被普遍接受的制度，它要求仲裁员应当将可能影响到商事仲裁程序中仲裁员公正性的情形向当事人以及其他仲裁员披露。值得注意的是，仲裁制度以当事人意思自治为基础，因此，披露并不必然导致仲裁员退出仲裁活动，只要在及时披露并使当事人知晓的情况下，当事人没有提出回避申请的，该仲裁员仍可接受指定或继续履行其仲裁员的职责。

练 习 题

一、思考题

1. 我国仲裁法的基本原则有哪些，如何理解？

2. 商事仲裁、劳动仲裁、行政仲裁的区别是什么？

二、司法考试试题

1. 下列关于仲裁与诉讼的表述哪些是正确的？（2005年·卷三·40题）

A. 仲裁庭行使仲裁权的基础是当事人的协议授权；而法院行使审判权的基础是国家权力

B. 仲裁不实行级别管辖与地域管辖，而诉讼则实行级别管辖与地域管辖

C. 仲裁当事人对仲裁庭的组成形式有选择权，而诉讼当事人则无权选择

D. 仲裁属于社会救济制度，而诉讼则属于公力救济制度

2. 下列有关仲裁与诉讼制度的表述中，哪些符合我国现行法律规定？（2005年·卷三·45题）

A. 仲裁原则上应不公开进行，而民事诉讼则原则上应公开进行

B. 仲裁制度中只存在仲裁中的财产保全，而民事诉讼制度中则既存在诉前财产保全，也存在诉讼中财产保全

C. 仲裁与民事诉讼中均存在书面审理方式

D. 在仲裁与民事诉讼中，自愿调解与先行调解是两种并行的调解方式

三、案例

案例一：湖南华厦建筑有限责任公司与常德工艺美术学校不服执行裁定申诉案

湖南华厦建筑有限责任公司（以下简称湖南华厦）作为承包方与常德工艺美术学校（以下简称常德工美）作为发包方就学校拟建学生宿舍楼事宜，签订了3份合同。2007年11月30日，常德工美与湖南华厦签订“常德工艺美术学校学生宿舍楼施工承包合同书”，双方约定：本合同在履行过程中发生的争议，由双

方当事人协商解决，协商不成的提交常德仲裁委员会仲裁。2008 年 3 月 20 日常德工美与湖南华厦签订“常德工艺美术学校学生宿舍楼施工承包合同补充协议”，约定：未尽事宜仍可经双方协商签补充协议，所签补充协议与前签协议有同等效力，且补充条款是最终履约依据。

2011 年 7 月 7 日，湖南华厦因其与常德工美发生工程欠款纠纷到常德仲裁委员会申请仲裁，要求裁令常德工美支付工程款 2 902 107.5 元及工程款利息 156 713.81元。常德工美提出仲裁反申请，要求湖南华厦赔偿因其延误工期、施工质量低劣致使常德工美遭受的损失。常德仲裁委员会委托对工程造价依合同约定的结算标准进行了司法鉴定，鉴定两部分的工程造价为 1 471 605 元。①

【常德仲裁委员会的裁决】

2012 年 1 月 6 日，常德仲裁委员会作出（2011）常仲裁字第 163 号裁决，确认：常德工美已向湖南华厦给付工程款 2 367 067 元，余款未付。裁令：①常德工美在收到裁决书之日起 10 日内向湖南华厦支付工程欠款 2 442 792.16 元；②常德工美在收到裁决书之日起 10 日内向湖南华厦支付常德工美学生宿舍楼主体建筑工程款利息；③常德工美请求湖南华厦赔偿工期延误以及质量不合格等造成的各项损失 600 000元的请求不予支持。

【常德市中级人民法院的裁定】

常德工美向常德市中级人民法院申请不予执行该仲裁裁决，常德市中级人民法院裁定驳回了不予执行申请。

【湖南省高级人民法院的裁定】

常德工美向湖南省高级人民法院申诉，请求监督。主要理由是：①双方实际履行的协议和补充协议没有仲裁条款，常德仲裁委员会对案件进行仲裁错误；②仲裁认定事实的主要证据不足，工程中标价为 1 671 814 元，不含水电安装工程、装饰工程等，但仲裁认定水电安装及装饰工程部分造价 147 万元，超出仲裁协议范围，应不予执行。

湖南省高级人民法院经审查认为，双方于 2007 年 11 月 30 日签订的协议虽然没有约定处理争议的管辖方式，但双方于 2007 年 12 月 8 日经过招投标而签订的合同明确约定，双方发生争议由常德仲裁委员会管辖，该合同是在行政规章要求

① 参见最高人民法院办公厅编：《中华人民共和国最高人民法院公报（2016 年卷）》，人民法院出版社 2017 年版，第 120 页。案号：（2015）执申字第 33 号。

下进行的，是依法定程序签订的合法有效协议，应当遵照执行。该合同明确了协议仲裁管辖，故常德仲裁委员会对该案具有管辖权。同时，该合同也明确约定桩基础、室内外装饰、门窗、水电安装及附属工程等是不包含在承包范围内的，补充协议虽然对水电安装和装饰部分造价作了约定，但并未约定争议的解决方式，因此，水电安装及装饰工程等工程造价不属于仲裁协议的范国，但裁决书对这部分工程造价作出裁决，超出了仲裁裁决范围。依照当时生效的《民事诉讼法》第213条第2款第2项、《最高人民法院关手人民法院执行工作若干问题的规定（试行)》第129条的规定，裁定：①撤销常德市中级人民法院（2012）常执不字第8号执行裁定；②对常德仲裁委员会（2011）常仲裁字第163号仲裁裁决不予执行。

【最高人民法院的裁定】

湖南华厦不服湖南省高级人民法院执行裁定，向最高人民法院申诉，理由之一是湖南省高级人民法院（2013）湘高法执监字第14号执行裁定事实认定不清。一是该裁定称仲裁裁决超出合同约定。在招标合同中，水电及装饰部分是不包含在内的，补充协议也确定不是与主体一同计算的，而且，补充协议对水电安装和装饰部分造价作了约定，但并未约定争议的解决方式，仲裁裁决也指出关于这部分的造价未经招标而无效，但裁决书对这部分工程造价作出裁决，是超出了仲裁裁决范围的。这与双方签订的“建设工程施工合同”（GF-1999-0201）第10条37.1对争议的约“常德工艺美术学校学生宿舍楼施工承包合同书”第8条、第10条的约定、“常德工艺美术学校学生宿舍楼施工承包合同补充协议”第3条内容不符。二是双方实际选择的争议解决方式为仲裁，在仲裁庭审笔录中双方都明确表示同意仲裁管辖。常德工美在仲裁中，就补充协议部分工程造价向仲裁委员会申请了司法鉴定，常德工美缴纳了鉴定费，仲裁委员会依据该鉴定结论作出裁决。

最高人民法院认为：关于主合同约定的争议解决方式是仲裁，补充协议没有约定争议解决方式，仲裁机构是否可对主合同和补充协议一并进行仲裁的问题，当事人自愿达成合法有效协议或仲裁条款选定仲裁机构解决其争议纠纷，是采用仲裁方式解决争议纠纷的前提。如果当事人没有约定其争议纠纷由仲裁机构解决，通常情况下，仲裁机构无权对该争议纠纷予以仲裁。但存在主合同与补充协议的情形时，当事人在主合同中约定其争议纠纷由仲裁机构解决，对于没有约定争议纠纷解决方式的补充协议可否适用该约定，其关键在于主合同与补充协议之间是否具有可分性。如果主合同与补充协议之间是相互独立且可分的，那么，在没有特别约定的情况下，对于两个完全独立且可分的合同或协议，其争议解决方式应按合同或补充协议约定处理。如果补充协议是对主合同内容的补充，必须依附于主合同，而不能独立于主合同存在，那么，主合同所约定的争议解决条款也适用于补充协议。

本案中，双方当事人于2007年12月28日经过招投标而签订的合同明确约定，双方当事人发生争议由常德仲裁委员会管辖，故常德仲裁委员会对该案具有管辖权。此后双方当事人于2008年3月20日签订的补充协议明确约定双方已于2007年12月28日签订了合同，为完善条款，对未尽事宜和可能出现的新问题补签该补充协议，且明确约定“所签补充协议与前签协议有同等效力”。由此可见，主合同所约定的发生争议提交常德仲裁委员会仲裁的争议解决条款也应适用于补充协议。此外，依据法律规定，当事人对仲裁协议的效力有异议，应当在仲裁庭首次开庭前提出。本案中湖南华厦向常德仲裁委员会申请仲裁后，常德工美并没有在仲裁庭首次开庭前对仲裁协议的效力提出异议，而是向常德仲裁委员会提出仲裁反申请，并申请常德仲裁委员会委托对水电工程和装饰工程的工程造价依合同约定的结算标准进行了司法鉴定，这表明双方认可依照约定选择的常德仲裁委员会解决双方工程欠款纠纷。常德工美在向湖南省高级人民法院申诉中称双方实际履行的合同和补充协议没有仲裁条款，常德仲裁委员会对案件进行仲裁错误的理由不予支持。故湖南省高级人民法院（2013）湘高法执监字第14号执行裁定中有关“补充协议并未约定争议的解决方式，因此，补充协议中水电安装及装饰工程等工程造价不属于仲裁协议的范围，仲裁裁决书对这部分工程造价作出裁决，超出了仲裁裁决范围”部分的认定不正确，应予纠正。常德市中级人民法院（2012）常执不字第8号执行裁定结果正确，应予维持。

【案例评析】

本案的争议焦点在于在补充协议没有约定争议解决方式的情况下，补充协议是否受主合同约定的仲裁条款约束，有关补充协议的裁决部分是否超出仲裁协议范围。主要在以下几个方面：

第一，常德工美向湖南省高级法院所提申诉理由增加“双方实际履行的协议和补充协议没有仲裁条款”等内容，因常德工美向常德市级中级人民法院和湖南省高级人民法院所提请求均为不予执行仲裁裁决，其前后请求并未发生改变，湖南省高级人民法院针对常德工美所提请求，并结合具体申诉理由进行审查并无不当。

第二，当事人自愿达成合法有效协议或仲裁条款选定仲裁机构解决争议纠纷，系采用仲裁方式解决争议纠纷前提。如当事人未约定仲裁解决，通常情况下，仲裁机构无权仲裁。但存在主合同与补充协议情形，当事人在主合同中约定其争议纠纷由仲裁机构解决，对于未约定争议纠纷解决的补充协议可否适用该约定，关键在于主合同与补充协议之间是否具有可分性。如两者相互独立且可分，则在无特别约定情况下，争议解决方式应按合同或补充协议约定处理。如补充协议系对主合同内容补充，须依附于主合同，而不能独立于主合同存在，则主合同所约定争议解决条款亦适用于补充协议。本案双方经招投标后所签合同明确约定仲裁管辖，故仲裁机构具有管辖权。此后补充协议约定“与前签协议有同等效力”。由此可见，主合同所约定的发生争议提交仲裁解决条款亦应适用于补充协议。

第三，当事人对仲裁协议效力有异议，依法应在仲裁庭首次开庭前提出。本案湖南华厦申请仲裁后，常德工美在首次开庭前并未对仲裁效力提出异议，而是提出反申请，表明双方认可依约选择的仲裁委员会作为解决双方工程欠款纠纷，故裁定维持常德市中级人民法院不予执行裁定。

自愿仲裁原则是仲裁制度的基石，仲裁委员会对案件是否有管辖权，取决于当事人双方是否对此达成了仲裁协议。如果裁决的事项不属于仲裁协议范围，超出仲裁协议约定的仲裁范围的部分就有被撤销的风险。通常情况下，仲裁协议是确定案件以仲裁方式解决的唯一依据。当事人采用仲裁方式解决纠纷，应当双方自愿达成仲裁协议；在未达成仲裁协议的情况下，不能以任何形式推定双方接受仲裁条款约束。但存在主合同与补充协议的情形，考虑到二者之间的特殊关系，补充协议可否适用主合同约定的仲裁条款，需具体分析。

我国法律并未对“主合同”与“补充协议”作出意思明确、边界清晰的定义。“主合同”在《中华人民共和国担保法》（以下简称《担保法》）中作为与从合同相对、不依附于其他合同而独立存在的合同出现过。《担保法》第 5 条第 1 款规定：“担保合同是主合同的从合同，主合同无效，担保合同无效。担保合同另有约定的，按照约定。”而“补充协议”则作为合同约定不明时的补救措施在《合同法》中提及。《合同法》第 61 条规定：“合同生效后，当事人就质量、价款或者报酬、履行地点等内容没有约定或者约定不明确的，可以协议补充；不能达成补充协议的，按照合同有关条款或者交易习惯确定。”

一般而言，主合同可以理解为包含当事人名称、标的、数量且不依赖于其他合同而独立存在的合同；补充协议则依不同情况可区分为完善性补充协议、变更型补充协议和关联型补充协议。双方在主合同签订之后，对主合同就质量、价款或者报酬、履行地点等内容没有约定或约定不明的，通过补充协议进行补充，为完善型补充协议。对主合同中原有约定进行变更的，例如数量、价格等进行调整，为变更型补充协议。关于解除合同的补充协议，亦可以归入此类。由于“补充协议”缺乏明确的定义，实践中当事人可能把在主合同履行当中签订的、与主合同有一定关系的其他协议都视为或命名为“补充协议”，即关联型补充协议。其中可能包括双方对与主合同有关联、涉及其他法律关系的合同，如租赁合同的双方在主合同履行期间签订的有关租赁房屋转让、以租金抵扣房款的补充协议。甚至部分补充协议，虽冠此名，但主体都可能存在变更，如原为股东双方所签订的主合同，但此后双方股东及项目公司三方共同签订补充协议，这种情况在实务中亦是存在的。

关于主合同与补充协议的关系，应针对不同类型的补充协议区别对待。对于完善型补充协议，由于该类协议仅是明确主合同所缺乏的非必要事项，不包含不同于主合同的标的、数量，本身不成立独立的合同，必须依附于主合同而存在，因此该类补充协议属于主合同内容的延伸，是主合同的一部分。变更型补充协议可能涉及合同必要事项的更改，但其成立与主合同具有密切关系，是其延伸，其约定的内容，如无相反约定，亦应当认为是构成合同的一部分。至于关联型补充协议，由于其目的并非出于完善主合同，通常含有不同于主合同的标的、数量等内容，故其成立与否不依赖于主合同，是与主合同相互独立的另一合同。换言之，后者仅仅披着补充协议之名，实则并不完全具备“补充”二字的原义。

针对主合同中约定的仲裁条款是否适用于补充协议的问题，其处理依照主合同与不同类型补充协议的不同关系而定。由于完善型补充协议必须依附于主合同，是主合同的一部分，所以主合同的仲裁条款理应适用于补充协议。变更型补充协议的认定亦同于此。对于关联型补充协议，由于其与主合同可能是两个相互独立的法律关系，并不当然构成主合同的一部分，考虑到仲裁制度的仲裁自愿原则，主合同中约定的仲裁条款也并不当然适用于补充协议。

本案中，常德工美与湖南华厦签订的建设工程施工合同约定了合同工程承包的范围、价款，并约定本合同履行中“双方当事人发生争议由常德仲裁委员会管辖”。之后，双方又签订了补充协议，明确双方签订该协议的目的是“为完善”建设工程施工合同条款，“对未尽事宜和可能出现的新问题”进行补签，内容主要为工程预算的编制，并约定“所签补充协议与前签协议有同等效力”。

本案建设工程施工合同具备合同成立的必备要素，不以其他合同为基础，是独立存在的主合同。补充协议的目的是完善建设工程施工合同，主要内容是对建设工程施工合同未明确的工程预算作出约定，不含独立的标的及数量等合同成立的必备条件，为依附于主合同、不能独立存在的“完善型补充协议”。因此，本案建设工程施工合同所含仲裁条款适用于作为主合同一部分的补充协议。由于补充协议对水电安装和装饰部分造价作出约定，所以有关该部分的裁决未超出仲裁协议范围。当然，假如补充协议对争议解决条款有不同约定，则该约定亦应当适用。但在本案情况下，此种约定并不存在，故应当将仲裁条款一体适用，此种处理即符合合同原义，也符合争议解决的效率原则和价值取向。

案例二：合同约定“发生纠纷或仲裁或诉讼”的，如何确定该条款的效力

【案情简介】

2011年12月23日，云南铜业与金链德公司在云南省昆明市签订编号为Cu2012－bj03的“阴极铜买卖合同”，约定金链德公司向云南铜业购买阴极铜。双方就货物的数量、价格及具体权利义务作了约定。合同签订后，云南铜业向金链德公司交付了货物，但金链德公司未按合同约定履行付款义务。

2014年10月30日，云南铜业与金链德公司经结算确认，截至2014年10月30日，金链德公司欠云南铜业货款156 937 561.72元，不含违约金、利息、罚息等。双方据此签订了“债权债务确认书”。×××、秦淑珍与云南铜业另签订两份“抵押合同”，以名下房屋所有权为上述债务提供抵押担保，×××并向云南铜业出具“还款承诺书”，承诺为上述债务承担连带保证责任。

后因三被告均未履行还款义务和担保责任，云南铜业诉至法院请求判令金链德公司偿还欠款，×××、秦淑珍承担担保责任。法院受理后，金链德公司与×××、秦淑珍在答辩期内分别提出管辖权异议。金链德公司认为，按照其与云南铜业签订的“阴极铜买卖合同”第12条“关于执行协议所发生的一切争议由昆明仲裁委员会进行仲裁”的约定，双方纠纷应由昆明仲裁委员会仲裁，云南省

高级人民法院对本案无管辖权。×××和秦淑珍认为：其与云南铜业之间不存在买卖关系，也未签订买卖合同，根据《民事诉讼法》第21条第1款的规定，本案应由×××、秦淑珍住所地法院，即天津市高级人民法院管辖，故请求将本案移送至天津市高级人民法院审理。①

【云南省高级人民法院的裁定】

云南省高级人民法院认为，本案是云南铜业基于其与金链德公司签订的“阴极铜买卖合同”而发生的请求金链德公司支付所欠货款，并由×××、秦淑珍承担担保责任的买卖合同纠纷。“阴极铜买卖合同”的签订地为云南省昆明市，其中第12条约定：“凡因执行本协议所发生的一切争执，双方应友好协商解决，如果协商不能获得解决，则可选择仲裁，或者向合同签订所在地的人民法院通过法律诉讼解决。”云南铜业向云南省高级人民法院提起民事诉讼，符合双方合同争议可向合同签订地人民法院提起诉讼解决的约定，且该协议管辖的内容符合《民事诉讼法》第34条规定的“合同或者其他财产权益纠纷的当事人可以书面协议选择被告住所地、合同履行地、合同签订地、原告住所地、标的物所在地等与争议有实际联系的地点的人民法院管辖，但不得违反本法对级别管辖和专属管辖的规定”之规定，故云南省高级人民法院对本案有管辖权，金链德公司的管辖异议不能成立；因本案所涉基础法律关系为云南铜业与金链德公司之间的阴极铜买卖合同关系，云南省高级人民法院根据合同中关于管辖的约定审理本案亦符合《民事诉讼法》和最高人民法院的相关规定，×××、秦淑珍的管辖异议亦不能成立，故裁定驳回金链德公司和×××、秦淑珍提出的管辖权异议。

【最高人民法院的裁定】

最高人民法院认为，本案争议焦点是如何理解和认定云南铜业与金链德公司签订的买卖合同中争议解决条款的效力。

首先，本案为买卖合同及担保纠纷，其中主合同为云南铜业与金链德公司之间的“阴极铜买卖合同”，从合同为云南铜业与×××、秦淑珍之间的担保合同。《最高人民法院关于适用〈中华人民共和国担保法〉若干问题的解释》第129条第1款规定：“主合同和担保合同发生纠纷提起诉讼的，应当根据主合同确定案件管辖。……”因此，本案应根据云南铜业与金链德公司之间的“阴极铜买卖合

① 参见中国裁判文书网，https://wenshu.court.gov.cn/website/wenshu/181029CR4M5A62CH/index.html?，2022年5月3日访问。案号：（2016）最高法民辖终284号。

同”确定管辖法院。

其次，云南铜业与金链德公司签订的“阴极铜买卖合同”第12条约定：“凡因执行本协议所发生的一切争执，双方应友好协商解决，如果协商不能获得解决，则可选择仲裁，或者向合同签订所在地的人民法院通过法律诉讼解决”。该条款约定了仲裁或诉讼两种选择性的争议解决方式，系“或裁或诉”条款。争议解决条款是当事人依据意思自治原则选择争议解决方式的约定，性质上属于当事人之间关于争议解决方式达成的契约，在没有禁止性规定的情况下，应在最大限度上尊重当事人的意思自治，这符合现代民事纠纷合意解决机制的价值理念。因此，应根据当事人在约定条款中的真实意思表示，对条款中仲裁或诉讼管辖约定的效力分别作出认定，约定部分无效的，并不当然导致争议解决条款整体无效。《最高人民法院关于适用〈中华人民共和国仲裁法〉若干问题的解释》第7条规定：“当事人约定争议可以向仲裁机构申请仲裁也可以向人民法院起诉的，仲裁协议无效。……。”合同第12条关于约定仲裁的部分违反上述规定，应属无效；关于向合同签订地法院提起诉讼的约定，应根据《民事诉讼法》第34条有关约定管辖的规定认定。本案主合同签订地为云南省昆明市，双方约定的管辖法院明确、唯一，与合同有实际联系，也不违反级别管辖和专属管辖的规定，应认定有效。

最后，本案诉讼标的额超过1.5亿元，且原审被告金链德公司、×××、秦淑珍住所地均不在云南省行政辖区，根据最高人民法院《全国各省、自治区、直辖市高级人民法院和中级人民法院管辖第一审民商事案件标准》的规定，达到云南省高级人民法院管辖第一审民商事案件诉讼标的额标准。综上，云南省高级人民法院对本案有管辖权，×××、秦淑珍的上诉理由不能成立，不予支持。

【案例评析】

本案的核心是如何认定或裁或审条款的效力。《最高人民法院关于适用〈中华人民共和国仲裁法〉若干问题的解释》第7条的规定“当事人约定争议可以向仲裁机构申请仲裁也可以向人民法院起诉的，仲裁协议无效。但一方向仲裁机构申请仲裁，另一方未在仲裁法第二十条第二款规定期间内提出异议的除外。”据此，在司法实践中，我国法院原则上认定或裁或审条款中包含的仲裁协议无效，但对于其中诉讼管辖的约定是否有效，我国法院仍存在不同的处理意见。一种处理意见认为，或裁或审条款实际上同时约定了仲裁和诉讼这两种相互排斥的争议解决方式，从而导致争议的管辖权不明，因此无论是仲裁协议还是诉讼管辖约定均属于无效约定，应当按法定的诉讼管辖规则重新确定案件的管辖法院；另一种意见则认为，或裁或审条款中同时约定了仲裁和诉讼两种争议解决方式，没有排除法院的诉讼管辖权，因此仲裁协议无效，但这并不一定意味着其中诉讼管辖的约定一并归于无效，如果该诉讼管辖约定符合《民事诉讼法》中关于约定管辖的规定，应当认定该约定有效，并根据该约定确定案件的管辖法院。

第三章

仲裁法的基本制度

仲裁法的基本制度，是指在仲裁活动中，约束仲裁组织、双方当事人及其他仲裁参与人的基本行为规范。较仲裁法的基本原则而言，仲裁法的基本制度具有具体性、阶段性、直接适用性的特点。因为基本制度是直接约束仲裁组织和仲裁参与人进行仲裁活动的具体行为规范，故比较明确、具体；同时，基本制度仅针对仲裁活动中的某一阶段或某些环节，因此具有实用性和针对性。仲裁法的基本制度不同于仲裁法的基本原则，仲裁法的基本原则具有高度抽象性和宏观指导性，贯穿于仲裁活动的始终，体现在仲裁活动的各个方面。

关于仲裁法的制度体系，学界也有不同观点。有学者认为仲裁法制度包括：一裁终局制度；仲裁时效制度；仲裁代理制度；仲裁证据制度；仲裁回避制度和仲裁财产保全制度。① 有学者认为仲裁法制度包括：或裁或审制度；开庭和不公开仲裁制度；回避制度；一裁终局制度。② 有学者认为仲裁法制度包括：协议仲裁制度；或裁或审制度；一裁终局制度；秘密仲裁制度。③ 也有学者认为仲裁法制度包括：协议仲裁制度；或裁或审制度；一裁终局制度；回避制度和法院监督制度。④ 还有学者认为仲裁法制度包括：协议仲裁制度；“或裁或审”制度和“一裁终局”制度；仲裁证据制度；仲裁回避制

---

① 参见谭兵主编：《中国仲裁制度研究》，法律出版社 1995 年版，第 213 页。

② 参见杨荣新主编：《仲裁法理论与适用》，中国经济出版社 1998 年版，第 118 ~ 123 页。

③ 参见马永双主编：《仲裁法导论》，中国社会出版社 2005 年版，第 30 ~ 33 页。

④ 参见宋朝武：《中国仲裁制度：问题与对策》，经济日报出版社 2002 年版，第 47 页。

度；司法对仲裁的监督制度。[①]

确定仲裁法的基本制度，应当结合仲裁法的规定和仲裁法制度的特点加以考虑。仲裁法的基本制度应当包括以下几种。

第一节　协议仲裁制度

协议仲裁制度（arbitration by agreement）是指当事人向仲裁机构申请仲裁，必须以当事人双方达成的仲裁协议为依据，没有仲裁协议，仲裁机构不予受理的制度，也是我国仲裁法规定的自愿仲裁原则的具体体现。《仲裁法》第4条规定："当事人采用仲裁方式解决纠纷，应当双方自愿，达成仲裁协议。没有仲裁协议，一方申请仲裁的，仲裁委员会不予受理。"该条明确了协议仲裁制度的核心是仲裁协议。

协议仲裁制度主要包括两个方面：第一，仲裁协议是仲裁制度的核心；第二，仲裁机构受理争议案件的基础是当事人各方的协议授权。

仲裁协议是指双方当事人自愿达成的将他们之间已经发生或将来可能发生的合同纠纷或其他财产权益纠纷，提请仲裁机构仲裁解决的书面意思表示，也是授予仲裁机构对仲裁案件的仲裁权，并排除法院司法管辖权的法律依据。如果没有这种表示双方共同意愿的仲裁协议，仅凭当事人单方面的意愿是无法将纠纷提交仲裁的。根据1985年《国际商事仲裁示范法》第7条第1款的规定："'仲裁协议'是指当事各方同意将在他们之间确定的不论是契约性或非契约性的法律关系上已经发生或可以发生的一切或某些争议提交仲裁的协议。仲裁协议可以采取合同中的仲裁条款形式或者单独的协议形式。"可见，仲裁协议包含3层意思：第一，当事人将纠纷提交仲裁的意愿；第二，选定了特定的仲裁机构；第三，提交仲裁是双方共同的意思表示。也即，当事人双方不仅要在仲裁协议中明确记载将特定纠纷提交仲裁解决的共同意思表示，

① 参见湖北省法学会仲裁法研究会编：《中国仲裁史稿》，法律出版社2018年版，第525～535页。

还要协商选择特定的仲裁机构。如果没有体现双方当事人共同授权的要求特定仲裁机构解决纠纷的仲裁协议，任何仲裁机构都无权受理任何一方仅凭自己单方面的意愿而提交仲裁的纠纷案件。因此，仲裁协议是仲裁制度的灵魂，协议仲裁制度是仲裁的根本制度。

协议仲裁制度的确立是由仲裁的本质属性决定的，是各国仲裁制度所奉行的基本制度，也是我国已经由行政仲裁走向民间仲裁的标志。它充分体现了当事人意思自治原则，从而保证仲裁裁决的公平公正。[①] 有学者言："在仲裁中，当事人意思自治原则是仲裁得以生存和繁茂的基石，是仲裁的灵魂和基础。"[②] 也有学者言："尊重当事人在纠纷解决机制领域内的意思自治也就实现了纠纷的公正解决。"[③] 协议仲裁制度为遵循仲裁的内在规律，独立、公正地解决各类民商事纠纷奠定了基础。

第二节　或裁或审制度

或裁或审制度（arbitration or litigation）是指争议发生之前或之后，当事人有权选择解决争议的途径，或者双方达成协议，将争议提交仲裁解决，或者向人民法院提起诉讼，通过诉讼途径解决争议。

《仲裁法》第5条规定："当事人达成仲裁协议，一方向人民法院起诉的，人民法院不予受理，但仲裁协议无效的除外。"该条明确了或裁或审制度是仲裁法基本制度之一，当事人选择解决争议途径时，在仲裁与审判中只能二者取其一，而不能同时选择仲裁和审判，如果当事人同时选择了仲裁和诉讼作为争议解决方式，无疑会对争议的解决造成巨大的障碍。这不仅会导致平行程序的发生，产生不一致的裁判结果，也会增加不必要的成本，延长

---

① 参见湖北省法学会仲裁法研究会编：《中国仲裁史稿》，法律出版社2018年版，第526页。

② 曾青、邓建民主编：《新编仲裁法学》，电子科技大学出版社2005年版，第10页。

③ 侯登华：《仲裁协议制度研究》，中国政法大学2004年博士学位论文，第14页。

争议解决的时间。[①] 因此《最高人民法院关于适用〈中华人民共和国仲裁法〉若干问题的解释》第7条规定："当事人约定争议可以向仲裁机构申请仲裁也可以向人民法院起诉的，仲裁协议无效……"

或裁或审制度的含义主要体现在两个方面。第一，当事人之间达成仲裁协议的，争议发生后，应当向仲裁机构申请仲裁。仲裁是当事人自愿选择的一种争议解决方式，仲裁协议一经达成，即对当事人各方产生相应的约束力，任何一方均应信守契约，将仲裁协议约定事项所发生的争议提请仲裁机构解决。第二，人民法院不受理当事人之间存在仲裁协议的争议案件。[②]《民事诉讼法》第127条第2项规定："依照法律规定，双方当事人达成书面仲裁协议申请仲裁，不得向人民法院起诉的，告知原告向仲裁机构申请仲裁。"该款规定，是指对于当事人各方已合意达成仲裁协议的争议，意味着排斥了人民法院对该争议的司法管辖权。因此，当事人将存在仲裁协议的争议起诉至人民法院，人民法院不得受理。当然，如果当事人在起诉时未声明有仲裁协议时，根据《仲裁法》第26条规定："当事人达成仲裁协议，一方向人民法院起诉未声明有仲裁协议，人民法院受理后，另一方在首次开庭前提交仲裁协议的，人民法院应当驳回起诉，但仲裁协议无效的除外；另一方在首次开庭前未对人民法院受理该案提出异议的，视为放弃仲裁协议，人民法院应当继续审理。"显然，当事人一旦达成仲裁协议，选择了以仲裁方式解决双方当事人的纠纷，就意味着双方当事人放弃了通过诉讼方式由人民法院对纠纷案件进行审理的诉讼权利，且这种纠纷解决方式是当事人合意选择的结果。

在下列特殊情况下，人民法院对已有仲裁协议的争议案件拥有管辖权。

（1）仲裁条款、仲裁协议无效或者失效或者内容不明确无法执行的。

（2）当事人在仲裁条款或仲裁协议中选择的仲裁机构不存在或者选择裁决的事项超越仲裁机构权限的。

---

① 参见杜涛、张炳南："我国'或裁或审'条款的反思与突破——兼评《仲裁法司法解释》第7条"，载《时代法学》2020年第1期，第36页。

② 参见宋朝武主编：《仲裁法学》，北京大学出版社2013年版，第30页。

（3）一方当事人起诉时未声明有仲裁协议，另一方在首次开庭前未对人民法院受理该案提出异议并应诉且进行了实质性答辩的，应视为双方当事人已放弃了原有的仲裁协议，案件可以继续进行审理。

第三节 一裁终局制度

一裁终局制度是指仲裁机构受理并经仲裁庭审理的纠纷，一经仲裁庭裁决，该裁决即发生终局的法律效力，当事人不能就同一纠纷向人民法院起诉，也不能向其他仲裁机构再申请仲裁。在这种制度下，仲裁裁决在当事人之间的效力相当于法院的终审判决，对当事人有着严格的约束力，非经法定程序不得撤销。①

《仲裁法》第 9 条第 1 款规定："仲裁实行一裁终局的制度。裁决作出后，当事人就同一纠纷再申请仲裁或者向人民法院起诉的，仲裁委员会或者人民法院不予受理。"该款规定了裁决具有终局法律效力，排除了我国沿用多年的一裁二审的可能性，同时也排除了一裁一复和二裁终局的可能性，确立了一裁终局制度是我国仲裁制度必须遵循的一项基本制度。

《仲裁法》第 9 条第 2 款规定："裁决被人民法院依法裁定撤销或者不予执行的，当事人就该纠纷可以根据双方重新达成的仲裁协议申请仲裁，也可以向人民法院起诉。"《仲裁法》第 62 条规定："当事人应当履行裁决。一方当事人不履行的，另一方当事人可以依照民事诉讼法的有关规定向人民法院申请执行。受申请的人民法院应当执行。"上述规定确立了仲裁裁决一经仲裁庭作出，即发生法律效力的终局裁决。

一裁终局制度主要包含几方面：第一，仲裁庭对当事人依据仲裁协议提请仲裁解决的争议案件一经审理并作出仲裁裁决，任何一方当事人不得就同一纠纷再次向仲裁委员会申请仲裁；第二，仲裁庭对当事人依据仲裁协议提

① 参见甘翠平："国际商事仲裁一裁终局性的困境与出路——以重新仲裁为视角"，载《兰州学刊》2013 年第 1 期，第 188 页。

请仲裁裁决的争议案件一经审理并作出仲裁裁决，任何一方当事人不得就同一纠纷再次向人民法院提请诉讼；第三，仲裁庭对当事人依据仲裁协议提请仲裁解决的争议案件一经审理并作出仲裁裁决，该仲裁裁决即为发生法律效力的终局裁决，当事人应当履行裁决，一方当事人不履行的，另一方当事人可以依照《民事诉讼法》的有关规定向人民法院申请执行。

一裁终局制度设立的理论基础是，假定当事人选择仲裁就是为了快速地解决彼此间的争议，当事人选择仲裁就意味着其愿意承担错误裁决带来的风险和损失。因此，一裁终局制度保障了仲裁裁决的权威性，为迅速、经济地解决纠纷提供了保障，为世界各国普遍认可和广泛遵循。

仲裁裁决的一裁终局性也存在例外：如果仲裁裁决被法院发回重新仲裁，仲裁庭应视具体情形对原纠纷再次作出裁决。①《仲裁法》第61条规定："人民法院受理撤销裁决的申请后，认为可以由仲裁庭重新仲裁的，通知仲裁庭在一定期限内重新仲裁，并裁定中止撤销程序。仲裁庭拒绝重新仲裁的，人民法院应当裁定恢复撤销程序。"重新仲裁作为撤销仲裁裁决过程中的一种特殊程序，是法院在确保一裁终局的前提下，赋予仲裁庭自身对仲裁程序和裁决瑕疵进行纠正的机会，在撤销仲裁裁决和保障仲裁裁决的一裁终局之间设置一道"平衡杠杆"。②

练习题

一、思考题

1. 如何理解仲裁的一裁终局制度？
2. 简述仲裁与ADR的关系。

---

① 参见宋连斌、黄保持：《违反一裁终局原则对仲裁协议效力的影响：基于中国实践的实证分析》，载《国际法研究》2017年第1期，第199页。

② 参见甘翠平：《国际商事仲裁一裁终局性的困境与出路——以重新仲裁为视角》，载《兰州学刊》2013年第1期，第192页。

二、司法考试试题

1. 某仲裁机构对甲公司与乙公司之间的合同纠纷进行裁决后，乙公司不履行仲裁裁决。甲公司向法院申请强制执行，乙公司申请法院裁定不予执行。经审查，法院认为乙公司的申请理由成立，裁定不予执行该仲裁裁决。对此，下列哪一种说法是正确的？（2005 年 · 卷三 · 49 题）

A. 甲公司可以就法院的裁定提请复议一次

B. 甲公司与乙公司可以重新达成仲裁协议申请仲裁

C. 甲公司与乙公司可以按原仲裁协议申请仲裁

D. 当事人不可以再就该纠纷重新达成仲裁协议，此案只能向法院起诉

2. 当事人在合同中约定了仲裁条款，出现下列哪些情况时，法院可以受理当事人的起诉？（2007 年 · 卷三 · 90 题）

A. 双方协商拟解除合同，但因赔偿问题发生争议，一方向法院起诉的

B. 当事人申请仲裁后达成和解协议而撤回仲裁申请，因一方反悔，另一方向法院起诉的

C. 仲裁裁决被法院依法裁定不予执行后，一方向法院起诉的

D. 仲裁裁决被法院依法撤销后，一方向法院起诉的

3. 住所地在 H 省 K 市 L 区的甲公司与住所地在 F 省 E 市 D 区的乙公司签订了一份钢材买卖合同，价款数额为 90 万元。合同在 B 市 C 区签订，双方约定合同履行地为 W 省 Z 市 Y 区，同时约定如因合同履行发生争议，由 B 市仲裁委员会仲裁。合同履行过程中，因钢材质量问题，甲公司与乙公司发生争议，甲公司欲申请仲裁解决。因 B 市有两个仲裁机构，分别为丙仲裁委员会和丁仲裁委员会（两个仲裁委员会所在地都在 B 市 C 区），乙公司认为合同中的仲裁条款无效，欲向有关机构申请确认仲裁条款无效。

（1）依据法律和司法解释的规定，乙公司可以向有关机构申请确认仲裁条款无效。关于确认的机构，下列哪个选项是正确的？（2016 年 · 卷三 · 95 题）

A. 丙仲裁委员会

B. 丁仲裁委员会

C. B 市中级人民法院

D. B 市 C 区法院

（2）如相关机构确认仲裁条款无效，甲公司欲与乙公司达成协议，确定案件

的管辖法院。关于双方可以协议选择的管辖法院，下列哪个选项是正确的？(2016年·卷三·96题)

A. H省K市L区法院

B. F省E市D区法院

C. B市C区法院

D. W省Z市Y区法院

(3) 如仲裁条款被确认无效，甲公司与乙公司又无法达成新的协议，甲公司欲向法院起诉乙公司。关于对本案享有管辖权的法院，下列哪个选项是正确的？(2016年·卷三·97题)

A. H省K市L区法院

B. F省E市D区法院

C. W省Z市Y区法院

D. B市C区法院

三、案例

案例一：淄博万杰医院与中国银行股份有限公司淄博博山支行、淄博博易纤维有限公司、万杰集团有限责任公司借款担保合同纠纷管辖权异议案

【案情简介】

2004年，淄博万杰医院（以下简称万杰医院）与中国银行股份有限公司淄博博山支行（以下简称中行博山支行）签订9份借款合同，并有相应担保。其中第1份约定了仲裁管辖条款，后8份约定“由贷款人所在地法院管辖”。2007年，中行博山支行持9份借款合同起诉万杰医院及担保人淄博博易纤维有限公司（以下简称博易公司）、万杰集团有限责任公司（以下简称万杰公司）。万杰医院提出管辖异议。①

【山东省高级人民法院的裁定】

中行博山支行与万杰医院、博易公司、万杰公司共签订9笔借款合同和相应的保证合同，其中第一笔于2004年10月14日签订的编号为淄中博借字2004050号、数额为300万美元的借款合同在第17条对法律适用、争议解决及司法管辖

① 参见最高人民法院办公厅编：《中华人民共和国最高人民法院公报（2008年卷）》，人民法院出版社2009年版，第408页。案号：（2007）民二终字第99号。

的条款中约定，“本合同适用中华人民共和国法律。因履行本合同所发生的或与本合同有关的一切争议、纠纷，双方应协商解决。协商不成的，提交淄博市仲裁委员会仲裁”。其余8笔借款合同和相应的保证合同均约定，“本合同适用中华人民共和国法律。因履行本合同所发生的或与本合同有关的一切争议、纠纷，双方应协商解决。协商不成的，依法直接向贷款人所在地人民法院起诉”。这8笔所涉及的贷款数额为1142万美元，折合人民币89 175 354元。依据上述事实，山东省高级人民法院认为，中行博山支行所诉的借款合同中，第一笔借款合同涉及的300万美元，双方约定的仲裁条款有效，对此该院无管辖权。但其余的8笔借款合同所涉及的1142万美元未约定仲裁，约定依法直接向贷款人所在地人民法院起诉。因8笔合同所涉及标的为1142万美元，折合人民币89 175 354元，已超出中行博山支行所在地淄博市博山区人民法院的管辖范围，符合最高人民法院核准该院民商事案件的收案范围，由该院立案并无不当。

【最高人民法院的裁定】

关于本案当事人之间所签订的9份外币借款合同关系，首先，当事人在有关合同中并没有明确约定或者表示本案所涉9份合同之间的相互关系；其次，从各个借款合同内容及特征来看，借款金额及履行行为也都是分别独立的，并不能看出各个合同之间的关联性；最后，从合同解释角度来看，当事人对合同条文发生争议时，必须探究当事人内在的真实意思表示，判断当事人真实的意思表示首要方法是判断当事人字面的意思表示。

合同解释中的文义解释方法是指，只有在文义解释不能确定该条款的准确含义时，再运用其他解释方法去确定合同条款的含义以及填补合同的漏洞。本案除第一份借款合同之外，其余借款合同条款中均明确写明，当发生纠纷时，交由当地人民法院审理，应该认定该约定就是当事人真实意思。本案有关借款合同所涉的诉讼条款虽属格式合同中的条款，但按照通常的理解并不能对此条款引起不同的理解，因此不应该适用我国合同法有关格式条款解释规则。万杰医院关于原审法院对本案所涉的后8份借款合同纠纷案件不具有管辖权的上诉理由，不能成立，本院不予支持。原审法院关于其除对本案当事人2004年10月14日签订的编号为淄中博借字2004050号、金额300万美元的借款合同及相应的保证合同纠纷因合同中有仲裁条款而不具有管辖权外，对本案其余8笔借款合同具有管辖权认定正确，本院应予支持。

因此，法院认为，当事人并未明确约定案涉借款合同相互关系，从各个借款合同内容及特征来看，借款金额及履行行为亦分别独立，并不能看出各个合同之间的关联性。从合同解释角度来看，当事人对合同条文发生争议时，须探究当事人内在的真实意思表示。判断当事人真实的意思表示首要方法是判断当事人字面的意思表示，只有在文义解释不能确定该条款的准确含义时，再运用其他解释方法确定合同条款的含义，以及填补合同的漏洞。本案除第一份借款合同之外，其余借款合同条款中均明确写明“由贷款人所在地法院管辖”，应认定该约定就是当事人真实意思表示。本案有关借款合同所涉的诉讼条款虽属格式合同条款，但按通常理解并不会引起歧义，故不应适用《合同法》有关格式条款解释规则。裁定驳回银行第一份借款合同及相应保证合同对医院及担保人的起诉，驳回医院对该案其余8笔借款合同所提出的管辖权异议。

【案例评析】

对于合同条文的解释，须探究合同当事人内在的、真实的意思表示，而判断合同当事人真实意思表示的首要方法，是判断合同条文的字面意思表示，即文义解释方法。只有在文义解释不能确定合同条文的准确含义时，才能运用其他解释方法。

案例二：股权转让合同纠纷仲裁案

【案情简介】

申请人A（合伙企业）、申请人B（自然人）与被申请人C（自然人）签订“股权转让协议”，约定被申请人C受让申请人A名下持有的X公司的5%股份，股权转让款为55万元，其中25万元由被申请人C支付给申请人A。由于申请人B委托被申请人C对比特币等资产进行理财，基于该部分资产产生的部分收益，在被申请人C将合同约定的BTC、BCH和BCD如期如数归还申请人B后，申请人B同意代替被申请人C向申请人A支付剩余股权转让款30万元。协议签订后，被申请人C未依约返还BTC、BCH和BCD，亦未依约支付股权转让款，两个申请人遂向深圳仲裁委员会提请仲裁，并提出以下主要仲裁请求：①变更第一申请人持有X公司的5%股份到被申请人名下，被申请人同时向第一申请人支付股权款人民币25万元；②被申请人向第二申请人赔偿20.13个BTC、50个BCH、12.66个BCD资产损失493 158.40美元和利息（从申请仲裁之日起按照同期中国银行美元利率计算，直至返还之日止）；③被申请人支付第二申请人违约金人民币10万元。[①]

【仲裁庭意见】

一、关于合同效力

被申请人主张案涉合同“股权转让协议”无效的理由是：无论数字货币是否合法，数字货币的流通和交付为非法行为。根据中国人民银行等7部门发布的《关于防范代币发行融资风险的公告》相关规定：代币发行（ICO）融资是指融资主体通过代币的违规发售、流通，向投资者筹集比特币、以太币等所谓“虚拟货币”，本质上是一种未经批准非法公开融资的行为，涉嫌非法发售代币票券、非法发行证券以及非法集资、金融诈骗、传销等违法犯罪活动。因此，案涉合同中“转让价款的支付及安排”因违反法律强制性规定而无效。而其为案涉合同的核心条款，因此案涉合同整体无效。

仲裁庭认为，根据《关于防范代币发行融资风险的公告》的相关规定，比特币不是由货币当局发行的，不具有法偿性与强制性等货币属性，不具有与货币等同的法律地位，不能也不应作为货币在市场上流通使用。但并无法律法规明确禁止当事人持有比特币或者私人间进行比特币交易，而是提醒社会公众注意有关投资风险。本案合同约定的是两个自然人之间的比特币归还义务，不属于《关于防范代币发行融资风险的公告》中规定的代币发行（ICO）融资活动（融资主体通过代币的违规发售、流通，向投资者筹集比特币、以太币等所谓虚拟货币），更不涉嫌非法发售代币票券、非法发行证券以及非法集资、金融诈骗、传销等违法犯罪活动。本案中，案涉合同有各方当事人的签署，系各方当事人真实意思表示，且未违反法律法规效力性强制性规定，故案涉合同对签约各方具有法律约束力，各方应全面履行合同约定的义务。

二、关于被申请人是否构成违约

两申请人主张被申请人未按照合同约定归还比特币等数字资产和支付股

① 本案仲裁庭由首席仲裁员樊奇娟女士、仲裁员葛文珠女士、李美新先生组成。本案例由深圳国际仲裁院（深圳仲裁委员会）庄淮清先生编撰整理。参见深圳国际仲裁院网站https://www.scia.com.cn/home/index/cases/id/21.html，2022年5月18日访问。

权款，构成违约。对此事实，被申请人予以确认。但是被申请人主张无法向第二申请人交付比特币等数字资产不属于被申请人单方过错，故无须承担违约责任。因为：①数字货币无法交易和流通；②数字货币所有权为 X 公司所有，并不属于被申请人。而对于这两点，两申请人和被申请人在签订案涉合同时均是明知的。

仲裁庭认为，负有先履行义务的被申请人未按照案涉合同约定履行有关义务，构成违约，应承担违约责任。对于被申请人无法交付比特币等数字资产且无须承担责任的抗辩理由，仲裁庭认为无法成立，详述理由如下：

（一）比特币、比特币现金等的交付不存在法律上的障碍

如上所述，根据《关于防范代币发行融资风险的公告》的相关规定，比特币、比特币现金等只是不能作为货币（即法定货币）在市场上流通使用。但并无法律法规禁止其成为私人间交付或流转的客体。

（二）比特币、比特币现金等的交付不存在技术上的障碍

互联网技术将人类现实生活空间延伸至网络空间，存在于网络空间中的比特币、比特币现金等，其交付过程借助互联网技术支持的电子编码程序运作。在比特币、比特币现金等的实际使用中，每一位交易当事人先要在计算机终端上安装一个电子钱包，因而拥有独一无二的地址，自动生成一对密匙——私匙与公匙。公匙被匿名公开，私匙为特定身份信息。所有者可以通过私匙随时支配、处分其比特币、比特币现金等。也就是说，比特币、比特币现金通过互联网技术是可以交付的。仲裁庭注意到 2017 年 9 月后在中国经营的比特币交易平台被停止了交易业务，但这在技术上并不妨碍被申请人将案涉合同约定的比特币、比特币现金等归还（移转占有）给第二申请人。

（三）被申请人称，第一申请人根据《投资协议》仅支付了人民币 55 万元增资款后未再支付剩余增资款，后经两申请人、被申请人和 X 公司协商一致，由第二申请人作为第一申请人的控股股东代第一申请人用数字货币缴付剩余增资款。因此，本案涉及的数字货币为 X 公司增资款的一部分，属于 X 公司所有，而不属于被申请人名下的合法财产，故被申请人无法交付且不属单方过错。

对此意见，仲裁庭认为：第一，单凭由被申请人作为控股股东的 X 公司出具的《X 公司资产所有权协议》，其上并没有两申请人的签章，仲裁庭无

法采信；被申请人称第二申请人委托被申请人理财的案涉比特币实际为第一申请人缴付的剩余增资款且由各方已达成合意，被申请人对此亦未提供证据证明，仲裁庭亦无法采信。第二，被申请人作为X公司的控股股东，有能力支配X公司的经营行为，被申请人以此抗辩，系不诚信的表现。第三，即便被申请人有关案涉比特币现为X公司财产、要转移必须经所有股东许可动用所有股东的密匙、不由被申请人单方控制的陈述为真，根据《合同法》第121条“当事人一方因第三人的原因造成违约的，应当向对方承担违约责任”的规定，因第三人的原因造成违约的，被申请人仍然应当向两申请人承担因此的违约责任。

综上所述，比特币、比特币现金等可以借助互联网技术进行流转。尽管其在占有支配以及权利变动公示方法等方面存在特殊性，但这并不妨碍其可以成为交付的客体。被申请人未依照涉案合同的约定交付双方共同约定并视为有财产意义的比特币等，构成违约。

三、关于被申请人违约责任的承担

根据《合同法》第60条“当事人应当按照约定全面履行自己的义务”以及第107条“当事人一方不履行合同义务或者履行合同义务不符合约定的，应当承担继续履行、采取补救措施或者赔偿损失等违约责任”之规定，又根据案涉合同第3条关于“转让价款的支付及安排”之约定，就合同约定的不同部分的可分债务，守约方两申请人有权选择要求违约方被申请人承担赔偿损失或者继续履行的违约责任。

（一）关于第一申请人要求变更股权以及支付股权转让款的仲裁请求

案涉合同约定：“3.1　被申请人于2017年12月8日前，将包括12.66个BTC（比特币）及50个BCH（比特币现金）的资产归还给第二申请人……3.2　第二申请人在收到第一期数字货币后，第一申请人在两个工作日内配合完成所有股权变更文书的签署并协助被申请人及X公司办理受让股权的工商变更登记手续。……3.4　被申请人承诺在股权转让工商变更登记手续办理完毕后90日内将剩余的人民币25万元股权转让款支付至第一申请人指定账户。”

显然，若被申请人诚信履约，被申请人支付股权转让款人民币25万元的履行期限已经届满。故对第一申请人要求“变更其持有的X公司5%股权至被申请人名下，被申请人支付股权转让款人民币25万元”的仲裁请求，仲裁庭予以支持。

（二）关于第二申请人要求被申请人向第二申请人赔偿20.13个BTC、50个BCH、12.66个BCD资产损失493 158.40美元的仲裁请求

第二申请人认为，法无禁止即自由，有关比特币数字资产属于法律保护的范围，本案被申请人明确表示无法返还第二申请人交给其管理的数字资产，所以被申请人应赔偿财产损失，返还相应价值的美元。比特币市场通用计价方式和惯例是用美元计价。

被申请人认为，关于数字货币的定价，虚拟货币没有合法的定价方式和交易场所，因此其价值或价格是无法衡量的，申请人主张由被申请人以与虚拟货币等值的美金来履行价款支付义务既无双方约定也无作价依据，不合法也不合理。

仲裁庭认为，比特币不是法定货币，并不妨碍比特币作为财产而受到法律保护。从案涉“股权转让协议”“丙方（第二申请人）委托乙方（被申请人）进行个人数字货币资产的理财，乙方尚未偿还丙方相关资产及收益。基于上述资产产生的部分收益，丙方同意代替乙方支付部分股权转让款项（即人民币30万元）。……乙方分三期将丙方委托其进行理财的数字货币资产全部归还给丙方……”的约定可见，比特币具有财产属性，能够为人力所支配和控制，具有经济价值，能够给当事人带来经济方面的利益，这是各方当事人一致的意思表示，为各方当事人所认可。该意思表示和认可并不违背法律规定，仲裁庭对此应予认可。根据《中华人民共和国民法总则》（以下简称《民法总则》）第5条“民事主体从事民事活动，应当遵循自愿原则，按照自己的意思设立、变更、终止民事法律关系”以及第7条“民事主体从事民事活动，应当遵循诚信原则，秉持诚实，恪守承诺”的规定，被申请人自愿与两申请人签订了案涉合同，承诺向第二申请人归还具有财产属性的比特币等，就应当诚实不欺、信守不怠。而被申请人不仅未按约履行构成违约，还在违约后以比特币交易非法故其价值或价格无法衡量作为其不应承担违约责任的抗辩理由，显然违背诚实信用原则。故对其不履行“股权转让协议”义务而给第二申请人造成财产损失，根据《合同法》第107条规定，被申请人应予赔偿。

仲裁庭认为，根据《合同法》第113条“当事人一方不履行合同义务或

者履行合同义务不符合约定，给对方造成损失的，损失赔偿额应当相当于因违约所造成的损失，包括合同履行后可以获得的利益，但不得超过违反合同一方订立合同时预见到或者应当预见到的因违反合同可能造成的损失”的规定及“股权转让协议”的约定，尊重 BTC（比特币）和 BCH（比特币现金）的交易习惯，参考合同约定履行时点 2017 年 12 月 8 日、12 月 25 日有关 BTC（比特币）和 BCH（比特币现金）收盘价的公开信息，估算应赔偿的财产损失为 401 780 美元（约少于 17 370.50 美元 ×12.66 +1 518.94 美元 ×50 +14 180美元 ×7.47）是较为公平合理的，符合当事人的真实意思表示且未超过被申请人的预见。考虑到中华人民共和国对个人外汇管理的相关规定，仲裁庭认为该财产损失 401 780 美元应按裁决作出之日的美元对人民币汇率结算为人民币。

关于财产损失金额估算所参考的公开信息，仲裁庭说明如下：

（1）鉴于 BTC（比特币）和 BCH（比特币现金）有其自身行情波动规律，在全球相关网站公开的价格信息相差无几，仲裁庭在比较申请人提供的 OKCoin. com 和 btctrade. im/bcd/公布的收盘价并选取较低者 OKCoin. com 显示的相应信息作为估算案涉财产损失赔偿额的参考信息。

（2）被申请人对仲裁庭从 OKCoin. com 网站获取的 BTC（比特币）和 BCH（比特币现金）在不同时点的收盘价数据信息不予认可。其并非对上述查获的数据信息的真实性提出异议，而主要是以比特币等交易为非法故其交易产生的价格也为非法；该网站未在中国办理备案许可，是非法运营网站；未有证据显示该网站能合法顺利完成比特币交易等为理由以否定对比特币、比特币现金等案涉财产的估值。但是，仲裁庭认为，如前文所述，我国未有法律法规规定比特币等的持有或交易为非法，且该网站是否在中国办理备案许可、是否能顺利完成比特币、比特币现金等交易并不影响仲裁庭参考其公开的数据信息对案涉财产损失赔偿额进行估算。

此外，根据“股权转让协议”关于“乙方（被申请人）将丙方（第二申请人）所拥有的 BTC（比特币）现货量快照进行分叉出的 12.66 个 BCD 等到可以提币时立即归还给丙方”的约定，因第二申请人就 BTC（比特币）现货量快照进行分叉出的 12.66 个 BCD 已经可以提币，并未提供相应证据证明，故对第二申请人要求被申请人赔偿 12.66 个 BCD（比特币钻石）财产损失的主张，仲裁庭不予支持。

综上，仲裁庭确认，被申请人因不履行合同义务应向第二申请人支付401 780美元（按裁决作出之日的美元兑人民币汇率结算为人民币）。

（三）关于第二申请人主张利息的仲裁请求

(1) 所谓利息，一般是指货币持有者（债权人）因贷出货币或货币资本而从借款人（债务人）手中获得的报酬或孳息。而比特币、比特币现金和比特币钻石并不是由货币当局发行的货币，故不存在案涉比特币、比特币现金和比特币钻石对应的利息。

(2) 若第二申请人主张的是比特币、比特币现金和比特币钻石等财产等值金钱的利息，因财产赔偿金额在本裁决作出之日方才确定，不存在应付利息之说。故对第二申请人主张利息的仲裁请求，仲裁庭不予支持。

（四）关于违约金的仲裁请求

根据“股权转让协议”第6.2条“乙方（被申请人）未按约定按时偿还丙方（第二申请人）数字货币资产及股权转让款项的，则每逾期一日，乙方按应（付）资产价值或应付转让款项的万分之五/日支付逾期付款利息。乙方超过三十日未支付的，除应当支付逾期付款利息外，还应支付违约金十万元”的约定，被申请人未按合同约定支付比特币等资产或股权转让款已经超过30日，合同约定被申请人支付违约金10万元的条件已经成就，且相对于损失不存在过高的情形。故仲裁庭认为，两个申请人要求被申请人向第二申请人支付违约金10万元的仲裁请求有合同依据和事实依据，可予支持。

【案例评析】

本案裁判要点有4个：第一，私人间订立的比特币归还契约并未违反法律法规效力性强制性规定，不应认定为无效。中国法律法规并未禁止私人持有及合法流转比特币。第二，尽管比特币存在于网络虚拟空间，在占有支配以及权利变动公示方法等方面存在特殊性，但并不妨碍其可以成为交付的客体。第三，在法律法规就比特币予以定性前，仲裁庭无法正向认定其为《民法总则》第127条规定的“网络虚拟财产”，但可以从反向认定其既不是由货币当局发行的货币，亦不是法定货币的电子化，不产生利息。第四，比特币不是法定货币，并不妨碍其作为财产而受到法律保护。比特币具有财产属性，能够为人力所支配和控制，具有经济价值，能够给当事人带来经济方面的利益。这是当事人一致的意思表示，并不违背法律规定，仲裁庭对此予以认可。

本案系股权转让争议，因涉及 BTC（比特币）、BCH（比特币现金）和 BCD（比特币钻石）此类特殊类型标的物，故属于新类型案件。目前中国在法律和行政法规层面尚未对基于区块链技术的比特币的概念、法律属性、交付流转等问题作出明确规定。仲裁庭在现行法律体系下，依据《民法典》的相关规定以及案涉合同的约定，结合诚信原则以及尊重当事人意思自治的仲裁理念，肯定了比特币的财产属性，依法予以保护，妥善处理了私人间比特币契约纠纷。

第四章 仲裁协议

第一节 仲裁协议概述

仲裁协议是仲裁制度的基石。仲裁协议（arbitration agreement）是指双方当事人自愿达成的，将他们之间已经发生或者将来可能发生的合同纠纷或其他财产权益纠纷，提请仲裁解决的意思表示。仲裁协议是一种特殊类型的合同，表明了双方当事人采用仲裁方式解决纠纷的共同意愿，它既是当事人将特定的民商事争议提交仲裁解决的依据，也是仲裁机构对该争议取得仲裁管辖权的基础。

《仲裁法》第4条规定："当事人采用仲裁方式解决纠纷，应当双方自愿，达成仲裁协议。没有仲裁协议，一方申请仲裁的，仲裁委员会不予受理。"据此，当事人之间合意订立的有效仲裁协议赋予了仲裁机构以管辖权且排除了法院的司法管辖权，并使仲裁机构作出的裁决具有类似于法院判决的效力。

一、仲裁协议的概念

学者认为："要求必须事先存在仲裁协议的意义在于，仲裁制度只有在当事人以合意要求解决某种纠纷时才得以利用。"① 各国的相关立法中亦明确界定了仲裁协议的内涵。《德国民事诉讼法》第1029条就规定："仲裁协议是双方当事人愿意将他们之间现已发生的或将来发生的属于合同的或非合同

① ［日］谷口安平：《程序的正义与诉讼》，王亚新等译，中国政法大学出版社1996年版，第300页。

的一定的法律关系的全部的或个别的争议提交仲裁庭裁决的协议。”英国《1996年仲裁法》第6条规定：“仲裁协议系指将现在或将来的争议（无论其为契约性与否）提交仲裁的协议。”1999年颁布的《瑞典仲裁法》第1条规定：“当事人得以和解解决的事项争议，可以通过协议提交给1名或数名仲裁员予以解决。此协议可用于因协议中特定的法律关系引起的将来争议。争议可以涉及特定事实存在与否。除解释合同外，填补合同空白的问题也可以提交仲裁。”

《纽约公约》第2条第1款规定：“仲裁协议为当事人以书面协定承允彼此间发生或者可能发生至一切或者任何争议，如关涉可以仲裁解决事项之确定法律关系，无论为契约性质与否。”从形式、内容、仲裁法律关系的性质等方面对仲裁协议的定义进行了界定。1985年，《国际商事仲裁示范法》颁布，在仲裁法律制度发展进程中具有里程碑意义，其对仲裁协议的定义进行了改进，扩大了仲裁协议的适用范围。《国防商事仲裁示范法》第7条第1款规定：“‘仲裁协议’是指当事各方同意将在他们之间确定的不论是契约性或非契约性的法律关系上已经发生或可以发生的一切或某些争议提交仲裁的协议。仲裁协议可以采取合同中的仲裁条款形式或者单独的协议形式。”当事人在平等的基础上经过自愿协商，就法定范围内争议的解决方式达成内容一致的意思表示就形成了仲裁协议。正因为如此，仲裁协议具有了民事契约的性质，是一种特殊类型的合同或合同的特殊条款。

二、仲裁协议的特征

作为一种特殊类型的合同，仲裁协议具备一般合同的特征，还具有自身独立的法律特征。既处分当事人在程序法上的权利，同时也处分当事人在相关争议中的实体权利和义务。

（1）仲裁协议是双方当事人一致、真实的意思表示。当事人之间同意将有关争议提交仲裁解决的意思表示是仲裁协议最基本的元素，仲裁协议具有自治性和合意性，是当事人之间自愿就某一事项达成一致的意思表示。

（2）仲裁协议的内容是对纠纷解决途径的处分，仲裁协议所确定的当事人的权利义务就是发生特定争议时将之提交约定的仲裁机构进行仲裁。正如英国一位大法官曾在判决中指出："仲裁协议与其他条款有着完全不同的性质，其他合同一般规定当事人间相互承担义务，而仲裁协议规定的不是一方当事人对另一方当事人承担的义务。它是双方当事人的协议，即如果产生了一方当事人对另一方当事人承担义务的争议，则这些争议将由他们自己成立的法庭解决。一个实质性的区别是：合同中当事人之间相互承担的义务一般不能专门予以强制执行，违反此项义务只能请求损害赔偿。仲裁协议则可以由仲裁法规定的专门机构强制执行，违反仲裁协议的适当补救办法不是损害赔偿，而是强制履行协议。"① 有学者认为，仲裁协议可以认为是程序性契约，而这种处分权或自治权行使的后果，并不是直接对民事权益产生影响，而是自愿放弃了寻求司法救济的权利。②

（3）仲裁协议的适用范围，是指达成仲裁协议的主体之间共同的权利义务所指向的对象，即仲裁协议所适用的民商事争议的范围。依据《仲裁法》第2条的规定，可以提交仲裁纠纷符合3个条件：一是主体的平等性，即发生纠纷的双方当事人应当是平等的公民、法人和其他组织；二是仲裁事项的可处分性，即仲裁的争议事项是当事人依法享有处分权的；三是仲裁事项的限定性。也就是说，提交仲裁的纠纷仅限于民商事纠纷，包括合同纠纷和涉及其他财产权益的非合同纠纷，除此之外的其他争议则不包括在仲裁协议的适用范围之内。同时，《仲裁法》第3条列举了不能仲裁的纠纷，包括：婚姻、收养、监护、扶养、继承纠纷；依法应当由行政机关处理的行政争议；三是劳动争议、农业集体经济组织内部的农业承包合同纠纷，以及人事争议纠纷。

（4）仲裁协议的约束具有广泛性。仲裁协议不仅约束签订仲裁协议的双方当事人，也约束第三人——仲裁协议指定的仲裁机构和仲裁员，以及被仲裁协议排除了司法管辖权的法院和承认与执行仲裁裁决的法院。也就是说，仲裁协议成立并生效后，无论哪方当事人均不得就协议提交仲裁的争议向法院提起诉讼。对于仲裁机构和仲裁员而言，仲裁协议同样产生着约束力，仲

---

① ［英］施米托夫：《国际贸易法文选》，赵秀文选译，中国大百科全书出版社1993年版，第612页。

② 参见江伟、肖建国主编：《仲裁法》（第三版），中国人民大学出版社2020年版，第56页。

裁机构和仲裁员应当凭借有效的仲裁协议的授权行使仲裁管辖权，处理解决当事人之间的争议。除此之外，仲裁协议还约束着法院，仲裁协议一经生效，便产生了阻止当事人去法院提起诉讼寻求司法救济的法律效果，法院的司法管辖权被排除。即使当事人就已订有仲裁协议的争议事项提起诉讼，法院也不得受理；另一方当事人有权要求法院终止诉讼程序。因此，仲裁协议的履行不仅要求有关当事人的作为或不作为，还须借助仲裁机构的仲裁活动和通过法院的司法协助与监督才能实现。①

（5）仲裁协议作为仲裁的依据，必须具备法定的形式。仲裁协议必须以书面形式出现早已成为现代国际商事仲裁法的一项统一要求。以书面形式订立仲裁协议，一方面，能够产生警示作用，提醒当事人在作出决定前谨慎行事；另一方面，一旦发生仲裁协议是否存在或有效的争议，借助于书面形式也易于得到证明。如此则可以有效减少仲裁协议存在与否及是否有效之类的争议，也便于有关国家或地区的仲裁机构承认与执行仲裁协议。尽管各国对“书面”形式的解释有不同标准，而且总体趋势是日益宽松，但仲裁协议必须以书面形式订立，这一个基本要求仍未改变。《仲裁法》第 16 条第 1 款明确规定：“仲裁协议包括合同中订立的仲裁条款和以其他书面方式在纠纷发生前或者纠纷发生后达成的请求仲裁的协议。”该款所指的书面方式的仲裁协议，包括以合同书、信件和数据电文（包括电报、电传、传真、电子数据交换和电子邮件）等形式达成的请求仲裁的协议。

三、仲裁协议的法律性质

仲裁协议的法律性质对仲裁理论架构和对仲裁制度的设计及运作均具有重要意义，但关于仲裁协议的法律性质，理论界一直存在争议。相关的理论主要有以下几种：

（1）程序契约说（theory on the procedure nature of arbitration agreement）。该学说着眼于对仲裁协议内容及效力等方面的分析，认为仲裁协议是一种程序上的契约，是当事人对诉讼法上的权利义务的一种处理方式。首先，从仲

① 参见谢石松主编：《商事仲裁法学》（第二版），高等教育出版社 2022 年，第 114 页。

裁协议的内容来看，以当事人的实体权利义务为内容，当事人处分的并非实体法上的权利义务，而是解决实体权利义务争议的方式、方法及规则，并通过授权第三人（仲裁员）处理有关争议，其内容更类似于诉讼权利义务。其次，从签订协议的目的来看，当事人签订仲裁协议的核心在于通过仲裁的方式解决争议，是当事人对诉权的一种处分方式。最后，基于当事人之间合法有效的仲裁协议，仲裁庭有权对当事人提交的争议行使管辖权，并最终作出仲裁裁决。因此，可以认为仲裁协议是当事人意思表示赋予诉讼法效果的诉讼法上的契约。①

（2）实体契约说（theory on the substantive nature of arbitration agreement）。该学说以西方国家的“私法行为说”理论为依托，将仲裁视同一般的私法行为，而非公法（诉讼法）行为，认为仲裁协议属于实体法上的契约，当事人通过仲裁协议处分自己的权利义务，正如施米托夫认为“仲裁实质上是解决争议的一种合同制度”。② 其理由主要是从仲裁协议的内容来看，当事人之间的仲裁协议实际上是当事人处置实体权利的一种形式，仲裁员基于当事人的授权实施仲裁行为实质上是参与到当事人之间进行的实体法律行为，因此作出这种实体法律行为的前提和基础的仲裁协议也就是具有实体性契约性质。③ 同时，仲裁制度是根据私法上契约自治原则而设计的私法纷争自主解决制度，创设该制度的目的在于使当事人对私法上的权利义务争执可以自力解决。

（3）双重契约说（theory on the dual nature of arbitration agreement）。该学说又称为混合契约说，折中了诉讼法上程序说和契约说的理论。认为仲裁协议同时兼具实体法契约和程序法契约的性质，仲裁协议不仅会产生诉讼法上的效力，也会产生实体法上的约束力。因此，从仲裁协议约定本身而言，具有实体法意义，而从其约定的法律效果来看，因最终受制于管辖法院的法律

---

① Julian D. M. Lew, *Applicable Law in internationl commercial arbitration*: *A Study in Commercial Arbitraition Awards*, Oceana Publication Inc, 1978, pp. 52 – 54

② 参见［英］施米托夫：《国际贸易法文选》，赵秀文选译，中国大百科全书出版社1993年版，第674页。

③ 参见林俊益：“论涉外仲裁契约”，载《国际商务仲裁（一）》论文集，台湾长弘出版社1990年版，第13页；谭兵主编：《中国仲裁制度研究》，法律出版社1995年版，第180页。

态度，故属于诉讼法范畴，因而属于混合契约性质。[①]

（4）特殊契约说（theory on the independent nature of the arbitration agreement）。该学说又称为独立契约说，是在鲁贝林·德维丝提出的仲裁自治理论基础上推衍而得，认为仲裁协议既不同于实体法契约，也不同于程序法契约，而是在实践中发展起来的一种新型的特殊类型契约，兼具实体法契约和程序法契约的性质。因此，不应仅强调仲裁机制的结构，而应当着重考察仲裁自身宗旨或目标，以及适用和适应商业社会需要的方式上。仲裁协议及仲裁裁决的可执行性，并非因为其契约性，也非由于国家为此在司法主权上的让与，而是为了商事关系进行的实际需要。[②] 因此，仲裁协议既不同于类似于买卖合同的实体契约也非诉讼法上的管辖合意，可产生实体法或诉讼法上请求权的法律效果。因而，仲裁协议既非实体契约，也非诉讼契约性质，应认为是仲裁制度下所设的一种特殊契约。

综上所述，程序契约说强调的是仲裁协议作为诉讼法（公法）范畴内的问题，必然会导致仲裁协议的强制性及司法对其的制约性，与仲裁协议所源于的当事人意思自治原则是矛盾的，进而可能会损害当事人的合法权益。特殊契约说和双重契约说由于其本身在打破传统基本分类标准，双重契约说试图调和程序契约说和实体契约说，兼顾其观点，并不能真正在理论上解决仲裁协议的性质问题，从而不能真正解决仲裁实务中出现的问题；而特殊契约说，建立在对程序契约说和实体契约说均予否定的基础上，看似建立了一个新的理论，实质上并没有解决实际问题的价值，依据该学说否定仲裁协议在实体契约或程序契约方面的性质，则实体法和程序法均不能对其适用。实体契约说旨在坚持仲裁制度在私法自治框架内的争议解决，私法自治原则应被视为在仲裁活动中起到主导作用的原则，国家司法权力应尽可能减少对仲裁活动的干预。有学者认为，如果将契约总体上区分为实体法契约与程序法契约，那么根据仲裁协议的客体和功能，将其视为程序契约显然更符合分类的

---

① 参见蓝瀛芳：“谈商务仲裁的法律性质”，载《商务仲裁》，1983 年第十册。

② See Julian D. M. Lew, *Applicable Law in international commercial arbitration*: *A Study in Commercial Arbitraiton Awards*, Oceana Publication Inc, 1978, pp. 59 – 61.

原理。[①] 也有学者认为，实体契约说是符合目前国际上有利于仲裁和支持仲裁的潮流的。从我国现阶段的情况来看，在仲裁协议性质的认定上，总体采取实体契约说更有利于我国仲裁制度的发展。

四、仲裁协议的类型

在仲裁理论与实践中，根据不同的标准可以将仲裁协议分为不同的类型。

(一) 不同书面表现形式的仲裁协议

(1) 仲裁条款（arbitration clause）是指当事人签订有关合同书或协议书时，在该合同书或协议书中订立的、约定把将来可能发生的争议提交仲裁解决的条款。《仲裁法》第16条第1款确定了仲裁协议的类型，包括“合同中订立的仲裁条款”。但是，在实践中当事人在合同订立后又修订或补充协议来修改合同条款，同样也可以通过补充协议来修改或添加有关仲裁意思表示的条款，也应被看作原合同中仲裁条款的组成部分。

(2) 仲裁协议书（submission agreement）是指当事人在争议发生之前或者之后订立的同意将现有或将来可能发生的争议交付仲裁的一种独立的书面协议。它是当事人按平等协商原则共同签署的将有关法律争议提交仲裁解决的专门性文件。[②]

仲裁条款存在于主合同中，与仲裁协议书相比具有方便简单的特点，因此，更适合商业发展和交易习惯的需要，成为仲裁协议中较常见、重要的形式。实践中，各仲裁机构均制定了简短的标准仲裁条款提供当事人在订立合同时选择适用，现今跨国贸易合同80%以上均含有仲裁条款。[③] 仲裁协议书不依赖于其他契约而独立存在，无论形式上还是内容上都是独立契约。通常情况下，仲裁协议书内容较为详尽，能更好地反映出当事人在解决纠纷程序中的主体地位。但在实践中，在争议发生后订立仲裁协议书的可能性很小，当事人双方在争议发生后通常因其利益与立场的不同很难达成仲裁协议。

---

① 参见江伟、肖建国主编：《仲裁法》（第三版），中国人民大学出版社2020年版，第57页。

② 参见李玉泉主编：《国际民事诉讼与国际商事仲裁》，武汉大学出版社1994年版，第282～287页。

③ 参见邓杰：《伦敦海事仲裁制度研究》，法律出版社2002年版，第63页。

（3）其他书面文件中的仲裁协议（other intent or intention in writing）是指在双方当事人针对有关合同关系而相互往来的信函、电传、电报、传真或其他书面材料中所包含的仲裁协议。1985 年《国际商事仲裁示范法》拓展了《纽约公约》有关仲裁协议书面形式的规定，确认了“其他有关书面文书中包含的仲裁协议”的效力。该示范法第 7 条第 2 款规定，协议如载于当事人各方签字的文件中，或载于往来的书信、电传、电报或者提供协议记录的其他电讯手段中，如在申请书或者答辩书的交换中当事一方声称有协议，而当时他方不否认，即为书面协议。该种类型的仲裁协议常出现在国际商事仲裁中，当事人签订一份仲裁协议具有时间和空间上的距离，借助互联网技术，当事人以函电形式达成仲裁协议，当事人将争议提交仲裁解决的意思表示不是集中在一个合同文本或一个单独的协议书中，而是分散在当事人往来的函电中，甚至体现在其他有关文件中。

除上述 3 种类型的书面仲裁协议，在实践中，还有当事人通过援引达成的仲裁协议。比如，英国《1996 年仲裁法》第 6 条第 2 款所规定的：“协议中涉及一个书面形式的仲裁条款，或涉及一个含有仲裁条款的文件，只要这种涉及使该条款构成协议的一部分，即为仲裁协议。”1996 年，我国最高人民法院在对内蒙古自治区高级人民法院作出的复函《关于涉外经济合同未直接约定仲裁条款如何认定的请示报告》中曾指出：“中外双方当事人订立的外贸合同中约定合同未尽事宜适用中国和蒙古国之间的交货共同条件的，因该交货共同条件即 1988 年 11 月 4 日《中华人民共和国对外经济贸易部和蒙古人民共和国对外经济供应部关于双边对外贸易机构之间相互交货共同条件的议定书》规定了因合同所发生或者与合同有关的一切争议在双方达不成协商解决的协议时，应予仲裁方式解决，并规定了具体办法，应认定当事人愿意选择通过仲裁方式解决其纠纷，人民法院不应受理因该类合同引起的纠纷。”10 年之后，《最高人民法院关于适用〈中华人民共和国仲裁法〉若干问题的解释》第 11 条更是明确规定：“合同约定解决争议适用其他合同、文件中的有效仲裁条款的，发生合同争议时，当事人应当按照该仲裁条款提请仲裁。涉外合同应当适用的有关国际条约中有仲裁规定的，发生合同争议时，当事人应当按照国际条约中的仲裁规定提请仲裁。”也就是说，当事人之间并未直接订立仲裁协议，而是通过援引另一个合同中所订立的仲裁条款作为他们之间将纠纷提交仲裁的依据，或者在已有的合同或者仲裁协议中明确表示了仲裁的意愿，仲裁协议所应包括的其他具体内容则按照现有的有关文件中的仲裁条款来认定。①

（二）国内仲裁协议与国际商事仲裁协议

以仲裁协议是否含有国际因素为标准，可以将其分为国内仲裁协议和国际商事仲裁协议。《仲裁法》对国内仲裁和国际商事仲裁实行“双轨制”。考察各国的国内仲裁立法、与仲裁有关的国际条约以及《国际商事仲裁示范法》，对国际商事仲裁协议的界定标准也不统一，主要有以下 3 种标准：

（1）以主体或仲裁地含有国际因素为标准。这是以仲裁协议中当事人的国籍、住所或居所，法人注册地或公司管理中心所在地，仲裁地点等连接因素之一是否含有国际因素来确定的。依此标准确定的仲裁协议即为国际商事仲裁协议，如英国、荷兰、丹麦、瑞典、瑞士、埃及、叙利亚等国家。这种标准虽然具体、明确，但其连接点仅以仲裁地或以当事人的国籍、住所、居所、注册地或营业地、管理中心所在地、控制地等主体地位具有国际性为标准，存在很大的局限性。在当今国际社会的商事活动中，具有相同国籍、住所或营业地等的当事人从事国际商事活动的情形大量存在，仅以主体或仲裁地含有国际因素为标准，远不能适应国际商事关系发展的要求。

（2）以争议性质为标准。引起争议的法律关系具有国际性质，或有关争议在国际关系领域发生，或涉及当事人国际商事利益的仲裁协议，为国际商事仲裁协议。按照这一标准，即使当事人的国籍相同，或其住所、营业地、惯常居所位于同一国家或地区，仲裁地位于该国境内或仲裁机构为该国常设仲裁机构，若争议涉及国际商事利益或在国际商事关系领域发生，其仲裁协议也可以被认定为国际商事仲裁协议。比如，法国、美国、加拿大等国仲裁立法和有关国际公约。该项标准仅限于国际商事关系领域或涉及国际商业利益，虽然可以适应复杂的国际商事关系发展的需要，但它没有地理因素标准那样明确具体。因此，在国际商事仲裁实践中，若要确定或判断争议性质，

① 参见蔡虹、刘加良、邓晓静：《仲裁法学》（第二版），北京大学出版社 2021 年版，第 71 页。

仍然需要考虑当事人国籍、住所或惯常居所、法人营业地、合同订立地与履行地、主要财产所在地等因素。

（3）混合标准。上述两种标准，都存在局限性。而仲裁实践要求国际社会对仲裁的国际性作出较为准确的界定，需要建立切合实际的标准，并以此界定国际仲裁协议的定义。《国际商事仲裁示范法》第1条规定："一项仲裁如有下列情形之一的，为国际仲裁：①仲裁协议的当事人在签订协议时，他们的营业地点位于不同国家；或②下列地点之一位于当事各方营业地点所在国之外：（a）仲裁协议中确定的或根据仲裁协议而确定的仲裁地点；（b）履行商事关系的大部分义务的任何地点或与争议标的关系最密切的地点；或③各当事方明确同意，仲裁协议的标的与一个以上的国家有关。"显然，该示范法所确立的标准，实际上是前两种标准的融合，容易为各国仲裁立法和司法实践，以及仲裁法学理论所接受。[①]

第二节　仲裁协议的有效要件

仲裁协议的有效要件，是指仲裁协议有效成立所应当具备的条件或不可缺少的要素。仲裁协议是否有效，直接决定了仲裁机构和仲裁庭是否有权对争议作出裁决，决定了当事人之间的争议能否以仲裁的方式予以解决，也决定了人民法院能否承认和执行仲裁裁决。可见，仲裁协议的有效性，是整个仲裁活动有效的前提。《仲裁法》第16条规定了仲裁协议的形式和内容，第17条规定了仲裁协议无效的情形[②]。根据《仲裁法》及其相关规定，仲裁协议如果有效，必须具备下列要件：

---

① 参见李广辉、林泰松：《仲裁法学》，中国法制出版社2019年版，第241页。

② 《仲裁法》第17条规定："有下列情形之一的，仲裁协议无效：（一）约定的仲裁事项超出法律规定的仲裁范围的；（二）无民事行为能力人或者限制民事行为能力人订立的仲裁协议；（三）一方采取胁迫手段，迫使对方订立仲裁协议的。"

一、当事人具有相应的行为能力

《仲裁法》第 17 条第 2 款第 2 项规定，无民事行为能力人或者限制民事行为能力人订立的仲裁协议，属无效的仲裁协议。这意味着，签订仲裁协议的主体即双方当事人，必须具有完全的民事行为能力。对于无民事行为能力或者限制民事行为能力的认定，应当依据《中华人民共和国民法典》（以下简称《民法典》）第 18、第 19、第 20、第 21、第 22、第 23 及第 24 条等条款的规定确认。一旦确定仲裁协议系无民事行为能力人或者限制民事行为能力人所订立，法院应裁定该仲裁协议无效。

对当事人的行为能力加以规定是各国共识，具有行为能力瑕疵的主体签订的仲裁协议无效，是仲裁实践普遍遵循的原则。1958 年的《纽约公约》第 5 条第 1 款第 1 项明确了签订仲裁协议的主体无行为能力，所签署的仲裁协议无效。联合国国际贸易法委员会 1985 年发布的《国际商事仲裁示范法》第 36 条第 1 款规定，签订仲裁协议的一方当事人欠缺行为能力，所签署的仲裁协议无效，缔约方可以拒绝承认或执行作出的仲裁裁决。

二、仲裁协议应采用书面形式

对于仲裁协议的形式要求，各国规定不一。但大多数国家都规定仲裁协议须采用书面形式，比如，英国、法国、瑞士等国家的法律规定。《国际商事仲裁示范法》第 7 条第 2 款规定，仲裁协议应为书面形式。1958 年《纽约公约》第 2 条第 1 款规定：“如果双方当事人书面协议把由于同某个可以通过仲裁方式解决的事项有关的特定的法律关系，不论是不是合同关系，所已产生或可能产生的全部或任何争执提交仲裁，每一个缔约国应该承认这种协议。”显然，该公约对仲裁协议形式作了明确的书面要求，并将此作为缔约国承认和执行仲裁协议的主要条件之一。按照国际公约中的统一规则优于国内法的原则，凡加入国际公约的缔约国，只要没有对公约的仲裁协议形式作保留声明，就应遵循其规定。《仲裁法》第 16 条也明确规定，仲裁协议应采用书面形式订立，即口头仲裁协议是无效的。另外，要求仲裁协议必须采用书面形式，能够更好地证实各方当事人仲裁的明确意思表示，以备发生争议后，当事人可能因否认存在仲裁协议而引起争议。

但是，随着商事仲裁的发展，对于仲裁协议的书面要求，也应宽泛理解和把握。《仲裁法》第16条规定的“以其他书面方式”，涵盖合同书、信件和数据电文（包括电报、电传、传真、电子数据交换和电子邮件）等形式达成的请求仲裁的协议。这样有利于扩大仲裁的范围，充分发挥仲裁在解决当事人争议方面的作用，也有利于降低当事人解决争议的成本，提高解决争议的效率。

三、当事人约定仲裁的意思表示必须是真实的

意思表示真实是契约自由和契约正义在契约法上的贯彻，是合同法中当事人平等原则和自愿原则的必然要求。① 约定采用仲裁的方式解决争议必须是当事人真实意思的表示，这是仲裁协议有效的核心要件。主要表现在以下两个方面：

一方面，请求仲裁的意思表示要明确。仲裁是当事人协议选择的一种纠纷解决方式，当事人必须将该意思表示在仲裁协议中明确体现出来。当事人有权选择解决争议的途径，或者双方达成仲裁协议，将争议提交仲裁解决，或者向人民法院提起诉讼，通过诉讼途径解决争议。《仲裁法》第5条规定了或裁或审原则，明确规定当事人解决争议的方式必须唯一，如果当事人约定争议可以向仲裁机构申请仲裁也可以向人民法院提起诉讼，仲裁协议无效。

另一方面，当事人约定仲裁的意思表示必须真实。仲裁协议是双方当事人在平等、自愿、协商一致的基础上订立的，自愿性是生效仲裁协议最基本的要素。即当事人对是否签订仲裁协议，以及所签订的仲裁协议的内容都必须出于自愿。②《仲裁法》第17条规定，一方采取胁迫手段，迫使对方订立仲裁协议的，仲裁协议无效。显然，意思表示瑕疵也会导致仲裁协议无效。

仲裁协议是双方当事人仲裁合意的体现，是当事人自愿将争议提交仲裁裁决的这一合意的载体。世界各主要国家均将当事人的仲裁意愿列为对生效

---

① 参见李永军：《合同法原理》，中国人民公安大学出版社1999年版，第179页。

② 参见乔欣：《仲裁权研究》，法律出版社2001年版，第83页。

仲裁协议内容的强制性要求。比如，澳大利亚的立法甚至将当事人请求仲裁的意思表示作为仲裁协议的唯一内容。因此，当事人真实意愿是当事人意思自治原则的直接体现，也是仲裁制度的灵魂。

四、提交仲裁的争议事项具有法律规定的可仲裁性

争议事项具有法律规定的可仲裁性是仲裁的核心，是指依据仲裁所适用的法律，可以通过仲裁解决的争议范围。争议事项的可仲裁性反映了国家在以司法方式而不是以仲裁方式解决争议方面所具有的一种特别的利益，由于这种特别的利益，使得国家不允许将某些争议通过具有民间性的仲裁方式解决。[①] 也就是说，争议事项可仲裁性的内国法特性，决定了在一国被认为可以仲裁的争议事项，在他国可能无法通过仲裁方式解决。因此，仲裁作为解决一定范围内特定争议的纠纷解决方式，并非仅依据当事人之间的约定，即可获得仲裁庭的仲裁管辖权。

我国立法与缔结或参加的国际公约对争议可仲裁性的规定，主要体现在1986年关于我国加入《纽约公约》的决定中的互惠保留声明和商事保留声明，1987年关于执行我国加入《纽约公约》的通知中对“属于契约性和非契约性商事法律关系”的司法解释，1993年加入《解决国家与他国国民间投资争议的公约》后将由征收和国有化产生的赔偿争议交由解决投资争端国际中心管辖的保留声明，以及《民事诉讼法》、《仲裁法》与《最高人民法院关于适用〈中华人民共和国仲裁法〉若干问题的解释》的相关规定。比如，《仲裁法》采用结合式的立法体系对仲裁范围作出规定，第2条概括规定了可仲裁事项，第3条采用列举方式对不可仲裁事项作了规定。《最高人民法院关于适用〈中华人民共和国仲裁法〉若干问题的解释》第2条进一步规定：“当事人概括约定仲裁事项为合同争议的，基于合同成立、效力、变更、转让、履行、违约责任、解释、解除等产生的纠纷都可以认定为仲裁事项。”

---

① A. Redfern, M. Hunter, *Law and Practice of International Commercial Arbitration*, *Third Edition*, Sweet and Maxwell, 1999, p. 148.

《民事诉讼法》第244条第2款第2项[①]与第281条第1款第4项[②]的规定，在不予执行内国裁决与涉外裁决时，将争议事项的可仲裁性作为当事人申请与证明的理由。

五、仲裁协议的内容合法

仲裁协议的内容，即仲裁协议的构成要素，是双方当事人选择仲裁意思表示的全面、完整的记录。它决定着仲裁事项、仲裁机构等重要问题，还是判定仲裁协议是否成立的重要依据。仲裁协议的内容可以分为两类：一是法定内容，即法律规定仲裁协议必须具备的内容；二是约定内容，即法定内容外可由当事人自由约定的内容。仲裁协议的内容是否符合法律规定，是指该仲裁协议是否满足法律对仲裁协议内容的基本要求。仲裁协议的内容合法，是指仲裁协议不得违反法律和社会公共利益，当事人达成仲裁协议的目的和内容不违反法律的强行性或禁止性规定，不侵害社会公共利益和国家利益。《仲裁法》第16条第2款对仲裁协议的法定内容作出规定，包括：①请求仲裁的意思表示；②仲裁事项；③选定的仲裁委员会。

仲裁协议约定内容主要是指当事人可以在不违反法律规定的前提下约定一些事项，如仲裁机构适用的仲裁规则、涉外仲裁中适用的实体法律、仲裁裁决的效力及仲裁费用的负担等。但是在我国，商事仲裁实行一裁终局制，仲裁费用的负担，仲裁员的选定、指定方法，仲裁适用的仲裁规则等均由法律或仲裁机构规定，当事人在仲裁协议中可约定的内容很少。

---

① 《民事诉讼法》第244条第2款规定："被申请人提出证据证明仲裁裁决有下列情形之一的，经人民法院组成合议庭审查核实，裁定不予执行：……（二）裁决的事项不属于仲裁协议的范围或者仲裁机构无权仲裁的；……"

② 《民事诉讼法》第281条第1款规定：对中华人民共和国涉外仲裁机构作出的裁决，被申请人提出证据证明仲裁裁决有下列情形之一的，经人民法院组成合议庭审查核实，裁定不予执行：……（四）裁决的事项不属于仲裁协议的范围或者仲裁机构无权仲裁的。"

第三节　仲裁协议的内容

仲裁协议是当事人之间达成的纠纷解决协议，协议内容由双方当事人协商确定，但不得有违反法律强制性规范的内容，且必须满足法律要求的、协议成立必须具有的基本内容。如果仲裁协议不满足法律对仲裁协议内容的基本要求，该协议无效。

一、仲裁协议的法定内容

（一）请求仲裁的意思表示

请求仲裁的意思表示被普遍认为是仲裁协议最根本的要素。仲裁当事人必须具有订立仲裁协议的明确意思表示。现代仲裁制度中，请求仲裁的意思表示必须明确、肯定，符合仲裁一裁终局的要求以及具有排除法院管辖权的效力而不得有任何模棱两可、语义不清或似是而非的效力表述。① 在实践中，出现当事人在仲裁协议中约定诉讼或仲裁两种争议解决方式，应视为该仲裁协议不符合仲裁意思表示明确、肯定的基本要求，故而导致该仲裁协议无效。仲裁是由当事人自愿选择解决其争议的方式，就应当自觉接受其约束。与此类似，如果双方达成仲裁协议后，当事人单方反悔，企图通过向人民法院起诉解决纠纷的，将不产生相应的法律后果。

（二）提交仲裁的事项

提交仲裁的事项系指当事人提交仲裁解决的争议内容。也有学者直接将其解释为争议范围，② 我国台湾地区学者则将仲裁事项称为仲裁协议之标

① 参见高菲："论仲裁协议"，载《仲裁与法律通讯》1995 年第 5 期，第 21 页。

② 参见陈治东：《国际商事仲裁法》，法律出版社 1998 年版，第 108 页。

的。[1] 各国和国际立法通常会对可提请仲裁解决的争议事项及性质进行限定，当事人只能在仲裁协议中约定就法定范围内的争议事项向仲裁机构提出仲裁申请。也就是说，可仲裁争议是一个国家允许以仲裁解决的争议；而不可仲裁争议是国家以法律禁止仲裁，并坚持由法院审理的争议。[2]

提交仲裁的事项被认为是仲裁协议中最基本的要素之一，对仲裁程序具有极其重要的意义。一是直接关系到仲裁协议的效力，即仲裁庭是否有管辖权；二是关乎当事人所选定的仲裁规则适用，即提交仲裁的事项是否属于仲裁规则对其仲裁审理范围。

为了促进商事仲裁的发展，让更多的纠纷被纳入仲裁事项的范围之内，《最高人民法院关于适用〈中华人民共和国仲裁法〉若干问题的解释》第 2 条对可仲裁争议范围作出更为广泛的解释：“当事人概括约定仲裁事项为合同争议的，基于合同成立、效力、变更、转让、履行、违约责任、解释、解除等产生的纠纷都可以认定为仲裁事项。”

（三）选定的仲裁委员会

选定的仲裁委员会是我国立法所确定仲裁协议的重要内容。《仲裁法》第 18 条明确规定，对仲裁委员会没有约定的仲裁协议系内容不明确的仲裁协议，属于无效的仲裁协议。仲裁委员会是受理仲裁案件的机构，是依照仲裁协议的约定和法律的规定，对当事人提交的仲裁事项行使仲裁管辖权并作出有拘束力仲裁裁决的裁判机构。仲裁机构包括常设的仲裁机构和临时设立的仲裁庭，我国实行常设仲裁机构，作为一种固定性的仲裁组织，有自己的名称、住所和章程，有自己的秘书机构管理仲裁程序、有自己的仲裁规则及仲裁员名册。

当事人对于争议解决方式的选择，均可通过双方协议交由彼此信任的第三者解决。《仲裁法》第 6 条第 1 款规定，仲裁委员会应当由当事人协议选定；第 2 款规定，仲裁不实行级别管辖和地域管辖。也就是说，仲裁没有法定管辖的规定，即没有级别管辖和地域管辖等强制管辖制度，完全根据当事人仲裁协议的合意管辖制度。

---

① 参见蓝瀛芳：“争议的仲裁容许性”，载《辅仁法学》，1986 年第 5 期，第 261 页。

② 参见杨良宜：“关于可仲裁性（一）”，载《北京仲裁》2005 年第 3 期，第 45 页。

为了防止实体权利义务关系发生争议后，双方当事人就应该提请某一仲裁委员会进行仲裁产生意见分歧，也为了使仲裁委员会能够及时行使争议案件的仲裁权，对争议案件进行仲裁审理并作出公正仲裁裁决，因此，仲裁协议中有关仲裁机构的约定，原则上应当明确、具体，即根据仲裁协议的内容就能确定某一具体的仲裁委员会对仲裁事项的具体管辖权。

二、仲裁协议的约定内容

(一) 仲裁地点

仲裁地点是进行仲裁程序和作出仲裁裁决的地点。仲裁地点由当事人在仲裁协议中自行约定，或依据仲裁所适用的仲裁规则确定。我国现行立法并没有将约定仲裁地点作为仲裁协议特别生效要件的一项内容，如果当事人选择常设的仲裁机构时，在仲裁协议中对仲裁地点未作出特别约定，就意味着由该仲裁委员会在其所在地进行仲裁。因此，结合我国的现实情况，当事人选定了仲裁机构就决定了仲裁地点，即仲裁机构所在地。

在国际商事仲裁中，仲裁地点是最为重要的因素之一。国家具有控制和管理发生在其管辖领域内的所有提交仲裁解决争议的权力，包括对仲裁协议效力的确定、仲裁程序的进行、仲裁所适用的实体法的确定，以及对于仲裁裁决的承认与执行等均具有极其重要的意义。[①] 首先，仲裁地点直接关系到仲裁协议的效力。对于仲裁协议效力准据法的确定，除当事人另有约定外，一般均以仲裁地国家的法律作为准据法。其次，仲裁地点影响到仲裁程序的进行。基于国家属地管辖原则，在仲裁领域采用“所在地理论”（the seat of theory），即仲裁的合法性及其效力来自仲裁地法，仲裁程序应受仲裁地法支配，仲裁地是决定仲裁程序法适用最具决定性意义的连接因素。[②] 因此，当事人没有明确约定仲裁程序法时，一般适用仲裁地国家的法律。再次，仲裁地点影响解决争议所适用的实体法。当事人未就解决争议所适用的实体法作

① 参见韩健：《现代国际商事仲裁法的理论与实践》（修订本），法律出版社2000年版，第27页。

② A. Redfern M. Hunter, *Law and Practice of International Commercial Arbitration*, 2ed, Sweet and Maxwell, 1991, p. 81.

出明确选择时，仲裁庭通常按仲裁地的冲突规范确定应予援用的实体法。最后，仲裁地点影响仲裁裁决的承认与执行。根据1958年《纽约公约》第1条第3款的规定，缔约国在加入该公约时可保留声明，该国只对在另一缔约国领土内作出的仲裁裁决的承认与执行适用该公约。因此，如果在仲裁地国与裁决承认与执行国之间不存在有关国际条约的情况下，只能按互惠原则予以承认与执行。

（二）仲裁规则

仲裁规则是仲裁当事人及仲裁庭在整个仲裁过程中应遵循的程序规则。仲裁规则不同于仲裁法。从制定主体来说，仲裁规则可以是由仲裁机构或者其他机构（如商会等）所制定的规范性文本，也可以是由当事人自行约定的、具有较强的任意性的行为规范，但不得违反仲裁法中的强制性规定。从内容上来说，仲裁规则主要规范仲裁机构的管辖权、仲裁申请的提出与答辩、仲裁员的指定和仲裁庭的组成、案件审理、裁决的作出与效力等内容，也就是说，主要规范与仲裁程序进行有关的事项，直接涉及当事人程序性权利。而仲裁法规范的事项范围更广泛，包括仲裁协议、仲裁机构、仲裁员、仲裁裁决的监督等内容。

常设仲裁机构都有自己的仲裁规则，以便于当事人选择适用。仲裁规则一旦被当事人选定，就成为具体仲裁活动中的行为规范，无论是仲裁庭行使仲裁权还是当事人参加仲裁活动都必须遵循这些规则。

（三）涉外仲裁中的实体法律

当事人可以就涉外仲裁中的实体法律问题在仲裁协议中进行约定，确定当事人之间争议的实体权利义务关系，判定争议是非曲直所适用的法律规范。在实践中，涉外仲裁机构没有义务适用仲裁地的冲突规则，一般涉外仲裁适用实体法律主要遵循以下原则：

一是当事人选择仲裁实体法原则。该选择并不是强制性的，如果当事人选择适用我国法律以外的法律或者国际公约作为处理争议案件的实体法，应当符合3方面的要求：①不得违反我国法令的基本原则和社会公共利益；②与争议案件具有一定的联系；③须经双方当事人协商一致，并采用书面形式。

二是依冲突规则或密切联系确定实体法的原则。如果当事人没有选择所适用的实体法，仲裁庭确定所适用的实体法时，通常按照两种方法：①依据冲突规则确定适用的实体法；②依据密切联系直接确定所适用的实体法。

三是适用国际条约与国际惯例原则。如果发生争议的双方当事人所在国参加了某一共同的国际公约或国际条约，或者双方当事人所在国之间签订了双边条约或者选定适用国际惯例，除非双方当事人之间就争议案件所适用的实体法作出约定，否则，应当直接适用该国际条约或者公约。国际惯例是国际法的基本原则，在国际商事纠纷中，当事人也可以适用。

（四）仲裁裁决的效力

仲裁裁决的效力是指仲裁裁决的法律效力。而仲裁裁决是否具有终局效力，事实上受诸多因素的影响。目前，各国仲裁立法对仲裁裁决效力的规范主要有两种：

（1）强调仲裁一裁终局的效力，强制性地赋予仲裁裁决以终局效力。如果当事人的约定或常设仲裁机构仲裁规则的规定与仲裁裁决的强制效力相抵触，则属于无效约定。仲裁裁决具有终审性质，对双方当事人有约束力，任何一方当事人不得向法院或其他机构申请变更裁决的内容。仲裁裁决的效力由仲裁所在地国家的法律及仲裁规则予以规定。通常来说，仲裁法或仲裁规则会赋予仲裁裁决以终局的效力，比如《国际贸易法委员会仲裁规则》第32条第2款规定："裁决应以书面作出，属于终局性，对当事人各方具有约束力。当事人各方承担从速执行裁决的责任。"《国际商事仲裁示范法》第35条第1款也规定："仲裁裁决不论在何国境内作出，均应承认具有约束力，而且经向管辖法院提出书面申请，即应依照本条和第36条之规定予以执行。"《仲裁法》第9条规定了一裁终局制度，明确规定仲裁机构受理并经仲裁庭审理的纠纷，一经仲裁庭裁决，该裁决即发生终局的法律效力，当事人不能就同一纠纷向人民法院提起诉讼，也不能向其他仲裁机构再申请仲裁。

（2）以双方当事人的协议为准，无协议时，仲裁裁决不具有终局效力。绝大多数国家的法律及仲裁机构均规定，仲裁裁决具有终局效力。从理论上来说，仲裁裁决的效力是国家仲裁法律制度予以认可的，并非以当事人在仲裁协议中对其规定为前提条件，因此，即使当事人未特别在仲裁协议中对仲裁裁决效力加以规定，由仲裁庭作出的有效仲裁裁决的效力仍然是得到认可的。然而，一些国家的仲裁立法规定只有当事人在仲裁协议中明确约定的情况下，仲裁裁决才是终局的，否则允许当事人对仲裁裁决提出上诉。比如，《法国民事诉讼法典》第1482条规定："除非当事人在仲裁协议中放弃了他们的上诉权，仲裁裁决可以上诉。"此外，英国《1996年仲裁法》和《沙特阿拉伯仲裁条例》也在确认仲裁裁决终审效力的同时，又确认了当事人对仲裁裁决通过上诉或复审程序提出异议的权利。① 显然，为保证仲裁裁决的效力，须要求当事人在仲裁协议中对仲裁裁决的终局性加以明确规定。

因此，当事人在仲裁协议中约定仲裁裁决的终审效力，通常可以避免一方当事人就已定案的问题重新提交法院审理的风险，多大多数国家的仲裁立法和仲裁司法实践，也都承认当事人之间这种约定的效力。

（五）仲裁费用的负担

仲裁费用（arbitration costs）是指在仲裁活动中非因当事人产生的费用，包括仲裁员报酬和开支、仲裁机构的案件受理费和管理费、仲裁庭要求的专家意见和其他协助所产生的合理费用等。当事人可以在仲裁协议中约定仲裁费用的负担，如果没有作出约定，则由仲裁庭根据案件具体情况对仲裁费用承担问题作出裁决。

纵观主要国际仲裁机构的实践做法和仲裁规则，关于仲裁费用的负担，国际仲裁机构遵循的基本原则具体如下：第一，当事人在仲裁协议中约定仲裁费用的负担原则，仲裁庭一般根据当事人的约定在裁决中划分当事人应承担的仲裁费用比例；第二，在当事人没有约定的情形下，仲裁庭倾向于参照仲裁地强制性法律规定和仲裁规则分配仲裁费用。比如，仲裁费用原则上应由败诉一方或败诉各方负担，同时考虑当事人在仲裁程序中的行为合理调整各方当事人承担仲裁费用的比例。即从"根据争议结果分摊仲裁费用"原则出发，倾向于胜诉方不付费用，进而适当地在当事人各方之间调整费用的承

① 参见英国《1996年仲裁法》第58条第2款、《沙特阿拉伯仲裁条例》第18条和第19条。

担比例。

从《仲裁法》有关规定及国内主要仲裁机构的仲裁规则来看，仲裁费用的负担均由法律与仲裁规则予以规定，仲裁当事人很少在仲裁协议中约定仲裁费用的分担。仲裁庭在仲裁程序中，一般都参照我国现行《人民法院诉讼费用交纳办法》第29条规定，案件受理费用由败诉方负担，双方都有责任的由双方分担，裁定仲裁当事人的仲裁费用分担。

三、瑕疵仲裁协议的处理

“有瑕疵的仲裁协议”最初是由作为多年的国际商会仲裁院的秘书长弗雷德里克·艾斯曼（Frederic Eisemann）先生所提出，并提出了构成一项有效仲裁协议的实质要件标准，具体包括：第一，对当事人有约束力；第二，排除法院的干预；第三，仲裁员得到授权；第四，裁决迅速并得到执行。[①]该标准被学者们称为“艾斯曼标准”。因此，一项仲裁协议在不能完全满足其有效成立要件的情况下，即为不完善的仲裁协议，或被称为有瑕疵的仲裁协议。1958年的《纽约公约》也为有效仲裁协议的认定设定了一个较为普遍的标准，根据《纽约公约》，除了符合一定的形式要求外，凡满足以下条件的，即为一个可以承认和赋予效力的仲裁协议：争议须产生于某一特定法律关系；争议事项具有可仲裁性；当事人须有订立仲裁协议的能力；协议根据对其适用的法律必须是有效的，且内容必须合法。[②] 事实上，对仲裁协议的瑕疵认定，还是取决于相关仲裁法的规定，因此，瑕疵仲裁协议是指具备了仲裁协议有效的一些基本条件，但因欠缺法律要求的基本内容，从而导致执行困难的仲裁协议。但该类仲裁协议并非无效协议，允许当事人或相应机构进行补救。《仲裁法》第18条规定了可以补救的无效仲裁协议，[③] 该类仲裁协议不具备成立的特别要件而无法履行，但并不必然导致仲裁协议无效，

---

① Benjamin G. Davis, *Pathological Clauses: Frederic Eisemann's Still Vital Criteria*, Arbitration International, Vol. 7: 4, 1991.

② 参见宋航：《国际商事仲裁裁决的承认与执行》，法律出版社2000年版，第141页。

③ 《仲裁法》第18条规定：“仲裁协议对仲裁事项或者仲裁委员会没有约定或者约定不明确的，当事人可以补充协议；达不成补充协议的，仲裁协议无效。”

协议的当事人有仲裁的意愿，只是内容有所欠缺，这种意愿也应当受到尊重而不能被轻易否定，尊重的具体表现就是允许当事人补救。

（一）既约定仲裁又约定诉讼的仲裁协议

在实践中，常见当事人在仲裁协议中同时约定仲裁和诉讼两种方式解决纠纷的情形。《最高人民法院关于适用〈中华人民共和国仲裁法〉若干问题的解释》第7条规定："当事人约定争议可以向仲裁机构申请仲裁也可以向人民法院起诉的，仲裁协议无效。但一方向仲裁机构申请仲裁，另一方未在仲裁法第二十条第二款规定期间内提出异议的除外。"结合《仲裁法》第20条第2款，当事人对仲裁协议的效力有异议，应当在仲裁庭首次开庭前提出。有学者认为该司法解释第7条规定充满了矛盾，该条已确定了或裁或审的协议为无效仲裁协议，又规定当一方当事人申请仲裁，另一方未在法定期间内提出异议的情况下。[①]

香港高等法院在William Company v. Chu Kong Ageny案中，认定提单中作为索赔依据的争议解决条款"在中华人民共和国法院解决或在中华人民共和国仲裁解决"是有效的，因为申诉人一旦选择了其中之一，问题就迎刃而解。此外，新加坡高等法院法官Goh Joon Seng在Dai Yun Shan案中遇到同样的情况，法官因此认为这不是一个"一定要求通过仲裁"解决的争议，但作为运用自由裁量权的结果，法院准许中止诉讼程序，当事人应开始仲裁程序。[②] 我国司法实践在对待或裁或审的仲裁协议效力认定的态度上也逐步与国际接轨，倾向于认定该种协议的有效性。最高人民法院对张××、秦××买卖合同纠纷二审民事裁定书（2016最高法民辖终284号）中裁定："争议解决条款是当事人依据意思自治原则选择争议解决方式的约定，性质上属于当事人之间关于争议解决方式达成的契约，在没有禁止性规定的情况下，应最大程度上尊重当事人的意思自治，这符合现代民事纠纷合意解决机制的价值理念。因此，应根据当事人在约定条款中的真实意思表示，对条款中仲裁

---

① 参见江伟、肖建国主编：《仲裁法》（第三版），中国人民大学出版社2020年版，第73页。

② N. Kaplan："示范法在香港"，载中国国际商会仲裁研究所编译：《国际商事仲裁文集》（中英文对照），中国对外经济贸易出版社1998年版，第190~191页、第507~509页。

或诉讼管辖约定的效力分别作出认定，约定部分无效的，并不当然导致争议解决条款整体无效。”依据《民事诉讼法》第 35 条有关约定管辖的规定，法院最终裁定当事人约定向合同签订地法院提起诉讼的约定有效。

（二）仲裁机构约定不明的仲裁协议

在实践中，常出现当事人对仲裁委员会约定不明的情形。例如，约定了几个仲裁机构，对仲裁机构的名册使用不当等，这必然引发有关仲裁协议效力的争议。最高人民法院在系联软件（北京）有限公司、北京世盈合众数字技术有限公司计算机软件开发合同纠纷二审民事裁定书（2019 最高法知民辖终 477 号）中裁定[①]：“判断合同仲裁条款所约定的仲裁机构是否因约定不明而应属无效时，应当尊重当事人的意思自治，以当事人的真实意思表示为基础，客观分析当事人约定仲裁条款的本意，并据此判断仲裁条款的效力。众所周知，北京市存在北京仲裁委员会、中国国际经济贸易仲裁委员会、中国海事仲裁委员会 3 家仲裁机构。其中，中国国际经济贸易仲裁委员会在协议签订过程中已经通过修改被排除。在剩余的北京仲裁委员会与中国海事仲裁委员会两家仲裁机构中，虽然涉案协议第 10 条约定的‘北京市仲裁委’与北京仲裁委员会的简称存在‘市’字之差，但是根据当事人的真实意思能够确定唯一的仲裁机构应该是‘北京仲裁委员会’。”法院结合案件协议的合同订立过程、条款约定、争议内容等，认定双方就涉案纠纷存在仲裁的真实意思表示，裁定涉案纠纷应当通过仲裁解决。

（1）约定 2 个以上仲裁机构的仲裁协议。当事人在仲裁协议中同时约定了 2 个或 2 个以上的仲裁机构，如何认定仲裁协议的效力？在齐鲁制药厂诉美国安泰国际贸易公司合资合同纠纷案中，双方当事人订立合同中的仲裁条

---

① 该案协议中的《最终用户订阅协议》系合同的总括性约定，第 7 条约定：“本协议的适用法律为中华人民共和国法律并按照中华人民共和国法律进行解释，并且双方同意服从由在中国北京具有管辖权的法院的独家裁判。”第 10 条第 e 款约定：“通过讨论不能解决的争议，包括争议提交仲裁的条件以及争议解决程序的适用性或效力，除本协议另有规定外，均应提交北京市仲裁委，按照申请仲裁时该会现行有效的仲裁规则进行仲裁。仲裁裁决是终局的，对双方均有约束力。”第 10 条第 f 款约定：“纵使本协议中有任何与此相反的规定，在协议双方因为数据保护、隐私、拒不付款、保密信息或知识产权归属等问题发生争议时，双方均可在北京市仲裁委有管辖权的仲裁庭提起仲裁和寻求合理的补救办法。仲裁程序一旦开始，为该事项进行的其他仲裁将被停止。”

款约定为："合同争议应提交中国国际贸易促进委员会对外经济贸易仲裁委员会，或瑞典斯德哥尔摩商会仲裁院仲裁。"当事人在仲裁条款中约定了2个仲裁机构，1996年最高人民法院致山东省高级人民法院《最高人民法院关于同时选择两个仲裁机构的仲裁条款效力问题的函》中称："该仲裁条款对仲裁机构的约定是明确的，亦是可执行的。当事人只要选择约定的仲裁机构之一即可进行仲裁。"[①] 最高人民法院的回复确立了一个原则，即当事人在仲裁协议中就将争议提交仲裁作出约定，表明当事人就通过仲裁来解决争议达成合意。如果当事人在仲裁协议中选择了2个或2个以上仲裁机构，意味着赋予先行申请仲裁的一方以选择权，仲裁机构因当事人行使选择权而确定，但最高人民法院对当事人在仲裁协议中选择2个仲裁机构的情形作出严格的限制性规定。《是高人民法院关于适用〈中华人民共和国仲裁法〉若干问题的解释》第5条规定，仲裁协议约定2个以上仲裁机构的，当事人可以协议选择其中1个仲裁机构申请仲裁；当事人不能就仲裁机构选择达成一致的，仲裁协议无效。根据该条规定，当事人必须在申请仲裁之前确定唯一具有管辖权的仲裁机构，从而使得仲裁协议达到"约定了明确的仲裁机构"的要求。

（2）选择了仲裁机构，但文字表述有缺陷的仲裁协议。在订立仲裁协议时往往出现文字表述上的不准确、疏忽等情况，应如何认定仲裁协议的效力呢？我国法院在司法实践中对待该类仲裁协议的态度也是根据案件的具体情况进行分析，并不一概否认这种仲裁协议的效力。比如，1996年最高人民法院给福建省高级人民法院、浙江省高级人民法院的复函中指出，基于当事人在仲裁协议中约定的仲裁机构不明确，否认了绍武市水北经济联合公司与香港胜龙针织厂之间、义乌市商城宾馆与香港宏生贸易公司之间签订的仲裁协议的有效性。[②] 但1995年在湖南省正泰物业发展公司与香港冠中集团有限公司、天利（香港）服装工贸公司、蓝天（香港）娱乐发展公司纠纷案件中，当事人在仲裁条款中约定："合同争议应提交中国国际经济促进委员会、对外经济贸易仲裁委员会仲裁。"最高人民法院根据该仲裁条款中当事人的约

① 参见最高人民法院法函［1996］经他字第27号。

② 参见最高人民法院（1996）法经字第27号。

定和有关中国国际经济贸易仲裁委员会的具体情况，经过推断，能够合理确定当事人之间约定的仲裁机构，最终裁定该仲裁协议的有效性。[①]《最高人民法院关于适用〈中华人民共和国仲裁法〉若干问题的解释》第3条规定："仲裁协议约定的仲裁机构名称不准确，但能够确定具体的仲裁机构的，应当认定选定了仲裁机构。"显然，将当事人意思自治的原则放在了重要的位置。

（三）仅约定仲裁规则而没有指定仲裁机构的仲裁协议

我国现行《仲裁法》中并没有涉及当事人选择仲裁规则的权利问题，《最高人民法院关于适用〈中华人民共和国仲裁法〉若干问题的解释》第4条规定："仲裁协议仅约定纠纷适用的仲裁规则的，视为未约定仲裁机构，但当事人达成补充协议或者按照约定的仲裁规则能够确定仲裁机构的除外。"根据该条规定，如果当事人在仲裁协议中仅约定了具体的仲裁规则而没有选定仲裁机构，应作有利于选择仲裁的解释。但对于当事人能否"按照约定的仲裁规则确定仲裁机构"，有待商榷。

2005年12月，在沧州东鸿包装材料有限公司与法国DMT公司买卖合同纠纷案中，当事人在买卖合同第20条中约定："因履行本合同所发生的一切争议，双方应友好协商，如协商仍不能达成协议，则应提交仲裁解决。仲裁地点在中国北京，依据国际商会的有关规则进行仲裁，并且中文和英文均是工具语言。仲裁是终局的，对双方均有约束力，仲裁费用应由败诉一方承担，但仲裁委员会另有裁定的除外。"双方当事人对合同中约定的仲裁条款产生理解分歧，又未能达成补充协议。沧州东鸿包装材料有限公司认为，仲裁条款选择的仲裁地点在北京，合同的签订地、履行地在中国，与合同联系最密切的是中国，应适用中国的法律；法国DMT公司则认为，仲裁条款选择的仲裁规则是"国际商会规则"即指巴黎国际商会的仲裁规则，故已向巴黎国际商会仲裁院提起仲裁申请。对此，沧州东鸿包装材料有限公司向巴黎国际商会仲裁院提出管辖异议。河北省高级人民法院根据《仲裁法》第18条的规定，认为所涉案件中的仲裁协议应裁定确认无效。该院从《国际商会仲裁规

---

① 参见最高人民法院（1995）经终字第128号。

则》的规定以及实践，无法得出国际商会国际仲裁院是执行《国际商会仲裁规则》的唯一仲裁机构的结论。而最高人民法院在回复中认为，由于当事人并未约定确认该仲裁条款效力的准据法，应该适用当事人约定的仲裁地的法律，即我国的法律对该条款的效力作出认定，因此根据《仲裁法》第 18 条的规定，当事人在仲裁条款中未约定明确的仲裁机构，且不能达成补充协议，因此仲裁条款无效，由此回避了无法根据当事人约定的仲裁规则推定仲裁机构的问题。①

(四) 仅约定仲裁地点而没有指定仲裁机构的仲裁协议

如果当事人在仲裁协议中只约定了仲裁地点，而没有约定仲裁机构，则仲裁协议可能会因不具有可执行性而无效。我国法院对仅约定了仲裁地点而没有指定仲裁机构的仲裁协议效力的认定，经历了一段从一概否定逐步向肯定的过渡期。1996 年最高人民法院对诺和诺德股份有限公司与海南际中医药科技开发公司经销协议纠纷案［仲裁条款为“因本协议产生或与本协议有关的一切争议应按照申请时有效的国际商会的规则（不包括调解规则）通过仲裁方式解决。仲裁应在伦敦以英语进行”］复函认为：仲裁条款因无明确的仲裁机构而无法进行。②

在确定仲裁协议的效力时，坚持尊重当事人真实意思的原则。凡当事人自愿达成的仲裁协议且能够执行的，一般应当确认该仲裁协议的效力。如仲裁机构不准确，但能够确定仲裁机构的，仲裁协议有效。在《最高人民法院关于适用〈中华人民共和国仲裁法〉若干问题的解释》第 3 条、第 6 条对当事人只是约定了仲裁地点，未约定仲裁机构的瑕疵仲裁协议，如果能够确定具体的仲裁机构，应当认定选定了仲裁机构。在 2021 年林联江、龙岩正邦养殖有限公司房屋租赁合同纠纷案件中，“房屋租赁合同”第 7 条约定：“本合同在履行过程中若发生争议，应由双方协商解决，若协商不成，双方均可依法向江西省南昌市赣江新区仲裁委员会申请仲裁”。该仲裁条款约定的“江西省南昌市赣江新区仲裁委员会”名称不准确，但是，江西省南昌市赣江新

① 参见最高人民法院（2006）民四他字第 6 号。

② 参见最高人民法院 1996 年 12 月 20 日法经（1996）449 号。

区仅有一个仲裁机构，即“江西省南昌市赣江新区国际仲裁院”，福建省龙岩市中级人民法院根据《最高人民法院关于适用〈中华人民共和国仲裁法〉若干问题的解释》第3条、第6条的规定，裁定江西省南昌市赣江新区国际仲裁院视为约定的仲裁机构。[1]

第四节　仲裁协议的独立性

一、仲裁协议独立性的理论基础

探讨仲裁协议的独立性问题，主要是针对合同中的仲裁条款的独立性问题。所谓仲裁协议的独立性，又称仲裁条款的独立性，也称仲裁条款自治权原则（severability of arbitration agreement），是指如果当事人在主合同中表明了以仲裁解决争议的意愿就应得到保护，仲裁条件具有保障当事人通过寻求某种救济实现当事人权利义务的特殊性质，具有相对的独立性。

传统的合同法理论和司法观念中，仲裁条款是主合同的一部分，而以其他形式订立的仲裁协议，虽然形式上独立于主合同，但是仲裁协议的效力应当受到主合同效力的影响；主合同不存在，作为附属合同的仲裁协议也就丧失了存在的基础。因此，主合同无效，仲裁协议尤其是仲裁条款当然无效。而仲裁条款独立性理论，是20世纪80年代以后发展起来的关于仲裁协议有效性的理论。该理论认为：含有仲裁条款的主合同与仲裁条款应被看作是两个独立的协议，主合同关系到当事人在商事交易方面的（权利）义务，仲裁条款作为从合同关系到当事人之间的另一项（权利）义务，即通过仲裁解决因履行商事交易而产生的争议。因此，仲裁条款具有保障当事人通过寻求某种救济实现当事人商事权利的特殊性，它具有相对独立性，其有效性不受主合同有效性的影响。主合同的效力，如主合同无效、失效、变更或终止等，

① 参见福建省龙岩市中级人民法院（2021）闽08民终1340号。

不影响仲裁协议的效力，仲裁协议独立存在。[①] 仲裁条款独立性理论的提出摆脱了仲裁条款从属于主合同的传统观念的束缚，从新的理论角度来审视仲裁条款的效力问题，使得仲裁院或仲裁庭在主合同无效、失效甚至不存在的情况下仍然享有案件管辖权。该理论的提出有利于仲裁制度的发展，也满足了当事人提交仲裁解决纠纷的愿望，因此得到了世界各国的广泛接受和采纳，并称为现代国际商事仲裁重要的理论和实践。[②]

仲裁条款独立性理论是在仲裁实践中逐渐发展起来的。1942 年，英国法院在荷曼诉达文斯（Heyman v Darwins）案中初步确立了仲裁条款独立性理论，达文斯（Darwins）是一家英国的钢铁制造商，荷曼（Heyman）是营业地在美国纽约的销售商，两公司订立了关于指定荷曼作为达文斯产品独家销售代理人的合同，该合同含有仲裁条款："凡由于本合同引起的任何争议应通过仲裁解决。"达文斯未履行合同，荷曼诉诸法院，指控达文斯违约，而达文斯则请求法院终止审理，并就仲裁条款约定将争议提交仲裁解决。法院经审理，认为：仲裁条款是一个从属于主合同的独立合同，可以独立于主合同而存在，没有违约一方当事人是否可以继续履行合同的问题应交由仲裁庭而不是法院决定。该案涉及合同终止前提下，仲裁条款是否仍然有效的问题，正如主审法官麦克米兰·西蒙（Macmillan Simon）所言，如果合同自身无效，则该合同的仲裁条款也就随着合同的无效而无效。在这种情况下，仲裁条款也就无独立性可言。[③] 该案确立的仲裁条款独立性理论的适用范围是有限的，仅适用于合同解除、终止等情况。随着仲裁实践的发展，仲裁条款独立性理论也逐步丰富。1963 年法国最高上诉法院在赛特（Gosset）案、1967 年美国联邦最高法院在第一颜料公司诉弗拉特和康克林公司等（Prima Paint v Conklin Mfg co.）案中确立了主合同无效并不必然影响仲裁条款的效力，使得仲裁条款独立性理论更进一步的发展。[④] 此后全面承认仲裁条款独立性理

---

① A. Redfern, M. Hunter, *Law and Practice of International Commercial Arbitration*, Third edition, Sweet and Maxwell, 1999, p. 154.

② 参见邓杰：《伦敦海事仲裁制度研究》，法律出版社 2002 年版，第 88 页。

③ 郭寿康、赵秀文主编：《国际经济贸易仲裁法》，中国法制出版社 1999 年版，第 134 页。

④ Emmanuel Gaillard, John Savage, Fouchard , Gaillard, Goldman on International Commercial Arbitration, Kluwer Law Internation (1999), p. 204。

论成为各国仲裁立法的方向。德国、法国、意大利、瑞典、日本、荷兰等大陆法系国家，以及英国、美国等英美法系国家也都通过立法形式正式承认了仲裁条款的独立性理论。①

1985年的《国际商事仲裁示范法》对仲裁条款独立性的规定非常全面、明确、具体，并且明确了主合同无效不应导致仲裁条款无效，《国际商事仲裁示范法》第16条第1款规定："仲裁庭可以对其管辖权包括对仲裁协议的存在或效力的任何异议，作出裁定。为此目的，构成合同一部分的仲裁条款应视为独立于合同其他条款的一项协议。仲裁庭作出关于合同无效的决定，不应在法律上导致仲裁条款无效。"《仲裁法》第19条规定："仲裁协议独立存在，合同的变更、解除、终止或者无效，不影响仲裁协议的效力。"1998年，在江苏省物资集团轻工纺织总公司诉香港裕亿集团有限公司和加拿大太子发展有限公司侵权损害赔偿案件中，涉案"销售合同"第8条约定："凡因执行本合约所发生的或与本合约有关的一切争议，双方可以通过友好协商予以解决；如果协商不能解决，应提交中国国际经济贸易仲裁委员会，根据该会的仲裁规则进行仲裁。仲裁裁决是终局的，对双方均有拘束力。"根据仲裁法和仲裁规则的规定，最高人民法院裁定中国国际经济贸易仲裁委员会有权受理该侵权纠纷，双方当事人应通过仲裁解决，人民法院无管辖权。

正如英国的大法官麦克米兰·西蒙所指出的："仲裁条款与其他条款有着完全不同的性质，其他条款规定的都是当事人相互之间承担的义务，而仲裁条款规定的不是一方当事人对另一方当事人的义务，它是双方当事人的协议，即如果产生了有关一方当事人对另一方当事人承担义务的争议，则这些争议将由他们自己成立的法庭解决。"② 坚守仲裁条款独立性原则，使仲裁机构获得对仲裁事项的确定的管辖权，保障了当事人对争议解决的可预期。

① 赵健：《国际商事仲裁的司法监督》，法律出版社2000年版，第78页。

② ［英］施密托夫：《国际贸易法文选》，赵秀文选译，中国大百科全书出版社1993年版，第612页。

二、仲裁条款独立性原则的适用

根据《民法典》《仲裁法》和《最高人民法院关于适用〈中华人民共和国仲裁法〉若干问题的解释》的规定，仲裁协议有独立的法律效力，合同的变更、解除、终止和无效，债权债务的转让、合同未生效或者被撤销，均不影响仲裁条款的效力。《民法典》第507条规定："合同不生效、无效、被撤销或者终止的，不影响合同中有关解决争议方法的条款的效力。"同时，《仲裁法》第19条也规定："仲裁协议独立存在，合同的变更、解除、终止或者无效，不影响仲裁协议的效力。"

（一）合同转让、变更或解除、终止条件下仲裁条款的独立性

1. 仲裁条款独立于合同转让

《民法典》第555条规定合同权利义务的概括转移，当事人一方经对方同意，可以将自己在合同中的权利和义务一并转让给第三人。《最高人民法院关于适用〈中华人民共和国仲裁法〉若干问题的解释》第9条规定："债权债务全部或者部分转让的，仲裁协议对受让人有效，但当事人另有约定、在受让债权债务时受让人明确反对或者不知有单独仲裁协议的除外。"根据该条规定，合同的转让只是合同的主体改变，合同的内容并没有发生改变，因此，合同中的仲裁条款依然有效，除非当事人另有约定。但是，在实践中如果仲裁协议以独立于主合同的仲裁协议书或其他形式存在，是否当然对受让人有效，则可能会有争议。比如，根据《民法典》第546条的规定，主合同的转让需要出让人对受让人尽告知义务，即出让人要告知受让人在主合同之外存在独立的仲裁协议，仲裁协议才能约束受让人。

2. 仲裁条款独立于合同变更

根据《民法典》第543条的规定，变更合同的条件，当事人协商一致，可以变更合同。对于合同的变更，在《民法典》第545条作出限制性规定，当事人变更合同的意思表示须以明示方式为之，在当事人未以明示方式约定合同变更的，禁止适用推定规则推定当事人有变更合同的意愿。因此，原有的仲裁协议是否继续有效取决于当事人对合同进行的修订或者补充。如果当事人只变更了主合同条款，未涉及仲裁协议，则仲裁协议继续对当事人有效，

因新的主合同发生的争议依然要按照原有的仲裁协议进行仲裁。

3. 仲裁条款独立于合同解除

根据《民法典》第566条规定，合同解除后，尚未履行的，终止履行；已经履行的，根据履行情况和合同性质，当事人可以请求恢复原状或者采取其他补救措施，并有权请求赔偿损失。合同解除的直接法律后果是使合同关系消灭，合同不再履行。合同解除主要针对的是双方的实体权利义务关系，除非双方解除了仲裁条款，否则仲裁条款具有独立性，双方因解除合同发生的争议仍可通过仲裁解决。

合同的解除有约定解除和法定解除，其中约定解除又包括：①在合同有效成立后、尚未履行完毕之前，当事人就解除合同协商一致的，可以解除合同；②当事人事先约定可以解除合同的事由，当该事由发生时，赋予一方合同解除权。在实践中，双方当事人解除合同时，情况可能相对复杂。在主合同中的仲裁条款对于法定解除及第二种约定解除的法律后果基本有约定，但对第一种约定解除须当事人在协议解除主合同的同时也对解除的法律后果达成协议，当事人之间就产生新的实体权利义务关系。显然，新的法律关系已经超出了原仲裁协议约定的仲裁事项范围，故不能再继续适用原有的仲裁协议。因此，如果当事人仅是协议解除了主合同，还需要对解除后的法律后果作具体约定。

4. 仲裁条款独立于合同终止

根据我国《民法典》第557条，合同的终止是指合同双方的法律关系因法定原因归于消灭。导致合同终止的事由包括债务已经履行、债务相互抵销、债务人依法将标的物提存、债权人免除债务、债权债务同归于一人等情形。但是，合同终止后，如果双方当事人因合同终止引起的争议，原合同中的仲裁条款依然有效。

（二）主合同无效条件下仲裁条款独立性

《民法典》第143条规定了民事法律行为的有效条件，包括：①行为人具有相应的民事行为能力；②意思表示真实；③不违反法律、行政法规的强制性规定，不违背公序良俗。在第144条、第146条第1款、第153条以及第154条规定了导致合同无效的几种民事行为，包括：无民事行为能力实施的民事法律行为；行为人与相对人以虚假的意思表示实施的民事法律行为；违反法律、行政法规的强制性规定的民事法律行为；违背公序良俗的民事法律行为；行为人与相对人恶意串通，损害他人合法权益的民事法律行为。因此，合同无效是指合同因严重欠缺法律规定的有效要件，在法律上不按当事人的和约赋予其法律效力。

英国上诉法院在 1942 年审理的荷曼诉达文斯有限公司（Heyman v Darwins Ltd.）[①] 案中，虽然确立了仲裁独立性原则，但主审法官麦克米兰·西蒙认为，如果合同自身无效，例如通过欺诈方式订立的合同一开始就是违法的，则该无效合同中的仲裁条款应随欺诈或违法合同的无效而无效。此时，仲裁庭也就无独立性可言。如果合同从来就不存在，作为合同一部分的仲裁条款相应地也就不存在。

我国《仲裁法》认为，判断仲裁条款是否有效并不基于主合同效力，二者无效的标准是相互独立的，即仲裁条款具有独立性，不因主合同无效而必然无效。在司法实践中，造成主合同无效的原因通常有主体欠缺民事行为能力、合同内容违法等，不仅影响主合同的效力，同时也影响仲裁条款的效力。造成主合同无效的原因主要有：第一，合同主体具备相应的民事行为能力是合同有效的基本前提，否则合同无效，因此，合同主体的民事行为能力要受到经营范围等条件的限制，违反这些条件签订的主合同可能无效，进而也可能会导致仲裁条款无效。第二，《民法典》第 143 条规定了民事法律行为的有效案件，第三项规定不得违反法律，行政法规的强制性规定，不违背公序良俗，即合同违反法律的强制性规定或者损害社会公共利益的，合同无效。但法律上有关实体权利义务关系的强制性规定与有关仲裁协议的强制性规范，并不相同。因此，主合同违反法律强制性规定并不意味着仲裁条款同时也违背该规定，当事人协商仲裁条款仅仅是合意确定了纠纷的解决方式，并不会损害社会公共利益。综上，仲裁条款仍应独立于主合同发生效力，遵从当事人意思自治的原则，允许当事人合意通过仲裁解决纠纷。

---

① 参见赵秀文："论仲裁条款独立原则"，载《法学研究》1997 第 4 期，第 46 页。

（三）主合同不存在条件下仲裁条款的独立性

主合同不存在，是指合同成立后未生效或者被撤销，或者合同未成立等情形。在司法实践中，仲裁条款是否适用基于主合同存在与否，如果法律上认定主合同不存在，似乎讨论仲裁条款的有效性就没有任何意义。当一方当事人主张主合同不存在，另一方当事人坚持主合同存在，关于主合同是否存在的争议必然要由仲裁庭或法院作出权威性裁定。《最高人民法院关于适用〈中华人民共和国仲裁法〉若干问题的解释》第 10 条第 2 款规定："当事人在订立合同时就争议达成仲裁协议的，合同未成立不影响仲裁协议的效力。"因此，当事人主张主合同存在与否并不影响仲裁条款的独立性，对主合同是否存在的法律确定权由仲裁庭或法院进行裁判。

（四）仲裁条款独立于合同被撤销

《民法典》第 143 条规定了民事法律行为的有效条件。在第 147 条、第 148 条、第 149 条、第 150 条以及第 151 条规定了可撤销合同的情形，包括：重大误解、欺诈、第三人欺诈、胁迫、乘人之危导致的显失公平等订立的合同。并且根据《民法典》第 152 条的规定，合同被依法撤销后，自始没有法律约束力。

合同被撤销，当事人之间的合同关系就不存在了，反之，原来的合同对当事人就不再具有任何约束力，合同的条款也应随之失去效力。但是，当事人因合同撤销引起的争议，是否也可以根据合同中订立的仲裁条款依法仲裁？从《民法典》对可撤销合同的法律行为效力的认定来看，欺诈、胁迫及乘人之危的法律后果应及于整个合同条款，这意味着，受害方在订立仲裁条款时也应处于欺诈、胁迫或乘人之危的情形下，作出的意思表示并不真实。

从各国立法和实践来看，一方采取胁迫手段，迫使对方订立的仲裁协议无效，但对于主合同系欺诈、胁迫等手段订立情况下的仲裁条款的效力并未明确规定。我国司法实践已经肯定了通过欺诈等方式签订的合同自始无效，其中所包含的仲裁条款也随之无效。[①] 在中国技术进出口总公司诉瑞士工业资源公司侵权损害赔偿纠纷案[②]中，上海市高级人民法院经查，瑞士工业资源公司在签订“合同修改议定书”时进行欺诈，已超出履行合同的范围。最终裁定双方当事人的纠纷已非合同权利义务的争议，而是侵权损害赔偿纠纷，双方所订立的仲裁条款不能约束当事人，侵权行为地人民法院有管辖权。也有学者认为，仲裁条款与主合同之间有着密切的联系，影响主合同效力的那些因素，往往也要影响到仲裁条款的效力。由于仲裁条款的签订与主合同的签订是同一过程，很难设想在签订主合同时存在欺诈、胁迫或乘人之危的情况下，仲裁条款的签订是自由意思的表示。所以当主合同意思表示不真实而无效时，仲裁条款也应无效。[③]

《仲裁法》第 17 条第 3 项规定，一方采取胁迫手段，迫使对方订立仲裁协议的，该仲裁协议无效。仲裁条款是双方当事人就主合同所约定的权利义务关系发生纠纷时的救济条款，是双方约定通过仲裁解决纠纷的意思表示。如果主合同是以欺诈、胁迫等方式签订的，是否仲裁条款必然被认定就是欺诈、胁迫的产物或结果，须探明是否有证据证明仲裁条款也是以欺诈、胁迫等手段订立的，则该仲裁条款与主合同一样无效，否则应遵守仲裁条款独立性原则。

第五节　仲裁协议的效力

仲裁协议的效力，是指仲裁协议成立并生效后对仲裁主体及法院所（应）具有的法律约束力。仲裁协议的效力经有关机关或机构确认后，对不同主体形成的约束力并不相同。

---

① 参见最高院 1989（01）公报案例：中国技术进出口总公司诉瑞士工业资源公司侵权损害赔偿纠纷案。

② 参见最高人民法院办公厅编：《中华人民共和国最高人民法院公报》1989 年第 1 期人民法院出版社 1989 年版，第 50 页。

③ 参见黄进主编：《国际私法与国际商事仲裁》，武汉大学出版社 1994 年版，第 223 页。

一、仲裁协议效力的确认机构

根据《仲裁法》和最高人民法院司法解释的相关规定，仲裁协议的效力由人民法院、仲裁委员会及仲裁庭确认。

（一）人民法院

当事人对仲裁协议是否具备法律效力提出异议，应当由享有对合同效力确认权的机构来确认，依据我国现行法律规定，只有人民法院和仲裁委员会有合同效力的确认权。就仲裁协议的效力问题诉诸法院出现在3个阶段：提起仲裁申请阶段、仲裁程序进程过程中以及仲裁裁决作出后。法院对仲裁协议效力的认定，我国法律规定了不同的程序。《仲裁法》第20条第1款规定：“当事人对仲裁协议的效力有异议的，可以请求仲裁委员会作出决定或者请求人民法院作出裁定。一方请求仲裁委员会作出决定，另一方请求人民法院作出裁定的，由人民法院裁定。”依据该款规定，当双方当事人分别向仲裁委员会和人民法院请求确认仲裁协议的效力时，原则上由人民法院作出裁定。由法院确认仲裁协议效力的规定是国际通行做法，英国法院亦坚持软性的仲裁独立原则，并继续限制仲裁员的管辖权决定权。重申是由法院而不是仲裁员来解决关于仲裁条款的范围、有效性或者存在性等一系列存在争议的问题。当事人也越来越倾向于找法院解决此类问题。[①] 1958年《纽约公约》第2条第3款规定，如果缔约国的法院受理一个案件，而就这案件所涉及的事项，当事人已经达成本条意义内的协议时，除非该法院查明该协议是无效的，未生效的或不可能实行的，应该依一方当事人的请求，令当事人把案件提交仲裁。

《最高人民法院关于适用〈中华人民共和国仲裁法〉若干问题的解释》第12条详细地规定了人民法院对仲裁协议确认的管辖法院的级别。第一，当事人向人民法院申请确认仲裁协议效力的案件，由仲裁协议约定的仲裁机构所在地的中级人民法院管辖；仲裁协议约定的仲裁机构不明确的，由仲裁协

---

① 参见斯图尔特·沙克尔顿：“英国仲裁司法年度评论——2002”，罗洁琪编译，载《仲裁研究》2005年第1期，第78页。

议签订地或者被申请人住所地的中级人民法院管辖。第二，申请确认具有涉外、海事海商因素的仲裁协议效力的案件，由仲裁协议约定的仲裁机构所在地、仲裁协议签订地、被申请人住所地或者申请人住所地的中级人民法院或者海事法院管辖。同时，《最高人民法院关于审理仲裁司法审查案件若干问题的规定》第4条规定："申请人向两个以上有管辖权的人民法院提出申请的，由最先立案的人民法院管辖。"

当事人对仲裁协议提出异议应遵守法定期间。《仲裁法》第20条第2款规定："当事人对仲裁协议的效力有异议，应当在仲裁庭首次开庭前提出。"实践中，当事人提出仲裁异议的时间应当在仲裁程序开始后，仲裁庭首次开庭前这一时间段之内。同时，在《最高人民法院关于适用〈中华人民共和国仲裁法〉若干问题的解释》第13条明确规定，在两种情形下人民法院不予受理当事人提出的对仲裁协议效力的异议：第一，当事人在仲裁庭首次开庭前没有对仲裁协议的效力提出异议，而后向人民法院申请确认仲裁协议无效的；第二，仲裁机构对仲裁协议的效力作出决定后，当事人向人民法院申请确认仲裁协议效力或者申请撤销仲裁机构的决定的。

（二）仲裁委员会

《仲裁法》第20条规定，当事人对仲裁协议效力有异议的，可以请求仲裁委员会作出决定。仲裁协议是否有效，关乎仲裁委员会的管辖权问题。《1998年国际商会仲裁规则》第6条第2款规定：如果被申请人未按第5条规定提交答辩，或者任何一方就仲裁协议存在，有效性或范围提出一项或多项抗辩，则仲裁院在表面上根据商会仲裁规则确信仲裁协议可能存在但在不影响异议的可接受性或实质性的情况下可以决定仲裁程序继续进行。在此情况下，就仲裁庭的管辖权的决定应由该仲裁应自行作出，如果仲裁难时，仲裁协议的存在从表面上不能肯定，应通知当事人仲裁程序不能进行。在此情况下，任何一方均有权请求有管辖权的法院裁定是否存在一项具有约束力的仲裁协议。该款规定保障了仲裁程序的进行，并不影响实体。在这种情况下，当事人仍有权请求有管辖权的法院对是否存在有约束力的仲裁协议作出裁定。显然，仲裁委员会只是对仲裁协议的效力给出一个初步的决定，然后由组成的仲裁庭或法院作出最终裁决。

学术界和实务界对仲裁委员会确认仲裁协议效力的适当性颇有微词。比如，在仲裁实践中，《中国国际经济贸易仲裁委员会仲裁规则（2015版）》第6条对仲裁协议及（或）管辖权的异议的规定①，《北京仲裁委员会仲裁规则》（2022）第6条对管辖权异议的规定②，对于较复杂的管辖权争议，仲裁委员会往往先作出初步决定，在经过仲裁庭审理并向仲裁委员会作出建议报告后，再作出最后的决定。这种做法既发挥了仲裁庭的审理功能，又避免了与仲裁法的规定发生冲突。③ 因此，当仲裁庭尚未组成前，由仲裁委员会对当事人提出仲裁协议的异议，依据表面证据作出确认，有利于仲裁程序连续有效地进行。

（三）仲裁庭

仲裁庭有权调查并决定仲裁协议的有效性及其自身的管辖权。《国际商事仲裁示范法》第16条第1款规定，仲裁庭可以对仲裁协议的存在或效力的

---

① 《中国国际经济贸易仲裁委员会仲裁规则（2015年版）》第6条【对仲裁协议及/或管辖权的异议】规定："（一）仲裁委员会有权对仲裁协议的存在、效力以及仲裁案件的管辖权作出决定。如有必要，仲裁委员会也可以授权仲裁庭作出管辖权决定。（二）仲裁委员会依表面证据认为存在有效仲裁协议的，可根据表面证据作出仲裁委员会有管辖权的决定，仲裁程序继续进行。仲裁委员会依表面证据作出的管辖权决定并不妨碍其根据仲裁庭在审理过程中发现的与表面证据不一致的事实及/或证据重新作出管辖权决定。（三）仲裁庭依据仲裁委员会的授权作出管辖权决定时，可以在仲裁程序进行中单独作出，也可以在裁决书中一并作出。（四）当事人对仲裁协议及/或仲裁案件管辖权的异议，应当在仲裁庭首次开庭前书面提出；书面审理的案件，应当在第一次实体答辩前提出。（五）对仲裁协议及/或仲裁案件管辖权提出异议不影响仲裁程序的继续进行。（六）上述管辖权异议及/或决定包括仲裁案件主体资格异议及/或决定。（七）仲裁委员会或经仲裁委员会授权的仲裁庭作出无管辖权决定的，应当作出撤销案件的决定。撤案决定在仲裁庭组成前由仲裁委员会仲裁院院长作出，在仲裁庭组成后，由仲裁庭作出。"

② 《北京仲裁委员会仲裁规则》（2022）第6条【管辖权异议】规定："（一）当事人对仲裁协议的存在、效力或者仲裁案件的管辖权有异议，可以向本会提出管辖权异议。管辖权异议应当在首次开庭前以书面形式提出，当事人约定书面审理的，应当在首次答辩期限届满前以书面形式提出。（二）当事人未按照上述规定提出管辖权异议的，视为承认本会对仲裁案件的管辖权。（三）当事人向本会提出管辖权异议不影响仲裁程序的进行。（四）本会或者本会授权的仲裁庭有权就仲裁案件的管辖权作出决定。仲裁庭的决定可以在仲裁程序进行中作出，也可以在裁决书中作出。（五）本会或者经本会授权的仲裁庭对仲裁案件作出无管辖权决定的，案件应当撤销。仲裁庭组成前，撤销案件的决定由本会作出；仲裁庭组成后，撤销案件的决定由仲裁庭作出。"

③ 参见郭晓文："体现仲裁的效率原则——现代仲裁规则的重要特点——兼论北京仲裁委员会2001年仲裁规则"，载《仲裁与法律》2001年第6期，第72页。

任何异议作出裁定。仲裁庭有权对仲裁协议的效力以及其自身的管辖权作出决定，被称为现代仲裁的一项重要成就，作为仲裁法的一个基本原则。[①] 在仲裁庭行使仲裁权的过程中，对于当事人基于仲裁协议对其管辖权提出的异议作出决定，是仲裁管辖权的一部分。这种权力是当事人通过仲裁协议赋予的，它和仲裁庭所具有的裁决纠纷的实体权力一样，应被看作是仲裁庭固有的、裁断纠纷必不可少的基本权力。这种有关确定仲裁庭具有决定仲裁协议效力权力的学说被称为自裁管辖学说，该学说构成了仲裁庭有权认定仲裁协议效力的理论基础。

英国法官德威森（P. Devlin）在堡农公司诉瓦比斯泽案（Christopher Brown Ltd. v. Genossenschafft Oesterreichischer Waldbesitzer Holzwirtschafbetribe）中针对仲裁员的管辖权曾作出过精彩的评论：法律没有要求仲裁员在其管辖权遭到反对或质疑时可以拒绝履行其职责。法律也没有要求在法院就仲裁庭管辖权问题作出决定前，仲裁员可以不对仲裁管辖权异议作出实质性的调查并作出裁定，而是继续仲裁，把管辖权问题留待具有管辖权的法院去决定。仲裁员没有义务采取上述任何一种做法。仲裁员有权就他们是否具有管辖权的问题进行审查，其目的不是得出任何对当事人有约束力的结论，而是作为一个预先问题向当事人表明他们是否应该继续进行仲裁。[②]

按照传统的管辖权理论，司法管辖权是国家法律赋予法院的专属权力，对于公平保障公民的基本权利具有重要的意义。虽然以仲裁方式解决纠纷是当事人意思自治、自主处分私权的一种表现方式，但也应受到司法管辖权的监督，并且这种监督并不能由当事人协议排除。自裁管辖学说源于当事人意思自治原则，当事人通过协议的方式约定将争议交由仲裁解决时，就意味着将协议项下的一切争议，包括对该协议效力的异议，交由仲裁解决。[③] 因此，当双方当事人就仲裁协议的效力产生争议时，仲裁庭依据当事人之间的仲裁协议，即可取得该案的管辖权，并就仲裁协议的效力其自身的管辖权作出裁

① 参见赵健：《国际商事仲裁的司法监督》，法律出版社2000年版，第89页。

② A. Redfern, M. Hunter, *Law and Practice of International Commercial Arbitration*, Third edition, Sweet and Maxwell, 1999, p. 265.

③ 参见赵秀文：《国际商事仲裁及其适用法律研究》，北京大学出版社2002年版，第41页。

定。另外，争议事项是否可由仲裁解决，取决于它是否属于有关国家国内立法所允许采用仲裁方式处理的事项。同时，仲裁庭的自裁管辖权要受到司法管辖权的监督和制约，世界上大多数国家的仲裁法都规定法院在一定条件下有对仲裁协议的有效性进行司法审查的权力。2017 年，发布的《最高人民法院关于审理仲裁司法审查案件若干问题的规定》第 1 条第 1 项明确了法院对仲裁协议效力的审查。A.J. 范·登·伯格（A. J. van den Berg）教授曾指出："自裁管辖学说的关键不在于是否赋予仲裁庭决定的终局效力，也不在于是否完全排除法院确定仲裁管辖权的权力，而是在于限定法院干预仲裁管辖权的时间和条件。"① 事实上，自裁管辖学说并不完全排斥法院的司法管辖权，只是突破了传统的管辖权理论，赋予了仲裁庭决定自己管辖权的权力，并使法院对仲裁程序干预的时间向后延迟，从而大大提高了仲裁程序的效率。

二、仲裁协议效力的具体表现

仲裁协议的效力，是指仲裁协议成立并生效后对仲裁主体及法院所（应）具有的法律约束力，包括双方当事人仲裁机构受拘束的主体以及法院。英国大法官麦克米兰·西蒙在判决中曾指出："仲裁协议与其他条款有着完全不同的性质，其他合同一般规定当事人间相互承担义务，而仲裁协议规定的不是一方当事人对另一方当事人承担的义务。它是双方当事人的协议，即如果产生了有关一方当事人对另一方当事人承担义务的争议，则这些争议将由他们自己成立的法庭解决。一个实质性的区别是：合同中当事人之间相互承担的义务一般不能专门予以强制执行，违反此项义务只能请求损害赔偿。仲裁协议则可以由仲裁法规定的专门机构强制执行，违反仲裁协议的适当补救办法不是损害赔偿，而是强制履行协议。"②

（一）仲裁协议对当事人的效力

仲裁协议是当事人对已经发生或将来可能发生的争议提交仲裁解决的意

① Albert Jan van den Berg, *Commentary on the UNCITRAL Model Law on International Commercial Arbitration*, Kluwer Law & Taxation Publishers, 1990, p. 74.

② ［英］施米托夫：《国际贸易法文选》，赵秀文选译，中国大百科全书出版社 1993 年版，第 612 页。

思表示一致的契约，体现了当事人对其程序权利（诉权）的处置。有效的仲裁协议对当事人产生法律效力，主要体现在三个方面。第一，当事人应当依据仲裁协议向仲裁机构申请仲裁。《仲裁法》第5条规定，当事人达成仲裁协议，一方向人民法院起诉的，人民法院不予受理”，从而以立法形式保障由仲裁机构处理订有仲裁协议的争议事项。这也意味着，在一方当事人依据仲裁协议申请仲裁时，另一方当事人必须放弃非仲裁解决争议的方式，参与并配合仲裁程序的进行，从法律上保证了当事人间特定争议事项在协商不成时只能通过仲裁方式解决，使得当事人不愿诉诸法院解决争议的本来愿望得以实现。① 第二，当事人有义务协助仲裁程序的进行。这主要是指正确行使对仲裁协议以及仲裁庭管辖权的异议权、仲裁员的指定权、对仲裁员的申请回避权以及举证权等。仲裁协议中对程序权利作出较多的约定，当事人只有在合理的限度内正确行使这些权利，才能保障仲裁程序的正当、合理，真正实现仲裁的高效率。第三，当事人有义务履行仲裁裁决。《仲裁法》第62条规定：“当事人应当履行裁决。一方当事人不履行的，另一方当事人可以依照民事诉讼法的有关规定向人民法院申请执行。受申请的人民法院应当执行。”也就是说，既然当事人一致同意将争议交给仲裁庭解决，并承认仲裁庭所做裁决的约束力，那么当事人就应当承担履行裁决的义务。

（二）仲裁协议对仲裁机构或仲裁庭的效力

仲裁协议是仲裁制度的基础，也是仲裁机构行使仲裁管辖权的依据，如果双方当事人没有签订将他们之间的争议提交仲裁的协议，仲裁机构就没有管辖有关争议的法律依据。② 仲裁协议对仲裁机构的效力，主要体现在三个方面。第一，仲裁协议赋予仲裁机构仲裁管辖权。《仲裁法》第4条规定：“当事人采用仲裁方式解决纠纷，应当双方自愿，达成仲裁协议。没有仲裁协议，一方申请仲裁的，仲裁委员会不予受理。”因此，仲裁管辖权源自当事人的仲裁协议，构成仲裁机构管辖权的基础。第二，仲裁协议是仲裁庭正

---

① 参见韩健：《现代国际商事仲裁法的理论与实践》（修订本），法律出版社2000年版，第46页。

② 参见陈桂明：《程序理念与程序规则》，中国法制出版社1999年版，第252页。

确行使仲裁权的依据。一方面，当事人在仲裁协议中对仲裁程序进行了约定，仲裁庭在仲裁活动中要依此约定对争议事项作出裁判。另一方面，仲裁管辖权的行使受到仲裁协议的制约。仲裁管辖权的运行只能按照当事人仲裁协议设定的或根据仲裁协议确定的仲裁规则设定的仲裁程序进行，超出当事人协议范围的仲裁管辖权不发生法律上的效力。第三，仲裁协议赋予仲裁机构所作出的仲裁裁决以强制执行力。一项有效的仲裁协议是强制执行仲裁裁决的依据。[①] 许多国家的仲裁法均规定，如果一方当事人在仲裁裁决作出后，不能自动履行裁决义务，另一方当事人就可以向有关执行机关提交有效的仲裁协议和裁决书，申请强制执行。比如《仲裁法》第 62 条明确规定，人民法院根据仲裁裁决的一方当事人的申请，强制另一方当事人履行仲裁裁决文书确定的义务。

（三）仲裁协议对司法机关的效力

在仲裁制度被国家法律认可后，国家出于对当事人私权自治的尊重，承认当事人有权在其自治范围内通过仲裁协议将争议交付当事人选择的裁判者通过仲裁的方式解决，于是仲裁方式解决纠纷构成多元纠纷解决机制中重要的组成部分。确立仲裁协议的有效性，也意味着产生了以当事人的自由意志排除法院司法管辖权的效力，即法院应当尊重当事人之间仲裁协议的约定，不得受理当事人之间有仲裁协议的争议案件，除非该仲裁协议无效。这种以仲裁协议排除法院司法管辖权的效力通常被称为妨诉抗辩效力。《仲裁法》第 5 条规定："当事人达成仲裁协议，一方向人民法院起诉的，人民法院不予受理，但仲裁协议无效的除外。"显然，如果一方当事人将该仲裁协议约定事项产生的争议向法院提起诉讼，法院因其无管辖权就应当要求当事人将该争议提交仲裁机构仲裁解决。如果法院已经受理了当事人所提起的诉讼，另一方当事人有权以存在仲裁协议、法院对该争议无管辖权为由请求法院中止有关的诉讼程序，驳回当事人的起诉。

三、仲裁协议的无效

仲裁协议的无效是指虽然当事人之间达成了仲裁协议，但由于该仲裁协

① 参见韩健：《现代国际商事仲裁法的理论与实践》（修订本），法律出版社 2000 年版，第 51 页。

议不具备有关仲裁法律、法规规定的生效要件，所以法律不予承认和保护，并且不产生法律约束力。根据《仲裁法》第 2 条、第 3 条、第 4 条、第 18 条等规定，有下列情形之一的，仲裁协议无效：

（一）以口头方式订立的仲裁协议无效

由于仲裁协议具有诉讼法上妨碍诉讼的效力，因此，世界上绝大多数国家的仲裁立法和实践均要求仲裁协议必须具备书面形式，否则无效。《仲裁法》第 16 条规定："仲裁协议包括合同中订立的仲裁条款和以其他书面方式在纠纷发生前或者纠纷发生后达成的请求仲裁的协议。"1958 年《纽约公约》第 2 条第 2 款将书面形式作为仲裁裁决得到承认与执行的唯一的形式要求，《国际商事仲裁示范法》第 7 条第 2 款明确规定，仲裁协议应为书面形式。显然，仲裁协议必须具有书面的形式是国际国内立法的通行做法，而不承认口头仲裁协议的效力。

（二）协议约定的仲裁事项超出了法律规定的范围

各国基于对本国社会发展、经济水平、政治制度等方面公共政策的考虑，以各种形式对仲裁事项的范围进行规范，在仲裁立法中对仲裁协议中约定的争议事项作出具体限制，如果当事人违反法律规定，将不可仲裁事项提交仲裁，会导致仲裁协议无效。根据《仲裁法》第 2 条、第 3 条规定，平等主体之间的合同纠纷和其他财产权益纠纷可以仲裁，婚姻、收养、监护、扶养、继承纠纷以及依法应当由行政机关处理的行政争议不能仲裁、劳动争议，农业集体经济组织内部的农业承包合同纠纷以及人事争议纠纷案。

（三）无民事行为能力人或者限制民事行为能力人订立的仲裁协议

当事人缔约上的行为能力是指当事人为取得民事权利或承担民事义务，按照自己的意志独立订立合同的能力，世界各国都规定当事人必须具有相应的缔约资格，其所签订的合同才有效成立。对签约主体资格限定，主要目的是保护他们的利益，使其不因欠缺意思表示能力而受到损害。无民事行为能力人由于其年龄和智力发育等原因，不能正确辨别自己的行为及后果，不能订立合同，所订立的合同当然无效；限制民事行为能力人所订立的合同属于效力待定的合同。对于仲裁协议而言，当事人处分的是重大的权利事项——诉讼权利，因此，法律要求签订仲裁协议的当事人必须具备完全行为能力，否则所签订的仲裁协议无效。

（四）一方采取欺诈、胁迫手段订立的仲裁协议

《民法典》第 148 条规定，一方以欺诈手段，使对方在违背真实意思的情况下实施的民事法律行为，受欺诈方有权请求人民法院或者仲裁机构予以撤销《民法典》第 150 条规定，一方或者第三人以胁迫手段使对方在违背真实意思的情况下实施的民事法律行为，受胁迫方有权请求人民法院或者仲裁机构予以撤销。欺诈、胁迫是合同意思表示瑕疵中较严重的情形，当事人在受欺诈或者受胁迫时订立的合同并不能反映其内心真实的意思，一方当事人在受到对方当事人欺诈、胁迫的情况下订立的仲裁协议，由于不能体现当事人真实的意愿，不符合仲裁协议的有效要件，因此无效。

（五）仲裁协议约定的内容不明确或者存在欠缺，又未能达成补充协议的

《仲裁法》第 18 条规定了可以补救的无效仲裁协议，即仲裁协议不具备成立的特别要件而无法履行，虽然仲裁协议欠缺履行性，但并未构成实质性违法，法律应允许补救。也就是，当事人都有仲裁的意愿，在订立仲裁协议时，由于各种原因使得仲裁协议的内容有所欠缺，这种仲裁的意愿应当受到尊重而不能被轻易否定，尊重的具体表现就是允许当事人补救。

四、仲裁协议失效

仲裁协议失效是指仲裁协议失去原来所具有的法律效力，即原本有效的仲裁协议因特定仲裁事项的结束或当事人的放弃或其他原因而失去其法律效力的情况。仲裁协议在下列几种情形下失效：

（一）仲裁协议得到履行或强制执行

仲裁协议是当事人将争议提交仲裁解决、仲裁机构行使仲裁管辖权的依据，仲裁庭在仲裁协议指引下，依据仲裁法和仲裁规则对案件进行审理并作出合法有效的裁决，在该裁决得到当事人自觉履行或者被强制执行后，仲裁

协议所联系的特定争议事项即告完全解决，仲裁协议对涉及当前特定争议的部分就失去效力，而对未来可能发生争议的部分仍然有效。[①]《仲裁法》第9条第1款规定了一裁终局制度："……即裁决作出后，当事人就同一纠纷再申请仲裁或者向人民法院起诉的，仲裁委员会或者人民法院不予受理。"

（二）当事人合意放弃仲裁协议

当事人在协商一致的基础上依法订立仲裁协议，故而当事人也有权合意放弃或终止该仲裁协议，基于当事人放弃或终止的仲裁协议也就必然失去法律效力。当事人合意放弃仲裁协议有明示和默示两种表现形式，主要包括：①双方通过达成书面协议，明示放弃原来的仲裁协议；②双方当事人通过达成书面协议，变更纠纷解决方式（如当事人一致选择通过诉讼方式解决纠纷，从而使得仲裁协议失效）；③当事人通过默示行为变更纠纷解决方式，使仲裁协议失效。如双方当事人达成了仲裁协议，一方当事人向人民法院起诉未声明有仲裁协议，人民法院受理后，对方当事人未提出异议并应诉答辩的，视为放弃仲裁协议。[②]《仲裁法》第26条对默示放弃仲裁协议的情形进行了规范：当事人达成仲裁协议，一方向人民法院起诉未声明有仲裁协议，人民法院受理后，另一方在首次开庭前提交仲裁协议的，人民法院应当驳回起诉，但仲裁协议无效的除外；另一方当事人在首次开庭前未对人民法院受理该案提出异议的，视为放弃仲裁协议，人民法院应当继续审理。

（三）附期限的仲裁协议因期限届满而失效

根据《民法典》第509条，当事人应当按照约定全面履行自己的义务。仲裁协议作为一种特殊形式的契约，如果当事人约定了仲裁协议的有效期限，则在该期限内发生的争议可以申请仲裁。根据《民法典》第562条，当事人约定的仲裁协议的有效期限届满后，仲裁协议失效，当事人不能再依据仲裁协议申请仲裁。

（四）仲裁裁决被法院撤销或者不予执行

在仲裁协议的指引下，当事人参与仲裁活动中，仲裁庭依据仲裁协议经

① 参见周子亚、卢绳祖、李双元等译：《瑞典的仲裁》，法律出版社1984年版，第42页。

② 参见乔欣：《仲裁法学》（第三版），清华大学出版社2020年版，第96页。

审理作出裁决。但当仲裁裁决作出后，法院按照法律规定对仲裁行使监督职能的过程中，如果发现裁决存在依法应当撤销或者裁定不予执行的裁定，可作出裁定撤销或者不予执行仲裁裁决。一旦法院作出撤销或者不予执行的裁定，仲裁协议也就相应地失去了效力。《仲裁法》第 9 条第 2 款规定："裁决被人民法院依法裁定撤销或者不予执行的，当事人就该纠纷可以根据双方重新达成的仲裁协议申请仲裁，也可以向人民法院起诉。"

第六节 仲裁协议示范条款

一、国内仲裁机构推荐的仲裁示范条款

（一）中国国际经济贸易仲裁委员会

【仲裁示范条款 1】凡因本合同引起的或与本合同有关的任何争议，均应提交中国国际经济贸易仲裁委员会，按照申请仲裁时该会现行有效的仲裁规则进行仲裁。仲裁裁决是终局的，对双方均有约束力。

【仲裁示范条款 2】凡因本合同引起的或与本合同有关的任何争议，均应提交中国国际经济贸易仲裁委员会__________分会（仲裁中心），按照仲裁申请时中国国际经济贸易仲裁委员会现行有效的仲裁规则进行仲裁。仲裁裁决是终局的，对双方均有约束力。

中国国际经济贸易仲裁委员会的仲裁示范条款和我国仲裁法的要求相一致，规定了仲裁事项、仲裁机构等内容，也明确了适用的仲裁规则以及关于裁决终局效力等问题。

（二）香港国际仲裁中心

【仲裁示范条款 1】凡因本合同所引起的或与之相关的任何争议、纠纷、分歧或索赔，包括合同的存在、效力、解释、履行、违反或终止，或因本合同引起的或与之相关的任何非合同性争议，均应提交香港国际仲裁中心管理的机构仲裁，并按照提交仲裁通知时有效的《香港国际仲裁中心机构仲裁规

则》最终解决。

（1）本仲裁条款适用的法律为……（香港法）

（2）仲裁地应为……（香港）

（3）仲裁员人数为…… 名（一名或三名）。仲裁程序应按照（选择语言）来进行。

注：①选择性条款。尤其在主合同实体法和仲裁地法律不同的情况下，当事人应当增加此条款。仲裁条款的准据法可能管辖的事宜包括仲裁条款的形成、存在、范围、有效性、合法性、解释、终止、效力、可执行性以及仲裁条款当事人的资格。其不得取代适用于主合同的实体法律。

②选择性条款，可约定也可不约定。

若争议已发生，而当事人间既无仲裁条款，亦未事先订立仲裁协议，当事人希望依《香港国际仲裁中心机构仲裁规则》通过仲裁解决争议的，可约定如下：

【仲裁示范条款2】以下签字各方，同意将因（简单描述已出现或可能引起的争议、纠纷、分歧或索赔的合同）引起的或与之相关的任何争议、纠纷、分歧或索赔（包括任何有关非合同性义务的争议），提交由香港国际仲裁中心，按照《香港国际仲裁中心机构仲裁规则》进行机构仲裁。

（1）本仲裁协议适用的法律为……（香港法）

（2）仲裁地应为……（香港）

（3）仲裁员人数为…… 名（一名或三名）。仲裁程序应按照（选择语言）来进行。

签字：__________（申请人）

签字：__________（被申请人）

日期：__________

注：①选择性条款。尤其在主合同实体法和仲裁地法律不同的情况下，当事人应当增加此条款。仲裁协议的准据法可能管辖的事宜包括仲裁条款的形成、存在、范围、有效性、合法性、解释、终止、效力、可执行性以及仲裁协议当事人的资格。其不得取代适用于主合同的实体法律。

②选择性条款，可约定也可不约定。

香港国际仲裁中心在其仲裁示范条款中，明确加入促使当事人考虑确定仲裁条款准据法的条文。

（三）北京仲裁委员会

【国内商事仲裁示范条款1】因本合同引起的或与本合同有关的任何争议，均提请北京仲裁委员会/北京国际仲裁中心按照其仲裁规则进行仲裁。仲裁裁决是终局的，对双方均有约束力。

【国际商事仲裁示范条款2】因本合同引起的或与本合同有关的任何争议，均提请北京仲裁委员会按照该会现行仲裁规则进行仲裁。仲裁地在北京，仲裁裁决是终局的，对双方均有约束力。

（四）武汉仲裁委员会

【仲裁示范条款】因本合同引起的或与本合同有关的争议，应当提交武汉仲裁委员会（武汉国际仲裁中心），按申请仲裁时该会（中心）现行有效的仲裁规则进行仲裁。仲裁裁决是终局的，对各方均有约束力。

【补充仲裁协议书】双方经协调均同意将__________合同及与本合同有关的任何争议，提交武汉仲裁委员会（武汉国际仲裁中心），按申请仲裁时该会（中心）现行有效的仲裁规则进行仲裁。

（五）深圳国际仲裁院

【通用仲裁示范条款】凡因本合同引起的或与本合同有关的任何争议，均应提交深圳国际仲裁院仲裁。

【“选择性复裁程序”的仲裁示范条款】凡因本合同引起的或与本合同有关的任何争议，均应提交深圳国际仲裁院仲裁。任何一方有权就仲裁庭作出的裁决向该院提请复裁并由复裁庭作出终局裁决。仲裁地为__________。（请填写不禁止复裁的国家或法域）

【“调解+仲裁”方式的仲裁示范条款】凡因本合同引起的或与本合同有关的任何争议，各方同意提交深圳国际仲裁院调解中心进行调解。调解成功的，各方同意将和解协议提交深圳国际仲裁院，请求依照仲裁规则根据和解协议的内容制作成裁决书。一方当事人不愿调解或调解不成的，应提交深圳国际仲裁院进行仲裁。

【“和解 + 仲裁”方式的仲裁示范条款】双方同意，任何一方均有权将本和解协议提交深圳国际仲裁院，请求依照仲裁规则按照和解协议的内容作出裁决。仲裁裁决是终局的，对双方当事人均有约束力。

（六）上海仲裁委员会

【仲裁示范条款】凡因本合同引起的或与本合同有关的任何争议，均应提交上海仲裁委员会按照该会仲裁规则进行仲裁。仲裁裁决是终局的，对双方当事人均有约束力。

（七）广州仲裁委员会

【仲裁示范条款】凡因本合同引起的或与本合同有关的任何争议，均提请广州仲裁委员会按照该会现行仲裁规则进行仲裁。仲裁裁决是终局的，对双方均有约束力。

【书面审理的仲裁示范条款】凡因本合同引起的或与本合同有关的任何争议，均提请广州仲裁委员会按照该会现行仲裁规则进行书面审理。仲裁裁决是终局的，对双方均有约束力。

【互联网仲裁的仲裁示范条款】凡因本合同引起的或与本合同有关的争议，双方均同意提请广州仲裁委员会，按照申请仲裁时该会现行有效的网络仲裁规则进行网络仲裁并进行书面审理。仲裁裁决是终局的，对双方均有约束力。

合同各方确认联络邮箱、手机号码为：

甲方：邮箱　　　　　　　电话

乙方：邮箱　　　　　　　电话

上述联络邮箱为各方之间往来及涉仲裁时仲裁机构送达相关材料的送达地址；以预留的手机号码为短信通知号码。合同任何一方向对方及仲裁机构向各方发出的任何通知，以电子邮件或者短信等形式发出，送至约定邮箱或者手机号码，即视为送达。如一方需变更联络邮箱或者手机号码的，应当与对方协商一致并提交平台确认。

二、国外著名仲裁机构推荐的仲裁示范条款

（一）美国仲裁协会

【仲裁示范条款】因本合同发生或与本合同有关的任何争议或诉求，应依据《美国仲裁协会国际仲裁规则》解决。

（二）英国伦敦国际仲裁院

【仲裁示范条款】本合同发生的或与本合同有关的任何争议，包括合同的成立、有效性或终止等任何问题都根据《伦敦国际仲裁院仲裁规则》提交仲裁并作出最后裁决，该规则应被认为是通过关联并入了本条款。此外，该仲裁院也建议当事人可以根据当事人和案件的实际情况，对仲裁庭组成、仲裁地、仲裁程序中所使用的语言及支配合同的实体法律等内容进行增补。

伦敦国际仲裁院对仲裁事项特别重视，强调有关合同的存在、效力或终止等任何问题均属于仲裁范围之内，同时也明确规定了仲裁规则并入仲裁条款之中，使其具有契约属性。

（三）瑞典斯德哥尔摩商会仲裁院

【仲裁示范条款】任何与本协议有关的争议，均应根据《斯德哥尔摩商会仲裁院规则》通过仲裁最终解决。

并且，仲裁院建议当事人可根据需要对条款作如下补充：

“仲裁庭应由……名成员或独任仲裁院组成”；

“协议规定的事项应受……法律支配”；

“仲裁程序中应使用……语”。

瑞典斯德哥尔摩商会仲裁院建议当事人可以根据案件的实际情况，对仲裁庭组成、仲裁地、仲裁程序中所使用的语言等内容进行增补。

（四）新加坡国际仲裁中心

【仲裁示范条款】凡因本合同而产生的或与本合同有关的任何争议，包括合同的存在、效力或终止等任何问题，应提交新加坡国际仲裁中心（简称中心），并按其现行有效的规则在新加坡进行最终仲裁。本合同签订后，若中心对其仲裁规则有所修订，则按中心已通过且生效的最新修订规则进行仲

裁。中心的现行规则或上述修订规则应被视为本条的一部分。

可选内容：

仲裁庭将由______位由中心主席指定的仲裁员组成。

仲裁语言为______。

本合同以______的法律为其适用法律。

（五）国际商会仲裁院

【仲裁示范条款】凡产生于本合同或与本合同有关的一切争议均应按照国际商会仲裁规则由依据该规则指定的 1 名或数名仲裁员终局解决。

为了适应中国法律的规定，建议在以中国大陆为仲裁地的仲裁中，当事人应当将国际商会仲裁院写入上述标准条款，具体内容如下：凡产生于或与本合同有关的一切争议均应提交国际商会仲裁院并按照国际商会仲裁规则由依据该规则指定的 1 名或数名仲裁员终局解决。

【无紧急仲裁员的仲裁示范条款】凡产生于本合同或与本合同有关的一切争议均应按照国际商会仲裁规则由依据该规则指定的 1 名或数名仲裁员终局解决。紧急仲裁员规定不予适用。

为了适应中国法律的规定，建议在以中国大陆为仲裁地的无紧急仲裁员仲裁中，当事人应当将国际商会仲裁院写入上述标准条款，具体内容如下：凡产生于或与本合同有关的一切争议均应提交国际商会国际仲裁院并按照国际商会仲裁规则由依据该规则指定的 1 名或数名仲裁员终局解决。紧急仲裁员规定不予适用。

国际商会仲裁院的示范仲裁条款以当事人约定适用该会仲裁规则作为仲裁院行使仲裁管辖权的根据，并强调了仲裁员的指定和裁决的终局性。该仲裁示范条款既没有选定仲裁机构，也没有选定仲裁地点，按照一些国家仲裁法的规定应为不明确的仲裁条款。但实践中，按照《国际商会仲裁规则》第 8 条的规定，国际商会仲裁院是执行国际商会仲裁规则的唯一机构，当事人在仲裁条款中约定依国际商会仲裁规则并在伦敦进行仲裁，实际上是指由国际商会仲裁院在伦敦进行仲裁。

（六）联合国国际贸易法委员会

【仲裁示范条款】由于本合同发生的或与本合同有关的任何争议、争端或请求，或有关合同的违约、终止、无效，应按现行有效的联合国国际贸易法委员会仲裁规则予以解决。

当事人可以补充：

“任命机构应为……（机构或个人的名称或全名）”；

“仲裁员人数应为……（一人或三人）”；

“仲裁的地点应为……（城镇或国家）”；

“仲裁程序中所用的一种或多种语言应为……”

由于联合国国际贸易法委员会仲裁规则是专门提供给临时仲裁的当事人选择使用的，所以该示范仲裁条款的特点是对仲裁事项的约定非常严密和仔细，使得当事人之间产生的无论是何种形态的、何种类型的争议均可交付仲裁解决。

（七）解决投资争端国际中心

【仲裁示范条款】当事人特此同意，将与本协议有关的或因本协议发生的任何争议提交解决投资争端国际中心依《解决国家与他国国民间投资争端的公约》通过仲裁解决。

练　习　题

一、思考题

1. 如何理解仲裁协议的内容？
2. 简述仲裁协议的成立要件。
3. 如何理解仲裁协议的独立性？
4. 简述仲裁协议的效力。
5. 仲裁协议成立要件与仲裁协议的有效要件有何区别？
6. 如何理解仲裁协议的书面形式要求？

二、司法考试试题

1. 根据我国有关法律规定，在下列哪些情形下仲裁协议当然无效？（2003 年 ·

卷三·64 题）

A. 约定的仲裁事项属于平等主体之间有关人身关系的纠纷

B. 约定的仲裁事项是不动产纠纷，在民事诉讼法上属于法院专属管辖的案件

C. 载有仲裁条款的合同因违反法律的禁止性规定而无效

D. 仲裁条款约定“因本合同履行发生的一切争议，由地处北京市的仲裁委员会进行仲裁”

2. 下列哪些仲裁协议为无效或失效？（2005 年·卷三·41 题）

A. 甲、乙两公司签订了包含“将合同纠纷提交某仲裁委员会仲裁的”仲裁条款，此后合同双方又签订补充协议，约定“如因原合同履行发生争议，双方协商解决或向法院起诉解决”

B. 双方当事人在合同中约定：“因本合同履行发生的争议，双方当事人既可向北京仲裁委员会申请仲裁，也可向原告住所地法院起诉”

C. 16 岁的高中生李某与经营个体游戏厅的孙某签订承包经营合同，后因承包经营费问题发生争议，双方在协商的过程中达成将该争议提交某仲裁委员会仲裁的协议

D. 丙、丁两公司签订的合同中规定了内容齐全的仲裁条款，但该合同内容违反法律禁止性规定

3. 甲、乙在合同中约定因合同所发生的争议，提交某仲裁委员会仲裁。后双方发生争议，甲向约定的仲裁委员会申请仲裁，但乙对仲裁协议的效力提出异议。对此，乙就仲裁协议的效力有权向谁申请认定？（2005 年·卷三·79 题）

A. 该仲裁委员会所在地基层法院

B. 该仲裁委员会所在地中级法院

C. 该仲裁委员会

D. 甲居住地的基层法院

4. A 市水天公司与 B 市龙江公司签订 1 份运输合同，并约定如发生争议提交 A 市的 C 仲裁委员会仲裁。后因水天公司未按约支付运费，龙江公司向 C 仲裁委员会申请仲裁。在第一次开庭时，水天公司未出庭参加仲裁审理，而是在开庭审理后的第二天向 A 市中级人民法院申请确认仲裁协议无效。C 仲裁委员会应当如何处理本案？（2007 年·卷三·48 题）

A. 应当裁定中止仲裁程序

B. 应当裁定终结仲裁程序

C. 应当裁定驳回仲裁申请

D. 应当继续审理

5. A市甲公司与B市乙公司在B市签订了1份钢材购销合同，约定合同履行地在A市。同时双方还商定因履行该合同所发生的纠纷，提交C仲裁委员会仲裁。后因乙公司无法履行该合同，经甲公司同意，乙公司的债权债务转让给D市的丙公司，但丙公司明确声明不接受仲裁条款。关于本案仲裁条款的效力，下列哪些选项是错误的？（2007年·卷三·89题）

A. 因丙公司已明确声明不接受合同中的仲裁条款，所以仲裁条款对其无效

B. 因丙公司受让合同中的债权债务，所以仲裁条款对其有效

C. 丙公司声明只有取得甲公司同意，该仲裁条款对丙公司才无效

D. 丙公司声明只有取得乙公司同意，该仲裁条款对丙公司才无效

6. 武当公司与洪湖公司签订了1份钢材购销合同，同时约定，因合同效力或合同的履行发生纠纷提交A仲裁委员会或B仲裁委员会仲裁解决。合同签订后，洪湖公司以本公司具体承办人超越权限签订合同为由，主张合同无效。关于本案，下列哪一说法是正确的？（2012年·卷三·48题）

A. 因当事人约定了2个仲裁委员会，仲裁协议当然无效

B. 因洪湖公司承办人员超越权限签订合同导致合同无效，仲裁协议当然无效

C. 洪湖公司如向法院起诉，法院应当受理

D. 洪湖公司如向法院起诉，法院应当裁定不予受理

7. 大成公司与华泰公司签订投资合同，约定了仲裁条款：如因合同效力和合同履行发生争议由A仲裁委员会仲裁。合作中双方发生争议，大成公司遂向A仲裁委员会提出仲裁申请，要求确认投资合同无效。A仲裁委员会受理。华泰公司提交答辩书称，如合同无效，仲裁条款当然无效，故A仲裁委员会无权受理本案。随即，华泰公司向法院申请确认仲裁协议无效，大成公司见状，向A仲裁委员会提出请求确认仲裁协议有效。关于本案，下列哪一说法是正确的？（2015年·卷三·50题）

A. A仲裁委员会无权确认投资合同是否有效

B. 投资合同无效，仲裁条款即无效

C. 仲裁条款是否有效，应由法院作出裁定

D. 仲裁条款是否有效，应由A仲裁委员会作出决定

三、案例

案例一：苏州东宝置业有限公司、苏州市金城担保有限责任公司、苏州市东宝金属材料有限公司、苏州市东宝有黑色金属材料有限公司、徐阿大与苏州百货总公司、江苏少女之春集团公司资产转让合同纠纷案

【案情简介】

2004年9月10日，苏州百货总公司（以下简称百货公司）与拍卖公司签订了1份“江苏省委托拍卖合同”，由百货公司委托拍卖公司拍卖苏州市八面风商厦有限公司，该合同第12条约定：因本合同发生的纠纷，双方同意向苏州仲裁委员会申请仲裁。之后，苏州东宝置业有限公司（以下简称东宝公司）于2004年12月28日经拍卖取得苏州市八面风商厦有限公司，并在“江苏省拍卖成交确认书”（乙种）上签字盖章。该确认书载明，乙种拍卖成交确认书仅适用于拍卖人与买受人就单个拍卖物达成的交易行为，如有争议，由苏州仲裁委员会仲裁解决。

2004年12月28日，百货公司、江苏少女之春集团公司（以下简称少女之春公司）与东宝公司签订了一份“转让协议”。该协议约定，东宝公司给付的转让款支付到拍卖公司指定的银行账户。该协议没有约定仲裁条款，亦没有将其作为“江苏省委托拍卖合同”和“江苏省拍卖成交确认书”的附件等内容的约定。之后，东宝公司实际履行中亦是按约将5450万元转让款打到拍卖公司指定账户，再由拍卖公司转给百货公司、少女之春公司。

后因履行合同发生纠纷，东宝公司、苏州市金城担保有限责任公司（以下简称担保公司）、苏州市东宝金属材料有限公司（以下简称金属公司）、苏州市东宝有黑色金属材料有限公司（以下简称黑色金属公司）、徐阿大于2005年8月29日向江苏省高级人民法院提起诉讼。请求判令百货公司、少女之春公司支付因迟延履行和不能完全履行合同的违约金1090万元；判决原告中止给付最后一期股权转让款5450万元；诉讼费由百货公司、少女之春公司负担。被告百货公司、少女之春公司在答辩期间提出管辖异议，认为本案实际为股权拍卖纠纷，应由苏州仲裁委员会仲裁，故应驳回原告的起诉。

2005年9月16日，百货公司向苏州仲裁委员会递交仲裁申请书。2005年9

月28日，苏州仲裁委员会对百货公司的申请予以受理。①

【江苏省高级人民法院的裁定】

百货公司与拍卖公司之间的“江苏省委托拍卖合同”约定了仲裁条款，拍卖公司对苏州市八面风商厦有限公司的全部股权（百货公司、少女之春公司各占50%股权）进行公开拍卖。东宝公司于2004年12月28日通过竞拍获得该标的，并在“江苏省拍卖成交确认书”上签字盖章，该确认书上也约定了仲裁条款，上述仲裁条款明确了仲裁机构及用仲裁方式解决纠纷，该约定不违反法律及有关规定，应当确认有效。百货公司、少女之春公司与东宝公司签订了一份“转让协议”，约定东宝公司给付百货公司、少女之春公司的转让款是通过拍卖公司的账户予以支付，且东宝公司实际履行中亦是按约将5450万元转让款打到拍卖公司指定账户，再由拍卖公司转给百货公司、少女之春公司。

综上，本案“转让协议”是以委托拍卖合同、成交确认书为基础，没有委托拍卖合同及成交确认书就没有本案的“转让协议”，“转让协议”与委托拍卖合同及成交确认书为一个紧密联系的整体，相互依存，“转让协议”的履行不能脱离委托拍卖合同及成交确认书，也不能脱离拍卖公司，东宝公司与百货公司、少女之春公司签订的“转让协议”也没有排除拍卖成交确认书上的仲裁条款，故东宝公司、担保公司、金属公司、黑色金属公司、徐阿大在本案中的诉讼请求应当受到“江苏省拍卖成交确认书”中仲裁条款的约束。综上，东宝公司的诉讼请求不符合法定的起诉条件，该院依照《民事诉讼法》第111条第2项的规定，裁定：驳回东宝公司、担保公司、金属公司、黑色金属公司、徐阿大的起诉。

【最高人民法院的裁定】

最高人民法院认为：与本案确定管辖权有关的3份合同分别为：百货公司与拍卖公司签订的“江苏省委托拍卖合同”，其中约定有仲裁条款；东宝公司与拍卖公司签订的“江苏省拍卖成交确认书”，其中约定有仲裁条款；百货公司、少女之春公司和东宝公司签订的“转让协议”，该协议中没有将其列为另两份合同附件或接受另两份合同仲裁管辖的约定，也没有约定仲裁条款。这3份合同的主体不同，所形成的法律关系不同。尽管3份合同的产生有一定的关联性，但并不能因此否认3份合同的各自独立性。东宝公司、担保公司、金属公司、黑色金属

① 参见最高人民法院办公厅编：《中华人民共和国最高人民法院公报（2007年卷）》，人民法院出版社2007年版，第266页。案号：（2006）民二终字第2号。

公司、徐阿大依“转让协议”向原审法院提起诉讼，因该转让协议没有约定仲裁条款，“转让协议”中也没有接受另两份合同中仲裁管辖的内容，且东宝公司、担保公司、金属公司、黑色金属公司、徐阿大5方当事人明确表示不接受仲裁管辖。根据仲裁法的相关规定，当事人采用仲裁方式解决纠纷，应当自愿达成仲裁协议，没有仲裁协议，一方申请仲裁的，仲裁委员会不予受理。由此可见，当事人约定仲裁管辖必须有明确的意思表示并签订有仲裁协议，仲裁条款也仅在达成仲裁协议的当事人之间产生法律效力，不能约束合同之外的人。因此，对于东宝公司、担保公司、金属公司、黑色金属公司、徐阿大五方当事人依“转让协议”向人民法院提起的诉讼，人民法院具有管辖权。从“转让协议”内容看，转让股权的成交价为10 900万元，本案的诉讼标的额超过5 000万元人民币，从级别管辖上，符合最高人民法院核准的江苏省高级人民法院受理一审案件的标的额的规定。故江苏省高级人民法院应当依法受理此案。

【案例评析】

本案的裁决思路主要有二。第一，当事人签订的多份合同中，有的约定了仲裁条款，有的既没有约定仲裁条款，也没有明确将其列为约定了仲裁条款的合同的附件，或表示接受约定了仲裁条款的合同关于仲裁管辖的约定。尽管上述合同之间具有一定的关联性，但不能因此否认各自的独立性。第二，根据仲裁法的相关规定，当事人采用仲裁方式解决纠纷，应当自愿达成仲裁协议；未达成仲裁协议，一方当事人申请仲裁的，仲裁委员会不予受理。因此，当事人约定仲裁管辖必须有明确的意思表示并订立仲裁协议，仲裁条款也只在达成仲裁协议的当事人之间产生法律效力。

在仲裁实务中，当事人约定仲裁管辖须有明确意思表示并订立仲裁协议，仲裁条款亦仅在达成仲裁协议的当事人之间产生法律效力。因此，当事人之间所签订的多份关联但又各自独立的合同，仲裁条款只在达成仲裁协议的当事人之间产生法律约束效力。

案例二：运裕有限公司、深圳市中苑城商业投资控股有限公司申请确认仲裁协议效力纠纷案

【案情简介】

中国旅游集团有限公司（以下简称中旅公司），原名为中国旅游集团公司、中国港中旅集团公司，是国有独资公司。香港中旅（集团）有限公司（以下简称香港中旅公司）是中旅公司的全资子公司，注册于中国香港。运裕有限公司（以下简称运裕公司）是香港中旅公司的全资子公司，注册于英属维尔京群岛。新劲公司是运裕公司的全资子公司，亦注册于英属维尔京群岛。

2016年3月24日，中旅公司作出“关于同意挂牌转让NEWPOWERENTER-PRISESINC. 100%股权的批复”，同意运裕公司依法合规转让其所持有的新劲公司100%的股权。2017年3月29日，运裕公司通过北京证券交易所（以下简称北交所）公开挂牌转让其持有的新劲公司100%的股权。挂牌转让公告中“与转让相关的其他条件”要求受让方“在签署“产权交易合同”的同时与转让方的关联方签署“债权清偿协议”，明确了解并同意“产权交易合同”约定的债权清偿是股权转让的重要前置条件”。4月，深圳市中苑城商业投资控股有限公司（以下简称中苑城公司）与北京金羊泰和投资咨询有限公司签订“产权交易委托合同”，委托后者按照北交所的交易规则为中苑城公司收购新劲公司股权交易提供场内经纪服务。4月27日，北交所向运裕公司出具《受让资格确认意见函》，载明案涉项目信息披露公告期满，征得意向受让方两个——中苑城公司和许燕星。4月28日，北交所向中苑城公司发出“受让资格确认通知书”，通知中苑城公司于5月4日前，将保证金人民币2.7亿元交付到北交所指定的结算账户，并明确中苑城公司在规定时限内交纳保证金后获得资格确认，如逾期未交，则视为放弃受让。同日，中苑城公司向北交所指定的结算账户转入人民币2.7亿元保证金。5月3日，北交所向中苑城公司出具人民币2.7亿元保证金收据。由于许燕星逾期未交纳保证金，故案涉项目仅剩中苑城公司一个意向受让人。

随后，中苑城公司与运裕公司等就签订案涉项目的产权交易合同等事宜开展磋商。5月9日，深圳市泰隆金融控股集团有限公司（中苑城公司的上级集团公司）风控法务中心张瑞瑞代表中苑城公司向港中旅酒店有限公司（中旅公司的全资子公司）法务部法务经理刘桢发送电子邮件，内容为：“请把合同及合同附件发送至本人这个邮箱（zha×××@tljkjt. com）。”同日，刘桢回复电子邮件称：“合同及附件文件会由我方指定对外联络人张欣经理统一发给你们指定联系人李俊总。”同日，港中旅酒店有限公司投资管理部经理张欣发送电子邮件给张瑞瑞，内容为：“附件为此前提供给贵司的两份合同及附件，我司会尽快根据今天会议商议的条款对合同进行补充并提交北交所审核，同时也请贵司在我们此前提供的这版合同基础上将修改意见批注出来，尽快形成书面意见反馈给我们，下一步我们再综合北交所的反馈进行最终修订。”上述电子邮件的附件“产权交易合同”，系北交所提供的标准文本，载明甲方为运裕公司，乙方为中苑城公司，双方根据《合同法》和《企业国有产权转让管理暂行办法》等相关法律、法规、规章的规定，就运裕公司向中苑城公司转让其拥有的新劲公司100%股权签订“产权交易合同”。合同主要内容为：“1. 甲方拟转让其合法持有的标的企业的100%股权；乙方拟收购上述股权。2. 乙方依本合同的约定受让甲方所拥有的转让标的事项，已依法律、行政法规和章程的规定，履行了相应的批准或授权、备案等程序。转让价格为人民币9亿元。3. 签订本合同所需的包括但不限于授权、审批、公司内部决策等在内的一切手续均已合法有效取得，本合同成立和产权转让的前提条件均已满足。4. 本合同经甲乙双方法定代表人或授权代表签字并盖章后，与“债权清偿协议”同时生效。5. 第十六条管辖及争议解决方式：16.1　本合同及产权交易中的行为均适用中华人民共和国法律；16.2　有关本合同的解释或履行，当事人之间发生争议的，应由双方协商解决；协商解决不成的，提交北京仲裁委员会仲裁。”上述电子邮件的附件“债权清偿协议”，载明甲方一为香港中旅公司，甲方二为维景酒店公司，乙方为中苑城公司，丙方一为新劲公司，丙方二为维景京华酒店公司。该协议约定：“1. 乙方同意自合同生效之日起五个工作日内代丙方一次性清偿甲方持有的人民币107 886 893.15元的债权及其资金占用费。2. 第十二条：本协议适用中华人民共和国法律。有关本协议的解释或履行，当事人之间发生争议的，应由各方协商解决；协商解决不成的，任何一方均有权提交北京仲裁委员会以仲裁方式解决”。

5月10日，张瑞瑞发送电子邮件给张欣、刘祯，内容为：“附件为我们公司对合同的一个修改意见，请贵公司在基于平等、公平的原则及合同签订后的有效原则慎重考虑加以确认。”在该邮件的附件中，“产权交易合同”文本第16条“管辖及争议解决方式”修改为“16.1　本合同及产权交易中的行为均适用中华人民共和国法律。16.2　有关本合同的解释或履行，当事人之间发生争议的，应由双方协商解决；协商解决不成的，提交深圳国际仲裁院仲裁”；“债权清偿协议”文本第12条修改为“本协议适用中华人民共和国法律。有关本协议的解释或履行，当事人之间发生争议的，应由各方协商解决；协商解决不成的，任何一方均有权提交【深圳国际仲裁院】以仲裁方式解决”。5月11日13时42分，张欣发送电子邮件给张瑞瑞和中苑城公司高级管理人员李俊，针对中苑城公司对两个合同文本提出的修改意见进行了回应，并表示“现将修订后的合同草签版发送给贵司，请接到附件内容后尽快回复意见。贵方与我司确认后的合同将被提交至北交所及我司内部审批流程，经北交所及我司集团公司最终确认后方可签署（如有修改我司会再与贵司确认）”。该邮件附件“产权交易合同”（草签版）第16条“管辖及争议解决方式”与“债权清偿协议”（草签版）第12条和上述5月10日张瑞瑞发送给张欣、刘祯的电子邮件附件中的有关内容相同。同日18时39分，张瑞瑞发送电子邮件给张欣，内容为：“附件为我司签署完毕的产权交易合同（草签版）及债权清偿协议（草签版）、项目签约说明函等扫描件，请查收并回复。”该邮件附件“产权交易合同”（草签版）和“债权清偿协议”（草签版）的管辖及争议解决方式的内容与张欣在同日发送电子邮件附件中的有关内容相同。中苑城公司在合同上盖章，并将该文本送达运裕公司。该电子邮件的另一附件为中苑城公司向运裕公司发出的“NEWPOWERENTERPRISES-INC. 100%股权签约说明函”，内容为：可于2017年5月11日与贵司签署“产权交易合同”（草签版）和“债权清偿协议”（草签版）；理解“产权交易合同”（草签版）和“债权清偿协议”（草签版）需经北交所进行合规性审核后报中旅公司批准签署，最终“产权交易合同”和“债权清偿协议”签署版本以正式版本内容为准；“产权交易合同”和“债权清偿协议”签署形式遵从贵司安排。

5月17日，张欣发送电子邮件给李俊，载明：“深圳项目我司集团最终审批流程目前正进行中，如审批顺利计划可在本周五上午在北京维景国际大酒店举办签约仪式，具体情况待我司确认后通知贵司。现将“产权交易合同”及“债权清偿协议”拟签署版本提前发送给贵司以便核对。”该邮件附件1为“股权转让项目产权交易合同”（拟签署版），附件2为“股权转让项目债权清偿协议”（拟签署版）。上述两个合同文本中的仲裁条款仍与草签版相同。

6月1日，经法律合规性审核后，运裕公司向中苑城公司发出“复函”，主要内容为：“1. 鉴于本次交易的转让方和转让的标的公司均系注册在境外英属维尔京群岛的公司，受让方贵司为注册在境内深圳的公司，本次交易属于境外投资，依据国家发改委2014年第9号令《境外投资项目核准和备案管理办法》、商务部2014年第3号令《境外投资管理办法》和国家外汇管理局《境内机构境外直接投资外汇管理规定》（汇发［2009］30号）等有关规定，贵司依法应当为本项目办理境外投资所需的发改委、商务部备案或者核准等审批手续，并需要在外汇局办理境外直接投资外汇登记手续，在境外以外汇方式向转让方我司支付本次交易价款。2. 对于贵司来函所附“产权交易合同”第15.3条款，我司法律顾问认为不符合3月29日本项目在北交所交易挂牌文件的要求。依据挂牌文件第四部分“与转让相关的其他条件”之3之（4）的规定，受让方未及时按照约定时限支付剩余价款的，意向受让方所缴纳的保证金将被全额扣除。因此，我司要求将该条款改为：乙方未按照合同约定期限付清全部转让价款，乙方所交纳的人民币2.7亿元保证金将被全额扣除，乙方无条件同意北交所将保证金人民币2.7亿元一次性划转至甲方指定账户。”

中苑城公司分别于同年6月6日、8月29日及10月23日致函运裕公司，催促运裕公司尽快签署“产权交易合同”“债权清偿协议”。10月27日，运裕公司向中苑城公司发出“通知函”，称鉴于已多次告知并催促贵司依法办理法定手续，而贵司迟迟无法确认，故正式通知取消本次产权交易。11月12日，中苑城公司致函运裕公司，要求运裕公司尽快安排签约事宜，并请运裕公司配合出具向主管部门申办手续的相关文件。11月27日，运裕公司函复中苑城公司，表示已于10月27日向中苑城公司发出取消交易的通知，并提议双方立即向北交所办理保证金返还手续。

2018年4月4日，中苑城公司根据“产权交易合同”（草签版）第16.2条及“债权清偿协议”（草签版）第12条的约定，向深圳国际仲裁院提出仲裁申请，将运裕公司等列为共同被申请人。在仲裁庭开庭前，运裕公司等分别向广东省深圳市中级人民法院提起诉讼，申请确认仲裁协议不存在。该院于2018年9月11日立案，形成了本案和另外两个关联案件。在该院审查期间，最高人民法院认为，本案及关联案件有重大法律意义，由国际商事法庭审查有利于统一适用法律，且有利于提高纠纷解决效率，故依照《民事诉讼法》第38条第1款、《最高人民法院关于设立国际商事法庭若干问题的规定》第2条第5项之规定，裁定本案由最高人民法院第一国际商事法庭审查。最高人民法院在审查期间，询问了各方当事人，各方当事人同意就争议解决方式进行协商、调解。之后，当事人就争议解决方式及实体问题进行多次磋商，不能达成一致。最高人民法院恢复审查。①

【最高人民法院的裁定】

运裕公司在中苑城公司申请仲裁后，以仲裁条款未成立为由，向人民法院申请确认双方之间不存在有效的仲裁条款。虽然这不同于要求确认仲裁协议无效，但是仲裁协议是否存在与是否有效同样直接影响到纠纷解决方式，同样属于需要解决的先决问题，因而要求确认当事人之间不存在仲裁协议也属于广义的对仲裁协议效力的异议。《仲裁法》第20条第1款规定：当事人对仲裁协议的效力有异议的，可以请求仲裁委员会作出决定或者请求人民法院作出裁定。据此，当事人以仲裁条款未成立为由要求确认仲裁协议不存在的，属于申请确认仲裁协议效力案件，人民法院应予立案审查。

在确认仲裁协议效力时，首先要确定准据法。《中华人民共和国涉外民事关系法律适用法》第18条规定："当事人可以协议选择仲裁协议适用的法律。当事人没有选择的，适用仲裁机构所在地法律或者仲裁地法律。"在本院询问时，各方当事人均明确表示同意适用中华人民共和国法律确定案涉仲裁协议效力。因此，本案仲裁协议适用中华人民共和国法律。

《仲裁法》第16条第1款规定："仲裁协议包括合同中订立的仲裁条款和以其他书面方式在纠纷发生前或者纠纷发生后达成的请求仲裁的协议。"可见，合同中的仲裁条款和独立的仲裁协议这两种类型，都属于仲裁协议，仲裁条款的成立和效力的认定也适用关于仲裁协议的法律规定。

仲裁协议独立性是广泛认可的一项基本法律原则，是指仲裁协议与主合同是可分的，互相独立，它们的存在与效力，以及适用于它们的准据法都是可分的。由于仲裁条款是仲裁协议的主要类型，仲裁条款与合同其他条款出

① 参见中国裁判文书网，https：//wenshu. courb. gov. cn/website/wenshu/181029cR36M5A62CH/inde. htm/?，2022年5月3日访问。案号：（2019）最高法民特1号。

现在同一文件中，赋予仲裁条款独立性，比强调独立的仲裁协议具有独立性更有实践意义，甚至可以说仲裁协议独立性主要是指仲裁条款和主合同是可分的。对于仲裁协议的独立性，中华人民共和国法律和本院司法解释均有规定。《仲裁法》第19条第1款规定："仲裁协议独立存在，合同的变更、解除、终止或者无效，不影响仲裁协议的效力。"从上下文关系看，该条是在第16条明确了仲裁条款属于仲裁协议之后，规定了仲裁协议的独立性。因此，仲裁条款独立于合同。对于仲裁条款能否完全独立于合同而成立，《仲裁法》的规定似乎不是特别清晰，不如已成立合同的变更、解除、终止或者无效不影响仲裁协议效力的规定那么明确。在司法实践中，合同是否成立与其中的仲裁条款是否成立这两个问题常常纠缠不清。但是，《仲裁法》第19条第1款开头部分"仲裁协议独立存在"，是概括性、总领性的表述，应当涵盖仲裁协议是否存在即是否成立的问题，之后的表述则是进一步强调列举的几类情形也不能影响仲裁协议的效力。《最高人民法院关于适用〈中华人民共和国仲裁法〉若干问题的解释》第10条第2款进一步明确："当事人在订立合同时就争议达成仲裁协议的，合同未成立不影响仲裁协议的效力。"因此，在确定仲裁条款效力包括仲裁条款是否成立时，可以先行确定仲裁条款本身的效力；在确有必要时，才考虑对整个合同的效力包括合同是否成立进行认定。本案亦依此规则，先根据本案具体情况来确定仲裁条款是否成立。

仲裁条款是否成立，主要是指当事人双方是否有将争议提交仲裁的合意，即是否达成了仲裁协议。仲裁协议是一种合同，判断双方是否就仲裁达成合意，应适用《合同法》关于要约、承诺的规定。从本案磋商情况看，当事人双方一直共同认可将争议提交仲裁解决。本案最早的"产权交易合同"，系北交所提供的标准文本，连同"债权清偿协议"由运裕公司等一方发给中苑城公司，两份合同均包含将争议提交北京仲裁委员会仲裁的条款。之后，当事人就仲裁机构进行了磋商。运裕公司等一方发出的合同草签版的仲裁条款，已将仲裁机构确定为深圳国际仲裁院。就仲裁条款而言，这是运裕公司等发出的要约。中苑城公司在合同草签版上盖章，表示同意，并于2017年5月11日将盖章合同文本送达运裕公司，这是中苑城公司的承诺。根据《合同法》第25条、第26条相关规定，承诺通知到达要约人时生效，承诺生效时合同成立。因此，"产权交易合同""债权清偿协议"中的仲裁条款于2017年5

月11日分别在两个合同的各方当事人之间成立。之后，当事人就合同某些其他事项进行交涉，但从未对仲裁条款有过争议。鉴于运裕公司等并未主张仲裁条款存在法定无效情形，故应当认定双方当事人之间存在有效的仲裁条款，双方争议应由深圳国际仲裁院进行仲裁。虽然运裕公司等没有在最后的合同文本上盖章，其法定代表人也未在文本上签字，不符合合同经双方法定代表人或授权代表签字并盖章后生效的要求，但根据《最高人民法院关于适用〈中华人民共和国仲裁法〉若干问题的解释》第10条第2款的规定，即使合同未成立，仲裁条款的效力也不受影响。在当事人已达成仲裁协议的情况下，对于本案合同是否成立的问题无须再行认定，该问题应在仲裁中解决。

运裕公司还提出其并非“债权清偿协议”当事人，其中的仲裁条款不能拘束运裕公司。鉴于“产权交易合同”中的仲裁条款已能约束运裕公司，其与中苑城公司之间的纠纷应通过仲裁解决，且运裕公司等为同一仲裁案件的共同被申请人，无须本院在本案中对“债权清偿协议”中的仲裁条款能否约束运裕公司进行判断。

【案例评析】

仲裁协议是否成立，主要是指当事人双方是否有将争议提交仲裁的合意，即是否达成了仲裁协议。仲裁协议是一种合同，判断双方是否就仲裁达成合意，应根据法律事实发生的时间，适用《民法典》关于要约和承诺的规定。仲裁协议的成立属于确认仲裁协议效力案件的审查范围，确认仲裁协议效力制度的主要作用是在仲裁程序进入实体审理前，对仲裁机构是否有主管权作出司法判断，而是否存在仲裁协议显然是决定仲裁机构有无主管权的关键因素，在《仲裁法》第20条未赋予仲裁机构完全的自裁管辖权，强调法院有优先审查权的制度框架下，法院拒绝对仲裁协议是否存在进行审查，不符合《仲裁法》第20条对法院、仲裁机构审查权限的配置。

从我国司法实践来看，法院在拒绝对仲裁协议是否成立进行审查时，通常也认为当事人关于仲裁协议是否成立的请求非属效力异议，故法院无法对仲裁协议的效力进行审查，此时确认仲裁协议效力程序事实上完全没有发挥应有的作用，也在一定程度上迫使当事人不得不在裁决作出后以没有仲裁协议为由提出撤销和不予执行的申请。因此，法院如不审查仲裁协议是否成立，可能损害争议解决效率，增加当事人成本。

第五章

仲裁组织与仲裁员

仲裁质量是仲裁的生命，是仲裁具有公信力最可靠、最坚实的来源和保障。[①] 加强对仲裁工作的监督，是保证仲裁质量的重要内容。仲裁机构是民商事法律关系的双方当事人自愿确定的经由仲裁的方式来解决他们之间民商事争议的常设性民间机构。仲裁协会作为社会团体法人，是仲裁机构的自律性组织。仲裁员是仲裁机构的仲裁组成部分，是仲裁程序的主持者和仲裁案件的裁判者。

第一节　仲裁协会

一、仲裁协会的含义及性质

仲裁协会（arbitration association）是仲裁行业协会的简称，是以仲裁机构和仲裁员为其成员的自律性行业管理组织。关于仲裁协会的法律地位，我国理论界对此已有比较深入的研究，理论界普遍认为：仲裁协会属于社会中介组织，在政府与社会主体之间、社会主体相互之间搭起一座沟通的桥梁，充当着组织协调的平等中立者角色。[②] 设立仲裁协会的目的在于加强行业管

① 参见函志锋："仲裁质量是仲裁的生命"，载《上海仲裁》2004 年第 2 期，第 35 页。

② 参见韩荣和：《行业协会法律问题初探》，载法律图书馆网，http：//www. law - lib. com/lw/lw_view. asp?no = 1617。

理、保障行业利益并促进行业发展，同时也可以排除政府和司法机关的不当干预。因此，是否设有仲裁协会以及仲裁协会职能发挥的程度，已成为衡量一个国家和地区有无健全仲裁制度的标志。[①]

在国际商事仲裁实践中，仲裁协会有两种：一种是作为常设仲裁机构的仲裁协会，如美国仲裁协会；另一种是作为自律性机构的仲裁协会。《仲裁法》第15条规定，中国仲裁协会是社会团体法人。仲裁委员会是中国仲裁协会的会员。中国仲裁协会的章程由全国会员大会制定。同时，中国仲裁协会是仲裁委员会的自律性组织，根据章程对仲裁委员会及其组成人员、仲裁员的违纪行为进行监督。

社会团体法人，是指自然人或法人自愿组成，为实现会员共同意愿，按照其章程开展活动的非营利性社会组织。[②] 因此，中国仲裁协会也应当具有非营利性、民间性的特点。非营利性，是指中国仲裁协会的宗旨是协调各仲裁机构，在政府与仲裁机构之间起着桥梁和纽带作用，从而保障中国仲裁事业持续、健康发展，具有公益性。中国仲裁协会作为社会团体法人，具有一些基本特征：正规性；民间性；非受案性；自治、自律性；自愿性以及公益性。因此，仲裁协会不受理仲裁案件，也不从事其他营利活动，仲裁协会运作的经费应当来自其会员缴纳的会员费。在组织机构上，中国仲裁协会与政府行政部门分离，与政府机关没有任何隶属关系，不享有政府机关所具有的行政管理权。仲裁协会的民间性是仲裁民间属性的根本要求。

另外，根据法律规定，中国仲裁协会还须承担仲裁行业监督管理的职能，因其监督形式的行业性、监督对象的综合性、监督事项的违纪性、监督手段的协调性、监督结果的指导性和监督范围的程序性，更易为各仲裁委员会及其工作人员、仲裁员所接受，发挥着其他两种监督形式不可替代的作用。但

① 参见李政、徐秋菊、韩红俊编著：《仲裁法实训教程》，法律出版社2017年版，第69页。
② 参见《社会团体登记管理条例》第2条。

由于我国仲裁协会一直未予成立，该项监督职能目前实际上是由国务院法制办行使的。[①] 后由于机构的合并，现由司法部公共法律服务管理局行使监督职能。

二、仲裁协会的设立

根据《仲裁法》第 15 条的规定，中国仲裁协会是社会团体法人；中国仲裁协会章程由全国会员大会制定。设立中国仲裁协会，应当按照《社会团体登记管理条例》的规定向民政部门办理法人登记手续。根据条例第 10 条规定的成立社会团体应当具备的条件：①有 50 个以上的个人会员或者 30 个以上的单位会员；个人会员、单位会员混合组成的，会员总数不得少于 50 个；②有规范的名称和相应的组织机构；③有固定的住所；④有与其业务活动相适应的专职工作人员；⑤有合法的资产和经费来源，全国性的社会团体有 10 万元以上活动资金，地方性的社会团体和跨行政区域的社会团体有 3 万元以上活动资金；⑥有独立承担民事责任的能力。社会团体的名称应当符合法律、法规的规定，不得违背社会道德风尚。社会团体的名称应当与其业务范围、成员分布、活动地域相一致，准确反映其特征。全国性的社会团体的名称冠以‘中国’‘全国’‘中华’等字样的，应当按照国家有关规定经过批准，地方性的社会团体的名称不得冠以‘中国’‘全国’‘中华’等字样。”

仲裁协会经民政部登记后成立，并取得社会团体法人资格。在申请登记时应向民政部门提交下列材料：①由仲裁协会筹备组负责人签署的登记申请书；②有关部门的审查文件；③中国仲裁协会章程草案；④拟设的中国仲裁协会的住所；⑤仲裁协会筹备组负责人的姓名、年龄、简历；⑥会员的状况。

仲裁协会应当有自己的章程，中国仲裁协会章程由全国会员大会制定。

---

① 2002 年，国务院法制办发布了《关于进一步加强仲裁员、仲裁工作人员管理的通知》（国法〔2002〕55 号），通知要求对仲裁员、仲裁工作人员的违法违纪现象进行监督；2006 年，国务院法制办又发布了《关于天津仲裁委员会仲裁员戚天常违反仲裁法的规定私自会见当事人被除名的通报》（国法函〔2006〕24 号），更是直接对仲裁员的违纪行为进行处理。

《社会团体登记管理条例》第 14 条规定了社会团体的章程应当具备的事项，主要包括：①名称、住所；②宗旨、业务范围和活动地域；③会员资格及其权利、义务；④民主的组织管理制度，执行机构的产生程序；⑤负责人的条件和产生、罢免的程序；⑥资产管理和使用的原则；⑦章程的修改程序；⑧终止程序和终止后资产的处理；⑨应当由章程规定的其他事项。”因此，仲裁协会章程应载明下列事项：①名称，即中国仲裁协会；②宗旨；③组织机构；④仲裁协会会长的产生程序和职权；⑤职责；⑥对仲裁委员会和仲裁员的监督；⑦经费来源；⑧章程的修改程序；⑨其他必要事项。[①]

三、仲裁协会的组成及职责

《仲裁法》规定建立中国仲裁协会，而至今中国仲裁协会的建立都始终处于停滞状态。建立仲裁协会是我国仲裁管理体制改革的必然选择，随着市场经济的发展和转型，以及商事仲裁的发展，我国仲裁协会的建立应当尽早提上日程。

1994 年，国务院办公厅下发了《国务院办公厅关于做好重新组建仲裁机构和筹建中国仲裁协会筹备工作的通知》。在该通知第 3 款中，国务院办公厅指出：“重新组建仲裁机构的工作和筹建中国仲裁协会的工作分两步进行，先进行重新组建仲裁机构的工作，在此基础上再筹建中国仲裁协会。中国仲裁协会的筹建准备工作可以早一点开始，也由国务院法制局牵头，国家经贸委、国家体改委、司法部、国家工商局、贸促会、全国工商联参加，主要是研究如何建立中国仲裁协会、草拟协会章程和仲裁规则等问题。”2008 年 3 月 3 日，国务院法制办公室印发《关于成立中国仲裁协会筹备领导小组的通知》，中国仲裁协会筹备领导小组的任务主要是草拟中国仲裁协会章程和仲裁规则、研究中国仲裁协会成立等相关工作。中国仲裁协会筹备领导小组下设办公室，吸引仲裁界人士参加，负责具体办理有关筹备事宜。

根据《仲裁法》第 15 条的规定，仲裁协会是依法成立的，以仲裁委员会为会员的仲裁自律性组织。从比较法的角度来看，国外鲜有对仲裁实行行

---

① 参见乔欣：《仲裁法学》（第三版），清华大学出版社 2020 年版，第 42 页。

业管理的机构。[1] 仲裁协会是仲裁委员会之间的协调机构，这与我国仲裁机构性质的历史演变有关。立法者认为“去行政化”后的仲裁机构缺乏足够的监督，因此为了加强对仲裁机构的“管理”而设立了仲裁协会。同时，为了防止仲裁协会变成行政性协会，明确规定仲裁协会是一个社团法人，是仲裁委员会的自律性会员组织。《仲裁法》第15条也规定，中国仲裁协会实行会员制，各仲裁委员会是仲裁协会的法定会员。仲裁协会以团体会员为主，也可以接纳个人会员。仲裁协会的监督对象应当是其会员，对属于第三人的仲裁员进行监督是没有理论依据的。同时，仲裁委员会的组成人员包括行政秘书、办公室主任等，对这些人员的赏罚应当由仲裁委员会自身决定，而按照《仲裁法》的精神，仲裁协会同样可以进行监督。[2] 因此，中国仲裁协会对仲裁委员会及其组成人员、仲裁员的违纪行为也进行监督。

仲裁协议的基本职能主要表现在3个方面：服务职能、行业规范以及监督职能。具体包括：①根据章程为仲裁委员会及其组成人员、仲裁员提供服务，并对其违纪行为进行监督；②根据仲裁法和民事诉讼法的有关规定，制定仲裁规则以及其他仲裁规范性文件；③指导、协调各仲裁委员会的工作，组织仲裁员交流仲裁经验，对仲裁员进行业务培训，组织对仲裁理论与实践问题的探讨等。

四、仲裁协会与仲裁委员会的关系

根据《仲裁法》的规定，仲裁委员会是中国仲裁协会的会员。仲裁协会与仲裁委员会的关系体现在以下3个方面：

第一，从组织关系上看，仲裁协会是以仲裁委员会和仲裁员为成员的自律性行业管理机构，仲裁委员会与仲裁协会在人事管理方面是相互独立的。仲裁协会应当保障仲裁委员会的行业利益，促进仲裁委员会的发展。仲裁委员会应当自觉遵守协会制定的各项章程和纪律，履行其应尽的责任和义务。

---

① 参见林一飞：“中国仲裁协会与仲裁机构的改革”，载《北京仲裁》2007年第2期，第75页。

② 参见詹礼愿：《中国内地与中国港澳台地区仲裁制度比较研究》，武汉大学出版社2006年版，第80页。

第二，从职能上来看，仲裁协会和仲裁委员会是监督与被监督的关系。仲裁委员会是管理仲裁程序的机构，仲裁协会仅是行业自律性组织，不能影响仲裁委员会行使仲裁权，二者之间在业务上并不存在指导与被指导的关系，仲裁协会行使监督权仅限于仲裁委员会及其组成人员的违纪行为。

第三，从财务上来看，仲裁机构和仲裁协会都是非营利性机构，彼此在财务上是相互独立的。仲裁机构的主要经费来源应当是仲裁收入，而仲裁协会主要是其会员缴纳的会费。仲裁机构应当承担的会费，应及时足额缴纳。

1994 年 11 月，国务院办公厅下发《关于做好重新组建仲裁机构和筹建中国仲裁协会筹备工作的通知》（国发办〔1994〕99 号），要求筹建中国仲裁协会，但至今中国仲裁协会仍未成立。

第二节　仲裁机构

一、仲裁机构的含义及种类

（一）仲裁机构的含义

仲裁机构（arbitration institution），是为解决当事人之间的纠纷而设立的一种管理机构，是一种非营利性的组织。仲裁又称公断，“仲”字，从象形文字上是“人”居中，代表公正裁决，是指双方当事人根据争议发生前或者发生后达成的仲裁协议，自愿将其争议提交第三方按照一定的程序进行审查并居中作出裁决，双方当事人有义务按照该裁决履行的一种争议解决的方式。

仲裁机构作为管理机构，享有仲裁事务管理权，其主要职能为制订仲裁规则、确定仲裁收费标准、组织管理仲裁员、成立仲裁庭并进行相关方面的协调等。仲裁机构通过仲裁案件来体现其自身的价值和功能，主要有 3 个方面：第一，仲裁协议，是仲裁机构获得管辖权的基础；第二，仲裁员，仲裁案件并作出裁决的实质主体；第三，仲裁规则，体现了仲裁机构如何架构仲裁案件的程序及平衡当事人双方的权利义务，是仲裁机构发挥作用的程序依靠。[①]

我国现行商事仲裁机构被称为仲裁委员会。根据《仲裁法》第10条规定，“仲裁委员会可以在直辖市和省、自治区人民政府所在地的市设立，也可以根据需要在其他设区的市设立，不按行政区划层层设立。仲裁委员会由前款规定的市的人民政府组织有关部门和商会统一组建。设立仲裁委员会，应当经省、自治区、直辖市的司法行政部门登记。”《仲裁法》第11条规定，仲裁委员会应具备以下几个条件：“（一）有自己的名称、住所和章程；（二）有必要的财产；（三）有该委员会的组成人员；（四）有聘任的仲裁员。”可见，我国内地无临时仲裁组织机构这种形式，无论是国内仲裁还是涉外仲裁，都必须由法定的仲裁机构来承担。

二、仲裁机构的特点

仲裁机构的特点关系到仲裁机构的法律地位。一般来说，仲裁机构大致具备以下3个显著特征，即非营利性、独立性以及民间性。

（一）非营利性

所谓非营利性，是指仲裁机构设立的目的及存在不是为了营利，不是为了向设立者提供利润，当然，非营利性不意味着仲裁机构没有收入或入不敷出，而是指它的收入应用于机构自身发展。由于仲裁机构具有非营利性的特征，因而它能够行使维护行业利益或公共服务的职能。通常仲裁机构的收费主要是用于给付仲裁员报酬，维护仲裁机构正常运转的必要开支。国务院颁布的《仲裁委员会仲裁收费办法》第3条规定：“案件受理费用于给付仲裁员报酬、维持仲裁委员会正常运转的必要开支。”这表明，我国仲裁委员会是非营利性机构。

（二）独立性

仲裁机构既是仲裁程序的管理机构，也是仲裁的服务机构。商事仲裁机

① 参见刘敏、陈爱武：《现代仲裁制度》，中国人民公安大学出版社2002年版，第17页。

构的独立性对于保障商事仲裁裁决的公正性和权威性具有至关重要的作用。所谓仲裁机构的独立性，是指仲裁机构在法律上是独立的，其独立行使仲裁职能，行政机关、司法机关或其他机构、组织不能干预仲裁机构的独立运作。从世界上诸多著名的商事仲裁机构来看，其独立性是不容置疑的。《仲裁法》第14条明确规定："仲裁委员会独立于行政机关，与行政机关没有隶属关系。仲裁委员会之间也没有隶属关系。"由此可见，我国法律认可并保障商事仲裁机构的独立性。

（三）民间性

与独立性紧密相关的一点是仲裁机构的民间性，它是仲裁机构独立性的表现。仲裁机构的民间性强调仲裁机构独立于政府。虽然政府可以参与仲裁机构的设立，但这是政府行使公共服务职能的一种体现，不是为了管理和控制仲裁机构。仲裁机构不是政府的组成部分。如果仲裁机构受制于行政机关，则仲裁机构的独立性将荡然无存，这将会损害仲裁的公正性。由《仲裁法》第10条规定的内容来看，司法行政部门对仲裁委员会的"管理"应当只限于登记。

三、仲裁机构的分类

根据处理争议的仲裁机构有无固定的办公场所和章程，仲裁机构一般分为临时仲裁机构和常设仲裁机构。

（一）临时仲裁机构

临时仲裁机构（ad hoc arbitration agency），又称特别仲裁机构，是根据当事人之间的仲裁协议，在争议发生后由双方当事人推荐的仲裁员临时组成的，负责审理仲裁协议项下的某项特定争议，并在审理终结作出裁决后即行解散。① 这意味着，临时仲裁机构是为了专门解决某一仲裁协议项下的争议而设立的仲裁庭（机构），该机构没有固定的办公场所、章程和规则，当仲裁庭就该仲裁协议项下的争议作出裁决后，其使命即告完成并即行解散。

---

① 参见沈达明、冯大同、赵宏勋等编著：《国际商法》，对外贸易教育出版社1992年版，第199页。

临时仲裁在19世纪中期的机构仲裁出现之前，一直是唯一的国际商事仲裁形式。在当时，有关当事人为了保持其和谐的友好关系，在他们之间发生争议时，共同推选1名他们彼此都熟悉、值得信赖的律师或朋友，或某一知名人士作为仲裁人，授权他对争议作出公正的裁决。特别是在国家作为当事人时，由于其不愿接受机构仲裁权力的约束，因而往往选择临时仲裁来处理有关的纠纷。[①] 临时仲裁机构组织审理案件具有极大的灵活性，争议双方当事人在选任仲裁员、决定仲裁程序和适用法律等方面享有充分的自由权，因此通过临时仲裁形式解决争议在国际上得到普遍认同。比如，1958年《纽约公约》第1条第2款规定，“仲裁裁决”不仅包括由为每一案件选定的仲裁员所作出的裁决，而且也包括由常设仲裁机构经当事人的提请而作出的裁决。1961年《欧洲国际商事合约》第4条规定，当事人可以自由决定将其争议提交常设仲裁机构或临时仲裁机构审理。目前，绝大多数国家都确立了临时仲裁制度。

临时仲裁机构主要有以下4个方面的优势：

（1）自主性强。当事人自由选择仲裁员、仲裁地、仲裁所适用的法律、仲裁所适用的程序等事项，甚至可以就具体的仲裁条款进行协商。

（2）程序灵活。当事人在选择仲裁程序方面具有较大自由，可以根据双方当事人的利益诉求及争议的特点，量身定做属于当事人双方的仲裁程序，极大简化了程序，有助于改变仲裁诉讼化。

（3）效率性高。仲裁庭在审理案件时，与当事人共同协商或裁决争议，以最简洁的程序解决纠纷，极大地节省了当事人的时间，能在最短的时间内作出仲裁裁决，解决争议事项。

（4）更具经济性。临时仲裁机构没有固定的办公场所，没有固定的管理人员，因此，当事人在仲裁费用方面就节省了对这几项管理费用的支出。

但临时仲裁机构也存在明显的缺陷，比如，仲裁程序的进行必须有双方当事人更充分的合作，对仲裁过程及仲裁裁决缺乏像常设仲裁机构仲裁时的监督和管理。在《仲裁法》及相关的法律、法规中，没有规定中国是否可以

---

① 参见李玉泉主编：《国际民事诉讼与国际商事仲裁》，武汉大学出版社1994年版，第253页。

实行临时仲裁。

（二）常设仲裁机构

常设仲裁机构（permanent arbitration agency），是指依据国际条约或一国国内法所成立的，有固定的名称、地址、组织形式、组织章程、仲裁规则和仲裁员名单，并具有完整的办事机构和健全的行政管理制度，用以处理国际商事法律争议的仲裁机构。[①] 相较于临时仲裁机构，常设仲裁机构在规范化、办案质量、工作效率、行政管理与服务等方面均有优势。比如，当一方当事人未按规定选定仲裁员时，仲裁机构一般都有权代为指定仲裁员，这有利于及时组成仲裁庭；如果当事人认为有必要，仲裁机构也可以为当事人递送文书、证据；在仲裁庭开庭时，还可以提供开庭场地、负责分配记录人员和翻译人员。因此，在现代国际商事仲裁实践中，许多争议金额较大且案情比较复杂的争议，一般均在常设仲裁机构解决。许多临时仲裁机构也可以请求常设仲裁机构为其提供协助，如请求指定仲裁员等。[②]

常设仲裁机构具有以下优势：

（1）备有高效的仲裁规则。常设仲裁机构一般都有自己的仲裁规则或建议当事人采用的标准仲裁条款，为当事人进行仲裁程序提供了一套详细的规定，可以避免当事人在仲裁活动中因程序问题产生分歧而导致仲裁程序拖延，保障仲裁的顺利进行。

（2）备有专门的仲裁员名册供当事人使用。仲裁机构均备有从各有关专业领域聘请的经验丰富、品德优秀的人士所组成的仲裁员名册，不仅有利于当事人及时选择仲裁员组成仲裁庭，顺利进行仲裁程序，而且有利于保证仲裁庭组成人员的知识水平、道德品质、资格、能力等方面的素质，从而保证仲裁解决争议案件的公正。

（3）设有专门办事机构以及完整的管理制度，便于取得当事人的信任。办事机构的工作人员不仅可以协助当事人及时选择仲裁员组成仲裁庭，而且还可以负责仲裁庭与当事人之间的联系和沟通，从而协助、保障仲裁程序的

---

① 参见李双元、谢石松：《国际民事诉讼法概论》，武汉大学出版社2001年版，第501页。

② 参见赵秀文：《国际商事仲裁及其适用法律研究》，北京大学出版社2002年版，第15页。

顺利进行。此外，仲裁机构在长期的仲裁实践中不断总结经验，建立了一套完整的管理制度，在仲裁领域树立良好的声誉。[①]

但常设仲裁机构也有明显的缺陷，如仲裁程序严格、仲裁时间长、仲裁费用高昂等。

根据不同的标准，常设仲裁机构可作以下几种划分[②]：

（1）根据常设仲裁机构的性质和影响范围，仲裁机构可以分为国际性商事仲裁机构、地区性商事仲裁机构和全国性商事仲裁机构。

国际性商事仲裁机构，是指依据某个国际组织的决议或某个国际条约成立的，用于处理国际商事争议的常设性商事仲裁机构。它不隶属于任何特定国家，但可能附设在某一国际组织或机构下，其影响范围涉及世界各国，如国际商会国际仲裁院、解决投资争端国际中心等。

地区性商事仲裁机构，是基于地区性的国际组织的决定或地区性的国际公约而成立，主要受理成员国之间的商事仲裁案件，它不从属于任何一个成员国，如美洲国家间商事仲裁委员会。

全国性商事仲裁机构，是基于内国的决定而设立，大都附设在各国商会或其他类似的工商团体之下，属于民间组织。世界许多国家都设立了这一类型的机构。

（2）依据常设机构受理的案件性质，可以分为单一性常设仲裁机构、专业性常设仲裁机构和综合性常设仲裁机构。

单一性常设仲裁机构，是指只受理涉外仲裁案件，不受理国内仲裁案件的仲裁机构，或者只受理国内商事仲裁案件，不受理涉外商事仲裁案件的商事仲裁机构。

专业性常设仲裁机构，又有开放性与封闭性仲裁机构之分。开放性常设仲裁机构是指对本专业（或行业）团体成员和非团体成员的案件都受理的仲裁机构；封闭性常设仲裁机构是指仅对本专业（或行业）团体成员的案件才受理的仲裁机构，如英国伦敦橡胶交易所的仲裁机构、荷兰咖啡贸易仲裁委

① 参见宋朝武主编：《仲裁法学》，北京大学出版社2013年版，第40页。

② 参见李玉泉主编：《国际民事诉讼与国际商事仲裁》，武汉大学出版社1994年版，第255～256页。

员会。

综合性常设仲裁机构，是指能够受理各种不同类型的商事仲裁案件的仲裁机构，如英国伦敦国际仲裁院、美国仲裁协会。

（3）根据商事仲裁机构在商事仲裁程序中的职能差异，可以将商事仲裁机构分为全面管理型商事仲裁机构和宣传协助型商事仲裁机构。①

全面管理型商事仲裁机构的职责在于对整个仲裁程序进行管理，国际商会国际仲裁院和中国国际经济贸易仲裁委员会就属于此类商事仲裁机构。以国际商会国际商会仲裁院为例，当事人提交的所有材料或仲裁庭向当事人发出的任何通知都必须给秘书处1份，且申请书应具备一定的内容和格式。申请人只有提交了足够份数的商事仲裁申请且预交了商事仲裁管理费，秘书处才会立案。此外，商事仲裁员的指定经过仲裁员秘书处确认，在案卷移送给商事仲裁员后，进行实体审查前，商事仲裁员应拟一份审理事项，把争议的范围、商事仲裁请求的摘要及其他商事仲裁事项提提交仲裁院。商事仲裁员依据商事仲裁程序、仲裁规则作出裁决书时，应当将草案提交仲裁院，经批准后商事仲裁员才能签署。

宣传协助型商事仲裁机构只能在宣传商事仲裁或在适当的时候给予商事仲裁案件当事人以协助，香港国际仲裁中心、伦敦海事仲裁员协会、纽约海事仲裁员协会均属于此类商事仲裁机构。以香港国际仲裁中心为例，其主要职责是在香港推广商事仲裁，并提供协助，如推荐和指定商事仲裁员、提供庭审地点、传递商事仲裁文件、提供文字或同声传译等服务。

四、仲裁委员会的设置

我国现行商事仲裁机构被称为仲裁委员会。下述讨论仲裁机构，均以我国仲裁委员会为对象。

（一）仲裁委员会的设立条件

根据《仲裁法》的规定，仲裁委员会的设立条件包括所在地条件、作为法人应具备的一般性条件和形式条件。

---

① 参见乔欣主编：《比较商事仲裁》，法律出版社2004年版，第40页。

《仲裁法》第10条第1款规定："仲裁委员会可以在直辖市和省、自治区人民政府所在地的市设立，也可以根据需要在其他设区的市设立，不按行政区划层层设立。"该款规定，仲裁委员会作为民间性的组织，不按行政区划层层设立。因此，仲裁委员会不与各级行政区划对应设立，有利于从所在地角度保障仲裁委员会的民间性，进而有利于消除仲裁的行政化色彩。

仲裁委员会是根据法定条件和程序组成的，依当事人之间所达成的仲裁协议受理并裁决法定范围内的民商或经济争议。《仲裁法》第10条第2款规定："仲裁委员会由前款规定的市的人民政府组织有关部门和商会统一组建。"第3款规定："设立仲裁委员会，应当经省、自治区、直辖市的司法行政部门登记。"

（二）作为法人应具备的一般性条件

根据《民法典》第58条第2款规定："法人应当有自己的名称、组织机构、住所、财产或者经费。法人成立的具体条件和程序，依照法律、行政法规的规定。"同时，结合《仲裁法》相关规定，仲裁委员会作为社团法人应具备以下条件：

1. 有自己的名称、住所和章程

1995年，《仲裁法》颁布实施后，依据该法的规定，仲裁法施行前在直辖市和省、自治区人民政府所在地的市以及其他设区的市设立的仲裁机构应当依照《仲裁法》的有关规定重新组建；未重新组建的，该仲裁机构至1996年9月1日废止；新的仲裁机构由一方可以设立仲裁机构的市人民政府组织有关部门和商会统一组建。为了落实《仲裁法》上述规定，认真做好重新组建仲裁机构工作，国务院办公厅于1994年11月13日、1995年5月26日先后发出了《国务院办公厅关于做好重新组建仲裁机构和筹建中国仲裁协会筹备工作的通知》（国办发〔1994〕99号）、《国务院办公厅关于进一步做好重新组建仲裁机构工作的通知》（国办发〔1995〕38号）。根据仲裁法的规定及国务院办公厅通知的要求，在总结试点经验的基础上，借鉴国外的有益经验，国务院法制局会同有关单位拟订了《重新组建仲裁机构方案》《仲裁委员会登记暂行办法》《仲裁委员会仲裁收费办法》。2019年，司法部也发布了《仲裁委员会登记管理办法（征求意见稿）》。

各仲裁委员会须有自己的名称，才可以区别于其他仲裁委员会，当事人也才可以选择确定自己所信赖的仲裁委员会。《社会团体登记管理条例》第10条第2款规定："社会团体的名称应当符合法律、法规的规定，不得违背社会道德风尚。社会团体的名称应当与其业务范围、成员分布、活动地域相一致，准确反映其特征。"根据《重新组建仲裁机构方案》的规定："新组建的仲裁委员会的名称应当规范，一律在仲裁委员会之前冠以仲裁委员会所在市的地名（地名+仲裁委员会）。"该种命名方式能使得当事人存有仲裁委员会位于某地的印象，有助于从称谓上消除仲裁的行政色彩，避免引发对仲裁委员会之确定的不同理解，进而可能导致仲裁协议的无效。2019年，司法部发布的《仲裁委员会登记管理办法（征求意见稿）》第5条对仲裁委员会的名称进行了规范："仲裁委员会实行统一的名称规范，格式为：'行政地域名称（不含'市'等行政级别称谓）+仲裁委员会'。"

住所是民事主体从事民事活动所产生的各种权利义务的归属地点，是发生民事法律关系的中心地域。《社会团体登记管理条例》第10条规定了成立社会团体应当具备的条件，第3项规定应当有固定的住所。《仲裁委员会登记管理办法（征求意见稿）》第8条第5项规定，仲裁委员会申请设立登记应当向登记管理机构提交仲裁委员会住所证明。仲裁委员会的住所是其开展正常活动必不可少的要素，也是明确法律文书和其他函件的送达地等所必需的要素，通常是其管理机构和办事机构所在地。仲裁委员会的住所一般以其登记的地址为准。仲裁委员会之住所的法律意义主要在于便利仲裁地的确定、当事人之申请或答辩材料的提交、确认仲裁协议效力与撤销仲裁裁决之管辖法院的确定。

法人章程是关于法人组织和行为的自治规则，对法人具有约束力，法人的权力机构、执行机构和监督机构及其成员等也都要受到章程的制约。《民法典》第91条第1款规定："设立社会团体法人应当依法制定法人章程。"《仲裁法》第11条第2款规定，仲裁委员会的章程应当依照仲裁法制定。《社会团体登记管理条例》第11条规定，申请人登记社会团体，发起人应当向登记管理机关提交章程草案；第14条规定了社会团体的章程应当包括的事项，包括：①名称、住所；②宗旨、业务范围和活动地域；③会员资格及其权利、义务；④民主的组织管理制度，执行机构的产生程序；⑤负责人的条件和产生、罢免的程序；⑥资产管理和使用的原则；⑦章程的修改程序；⑧终止程序和终止后资产的处理；⑨应当由章程规定的其他事项。”仲裁委员会的章程是其行为准则，只能在其章程所规定的范围内进行活动，同时，章程也是依据《仲裁法》制定的规定受案范围、人员组成、办事机构、仲裁员、财务等重要事项的法律文件。《仲裁委员会章程示范文本》作为《重新组建仲裁机构方案》的附件，在总则明确规定，为了规范仲裁委员会的行为，保证公正、及时地仲裁经济纠纷，保护当事人的合法权益，根据《仲裁法》制定章程。同时，《仲裁委员会章程示范文本》第 2 条规定了商事仲裁的适用范围。

2. 有必要的财产

仲裁委员会应当拥有自己的独立财产。《民法典》第 60 条规定：“法人以其全部财产独立承担民事责任。”《社会团体登记管理条例》第 10 条规定：“成立社会团体，应当有合法的资产和经费来源，有独立承担民事责任的能力。《重新组建仲裁机构方案》规定：“仲裁委员会设立初期，其所在地的市人民政府应当参照有关事业单位的规定，解决仲裁委员会的人员编制、经费、用房等问题。仲裁委员会应当逐步做到自收自支。”仲裁委员会的财产，主要包括：办公用房、办公设施、交通工具、通信工具、日常经费在内的必要财产的拥有是仲裁委员会设立的物质条件，也是仲裁活动顺利开展的必要性物质保障。

3. 有该委员会的组成人员

仲裁委员会要有一定数额的组成人员才可正常开展工作。《社会团体登记管理条例》第 10 条第 1 款规定，成立社会团体应当具备一定数量的会员，有 50 个以上的个人会员或者 30 个以上的单位会员；个人会员、单位会员混合组成的，会员总数不得少于 50 个。《仲裁法》第 11 条第 3 款规定，仲裁委员会应当有该委员会的组成人员。同时，在第 12 条规定了仲裁委员会的组成人员，“仲裁委员会由主任一人、副主任二至四人和委员七至十一人组成”。根据《仲裁委员会登记管理办法（征求意见稿）》的规定，仲裁委员会的专职组成人员为 1 至 2 人，其他组成人员均为兼职。《仲裁法》第 12 条第 2 款规定："仲裁委员会的主任、副主任和委员由法律、经济贸易专家和有实际工作经验的人员担任。仲裁委员会的组成人员中，法律、经济贸易专家不得少于三分之二。"对仲裁委员会的组成人员的规定，旨在保证仲裁的专业性与民间性。

4. 有聘任的仲裁员

仲裁员是仲裁活动的主持者和裁判者，也是仲裁机构的必要组成要素。仲裁员可以是专职的，也可以是兼职的，二者在仲裁活动中享有同等权利和义务。《仲裁法》第11条规定，仲裁委员会应当有聘任的仲裁员。根据《仲裁委员会登记管理办法（征求意见稿）》第8条规定，仲裁委员会申请设立登记，应当向登记管理机关提交"拟聘任的仲裁员名称和专业资质证书或相当资质证明文件"。

（三）履行法律法规的设立手续

仲裁委员会的设立采用登记生效主义，而非登记对抗主义。未经设立登记的，仲裁裁决不具有法律效力。《仲裁法》第10条第3款规定："设立仲裁委员会，应当经省、自治区、直辖市的司法行政部门登记。"《社会团体登记管理条例》第3条规定："成立社会团体，应当经其业务主管单位审查同意，并依照本条例的规定进行登记。"《仲裁委员会登记管理办法（征求意见稿）》第7条规定了申请设立仲裁委员会的登记机关：省、自治区、直辖市司法行政部门受理、审查本行政区域内的仲裁委员会登记申请，颁发登记证书，并对登记条件的保持情况进行监督检查。

《仲裁委员会登记管理办法（征求意见稿）》第8条规定了仲裁委员会申请设立登记，应当向登记管理机关提交相关材料，主要包括：①设立仲裁委员会申请书；②组建仲裁委员会的市人民政府设立仲裁委员会的文件；③仲裁委员会章程；④必要的经费证明；⑤仲裁委员会住所证明；⑥仲裁委员会组成人员聘书；⑦拟聘任的仲裁员名册和专业资质证书或相当资质证明文件；⑧法律、法规规定应当提交的其他材料。

五、仲裁委员会的组成

仲裁活动主要由仲裁机构完成，是仲裁制度的重要组成部分。《仲裁法》

第 12 条规定了仲裁委员会的组成人员，由主任 1 人、副主任 2 人至 4 人和委员 7 人至 11 人组成。仲裁委员会的主任、副主任和委员由法律、经济贸易专家和有实际工作经验的人员担任。仲裁委员会的组成人员中，法律、经济贸易专家不得少于三分之二。但该条并未规定仲裁委员会的组成人员产生的程序。在《重新组建仲裁机构方案》中强调，驻会专职组成人员 1 人至 2 人，其他组成人员均为兼职；仲裁委员会的组成人员由院校、科研机构、国家机关等方面的专家和有实际工作经验的人员担任；仲裁委员会的组成人员可以是仲裁员，也可以不是仲裁员；第一届仲裁委员会的组成人员，由政府法制、经贸、体改、司法、工商、科技、建设等部门和贸促会、工商联等组织协商推荐，由市人民政府聘任。仲裁委员会设秘书长 1 人，可以由驻会专职组成人员兼任。

《仲裁委员会登记管理办法（征求意见稿）》第 18 条规定了仲裁委员会的换届复核，“仲裁委员会每届任期 5 年。任期届满须依法换届，更换至少三分之一组成人员。仲裁委员会申请换届复核需向登记管理机构提交以下材料：（一）换届复核申请书；（二）换届报告；（三）新一届仲裁委员会组成人员名单及登记表；（四）拟聘任仲裁员名册；（五）上一届仲裁委员会主任、副主任、秘书长述职报告及考核报告；（六）上一届仲裁委员会工作总结；（七）上一届仲裁委员会财务审计报告。登记管理机关在复核工作完成后 20 日内报国务院司法行政部门备案。”

（一）仲裁委员会的理事会或委员会

仲裁委员会的理事会或委员会是仲裁委员会的权力机关，根据仲裁委员会的组织章程，定期或不定期地召开会议，对仲裁委员会行使领导职能，决定仲裁委员会的重要事项，如仲裁委员会内部机构的设立，制定或修改仲裁规则、内部管理规则，监督秘书处和其他专门委员会的工作，以及与其他组织和机构的合作与联系等。比如，中国国际经济贸易仲裁委员会（以下简称贸仲委）依据章程设立了委员会议，“委员会议由贸仲委主任、常务副主任、副主任、秘书长及委员组成，其主要职责是：（一）审议通过贸仲委章程；（二）审议通过贸仲委年度工作报告；（三）讨论贸仲委工作方针、工作原则等重要事项并作出相应的决议；（四）主任会议提请讨论决定的其他重要事项。委员会议由主任或常务副主任主持召开，每年召开一次。在必要时，可以召开临时会议。委员会议的决议须经多数委员同意方为有效。委员可提交书面意见，其书面意见与出席会议委员的意见具有同等效力。”

同时，还设置了主任会议。在委员会议闭会期间，由主任会议负责贸仲委的工作，履行委员会议的相关职责。主任会议负责以下相关事项：① 审议通过仲裁规则、其他争议解决规则及其修订事项；② 研究决定仲裁员的聘任、解聘事项；③ 研究决定授权仲裁院和秘书局管理的事项；④ 研究决定其他事项。

（二）仲裁委员会的秘书处或事务局

仲裁委员会的秘书处或事务局是仲裁委员会中执行仲裁活动的主要机构，负责仲裁委员会的日常事务性工作之外，更主要的是对仲裁活动的日常活动进行监督和管理，如对案件的初步审查和受理、组建仲裁庭（负责指定或选定仲裁员）、关注和监督仲裁活动的进程、审查和签发仲裁文书、管理案件卷宗等事项。例如，贸仲委依据章程设立了仲裁院，仲裁院负责贸仲委案件程序管理等业务工作。仲裁院的主要职责为：①管理国际、涉外和国内仲裁案件；②提供投资争端调解、域名争议解决程序管理服务；③提供其他替代性争议解决程序管理服务；④开展仲裁及其他替代性争议解决方式的研究；⑤开展仲裁及其他替代性争议解决的宣传和推广工作；⑥负责贸仲委其他业务工作。

同时，贸仲委依据章程设立了秘书局，秘书局负责贸仲委内部日常行政管理事务，并负责贸仲委应参与、组织及协调的公共法律事务。秘书局在秘书长领导下开展工作。秘书局的主要职责为：① 组织实施贸仲委年度工作计划；②承担委员会换届及委员会秘书工作；③ 组织实施对仲裁员的培训、监督和管理；④向国家立法部门提出涉外民商事立法修改意见和建议，参与国际仲裁法律规则的制定；⑤负责贸仲委财务收支和管理；⑥承办委员会交办的其他事务。

（三）仲裁委员会的专家咨询机构

设立仲裁委员会的专家咨询机构的目的是就疑难问题向仲裁委员会和仲

裁员提供咨询意见。比如，贸仲委依据章程设立了专门委员会，其主要职责包括：①专家咨询委员会，负责就仲裁案件程序和实体等疑难问题进行研究并提供咨询意见；②仲裁员资格审查考核委员会，负责就仲裁员资格审查、聘任、考核及业务培训等提出意见和建议；③案例编辑委员会，负责仲裁案件等案例编辑工作；④发展委员会，就仲裁事业发展提出意见和建议。

六、仲裁委员会的职能

仲裁委员会作为民间性、自治性机构，根据法律和当事人的授权解决争议，并为仲裁活动的进行，为公正、迅速地解决当事人之间的纠纷提供管理和服务。

（一）制定和修改仲裁规则

仲裁规则是指规范仲裁进行的具体程序以及此程序中相应的仲裁法律关系的规则。[①] 它作为仲裁活动中的重要的法律文件，是仲裁所据以进行的程序规则，是仲裁得以顺利进行的前提条件。常设的仲裁机构根据仲裁法律规范自行制定仲裁规则，供当事人在具体仲裁活动开始前选用。仲裁规则一旦被当事人选定，就成为仲裁活动的行为规范，是仲裁庭行使仲裁权和当事人进行仲裁活动必须遵循的程序规则，直接影响仲裁活动的正常进行。

仲裁规则是仲裁委员会的行为准则。仲裁委员会如何为当事人进行仲裁活动提供更为合理、更为高效的程序保障，就在于能否具有自己特色的仲裁规则，因此，仲裁规则就是各仲裁委员会之间开展公平竞争的有力武器。完善的仲裁规则对促进仲裁程序的顺利进行，降低仲裁程序的滞延，减少仲裁活动中的不确定性有着积极的意义。因此，能否制定出合理、科学的仲裁规则，能否根据情况发展对其不断予以更新，关系到仲裁裁决的质量。各仲裁委员会都保持着致力于自己仲裁规则的修订完善，不断推出最新版本的仲裁规则。

（二）设置仲裁员名册

仲裁员是仲裁机构的重要组成部分，是仲裁程序的主持者和仲裁案件的

---

① 参见宋连斌主编：《仲裁法》，武汉大学出版社2017年版，第45页。

公断人。《仲裁委员会登记管理办法（征求意见稿）》第4章对仲裁员名册编制和公告作出以下规定：“登记管理机关负责编制本行政区域的仲裁委员会和仲裁员名册，报国务院司法行政部门备案后，在本行政区域内每年公告1次，同时抄送各中级人民法院；国务院司法行政部门负责汇总审核全国各登记管理机关编制的仲裁委员会和仲裁员名册，在全国范围内每年公告1次，同时抄送最高人民法院；登记管理机关和国务院司法行政部门应当在官方网站、公共服务平台等公布仲裁委员会和仲裁员信息，供社会公众查询。”因此，仲裁员名册通常作为仲裁庭组成的前置条件。仲裁员的质量关系到裁决的质量，关系到当事人利益的维护，仲裁员在仲裁制度中有着至关重要的作用。

（三）选定仲裁员

仲裁员的产生程序大致有3种方式，包括当事人选定、仲裁委员会指定及法院决定。《仲裁法》第31条规定仲裁员的选任方式，当事人自行协议选定仲裁员，但在该条对第3名仲裁员的产生，适用了共同选定或者共同委托仲裁委员会主任指定。仲裁员的选定是争议发生以后进行，双方当事人并不能对第3名仲裁员的选定达成一致，第3名仲裁员的产生基本就是共同委托仲裁委员会主任指定。《仲裁法》第32条规定了仲裁员的指定方式，在实践中仲裁协议就仲裁庭的组成形成又未作出明确的约定，在仲裁规则规定的期限届满后，为保证仲裁程序的顺利进行，仲裁法作出明确规定，由仲裁委员会主任行使权力，指定仲裁组成形式。贸仲委《仲裁规则（2015版）》第30条规定了指定仲裁员的考虑因素，仲裁委员会主任行使指定仲裁员职责时，应考虑争议的适用法律、仲裁地、仲裁语言、当事人国籍，以及仲裁委员会主任认为应考虑的其他因素。

由法院决定仲裁员的方式，即法院在一定条件下，经当事人的申请有权决定仲裁员人选。《仲裁法》并未规定。在《美国统一仲裁法》《联邦仲裁法》《德国民事诉讼法》《法国民事诉讼法》及联合国《国际商事仲裁示范法》等有类似规定。

（四）决定对仲裁员的异议

《仲裁法》第36条规定，当事人对仲裁员提出回避，仲裁员是否回避，由仲裁委员会主任决定；仲裁委员会主任担任仲裁员时，由仲裁委员会集体决定。显然，仲裁员指定后，如果当事人认为该仲裁员缺乏公正性和独立性，可以对其提起异议，仲裁委员会应根据其仲裁规则的规定，对仲裁员的实际情况进行审查，决定是否予以更换。当然，仲裁委员会在履行此项职能时，既要保证仲裁公平、公正地进行，也要防止当事人故意拖延和阻扰仲裁的顺利进行。

（五）对仲裁程序的监督

仲裁委员会作为民间的自治组织，包括当事人的意思自治和仲裁委员会的自治。当事人的意思自治要求在仲裁活动中充分重视、尊重、体现和保护当事人的程序主体性。仲裁委员会的自治则是仲裁委员会作为解决纠纷的中立机构，实行自我管理、自我约束，进行行业化的管理和监督。仲裁委员会对仲裁程序的监督主要表现为：①对仲裁活动期间遵守情况的监督，如仲裁庭是否在规定的期限内进行审理并作出裁决，如果仲裁庭需要延长仲裁期限的，则须由仲裁委员会主任决定；②对是否具有仲裁管辖权进行初步的审查和确定；③仲裁员应当在签署裁决前将裁决书草案提交仲裁委员会，在不影响仲裁员独立裁决的情况下，仲裁委员会可以就裁决书的形式问题提请仲裁庭注意等。

（六）提供相关服务

在仲裁活动进行中，为保障仲裁的顺利进行，仲裁委员会还需要提供一些非制度性的服务。比如，贸仲委阐释所能提供的专业的仲裁管理服务，在每个仲裁案件中，仲裁院向当事人发出仲裁通知后，即会指定 1 名工作人员负责该案件的程序管理工作。贸仲委的工作人员大多具有法学硕士、博士学位，精通英语、法语或俄语等外语，并以积极向上的态度和勤勉尽责的工作作风为仲裁员和当事人提供优质的服务。因此，高质量的服务不仅有助于仲裁的顺利进行，也有助于增强当事人的信赖感，而当事人的信赖正是仲裁制度得以生存和发展的基础。

第三节 知名仲裁机构简介

一、伦敦国际仲裁院

伦敦国际仲裁院（London Court of International Arbitration，LCIA），[①] 是世界上最古老的常设仲裁机构，成立于1892 年，当时称为“伦敦仲裁会”（London Chamber of Arbitration），1903 年改名为“伦敦仲裁院”，由伦敦市和伦敦商会各派 12 名代表组成的联合委员会管理。1975 年伦敦仲裁院与女王特许仲裁员协会合并，并于1978 年设立了由来自 30 多个国家的具有丰富经验的仲裁员组成的“伦敦国际仲裁员名单”，1981 年起改用现名，并由伦敦市政府、伦敦工商会和女王特许仲裁员协会共同组成的联合管理委员会管理。1986 年，伦敦国际仲裁院改组成为有限责任公司，由董事会管理其活动。

伦敦国际仲裁院的发展经历漫长的过程。1890 年代出版的《法律季刊》（*Law Quarterly Review*）在伦敦城市仲裁院成立后对其的评价是：它“具有法律（法院）所缺乏的一切优点，它效率更高而英国法院效率低下；仲裁成本低而英国法院诉讼成本高；仲裁程序简单而英国法院诉讼充满了让人难以理解的专门术语；仲裁是‘和平缔造者’，不会破坏当事人之间的关系、让纷争升级。”该刊物还提到英国的仲裁传统，称从古老的“灰脚法庭”（court of pied poudre）到 15 世纪的市政议员担任仲裁员的做法，以及股票交易所、玉米交易所和煤炭交易所的行业仲裁等，英国都有仲裁的“萌芽”。

1903 年 4 月，伦敦城市仲裁院被更名为“伦敦仲裁院”，两年后搬入伦敦商会附近的大厦，由伦敦商会和城市公司组成的委员会共同管理。该管理方式在此后的 70 年内基本没有变化。1975 年，仲裁员协会（即后来的英国特许仲裁员学会）加入，参与对伦敦仲裁院的管理，形成了由 18 名委员组成的联合管理委员会，上述 3 个组织各派 6 人担任管委会委员。1981 年，伦敦

① 参见伦敦国际仲裁院官网，https：//www. lcia. org/，2022 年 1 月 10 日访问。

仲裁院更名为“伦敦国际仲裁院”并且制定了国际化发展的政策，通过了具有前瞻性的仲裁规则。伦敦国际仲裁院在1986年更被明确为“私立、非营利机构”，成为一个独立、自治的专业性非营利机构，脱离了原有的商会或联合管理委员会。①

伦敦国际仲裁院的日常工作由女王特许仲裁员协会负责，仲裁员协会的会长兼任伦敦国际仲裁院的执行主席。它是英国最主要的国际商事仲裁机构，可以受理提交给它的任何性质的国际争议，在国际社会享有很高的声望。特别是国际海事仲裁案件，大多都诉诸该院。伦敦国际仲裁院备有供当事人选择的仲裁员名单，由30多个国家的具有丰富经验的仲裁员组成。当事人可以合意选择仲裁员组成仲裁庭，或者当双方当事人未就仲裁员人选达成一致，则由该院从其仲裁员名单中指定。如果当事人国籍不同，则独任仲裁员或首席仲裁员应由不与任何当事人具有相同国籍的人士担任，除非经另一方当事人书面同意。该院在选任仲裁员时，注重强调专业知识，而对是否接受过法律教育或是否为法律专家则不十分注重。

伦敦国际仲裁院在仲裁活动中的主要作用是指定仲裁员和对案件进行一些辅助性的管理，设在伦敦，是一个国际化程度极高的机构，旨在为争议的各方当事人提供高效、灵活、中立的服务。2020年10月1日起生效的《伦敦国际仲裁院仲裁规则》，是伦敦国际仲裁院对仲裁规则的最新修订。该规则赋予了当事人更大的自主权利，可以约定适用的仲裁规则、解决实体问题所适用的法律规范，最大限度地保留仲裁的灵活性和提高争议解决效率。伦敦国际仲裁院在组成仲裁庭方面确定了一项重要原则，即在涉及不同国籍的双方当事人的商事争议中，独任仲裁员和首席仲裁员必须由1名中立国籍的人士担任。在仲裁庭组成后，一般应当按照伦敦国际仲裁院的仲裁规则进行仲裁程序，但同时，该仲裁院也允许当事人约定按《联合国国际贸易委员会仲裁规则》规定的程序仲裁。

---

① 参见北大法宝网站，https：//www. pkulaw. com/lawfirmarticles/17635ea0b61e2b128ec64dafe94ba0f1bdfb. html，2022年1月10日访问。

二、苏黎世商会仲裁院

苏黎世商会仲裁院（Court of Arbitration of the Zurich Chamber of Commerce），[①]成立于1911年，是瑞士苏黎世商会下属的一个全国性常设仲裁机构，但在仲裁案件时独立于苏黎世商会。苏黎世商会仲裁院设有秘书处，主要负责审查仲裁申请是否符合条件、协助组织仲裁庭、收取保证金、收受及送达有关文件等具体事务。苏黎世商会仲裁院任命机构的职能由会长承担。

苏黎世商会仲裁院受理并仲裁瑞士境内的商事仲裁案件和有关当事人提交的国际商事仲裁案件。苏黎世商会仲裁院在管辖上不受当事人国籍、住所的限制，受理内外国当事人提交给它的国际商事争议，由当事人选定或由商会指定的仲裁员组成仲裁庭主持具体的仲裁程序。苏黎世商会仲裁院的仲裁规则，由苏黎世商会（Chamber of Zurich）、巴塞尔商会（Chamber of Basle）、伯尔尼商会（Chamber of Bern）、日内瓦商会（Chamber of Geneva）、沃州商会（Chamber of Vaud）和提契诺商会（Chamber of Ticino）共同适用。仲裁庭在仲裁过程中严格根据《苏黎世商会国际仲裁规则》进行工作，在实体法的适用上，可依据双方当事人合意选择的法律或法律规则；如果当事人未作选择，则依据瑞士国际私法规则指定的法律或与当事人有关的国际公约所确定的法律对有关案件作出实质性裁决；当事人可以约定由1名仲裁员或者由3名仲裁员来裁决案件，可以约定苏黎世或瑞士的其他城市或其他国家的某个地方为仲裁地，还可以约定仲裁时使用的语言。而且，在双方当事人授权的情况下，仲裁庭还可以依“公平合理”的原则进行友好仲裁。仲裁院对争议作出的实质性裁决具有终审裁决的效力，当事人必须自觉履行。

苏黎世商会仲裁院非常重视调解的作用，在《苏黎世商会调解与仲裁规则》中，除规定有独立进行的调解程序外，仲裁庭还可以在听证时或裁决前的任何时候进行调解，并设法促成当事人的和解，甚至还可以在正式作出裁决前同双方当事人讨论其审议的结果，以便使他们能在此基础上不经裁决而以协议方式解决有关争议。

---

① 参见苏黎世商会仲裁院官网，https：//www. zurichcci. ch/，2022年1月12日访问。

由于瑞士在政治上处于中立地位，从而使得苏黎世商会仲裁院的仲裁公正性较易为不同社会制度的国家当事人所认同，逐渐成为处理东西方国家之间国际商事争议的一个重要中心，在国际商事仲裁机构中颇有地位。

三、斯德哥尔摩商会仲裁院

斯德哥尔摩商会仲裁院（The Arbitration Institute of Stockholm Chamber of Commerce，SCC），[①] 成立于1917年，总部设在瑞典首都斯德哥尔摩，是隶属于瑞典斯德哥尔摩商会，但又独立于商会的一个仲裁机构。其宗旨是：根据仲裁院本身的商事仲裁规则或仲裁院采用的其他规则协助解决国内和国际商事法律争议；由仲裁院决定，协助以部分或全部不同于仲裁院规则规定的方式进行仲裁程序；提供关于根据仲裁院规则解决商事法律争议的咨询和指令；提供关于仲裁和调解事宜的信息；按照仲裁院就每个案件作出的决定，协助进行与上述规则规定不同的审理程序；以及提供有关仲裁事务的咨询。

斯德哥尔摩商会仲裁院属于斯德哥尔摩商会的一部分，但其在行使纠纷管理职能时独立于商会。仲裁院由理事会和秘书处组成。理事会的职能是根据SCC仲裁规则做出决定，这些决定的范围涵盖了初步管辖权、仲裁员任命、仲裁员资格异议和仲裁费用等各方面。秘书处的职责包括日常案件管理、活动组织和出版物制作等。

斯德哥尔摩商会仲裁院可以受理世界上任何国家当事人提交的商事仲裁案件，案件中的争议双方当事人将争议事项提交该仲裁院时，必须向该院提交书面的仲裁申请书。理事会可以要求一方当事人就其所提交的书面文件向仲裁院提交详细说明。如果申请人未遵守该要求，理事会可决定撤销案件。如果被申请人未遵守该要求就其反请求或抵销请求提交详细说明，理事会可决定撤销反请求或抵销请求。被申请人未能遵守该要求并不妨碍仲裁程序的进行。斯德哥尔摩商会仲裁院的仲裁规则是全球商业和投资仲裁中使用最广的规则之一，为了适应国际仲裁的需要，斯德哥尔摩商会仲裁员于1976年通过了仲裁规则，并于1988年、1999年、2007年、2010年、2014年、2017年

---

① 参见斯德哥尔摩商会仲裁院官网，https：//www. sccinstitute. com，2022年1月12日访问。

对其进行了修改。斯德哥尔摩商会仲裁院没有仲裁员名册，只要符合公正、独立的要求，当事人可以选择任何国家的任何人为仲裁员。仲裁庭原则上由3名仲裁员组成。在遵守仲裁院的仲裁规则以及当事人约定的前提下，仲裁庭可以其认为适当的方式进行仲裁程序。而且，仲裁庭应当公正、实际而快捷地进行仲裁程序，给予各方当事人平等、合理的机会陈述案件。[①] 仲裁庭作出的实质性裁决具有终审裁决的效力，当事人应自动予以履行。

瑞典的仲裁制度历史悠久，体制完善。自20世纪70年代，由于被美国和前苏联共同认可为解决东西方之间的贸易争端的中立机构，斯德哥尔摩商会仲裁院的服务范围由国内仲裁拓展至国际仲裁，其国际仲裁涉及40多个国家，成为受理国际经济争端的一个重要场所，其仲裁的公正性在国际社会享有很高的声誉。

四、国际商会仲裁院

国际商会（The International Chamber of Commerce，ICC）仲裁院[②]，成立于1923年，是附属于国际商会的一个全球性的常设仲裁机构，是国际商会体系内的争议解决机构，1989年更名为“国际商会仲裁院”。ICC仲裁院已办理了涉及全球170多个国家和地区的当事人之间的案件，成为当今世界上处理国际仲裁案件最多的机构。该仲裁院的总部设在巴黎，但同时管理着在很多国家进行的国际仲裁。该仲裁院的宗旨是：通过依照其仲裁规则的规定，以仲裁的方式处理国际商事争议，以促进国家之间的合作与发展。该仲裁院最初受理的案件主要是有关货物买卖合同和许可证贸易中所发生的争议。后来其受案范围发生重大的变化，几乎包括了因契约关系而发生的任何争议。任何国家的当事人，包括自然人、法人，甚至是国家、政府及其机构本身，都可以通过仲裁协议将有关争议提交ICC仲裁院仲裁。该仲裁院是当今国际商事仲裁领域中最具有影响力的仲裁机构。

ICC仲裁院是根据法国法律设立的，但它不隶属于任何国家。理事会由

① 参见2017年1月1日生效的《瑞典斯德哥尔摩商会仲裁院仲裁规则》第6条、第12条和第19条。

② 参见国际商会仲裁院官网，https：//www. arbitration－icca. org/，2022年1月14日访问。

来自40多个国家和地区的具有国际法专长和解决国际争端经验的成员组成，其成员首先由国际商会各国委员会根据一国一名的原则提名，然后由国际商会大会决定，任期3年。仲裁院的主要职责是确保该院仲裁规则和调解规则的实施，对仲裁庭的工作实施监督。仲裁院在行使职权时，完全独立于国际商会及其他相关机构。仲裁院设主席1名，副主席8名，以及由来自10多个国家的人员组成的秘书处。

仲裁院的仲裁规则根据国际商事仲裁的实际情况修订，按照国际商会的章程，有权制定并修订仲裁规则的是国际商会理事会。ICC仲裁院的第一个仲裁与调解规则是在1922年制定并用英文和法文公布的。此后，又分别于1927年、1931年、1933年、1939年、1947年、1955年、1975年、1988年、1998年、2017年、2021年进行了修订。2020年10月8日，ICC仲裁院于巴黎发布了《国际商会仲裁院仲裁规则》，该仲裁规则于2021年1月1日正式生效。本次规则修订集中在复杂仲裁、利益冲突、程序的透明度和完整性、投资条约仲裁、紧急仲裁员的规定、快速仲裁程序、远程庭审和电子通信这些方面，并对与仲裁院案件管理有关的诉求以及附加裁决等事项进行了调整和增补。ICC仲裁院现任主席亚历克西·穆尔（Alexis Mourre）评述："《2021国际商会仲裁规则》标志着ICC仲裁院朝着提高仲裁效率，增强仲裁灵活性和提升仲裁透明度的方向迈出了一步，这将有助于国际商会的仲裁，对大型、复杂的案件和金额较小的案件都更具有吸引力。"

与国际上其他大多数仲裁机构不同，选择ICC仲裁时，其默认的仲裁地并非机构总部所在地巴黎，而需要由仲裁庭来确定。同时，ICC仲裁院的仲裁规则区别于世界上其他任何常设仲裁机构的仲裁规则的显著特点有：第一，仲裁庭在对仲裁案件进行实体审理之前，必须与当事人共同签署一项被称为"审理范围书"（terms of reference）的文件；第二，裁决在向双方当事人送达之前，裁决书草稿须经仲裁院审核。

ICC仲裁院没有固定的仲裁员名册，且一般情况下，独任仲裁员或首席仲裁员不应与任一当事人同国籍，彰显了其作为的国际仲裁机构的高度独立性和开放性。依据仲裁规则，当事人可以约定仲裁庭的组成方式及仲裁员人数。如果没有约定，仲裁院将委任1名独任仲裁员，除非其认为争议应由3

人审理。仲裁庭一经组成，秘书处在收到有关仲裁费用后，案件将尽快移交仲裁庭。仲裁庭收到卷宗后，应迅速根据所有书面材料或会同当事人并依据其提交的最新材料，拟定审理范围书，说明当事人的全称和基本情况、当事人的请求和所寻求的救济的摘要、待决事项清单、仲裁员的全名和基本情况、仲裁地以及应适用的仲裁程序规则等。审理范围书应由仲裁庭和全体当事人在仲裁庭收到案卷后2个月内签署，任何一方当事人拒绝参加拟定或签署审理范围书，则应提交仲裁院批准。

根据ICC仲裁规则的规定，仲裁庭在签署裁决前，应将其草稿提交仲裁院。仲裁院可提出对裁决形式的修改意见。在不影响仲裁庭对案件实体问题作出决定的情况下，仲裁院也可提请仲裁庭对实体问题的注意。在仲裁院对裁决书的形式作出批准之前，仲裁庭不得签发裁决书。裁决书的核阅是国际商会仲裁中确保裁决质量的一项重要环节，有利于减少裁决被国内法院撤销或不予执行的可能性。由于仲裁裁决是终局的，不允许当事人上诉，所以裁决书的核阅无疑也为当事人增添了一项保护措施。这一独特的质量控制机制有利于确保国际商会仲裁的可靠性。

ICC仲裁院非常重视调解工作，在其成立之初，80%以上的案件都是通过调解的方式解决的。为了给争议双方通过和解的方式解决争议提供便利，仲裁院专门制定了调解规则。按照该调解规则的规定，任何国际商事争议，都可以提交国际商会指定的独任调解员通过调解的方式解决。

五、美国仲裁协会

美国仲裁协会（American Arbitration Association，AAA），① 成立于1926年，由仲裁活动家Moses H. Grossman于1922年创立的美国仲裁社团（Arbitration Society of American）和纽约州商会于1925年创立的美国仲裁基金会统一合并而成，是一个独立的、非政府性的、非营利性的民间组织，是美国最主要的商事仲裁常设机构。该协会设立的目的是在法律许可的范围内，以仲裁方式解决商事法律争议，其成立是美国现代仲裁制度化的重要成果，

① 参见美国仲裁协会网，https：//www. adr. org/，2022年1月14日访问。

也是美国现代仲裁制度产生的主要标志之一，其在推动、参与美国仲裁立法和仲裁法学教育以及促进民众对仲裁的了解、认可方面发挥了十分重要的作用。

美国仲裁协会受理事会的领导，其理事会由从全国各行业和各社会集团选举的成员组成，该仲裁协会由精通仲裁和法律的专家组成的常设机构进行管理。美国仲裁协会备有仲裁员名册，拥有来自世界各国的庞大的仲裁员队伍。仲裁协会采用列名的方式向当事人推荐仲裁员，由当事人双方进行选择。同时，当事人对仲裁员的选择并不受仲裁员名册的限制，可以在仲裁员名册之外选定仲裁员，但仲裁员必须公正无私，且为各行业中有一定的声誉，并具有一定专业技能和知识的人士。

美国仲裁协会总部设在纽约，在芝加哥、波士顿等30多个城市设有分会，以历史悠久、经验丰富、服务完备而著称，是美国国内最大、最具影响力的非诉纠纷解决服务的提供者，旨在世界范围内提供纠纷解决服务。美国仲裁协会及其在各地的分支机构本身并不审理案件，而是为提交该会仲裁的各种争议案件提供行政管理等方面的服务，比如，受理仲裁案件，协助仲裁庭的组成等。美国仲裁协会的受案范围非常广泛，可以受理全美各地以及外国的当事人提交给它的除法律和公共政策禁止仲裁的事项以外的任何法律争议，受理但不限于以下的纠纷：①劳资纠纷；②知识产权纠纷；③消费纠纷；④技术纠纷；⑤医疗纠纷；⑥金融纠纷；⑦建筑纠纷；⑧国际贸易纠纷。

美国仲裁协会仲裁的经典案例：美国短跑女运动员托里·爱德华兹（Torri Edwards）在2004年5月被检测出服用了兴奋剂，2004年6月21日美国反兴奋剂机构认为爱德华兹违反了反兴奋剂规则，应当被禁赛2年，爱德华兹不服将该争议提交美国仲裁协会进行仲裁。美国仲裁协会裁决对爱德华兹禁赛两年，并取消了其参加奥运会女子100米和女子200米短跑的参赛资格。爱德华兹遂向CAS雅典奥运会特别仲裁庭提起上诉仲裁申请。爱德华兹承认自己体内含有违禁的兴奋剂成分，但是她认为这不是她故意造成的，她没有理由去怀疑药品中也含有兴奋剂成分，因此该“误服事件”应该构成国际田联反兴奋剂规则规定的“例外情形”，从而应当减轻或取消对她的禁赛处罚。AHD仲裁庭认为，一名运动员在服用药品前如果不查明其含有的成分就是有过错的，上诉人没有意识到该药品中含有2种不同的物质且其中1种是违禁物质这样一个事实就表明其本身是有过错的，对其所实施的2年的处罚没有违反公平原则，因而仲裁庭驳回了上诉人的仲裁申请，维持了美国仲裁协会的裁决。

美国仲裁协会制定了相关领域的仲裁规则，如商事仲裁规则、国际商事仲裁规则、雇员福利项目请求权仲裁规则、粮食仲裁规则、环境争议的避免与解决指南、建筑业仲裁规则、纺织品与服装业仲裁规则、专利仲裁规则等，分别适用于不同类型的纠纷。此外，该协会还可以根据当事人的请求，管理当事人之间约定适用《联合国国际贸易法委员会仲裁规则》并在美国进行的仲裁，即行使行政管理人的职责；通过协会本身的设施或与协会订有合作协议的仲裁机构的设施，为当事人提供与仲裁有关的事项的服务。对于国际商事仲裁案件，通常适用国际商事仲裁规则。当事人向美国仲裁协会提请仲裁时，可以向设在纽约的争议解决国际中心（International Center for Dispute Resolution）提起，也可以向该会各分支机构提起。

六、新加坡国际仲裁中心

新加坡国际仲裁中心（Singapore International Arbitration Centre，SIAC）[①]于1990年成立，是依据新加坡共和国成立的担保有限公司，成立目的是在高速发展的亚洲为国际商业领域提供中立、高效、可信赖的纠纷解决服务。作为独立的、中立的、非营利的机构，SIAC在成立之初由新加坡政府提供资金支撑，现在则已完成实现了经济自给自足。SIAC总部位于新加坡，在印度（孟买和古吉拉特国际金融技术中心）、韩国（首尔）和中国（上海）设有代表处。

SIAC的主要机构是董事会，成员由来自中国、印度及新加坡的优秀律师及企业高管组成。董事会负责监管中心的运作、经营策略与发展以及治理事务。SIAC仲裁中心由来自澳大利亚、比利时、中国、法国、印度、日本、韩国、新加坡、英国和美国等国家的22位著名仲裁专家组成，对案件进行统一

① 参见新加坡国际仲裁中心网站，https://www.siac.org.sg/，2022年1月15日访问。

监管。秘书处负责仲裁案件的日常管理。

SIAC 的宗旨是：为国际和国内的商事法律争议进行仲裁和调解提供服务；促进仲裁和调解在解决法律争议中的广泛应用；培养一批熟知国际商事仲裁法律和实务的仲裁员和专家。SIAC 受理国际商事及海事仲裁案件，但主要解决建筑工程、航运、银行和保险方面的争议。SIAC 是新加坡法定的仲裁员指定机构，也是新加坡仲裁裁决书的认证与登记服务机构，现行有效的仲裁规则为 2016 年 8 月 1 日起生效的《新加坡国际仲裁中心仲裁规则》《新加坡航运货物索赔程序》《新加坡国际仲裁中心新加坡交易所衍生商品交易仲裁规则》。根据联合国国际贸易法委员会的文件建议，SIAC 也协助仲裁庭根据《联合国国际贸易法委员会仲裁规则》进行仲裁。

SICA 备有仲裁员名册，在册的仲裁员由来自世界 40 个司法管辖区域、超过 400 名经验丰富的仲裁专家组成。根据仲裁员的惯常居住地是否在东盟地区以及专业仲裁的特点，SICA 的在册仲裁员可以分为本地区域仲裁员、其他区域仲裁员和衍生商品交易行业仲裁员 3 类，当事人也可以选择名册以外的人士作为仲裁员。SICA 可以应当事人或仲裁庭的要求，为当事人提供一系列的服务，如适当安排进行仲裁程序所需要的设施以及协助，包括仲裁庭在审理案件期间的膳宿、文秘及翻译。

依据该 2016 年仲裁规则，双方当事人可以约定仲裁程序，如果没有约定，或该规则也无规定，则仲裁庭在应适用的法律所允许的范围内决定仲裁程序的进行。当事人可以约定仲裁员人数，如果双方当事人没有约定，则应委任一名独任仲裁员。秘书处根据候选人的专业性、经验以及业绩记录指定仲裁员。如仲裁中有三方或多方当事人，各方应努力就委任仲裁员的程序达成一致。未在规定的期限内就此达成一致，仲裁员应由主席在收到一方当事人的请求后尽快委任。仲裁员在依本规则进行仲裁时，都应在整个过程保持独立与公正，不应作为任一方当事人的代表。候选仲裁员应向与可能委任他有关的人士披露可能对其公正性或独立性产生正当怀疑的任何事情。仲裁庭有权决定自己的管辖权，包括对仲裁协议的存在、终止及其效力的任何异议。中心及其职员、雇员或代理人，或者任何仲裁员对有关以仲裁员身份作为或不作为的过失或有关按照本规则进行仲裁的过失，以及在进行仲裁程序过程中或裁决制作过程中的法律、事实或程序性错误，不承担责任。

SIAC 所受理的案件的当事人大部分来自新加坡以外的国家，这除了因为新加坡国际仲裁中心自身具有国际代表性外，还因为新加坡被认为是拥有亚洲最佳司法体制的国家之一。经过几十年的发展，SIAC 已经成为亚洲地区具有世界水平的仲裁机构。SIAC 的仲裁裁决具有良好的执行记录，其仲裁裁决依据《纽约公约》在澳大利亚、中国、印度、印度尼西亚、约旦、泰国、英国、美国和越南等多个缔约国获得执行。

七、日本商事仲裁协会

日本商事仲裁协会（Japan Commercial Arbitration Association，JCAA）① 是根据《日本民法典》第 34 条设立的社团法人，成立于 1950 年 3 月 14 日。日本国际商事仲裁协会是日本唯一的专门处理国际经济贸易仲裁案件的常设机构。日本海运集会所是日本唯一专门处理国际海事争议仲裁案件的常设机构。在现阶段，“日本国际商事仲裁”实际上就是指在日本国际商事仲裁协会和日本海运集会所进行的仲裁。JCAA 按美国仲裁协会的模式，于 1950 年由日本工商联合会与其他一些主要工商联合会组织共同建立的。

JCAA 的宗旨是：通过仲裁、调解、和解等方式解决国际贸易争议，促进国际贸易发展。该协会的业务有进行仲裁，促使应用仲裁规则，培训仲裁人员，与外国仲裁机构合作，参加国际会议，与外国仲裁机构订立合作协议。协会的职责包括仲裁，调解，提供避免商事争议的咨询意见，与国外仲裁机构进行交流和合作，管理仲裁员，从事国际商事仲裁的研究，并出版协会的仲裁杂志，介绍解决商事争议的经验。其总会设在东京，在横滨、大阪、名古屋、神户等大城市设有分会。近年来，JCAA 不断加强与国外仲裁机构的交流和合作，完善对仲裁员队伍的管理，组织并参与国际仲裁研讨会，从事国际商事仲裁的研究，并每月出版协会的仲裁杂志，介绍解决商事争议的经验。协会还根据《联合国国际贸易法委员会仲裁规则》作为委派机构指定仲裁员。协会本身并不审理仲裁案件，而是由当事人指定的仲裁员组成的仲裁

① 参见日本商事仲裁协会网站，https：//www.jcaa.or.jp/，2022 年 1 月 15 日访问。

庭审理，协会设有仲裁员名单，由东京总部及各分会秘书处保管，供当事人指定仲裁员使用。

JCAA 于 1971 年 2 月 1 日制定的《商事仲裁规则》，专门用于国际商事仲裁，其最新版规则于 1997 年 10 月 1 日起生效。对国内商事仲裁，JCAA 专门制定《国内商事仲裁规则》JCAA 管理的 3 套仲裁规则，第一套为《联合国国际贸易法委员会仲裁规则》：JCAA 根据国际标准进行仲裁，提供最高质量的争议解决服务。第二套为《商事仲裁程序规则》：通过完善现有规则，JCAA 根据其程序规则提供更为顺畅的争议解决方案，与其他机构相比，其程序规则提供了更深入和更详细的内容。第三套为《交互式仲裁规则》：JCAA 根据仲裁庭与当事人沟通的规则和规定以及仲裁员固定报酬制度，提供更可预测的、更快的争议解决方案。

在日本，国内仲裁机构作出的仲裁裁决和外国仲裁机构作出的仲裁裁决具有相同的效力，从而保证外国仲裁裁决的可执行性。而且，日本作出的涉外仲裁裁决的执行也得到多边条约的保障。日本为《关于执行外国仲裁裁决的公约》（即《1927 年日内瓦公约》和《新公约》）和《1958 年纽约公约》的签署国。日本还与 30 多个国家签订了双边条约，这些条约保证了其他缔约国仲裁机构作出的仲裁裁决能够顺利执行。

八、解决投资争端国际中心

解决投资争端国际中心（International Center for The Settlement of Investment Disputes，ICSID）①，是世界银行（即国际复兴开发银行）下属的一个独立机构。ICSID 是根据 1965 年 3 月在世界银行主持下签订，于 1966 年 10 月 14 日正式生效的《解决国家与他国国民间投资争议的公约》（又称《华盛顿公约》）而设立的 1 个专门处理国际投资争端的全球性的常设仲裁机构，现有 163 个成员方，总部设在美国的华盛顿。ICSID 设置的主要目的是为调解和仲裁国际投资争端提供便利。其宗旨是：用调停和仲裁的方法，解决该公约缔

① 参见 ICSID 官网 https：//icsid. worldbank. org/about/content/internships，2022 年 1 月 17 日访问。

约国和其他缔约国国民之间的投资争议，促进和鼓励私人资本的国际流动。中国于1993年1月7日递交了批准书，1993年2月6日成为ICSID的成员国。《华盛顿公约》旨在消除由非商业风险和缺乏应对解决投资争端的专业国际方法引起的主要障碍，避免影响私人投资的自由流动，将ICSID视作1个公正的国际论坛，通过调解或仲裁程序为解决符合条件的双方之间的法律纠纷提供便利，只有在各方同意的基础上才会诉诸ICSID。鉴于其庞大的会员量、相当大的办案量以及在投资条约和投资领域仲裁结果的巨大引用量，ICSID在国际投资和经济发展领域扮演着重要角色，被认为是投资者与国家之间争端解决的领先国际仲裁机构。

ICSID设有1个行政理事会、1个秘书处、1个调停人小组和1个仲裁人小组。根据《华盛顿公约》第4条至第8条的规定，行政理事会由每一个缔约国各派一名代表组成。在首席代表未能出席会议或不能执行任务时，可以由副代表担任代表。如果不指定代表或候补代表，则缔约国所指派的银行的理事和副理事是其在ICSID行政管理方面的代表和副代表。世界银行行长是行政理事会的当然主席，但无表决权。行政理事会对中心的重要事项，如调停和仲裁的程序规则、确定秘书长和任何副秘书长的服务条件等进行表决。行政理事会可以设立它认为必要的委员会，同时，应执行它确定为履行公约规定所必需的其他权利和任务。

秘书处的主要职责是为国家与投资者之间的争端解决提供支持。对于ICSID的案件，涉及流程的各个方面，包括：①在法律程序中担任书记官(例如，接收、审查和登记仲裁和调解请求以及认证裁决)；②协助成立调解委员会、仲裁庭和特设委员会；③协助当事方和委员会、仲裁庭处理案件程序的各个方面；④组织和协助召开听证会；⑤管理每个案件的财务；⑥委员会、仲裁庭要求提供的其他行政支持。关于非ICSID案件，秘书处还支持适用中心规则以外的规则解决国家与国家之间，以及投资者与国家之间的争端。包括适用《联合国国际贸易法委员会仲裁规则》和其他争端解决规则的案件。秘书处在这些程序中的服务范围为从支持组织听证到与中心案件中提供的服务相当的全面行政服务。在这些情况下，双方可自由选择所需服务的范围。除案件管理外，秘书处还承担一些与机构事务和知识传播有关的任务，它提高了人们对 ICSID 争端解决程序以及有关国际投资国际法发展的认识。

根据《华盛顿公约》第 44 条的规定，仲裁将按照当事各方同意仲裁之日生效的仲裁规则进行，如果发生该公约或仲裁规则或双方同意的任何规则未作规定的程序性问题，则该问题由仲裁庭决定。ICSID 仲裁程序不仅要遵守《华盛顿公约》，还要遵守《调解和仲裁程序启动规则》（简称《启动规则》)、《ICSID 仲裁规则》和《行政和财务条例》的规定。《华盛顿公约》的内容虽不多，但绝大多数为强制性规定，而《ICSID 仲裁规则》和《行政和财务条例》则相对灵活。在不违反《华盛顿公约》强制性规定的前提下，争议双方可通过协议对《ICSID 仲裁规则》中的条文进行修改，在《行政和财务条例》有明文规定的情形下，也可作出与条例的内容不同的约定。在 ICSID 管理下进行的“附加便利仲裁”适用《附加便利规则》和《附加便利仲裁规则》。大多数适用于“附加便利仲裁”的规定与《华盛顿公约》中适用于“公约仲裁”的规定是相同或相似的。

《华盛顿公约》为国际投资争端解决中心成员国与符合国际投资争端解决中心国民资格的投资者之间发生的投资争端提供了调解和仲裁的基本程序框架。它是成员国之间建立的一个独立、公正和自成一体的制度。ICSID 程序独立于国内程序，这意味着地方法院不干预 ICSID 进程。根据《华盛顿公约》第 25 条，ICSID 进行仲裁或调解有几个基本的管辖条件：①争端必须是 ICSID 成员国与另一个 ICSID 成员国的投资者之间的争端；②该争议必须是直接由投资引起的法律纠纷；③争议各方必须书面同意将其争端提交 ICSID 仲裁或调解。只要符合这些强制性的管辖条件，ICSID 就可登记调解或仲裁案件，并成立调解委员会或仲裁庭。

ICSID《附加便利规则》授权 ICSID 秘书处管理属于公约范围之外的国家和外国国民之间的某些类型的程序。这些程序包括：①争端当事国或外国国民母国不是投资争端解决中心成员国，且由直接投资引起的争端的调解和仲裁；②当事各方之间（其中至少有一方是成员国或成员国的国民）的并非直接因投资而引起的争端的调解和仲裁。

ICSID 具有不同于任何其他商事仲裁机构的特殊法律地位。ICSID 具有完全的国际法律人格；具有缔结契约、取得和处理动产和不动产及起诉的能力；

中心在完成其任务时，在各缔约国领土内享有公约所规定的特权和豁免权；中心及其财产享有豁免一切法律诉讼的权利；中心的资产、财务和收入以及公约许可的业务活动和交易，应免除一切税捐和关税；中心及其所有官员和工作人员，享有政府间国际组织及其人员所享有的特权和豁免权。而且依据公约，作为当事人、代理人、法律顾问、律师、证人或专家以及在仲裁中出席的人在进行仲裁的往返途中或在仲裁地停留，也享有《华盛顿公约》第21条规定的豁免权。①

九、世界知识产权组织仲裁与调解中心

世界知识产权组织（World Intellectual Property Organization，WIPO）②，是根据1967年在斯德哥尔摩签署的《关于成立世界知识产权组织公约》（Convention Establishing World Intellectual Property Organization）成立的负责监管知识产权事务的政府组织，总部设在瑞士首都——日内瓦，1974年成为联合国的一个专门机构，现拥有成员193个，是迄今为止仅次于联合国的最大的国际组织。WIPO仲裁与调解中心则是于1993年9月在WIPO全体会议上正式获准成立，1994年10月在瑞士日内瓦开始运转。它是一个争议解决机构，提供中立、国际性和非营利性的替代性争议解决方式（ADR）。该中心隶属于WIPO国际局，通过调解、仲裁、快速仲裁和专家鉴定等途径让当事方可以在法院外高效解决知识产权与技术争议。同时，还是《统一域名争议解决政策》（Uniform Dispute Resolution Policy，UDRP）域名争议解决服务的机构。

WIPO制定了《世界知识产权组织调解规则》、《世界知识产权组织仲裁规则》和《世界知识产权组织快速仲裁规则》。中心管理的争议解决程序有4个：一是根据WIPO调解规则进行调解；二是根据WIPO仲裁规则进行仲裁；三是根据WIPO快速仲裁规则进行仲裁，中心也在尝试利用互联网进行快速仲裁程序；四是调解与仲裁相结合程序，该程序兼有调解和仲裁，若当事人

① 参见宋朝武主编：《仲裁法学》，北京大学出版社2013年版，第43页。

② 参见WIPO官网，https：//www. wipo. int/amc/en/new/sa. html，2022年1月17日访问。

同意接受该程序，则他们必须首先尽力通过调解方式解决争端，如果在指定的期限内经调解未达成解决方案（即调解失败），则争端被自动提交仲裁以作为有约束力的裁决。

中心作为一个独立和公正的机构，是世界知识产权组织的一部分。它秉持中立人员的素质和承诺对于每个案件的令人满意的解决的至关重要的理念，因此，该中心协助各方选择中心数据库中的调解员、仲裁员和专家。这个数据库包括 1500 多名中立人士，他们具有解决知识产权纠纷的专业知识和经验。在个别情况下，如有必要，中心将利用其全球联系人确定具有所需背景的其他候选人。在任命之后，该中心还在时间和成本效益方面对其案件进行监督。同时，WIPO 仲裁与调解中心的 ADR 程序中的各方可以利用不断更新的数据库，其中包括 1500 多名独立的 WIPO 仲裁与调解中心仲裁员、调解员和专家。WIPO 仲裁与调解中心中立名单的成员包括高度专业化的从业者和专家，他们在专利、商标、版权、设计或其他形式的知识产权领域具有专业知识，是经验丰富的商业纠纷解决通才。他们来自全球各个国家，符合中心解决争议的国际性质。WIPO 仲裁与调解中心中立名单不向公众提供。但是，中心确实发布了一个单独的、更加侧重于制定 WIPO 域名的专家组名单。虽然 WIPO 仲裁与调解中心中立名单中包括更多专门从事知识产权其他领域的中立者，但 WIPO 域名专家组名单可以向感兴趣的各方表明中心对一般候选人选择类型的倾向（WIPO 仲裁与调解中心中立名单也包括国际商标协会商标调解员小组成员）。

对于“域名抢注”引发的争议，即滥注和滥用因特网域名等引发的争议，该中心已成为主要的争端解决人。2021 年权利人根据《统一域名争议解决政策》（UDRP）向 WIPO 仲裁与调解中心提交案件涉及的当事方来自 132 个国家，WIPO 中心也为 80 多个国家代码顶级域提供争议解决服务。2021 年，WIPO 的知识产权仲裁和调解的案件涉及跨国公司（46%），中小企业（包括初创企业）、创造者和创新者（41%），以及集体管理组织（12%），当事方主要来自亚洲、欧洲、拉丁美洲和北美洲。争议涉及一系列广泛的知识产权相关领域，其中版权（41%）、专利（37%）和商标（16%）领域最为常见。其主要业务领域是数字版权、信通技术、生命科学和机械专利。特别是涉及 FRAND 争议、版权争议（特别是通过与墨西哥国家版权局的共同管理合作）以及中国法院移交的国际知识产权争议的调解请求有所增加。WIPO 处理的近 70% 的案件中有来自不同司法管辖区的当事方，案件以多种语言管理，包括中文、英文、法文、韩文和西班牙文。2021 年 WIPO 调解案件中的和解率达到 75% 。许多当事方使用了 WIPO 的在线案件管理工具，这在旅行限制和保持社交距离的情况下是必不可少的，整个程序都在线进行，并在两个月内作出可强制执行的裁定。[①]

十、我国的主要仲裁机构

（一）中国国际经济贸易仲裁委员会

中国国际经济贸易仲裁委员会（China International Economic and Trade Arbitration Commission，CIETAC）[②]，是以仲裁的方式，独立、公正地解决国际国内的契约性或非契约性的经济贸易等争议的常设商事仲裁机构之一。根据 1954 年 5 月 6 日中央人民政府政务院第 215 次会议通过的《中央人民政府政务院关于在中国国际贸易促进委员会内设立对外贸易仲裁委员会的决定》，贸仲委于 1956 年 4 月由中国国际贸易促进委员会（以下简称“中国贸促会”）组织设立，当时名称为对外贸易仲裁委员会。中国实行对外开放政策以后，为了适应国际经济贸易关系不断发展的需要，根据国务院发布的《国务院关于将对外贸易仲裁委员会改称为对外经济贸易仲裁委员会的通知》，“对外贸易仲裁委员会”于 1980 年改名为“对外经济贸易仲裁委员会”，又于 1988 年根据国务院《国务院关于将对外经济贸易仲裁委员会改名为中国国际经济贸易仲裁委员会和修订仲裁规则的批复》，改名为“中国国际经济贸易仲裁委员会”。2000 年，贸仲委同时启用“中国国际商会仲裁院”的名称。

贸仲委总会设在北京，并在深圳、上海、天津、重庆、杭州、武汉、福州、西安、南京、成都、济南、海口、雄安分别设有华南分会、上海分会、

---

① 参见付俊伟主编：《“一带一路”国际商事仲裁指引》，社会科学文献出版社 2020 年版，第 154 页。

② 参见中国国际经济贸易仲裁委员会官网，https：//www.cietac.org.cn/，2022 年 1 月 20 日访问。

天津国际经济金融仲裁中心（天津分会）、西南分会、浙江分会、湖北分会、福建分会、丝绸之路仲裁中心、江苏仲裁中心、四川分会、山东分会、海南仲裁中心和雄安分会。贸仲委在香港特别行政区设立香港仲裁中心，在加拿大温哥华设立北美仲裁中心，在奥地利维也纳设立欧洲仲裁中心。贸仲委及其分会/仲裁中心是一个统一的仲裁委员会，适用相同的《仲裁规则》和《仲裁员名册》。贸仲委《章程》规定，分会/仲裁中心是贸仲委的派出机构，根据贸仲委的授权接受并管理仲裁案件。根据仲裁业务发展的需要，以及就近为当事人提供仲裁咨询和程序便利的需要，贸仲委先后设立了29个地方和行业办事处。为满足当事人的行业仲裁需要，贸仲委在国内首家推出独具特色的行业争议解决服务，为不同行业的当事人提供适合其行业需要的仲裁法律服务，如粮食行业争议、商业行业争议、工程建设争议、金融争议以及羊毛争议解决服务等。此外，除传统的商事仲裁服务外，贸仲委还为当事人提供多元争议解决服务，包括域名争议解决、网上仲裁、调解、投资争端解决、建设工程争议评审等。

贸仲委的机构设置为：贸仲委设名誉主任1人、顾问若干人。贸仲委在组织机构上实行委员会制度，由主任1人、副主任若干人和委员若干人组成。主任履行贸仲委《仲裁规则》赋予的职责，副主任受主任的委托可以履行主任的职责。贸仲委总会和分会设立秘书局与秘书处，各有秘书长1名，副秘书长若干人，主要负责贸仲委行政管理事务，并负责贸仲委应参与、组织及协调的公共法律服务事务。贸仲委还设有委员会议、主任会议、秘书长会议和4个专门委员会。

贸仲委的受案范围：自1956年成立以来，贸仲委共受理了近30000件国内外仲裁案件。贸仲委既可受理涉外和国际案件，也可受理国内案件；同时，其受理案件的范围也不受当事人行业和国籍的限制。近些年来，贸仲委平均每年的受案数量已超过2000件，位居世界知名仲裁机构前列。根据贸仲委《仲裁规则》第3条的规定："（一）仲裁委员会根据当事人的约定受理契约性或非契约性的经济贸易等争议案件。（二）前款所述案件包括：1. 国际或涉外争议案件；2. 涉及香港特别行政区、澳门特别行政区及台湾地区的争议案件；3. 国内争议案件。"

贸仲委的仲裁规则：第1套《仲裁规则》制定于1956年，之后进行了8次修改，其现行有效的《仲裁规则》自2015年1月1日起施行。现行的《仲裁规则》与国际上主要仲裁机构的仲裁规则基本相同，在现行《仲裁法》允许的范围内最大限度地尊重了当事人意思自治。此外，贸仲委的《仲裁员名册》中有1441名仲裁员，均为国内外仲裁或其他行业的知名专家。其中，外籍及港澳台仲裁员408名，分别来自65个国家和地区。

贸仲委在国内首家推出独具特色的专业争议解决服务，为不同行业的当事人提供适合其行业需要的仲裁法律服务。

（1）贸仲委制定了《金融争议仲裁规则》，适用于当事人约定适用该规则的仲裁案件。该规则为金融争议提供了更为快速和专业的解决途径。

（2）贸仲委与中国粮食行业协会及中国贸促会粮食行业分会合作设立了粮食行业争议仲裁中心。该中心为粮食行业的企业、公司和个人提供法律咨询以及争议解决等服务。

（3）贸仲委与中国商业联合会及中国贸促会商业行业分会合作设立了商业专业委员会，为商业流通领域的企业、公司和个人提供法律咨询以及争议解决等服务。

（4）贸仲委于2010年发布了《贸仲委建设工程争议评审规则》（2014年修订），为建设工程行业提供专家评审服务，在工程进行过程中及早介入和解决争议，满足建设工程行业争议解决的特殊需要。

（5）贸仲委于2000年成立域名争议解决中心，作为中国互联网络信息中心（CNNIC）授权的争议解决机构，解决“. CN/”中文域名争议；作为互联网名称与数字地址分配机构（ICANN）指定的通用顶级域名争议解决机构之一的亚洲域名争议解决中心的北京秘书处，解决“. COM” “. ORG” “. NET”等通用顶级域名和新通用顶级域名争议。

（6）贸仲委域名争议解决中心于2005年同时启用“网上争议解决中心”名称。贸仲委于2009年发布了《网上仲裁规则》（2014年修订），为当事人提供快捷高效的网上仲裁服务。

（7）贸仲委于2017年发布了《国际投资争端仲裁规则（试行）》，投资争端解决中心为解决基于合同、条约、法律法规或其他文件提起的、涉及投资者与东道国之间的国际投资争端提供仲裁服务。为服务“一带一路”建设需求，聘任“一带一路”沿线国家仲裁员15人，覆盖了12个沿线主要国家。

(8) 2012年、2017年，贸仲委被分别指定为《海峡两岸投资保护和促进协议》《〈内地与香港关于建立更紧密经贸关系的安排〉投资协议》《〈内地与澳门关于建立更紧密经贸关系的安排〉投资协议》（以下简称《CEPA投资协议》）项下的投资争端解决机构之一，港澳投资者可以依据《CEPA投资协议》第19条的规定，向贸仲委申请调解其与内地实施具体行政行为的特定部门或机构之间的投资争端。

(9) 2018年5月18日，贸仲委成立了调解中心，为商事主体提供了一个成本较低、对抗性较弱、有利于修复关系的纠纷化解途径，为当事人提供优质高效的多元化争议解决服务。

（二）中国海事仲裁委员会

中国海事仲裁委员会（China Maritime Arbitration Commission，CMAC）[①]，中文简称“中国海仲”，是根据中华人民共和国国务院1958年11月21日决定，于1959年1月22日在中国贸促会（中国国际商会）内设立的，唯一以解决海事海商、交通物流争议为特色并涵盖其他所有商事争议的全国性、国际化仲裁机构，总部设在北京。1988年6月21日，国务院决定将“海事仲裁委员会”改名为“中国海事仲裁委员会”。

中国海仲的总部设在北京。同时还设有上海总部，在天津、重庆、深圳、福州、舟山、海口、大连、青岛设有分会/仲裁中心，在香港特别行政区设有香港仲裁中心，在宁波、广州、南宁等国内主要港口城市设有办事处。为满足行业仲裁和多元化服务需要，中国海仲下设航空争议仲裁中心、计量争议仲裁中心、建设工程争议仲裁中心、海事调解中心、航空争议调解中心、救助打捞争议调解中心、物流争议解决中心、渔业争议解决中心等业务中心。

中国海仲的机构设置为：设名誉主任1人、顾问若干人。仲裁委员会由主任1人、副主任若干人和委员若干人组成。主任履行仲裁委员会的有关职责，副主任受主任的委托可以履行主任的职责。仲裁委员会设秘书处，在秘

---

① 参见中国海事仲裁委员会官网，https：//www.cmac.org.cn/，2022年1月20日访问。

书长的领导下负责处理仲裁委员会的日常事务。仲裁委员会制定仲裁规则。仲裁委员会设立仲裁员名册。仲裁员由仲裁委员会从对航海、保险、法律等方面具有专门知识和实际经验的中外人士中担任。仲裁委员会现有 826 名仲裁员，来自 36 个国家和地区。

《中国海事仲裁委员会仲裁规则》第 3 条规定：“（一）仲裁委员会根据当事人的约定受理下列争议案件：1. 海事、海商争议案件；2. 航空、铁路、公路等相关争议案件；3. 贸易、投资、金融、保险、建筑等其他商事争议案件；4. 当事人协议由仲裁委员会仲裁的其他争议案件。（二）前述案件包括：1. 国际或涉外案件；2. 涉及香港特别行政区、澳门特别行政区及台湾地区的案件；3. 国内案件。”

中国海仲的仲裁规则：上海总部和分会/仲裁中心可以就近管理仲裁案件，与中国海仲总部适用统一的《仲裁规则》和《仲裁员名册》，提供统一的仲裁服务。香港仲裁中心依据香港特区法律成立，其所管理的案件，除非当事人另有约定，仲裁程序法为香港法，所作裁决为香港裁决。2021 年 10 月 1 日发布施行新的《仲裁规则》，进一步尊重当事人意思自治，坚持创新驱动，提高仲裁透明度，构建机构管理和仲裁庭独立裁决有机结合，赋予仲裁庭更为灵活的权限，推动机构仲裁由“重管理”向“轻管理”过度，及时回应时代变化，借鉴国际经验，突出海事特色，力促仲裁升级发展。截至 2021 年 12 月 31 日，案件当事人涉及中国香港地区以及美国、巴西、希腊、英国、新加坡、玻利维亚、俄罗斯、丹麦、澳大利亚、阿根廷、印度尼西亚、匈牙利、德国、塔桑尼亚、利比亚、土耳其、泰国、越南、刚果金、意大利、巴拿马等 24 个国家和地区。①

（三）北京仲裁委员会

北京仲裁委员会（Beijing Arbitration Commission，BAC）②，中文简称“北仲”。北仲根据《仲裁法》，经北京市人民政府批准，于 1995 年 9 月 28 日设

① 参见《中国海事仲裁委员会 2021 年工作报告》，载 https：//www. cmac. org. cn/index. php? catid = 13，2022 年 7 月 10 日访问。

② 参见北京仲裁委员会官网，https：//www. bjac. org. cn，2022 年 1 月 22 日访问。

立，是独立、公正、高效地解决平等主体自然人、法人和其他组织之间发生的合同纠纷和其他财产权益纠纷的常设仲裁机构。

北仲的机构设置：设主任1人，副主任4人和委员若干人。仲裁委员会下设办公室，负责处理仲裁委员会的日常事务。北仲现聘有627名仲裁员。均为精通法律、道德品行良好且在经贸等相关领域中具有一流专业水准的资深专家和学者。他们来自27个不同的国家和地区，仲裁员的专业遍及投资金融、能源环保、国际贸易、建设工程、房地产、知识产权、特许经营、租赁等领域，可以为各种复杂经济纠纷提供专业仲裁服务。北仲案件当事人涉及中国以及美国、澳大利亚、英国、英属维尔京群岛、日本、韩国、开曼群岛、大洋洲、津巴布韦、德国、墨西哥、意大利、阿拉伯联合酋长国、蒙古、越南、爱尔兰等多个国家或地区。自成立以来，国际案件当事人涉及的国家和地区已经累计达到46个。

北仲的仲裁规则：2022年2月1日施行新修订的《仲裁规则》，该规则修订内容主要包括：明确开庭方式包括网上开庭，并规定仲裁庭有权根据案件情况确定开庭方式；增加首席仲裁员的产生方式，在双方当事人未能共同选定首席仲裁员的情况下，可由2位仲裁员共同选定首席仲裁员；明确电子送达方式的效力，规定本会或仲裁庭有权根据案件情况采取适当的送达方式；调低机构收费封顶金额等。

（四）上海仲裁委员会

上海仲裁委员会（Shanghai Arbitration Commission）①，于1995年9月18日，根据《仲裁法》组建的常设仲裁机构。上海仲裁委员会遵循中国法律、参照国际惯例及商业惯例、按照本会规则，独立、公正、专业、高效地仲裁国内或者涉外合同纠纷和其他财产权益纠纷。

上海仲裁委员会的机构设置：由主任1人、副主任2人至4人和委员7人至11人组成仲裁委员会。委员会设秘书长1人，秘书处是常设机构，在秘书长领导下处理日常事务。仲裁委员会设主任办公会议，由驻会主任、副主任和秘书长组成。秘书处内设5个部门，包括立案部、仲裁一部、仲裁二部、

① 参见上海仲裁委员会官网，https：//www. accsh. org，2022年1月22日访问。

仲裁三部和行政部。立案部负责咨询接待案件受理；仲裁一部、仲裁二部、仲裁三部负责仲裁案件的处理；行政部负责机构的财务及人事管理。上海仲裁委员会设有3个分支机构，包括上海仲裁委员会浦东国际仲裁中心、上海仲裁委员会经贸仲裁中心及上海涉台仲裁中心。同时，上海仲裁委员会设立了金融、知识产权、国际航运和建设工程4个专业仲裁院。

上海仲裁委员会受理案件的范围是：房地产纠纷、建设工程纠纷、金融纠纷（含保险、期货、证券、融资等纠纷）、产品质量责任纠纷、知识产权纠纷（含专利、版权、商标等纠纷）、海事海商纠纷、运输纠纷以及国际贸易、国际代理、国际工程项目、国际投资和国际技术合作等各类经济纠纷。

上海仲裁委员会的仲裁规则：为贯彻落实中共中央办公厅、国务院办公厅印发的《关于完善仲裁制度提高仲裁公信力的若干意见》要求，根据中共上海办公厅、上海市人民政府办公厅《上海仲裁委员会深化改革总体方案》的部署，仲裁委员会将2018版《仲裁规则》做出了修订。充分听取各仲裁参与方的意见，学习和借鉴，知名国际仲裁机构的仲裁规则，吸收国内外最新理论实践成果，形成2022年版《上海仲裁委员会仲裁规则》，将于2022年7月1日正式实施。新规则施行之日前提交申请的案件，仍适用提交时有效的仲裁规则；当事人一致同意的，也可以适用2022年版《仲裁规则》。

上海仲裁委员会现聘有仲裁员共1784名，其中来自港澳台及外籍仲裁员近400名，分别来自111个国家和地区，可以使用42种语言进行仲裁，覆盖东盟和RCEP所有国家，“一带一路”沿线国家77个。仲裁员由国内外法律、经济领域的著名教授、研究员、高级经济师、高级会计师、高级工程师、高级律师和在仲裁、审判、经济管理等工作中经验丰富的人士担任。

（五）深圳国际仲裁院

深圳国际仲裁院（Shenzhen Court of International Arbitration，SCIA）[①]，中文简称“深国仲”，又名华南国际经济贸易仲裁委员会、深圳仲裁委员会，

① 参见深圳国际仲裁院官网，http：//www.scia.com.cn/，2022年1月22日访问。

曾名中国国际经济贸易仲裁委员会华南分会、中国国际经济贸易仲裁委员会深圳分会，由广东省经济特区管理委员会和深圳市委、市政府创始于 1983 年，是中国改革开放之后各省市设立的第一家仲裁机构，也是粤港澳地区第一家仲裁机构。

深国仲设置理事会，理事会成员有 1/3 来自中国香港地区和海外其他国家或地区，仲裁院的决策权和对执行管理层的监督权由理事会行使，仲裁院的重大决策均由理事会会议进行表决，在制度上确立仲裁机构运作和仲裁庭办案的独立性，消除境内外当事人对仲裁机构的独立性和公信力的顾虑。深国仲依据《深圳国际仲裁院管理规定》运作，依法履行《仲裁法》规定的仲裁委员会的职责。2020 年 8 月 26 日，深圳市第 6 届人民代表大会常务委员会第 44 次会议审议通过了《深圳国际仲裁条例》，该条例进一步完善深国仲的法人治理结构。同时，深国仲设有多个仲裁中心，包括：自贸区金融仲裁中心、高科技和知识产权仲裁中心、前海海事物流仲裁中心、医疗争议仲裁中心、中国矿业联合会调解仲裁中心、并购争议解决中心、中非联合仲裁（深圳）中心、深圳国际仲裁院北美庭审中心及深圳国际仲裁院喀什庭审中心。深国仲设置多个专业委员会，包括：创业投资专业委员会、保险法专业委员会、融资租赁专业委员会、政府与社会资本合作（PPP）专业委员会、矿产能源专业委员会。

深国仲现行的仲裁规则包括：《深圳国际仲裁院仲裁规则》（2019 年 2 月 21 日起施行，2020 年 10 月第一次修正，2022 年 2 月第二次修正）；《深圳国际仲裁院金融借款争议仲裁规则》（2019 年 2 月 21 日起施行，2020 年 10 月第一次修正，2022 年 2 月第二次修正）；《深圳国际仲裁院选择性复裁程序指引》（2019 年 2 月 21 日起施行，2022 年 2 月修正）；《深圳国际仲裁院关于适用〈联合国国际贸易法委员会仲裁规则〉的程序指引》（2019 年 2 月 21 日起施行，2022 年 2 月修正）；《深圳国际仲裁院海事物流仲裁规则》（2019 年 2 月 21 日起施行，2022 年 2 月修正）；《深圳国际仲裁院网络仲裁规则》（2019 年 2 月 21 日起施行，2022 年 2 月修正）；《深圳国际仲裁院医疗争议仲裁规则》（2019 年 2 月 21 日起施行）。

《深圳国际仲裁院仲裁规则》第2条规定："（一）仲裁院受理当事人之间发生的合同争议和其他财产权益争议仲裁案件，包括：1. 国际或涉外仲裁案件；2. 涉及中国香港特别行政区、澳门特别行政区或台湾地区的仲裁案件；3. 中国内地仲裁案件。（二）仲裁院受理一国政府与他国投资者之间的投资争议仲裁案件。"

（六）广州仲裁委员会

广州仲裁委员会（Guangzhou Arbitration Commission）①，中文简称"广仲"，于1995年8月29日正式组建。作为广州地区唯一的民商事仲裁机构，一直遵循独立、高效的仲裁原则，以仲裁方式公正、及时地解决自然人、法人和其他组织之间发生的民商事合同纠纷及其他财产权益纠纷。

广仲目前分为总会、东莞分会和中山分会、南沙国际仲裁中心4个机构，总会设在广州市。2018年9月3日，由广仲牵头、大湾区城市群的仲裁机构共同倡议的粤港澳大湾区仲裁联盟正式成立，并在南沙设立联盟秘书处。2019年9月27日，广仲正式挂牌成立塞浦路斯仲裁调解中心。与此同时，广仲自2011年起就着手专业仲裁院的建设，分别成立了金融仲裁院、知识产权仲裁院、广州国际航运仲裁院、广州建设工程仲裁院。

广仲的机构设置：由主任1人、副主任2人至4人和委员7人至11人组成仲裁委员会。其中，主任、两名副主任为专职，日常驻会办公。仲裁委员会的组成人员由广州市人民政府聘任。主任是仲裁委员会的法定代表人。广仲设有5个职能部门，办公室（人事部）、案件受理部、国际仲裁部、仲裁秘书部、仲裁发展部。

广仲的受案范围：买卖合同纠纷、借款合同纠纷、合伙合作纠纷、建设工程合同纠纷、房地产开发纠纷、房屋买卖纠纷、租赁纠纷、融资纠纷、承揽纠纷、融资租赁纠纷、承揽合同纠纷、技术合同纠纷、金融证券纠纷、保险合同纠纷、保管合同纠纷等。

广仲对2017年版的《仲裁规则》修订，于2021年5月12日正式发布新

---

① 参见广州仲裁委员会官网，https：//www. gzac. org/，2022年1月25日访问。

修订的《仲裁规则》，并于2021年7月1日正式实施。修订内容主要包括：①将单行《网络仲裁规则》融入新规则，实现案件程序全流程线上线下融合；②适应仲裁程序灵活便捷要求，创设多种简化庭审模式；③适应互联网、区块链技术应用普及，全面规范电子送达、电子数据证据规则；④彰显当事人意思自治，全面改革仲裁庭组成方式；⑤细化完善仲裁员信息披露和回避制度；⑥积极回应热点难点问题，探索从规则入手防范虚假仲裁；⑦促进以多元化方式解决纠纷，设专章规定调解程序；⑧适应经济社会发展形势，推动简易程序更广泛适用；⑨适应国际经贸活动实际需求，改革国际商事仲裁程序。

广仲现聘有2042名仲裁员，专业涉及经贸投资、建设工程、金融、知识产权等众多领域。其中，吸纳了大量的境外仲裁员，这些境外仲裁员来自美国、英国、新加坡、荷兰、澳大利亚等商事仲裁制度较为先进的国家，也有一些来自与中国贸易往来较为密切的日本、印度、巴西、西班牙等国，囊括了韩国、新加坡、葡萄牙、意大利、马来西亚、泰国、越南、伊朗、匈牙利、埃及等“一带一路”沿线国家。

（七）武汉仲裁委员会

武汉仲裁委员会（Wuhan Arbitration Commission）①，中文简称“武仲”，于1997年1月成立，是目前武汉地区唯一依法设立的民商事仲裁机构，依法独立、公正、高效地解决自然人、法人和非法人组织之间发生的合同纠纷和其他财产权益纠纷。武仲设有4个专业仲裁院，包括武汉仲裁委员会国际仲裁院、武汉仲裁委员会金融仲裁院、一带一路（中国）仲裁院及武汉仲裁委员会互联网仲裁院。

武仲的机构设置：仲裁委员会由主任1人，常务副主任1人，副主任1人至3人和委员7人至11人组成。仲裁委员会的主任、副主任和委员由法律、经济贸易专家和有实际工作经验的人员担任。仲裁委员会的组成人员中，法律、经济贸易专家不得少于2/3。仲裁委员会的主要职责是：①审议仲裁委员会的工作方针、工作计划和体制机制改革等重要事项，并作出相应的决

---

① 参见武汉仲裁委员会官网，https：//www.whac.org.cn，2022年1月25日访问。

议；②制定、修改仲裁委员会章程；③制定、修改仲裁委员会仲裁规则；④审议、通过仲裁委员会年度工作报告和财务报告；⑤决定仲裁员的聘任、解聘或除名；⑥审定内设机构和分支机构的设置、变更和撤销；⑦仲裁法、仲裁规则和本章程规定的其他职责。仲裁委员会设有四个专门委员会，包括：战略发展与规则修订委员会、专家咨询委员会、仲裁员资格与操守监督委员会、财务监督与薪酬评估委员会等。

根据《武汉仲裁委员会仲裁规则》第5条的规定："（一）本会依法受理平等主体的自然人、法人和其他组织之间发生的民商事争议。（二）本会不受理以下争议：1. 婚姻、收养、监护、扶养、继承争议；2. 依法应当由行政机关处理的行政争议；3. 劳动争议；4. 农业集体经济组织内部的农业承包合同争议。"

武仲的仲裁规则：《武汉仲裁委员会（武汉国际仲裁中心）仲裁规则》《武汉仲裁委员会网上仲裁规则》《武汉仲裁委员会金融仲裁规则》《中国（湖北）自由贸易试验区示范仲裁规则》。武仲的仲裁规则自2000年8月11日制定《武汉仲裁委员会仲裁规则（2000年版）》，先后于2004年、2006年、2015年、2018年修订。现行的《仲裁规则》于2018年3月1日正式实施。

武仲现聘有1022名仲裁员，均是从法律、经济贸易、科技等领域具有专业知识和实务经验，且道德品行良好的知名专家和学者中聘任。仲裁员专业涉及国内经贸、国际投资、建设工程、房地产、金融证券、海事海商、互联网及电子商务、知识产权、物流运输、生物工程、PPP项目，可以为各种复杂经济纠纷提供专业仲裁服务。

（八）香港国际仲裁中心

香港国际仲裁中心（HongKong International Arbitration Centre，HKIAC）①，成立于1985年，是一家按照香港公司注册的民间性的、非营利性的担保有限公司。最初是由香港商界和香港政府联合出资设立，目的是满足亚太地区对解决争议的仲裁服务日益增长的需求，该中心现已完全独立于商界和政府，在财政上完全自给自足。

① 参见香港国际仲裁中心官网，https：//www.hkiac.org/，2022年1月25日访问。

HKIAC由理事会管理，理事会成员来自世界各地，且均为经验、技能丰富的商界人士及专业精英，其业务活动由理事会管理委员会通过秘书长进行管理，而秘书长则是HKIAC的行政首长和登记官。HKIAC设有国际咨询委员会和执行委员会，国际咨询委员会为HKIAC的政策和未来发展提供意见和建议。而执行委员会是根据理事会批准的政策指引HKIAC活动的核心机构，执行委员会由HKIAC主席、副主席及HKIAC 3个常务委员会的主席组成。执行委员会下设3个常设委员会，即程序委员会、指定委员会、财政委员会，这些委员会负责HKIAC的业务运作及HKIAC的仲裁规则和香港仲裁条款（第609章）授权香港国际仲裁中心履行的职能。

中国香港地区商事仲裁制度经历了由临时仲裁到常设机构仲裁，由判例法到成文法，由本地仲裁到国际仲裁，由本地立法到国际条约的演变过程。正是由于香港地区仲裁制度及立法产生背景特殊，使其仲裁立法体现出了独特的特点①：第一，在立法指导思想、立法技术和具体规范上英国法的影响和印迹深远而明显。第二，充分体现了东西方文化交融及极度国际化、现代化的特点。第三，追求高效率及高度意思自治。

HKIAC是亚洲领先的争议解决中心，专注于仲裁、调解、审裁和域名争议解决。其主要职能是：为通过仲裁和其他替代方式解决商事争议提供管理方面的服务，包括就国际或者中国香港地区的仲裁提供一般性意见和帮助，回答应该在中国香港地区进行仲裁方面的咨询，特别是在中国香港地区进行国际仲裁方面的法律与程序问题，并就仲裁条款的适当形式提供咨询意见。

（九）中国澳门地区仲裁机构

澳门政府于20世纪80年代末开始着手制定本地仲裁法律规范。1998年11月23日，由“澳门总督”核准，以第55/98/M号法令公布了澳门《涉外商事仲裁法》，建立了澳门涉外商事仲裁制度。② 但中国澳门地区目前尚没有

---

① 参见张斌生主编：《仲裁法新论》，厦门大学出版社2002年版，第534页。

② 参见郭锡昆：“澳门仲裁法：守成与变革之间”，载《仲裁与法律》2002年第4期，第45页。

设立常设的仲裁机构，只是实行临时仲裁，即民商事争议可以通过临时主持的仲裁庭予以解决。在解决消费者纠纷方面，澳门消费者委员会成立了自愿仲裁中心。该中心受理的案件仅限于争议标的在 2 万元以下的案件，2 万元以上的争议案件应交由法院解决。

1998 年 6 月 5 日，第 48/GM/98 号批示批准澳门律师公会设立“澳门世界贸易中心仲裁中心”。澳门世界贸易中心自愿仲裁中心成立最主要的目的是在中国澳门地区推广及发展仲裁和调解这两种非司法性质的解决纷争的程序，以便让存在争议的当事人在选择解决纠纷的方式时，除可提起司法诉讼外，能有另外可以考虑的途径。澳门世界贸易中心自愿仲裁中心以双方当事人自愿协商的方式解决争议，能够及时解决民商事方面的争议，达到简便快捷的效果。该仲裁中心受理的案件没有金额限制，争议双方需要协议接收仲裁，仲裁中心作出的裁决具有法律效力。然而，如果一方不接受或不遵守有关仲裁，可以上诉法院解决。①

澳门世界贸易中心自愿仲裁中心的办事处设于澳门世界贸易中心内，其日常运作由全体委员会领导，设有 1 名主席、1 名副主席、2 名委员及 1 名秘书长。仲裁中心的仲裁员及调解员分别来自中国澳门地区或其他地方的各个不同领域，包括法律、金融、建筑、运输、国际贸易及信息科技等，在其专业领域范畴内均具有丰富及为人所认同的资历。

（十）中国台湾地区仲裁机构

在中国台湾地区，仲裁机构是以公益为目的，由各个团体设立或联合设立，负责仲裁员登记、训练、讲习及办理仲裁案件的社团法人。1955 年成立了中华仲裁协会，1996 年向法院登记为社团法人，作为中国台湾地区的常设仲裁机构，是一个具有准司法功能的民间机构。

1998 年 6 月 24 日中国台湾地区公布了仲裁及有关仲裁调解程序等方面的规定。该规定共有 8 章 56 条，主要内容体现以下几个特点：第一，强调国际化与自由化，尊重当事人自治，尊重当事人权益。第二，在吸收西方先进

① 参见谢石松主编：《商事仲裁法学》，高等教育出版社 2005 年版，第 75 页。

仲裁制度基础上，借鉴了《国际商事仲裁示范法》中先进的理念、经验，从立法指导思想到立法技术和具体规范均与商事仲裁制度的最新发展相符合。第三，在赋予仲裁庭更大权力的基础上，强调法院的协助功能，减少法院的干预性监督。第四，实行任意仲裁制度及机构仲裁与临时仲裁并存，以机构仲裁为主的制度。

组织架构包括：①会员大会，为最高权力机构，每年举行1次，决定仲裁协会的重要政策，会员大会闭会期间，授权理事会及监事会，负责仲裁协会的整体运作；②理事会，由会员大会选出法律界、工商企业界或学术界等背景的理事与常务理事，由31人组成理事会，任期4年，对仲裁协会的政策方案等相关事宜进行决策；③监事会，由9人组成，设置监事与常务监事，监察、审核仲裁协会财务及年度预决算；④秘书处，作为仲裁协会的行政执行单位，由秘书长主持本会业务及行政工作。

第四节　仲裁庭

一、仲裁庭的含义及其特征

仲裁庭是指由当事人选定，或者其他有权机构依据当事人的授权，或依据法律或仲裁规则的规定所指定的仲裁员组成的，具体负责对已交付仲裁的争议事项进行审理，并最终就争议事项作出实质性裁决的组织。[①] 本节所讨论的专指仲裁机构项下的仲裁庭。

商事仲裁制度的司法属性要求仲裁庭应公正、独立地审理商事仲裁案件，因此为确保仲裁庭的公正性、中立性，现代各国商事仲裁立法都要求仲裁庭应独立于仲裁机构。仲裁机构履行仲裁规则所规定的组织、管理和监督商事仲裁程序的职能，其作用在于管理和保障仲裁程序的顺利进行，并不参与裁决具体的纠纷。故而，仲裁机构可依据仲裁规则对仲裁员进行确认、质疑、

① 参见谢石松主编：《商事仲裁法学》（第二版），高等教育出版社2022年版，第187页。

撤换，决定或延长仲裁裁决的期限，有权决定仲裁员费用的补偿、报酬的数量以及有关这些款项的支付形式等，而不是就争议案件的实体问题进行监管。① 仲裁庭具有以下几个特征：

第一，仲裁庭是行使仲裁权的主体。仲裁机构对当事人基于仲裁协议提出的仲裁申请，经过审查予以审理后，并不是由仲裁机构直接对该争议案件行使审理与裁决权，而是必须依据仲裁规则组成仲裁庭，由仲裁庭行使对争议案件的具体仲裁权。仲裁机构是行使仲裁事务管理权的主体，负责仲裁机构的事务性的服务和协调，并不对当事人提交的纠纷进行审理和裁决。

第二，仲裁庭具有临时性。仲裁庭是临时设立的，当事人向仲裁机构提请仲裁争议案件时，即根据仲裁争议案件的需要设立仲裁庭，争议案件因仲裁庭作出仲裁裁决得到解决，或者因当事人撤回仲裁申请结束仲裁程序时，仲裁庭即撤销。

第三，仲裁庭具有灵活性。在仲裁程序中，当事人申请仲裁后，采取何种形式组成仲裁庭，是由当事人双方根据提请仲裁的争议案件自行确定的，而且仲裁庭的组成人员也是由双方当事人根据案件需要自行选定或者委托仲裁委员会主任指定的，无固定统一的要求，具有较大的灵活性。

二、仲裁庭的组成形式

在国际商事仲裁实践中，仲裁庭的组成形式基本是一致的，即由 1 名仲裁员组成的独任制仲裁庭和由 3 名仲裁员组成的合议制仲裁庭。《仲裁法》第 30 条规定："仲裁庭可以由 3 名仲裁员或者 1 名仲裁员组成。"依据该条的规定，我国仅认可独任制仲裁庭与合议制仲裁庭这两种仲裁庭的组成方式。由两名仲裁员组成仲裁庭的情形并不多见，通常是由争议双方各指定 1 名仲裁员而组成仲裁庭负责争议案件的审理，如在一些临时仲裁中或少数西方国家的仲裁立法与实践中，也有部分国家的商事仲裁立法承认偶数商事仲裁庭，如英国、日本、瑞典等国家允许当事人自由约定商事仲裁庭人数。② 同时，

---

① 参见宋连斌、赵健："关于修改 1994 年中国《仲裁法》若干问题的探讨"，载陈安主编：《国际经济法论丛》（第 4 卷），法律出版社 2001 年版，第 616 页。

② 参见乔欣主编：《比较商事仲裁》，法律出版社 2004 年版，第 49 页。

为了防止商事仲裁迟延裁决，即使仲裁庭的人数为偶数，其作出的仲裁裁决也是有效的。例如，在“瘸腿仲裁庭”① 情形下，一些国家就允许剩下的仲裁员进行审理并作出裁决，这时的仲裁庭人数可能为偶数。实际上，对2人仲裁庭的运用往往有1个后续条件，即在两名仲裁员意见不一致无法作出最终裁决的情况下，由1名公断人或称为首席仲裁员的人参加仲裁并作出裁决，该公断人或者首席仲裁员的地位相当于独任仲裁员。②

（一）合议制仲裁庭

合议仲裁庭是指由3名仲裁员组成仲裁庭，对当事人提交仲裁的争议案件进行集体审理和裁决的组织形式。具有以下特点：

第一，以集体合议的方式对争议案件进行审理并作出裁决。合议制仲裁庭对案件进行集体审理，在评议裁决时实行1人1票，按照合议庭多数意见作出裁决。

第二，设立首席仲裁员。合议制仲裁庭设立首席仲裁员，主持案件的审理和裁决工作，推动仲裁程序有序地进行。按照法律的规定，首席仲裁员与其他仲裁员拥有同等的权利，但是，当合议庭就案件不能形成多数意见时，应当按照首席仲裁员的意见作出裁决。

相对于独任制仲裁庭，合议制仲裁庭在仲裁庭组成、案件的审理、评议和裁决上的复杂性，使得可能花费的时间更多，仲裁成本也更高，但却能最大限度地确保仲裁裁决结果的公正性，因此是最常见的仲裁庭组成方式。

（二）独任制仲裁庭

独任制仲裁庭是指由1名仲裁员组成的仲裁庭，对当事人提交仲裁的争议案件进行审理和裁决的组成形式。独任制仲裁庭的优点在于：独任制仲裁庭由当事人合意选择或者仲裁机构指定1名仲裁员，能快捷地解决当事人的争议，独任仲裁员更具有保密性。同时，独任制仲裁庭的程序灵活，仲裁审限较短，可以更为迅捷地审结案件。因此，从程序角度而言，独任制仲裁庭

---

① “瘸腿仲裁庭”，是指因仲裁庭的某仲裁员死亡、丧失行为能力或拒绝合作，从而使仲裁庭继续仲裁的能力。

② 参见乔欣编：《仲裁权论》，法律出版社2009年版，第51页。

更有利于仲裁效率的提高。

尽管如此，独任制仲裁庭审理复杂案件可能出现的问题也是显而易见的。独任仲裁员只能依靠自己的判断，基于个人素质、认识、分析和相关业务水平等，有可能会影响仲裁裁决的公平准确性。

三、仲裁庭的组成程序

在国际商事仲裁实践中，通常采用3种方式组成仲裁庭，即由当事人选定、由仲裁机构指定和法院决定等。《仲裁法》第31条规定了仲裁员的选任规则，第32条规定了仲裁员的指定，在我国的仲裁制度中确定仲裁庭的组成方式只有当事人选定和仲裁机构指定，没有法院决定的规定。

（一）当事人选定

当事人选定仲裁员组成仲裁庭的方式，主要包括两种情形：一是双方当事人共同选定，二是双方当事人分别选定。

（1）当事人共同选定主要针对独任制仲裁庭中仲裁员的选定和合议制仲裁庭中首席仲裁员的选定。《仲裁法》第31条规定，由3名仲裁员组成仲裁庭的，第三名仲裁员由当事人共同选定；当事人约定由1名仲裁员成立仲裁庭的，应当由当事人共同选定。

（2）当事人分别选定仲裁员主要适用于由多名仲裁员组成的仲裁庭的情形。《仲裁法》第31条规定，当事人约定由3名仲裁员组成仲裁庭的，应当各自选定1名仲裁员。

（二）仲裁机构指定

仲裁机构指定仲裁员组成仲裁庭，是仲裁机构按照法律所规定的程序确定审理案件的仲裁员，主要包括仲裁机构根据当事人的委托指定仲裁员，以及仲裁机构依职权指定仲裁员。

（1）仲裁机构根据当事人的委托指定仲裁员。在当事人无法或不愿自行选定或共同选定仲裁员的情况下，仲裁机构可以根据当事人的委托指定仲裁员。《仲裁法》第31条规定："当事人约定由三名仲裁员组成仲裁庭的，应当各自选定或者各自委托仲裁委员会主任指定一名仲裁员，第三名仲裁员由当事人共同选定或者共同委托仲裁委员会主任指定。”

（2）仲裁机构依职权指定仲裁员。在当事人没有在选定仲裁规则规定的期限内选定仲裁员或者委托仲裁机构指定仲裁员，仲裁机构应依据当事人选定的仲裁规则，指定仲裁员组成仲裁庭。《仲裁法》第 32 条规定了仲裁员的指定，为了保证仲裁程序的顺利进行，由仲裁委员会主任行使权力，指定仲裁庭组成形式。

四、仲裁庭的权力和职责

（一）仲裁庭的权力

仲裁庭的权力是指仲裁庭在仲裁程序中，为解决当事人提交仲裁的争议案件所拥有的权力。依据《仲裁法》的相关规定，仲裁庭的权力包括：仲裁庭有权决定开庭时间（第 41 条）；有权自行收集证据（第 43 条）；有权向专家咨询或指定鉴定人鉴定（第 44 条）；有权裁定当事人双方仲裁费用的支付和分担（第 54 条）；替代的仲裁员选定后，仲裁庭有权自行决定已进行的仲裁程序是否重新进行（第 37 条）；有权对仲裁案件独立进行裁决、调解（第 48 ~ 55 条）。因此，根据《仲裁法》的相关规定以及仲裁实践的做法，仲裁庭一般享有以下几项权力：

（1）仲裁庭对纠纷案件的决定权。主要包括对纠纷案件的仲裁管辖权作出决定以及对仲裁活动中具体程序性事项的决定权。仲裁庭组成后，就有权对当事人的仲裁申请进行审查，对当事人提出的管辖权异议作出决定。《仲裁法》及相关司法解释将仲裁管辖权的确定权交给仲裁委员会和法院，只是规定法院的决定权优先于仲裁委员会，保障司法的权威性。同时，为了保障仲裁活动顺利进行，仲裁庭有权对具体程序事项作出决定，比如，开庭时间能否延期，作出保全措施和由另一方当事人提供费用担保等。

（2）仲裁庭对纠纷案件的指挥权。仲裁庭行使仲裁审理权主要体现在仲裁庭开庭审理纠纷案件，并行使仲裁程序的指挥权，包括：开庭审理的程序，当事人陈述、辩论等的顺序，当事人举证、质证的程序。

（3）仲裁庭对纠纷案件的调查取证权。证据是仲裁庭作出仲裁裁决的基础，仲裁庭认为有必要的可以收集证据。仲裁庭收集证据的途径主要包括要求当事人提供证据、指定专家并获取证据，或者自行收集证据。《仲裁法》第43条规定："当事人应当对自己的主张提供证据。仲裁庭认为有必要收集的证据，可以自行收集。"仲裁庭认为有必要，即如果仲裁不自行收集证据，可能会导致由于证据的缺乏而影响对事实的认定。因此，仲裁庭收集证据是为了认定与案件事实相关的证据，确定该证据的真实性、关联性，从而认定案件事实。

（4）仲裁庭对纠纷案件的调解权。在仲裁活动中，仲裁程序已经开始，在双方当事人的请求或同意下，仲裁庭主持双方当事人自愿协商、相互谅解，达成和解协议，最终仲裁庭依据双方达成的和解协议，制作调解书或者根据调解协议的结果制作裁决书。

（5）仲裁庭对纠纷案件的裁决权。仲裁庭根据当事人提交的纠纷案件，通过行使审理权，最终作出权威性及结论性意见。仲裁庭行使裁决权，使得仲裁程序终结。根据仲裁庭行使仲裁审理权的形式，包括书面审理的裁决和开庭审理的裁决。根据仲裁裁决的结果，可以分为中间裁决权、部分裁决权和最终裁决权。中间裁决权是指在仲裁程序中，仲裁庭作出最终裁决之前，对程序进行中出现的特定事项作出裁决的权力，为最终裁决提供条件。部分裁决权是指仲裁程序进行中，仲裁庭认为案件的一部分事实已经清楚，就可以行使部分裁决权，对该争议部分作出先行裁决。《仲裁法》第55条规定："仲裁庭仲裁纠纷时，其中一部分事实已经清楚，可以就该部分先行裁决。"最终裁决权是指仲裁庭对当事人之间的纠纷经过审理后，对权利义务关系作出的终局性裁决的权力。

（二）仲裁庭的职责

根据《仲裁法》的相关规定以及仲裁实践的做法，仲裁庭的职责主要有：

（1）及时、公平合理地审理并裁决案件。在商事仲裁实践中，仲裁庭组成后，迟迟不履行其职责，或者在一定的期限内迟迟不对当事人所请求的争议案件进行审理与裁决，必然导致仲裁程序拖延。因此，为了保证当事人之间争议案件的尽快合理解决，以维护当事人的合法权益，仲裁庭应当根据事实和法律规定，及时、公平合理地审理并裁决争议案件。

（2）制作开庭笔录。为了保证当事人的正当权益，仲裁庭在审理争议案件的过程中，应当将开庭情况记入笔录。《仲裁法》第 48 条规定，仲裁机构的记录人员应当对仲裁庭开庭审理的全过程记录。对于开庭笔录中的记录内容，当事人和其他仲裁参与人如果认为确有遗漏或差错的，则有权要求补正。同时，根据《仲裁法》的规定，笔录由仲裁员、记录人员、当事人和其他仲裁参与人签名或者盖章。如果当事人或其他仲裁参与人拒不签名或盖章的，记录人应当将该情况记入笔录。

（3）依法制作调解书或者裁决书。在仲裁程序中，仲裁庭对争议案件经过审理，依法制作调解书或者裁决书，不仅是当事人将争议案件提请仲裁所追求的，而且也是仲裁庭行使仲裁权对争议案件予以解决的书面表现。同时，调解书或裁决书也是在将来人民法院对仲裁行使司法监督权的重要依据。因此，仲裁庭在对争议案件经过审理后，应该根据解决争议案件的具体情况依法分别制作规范的调解书或者裁决书。

五、仲裁庭的重组

在商事仲裁实践中，由于仲裁员的原因不能继续履行职责，或因为当事人对仲裁员的异议被采纳，都会涉及仲裁庭的重组。《仲裁法》第 37 条规定了仲裁员的重新确定，重新组成仲裁庭审理争议的案件。仲裁庭成员的替换主要包括：①仲裁员的指定方式与当事人之间订立的仲裁协议或者仲裁应当适用的法律不符；②仲裁员因突发疾病、死亡、出差、丧失行为能力或其他原因不能在仲裁规则规定的期限内履行其职责；③仲裁员辞职；④法院或仲裁机构作出要求某仲裁员回避的决定。《仲裁法》第 34 条规定了仲裁员回避的方式与理由，只要存在影响公正裁决的可能性，仲裁员就应该回避。

仲裁庭的重组属于仲裁程序中的特殊变化，该变化对仲裁审理产生了重要的影响，重新组成仲裁庭，对之前已经进行的全部或部分审理程序是否需要重新进行。《仲裁法》第 37 条第 2 款规定：“因回避而重新选定或者指定仲裁员后，当事人可以请求已进行的仲裁程序重新进行，是否准许，由仲裁庭决定；仲裁庭也可以自行决定已进行的仲裁程序是否重新进行。”该款规定了仲裁程序在 2 种情况下重新进行：一是当事人提出请求后，仲裁庭作出同意仲裁程序重新进行的决定；二是当事人未提出请求，而仲裁庭依职权主动决定仲裁程序重新进行。

如果仲裁庭的重组发生在首次开庭审理之前，庭审程序尚未开始，仲裁庭成员均参与庭审全过程，仲裁裁决也是听取了当事人的陈述和辩论之后作出的，因而不涉及仲裁程序的重复问题。但是，如果仲裁庭的重组发生在首次开庭审理之后，新更替的仲裁员没有参加之前的庭审程序，此时必然涉及对以前的庭审程序是否需要重新进行。

第五节　仲裁员

一、仲裁员的资格

在商事仲裁活动中，仲裁庭是审理仲裁争议事项的组织，仲裁庭是由仲裁员组成的，因此，仲裁员是指在仲裁案件中对当事人的财产权益纠纷进行评判并作出决定的居中裁判者。法官是经国家立法机关任命并在各级人民法院公正的国家公职人员，法官的审判权来源于国家的司法权力。仲裁员则不是一种专门职业，仲裁员的管辖权只是来源于当事人在仲裁协议中的授权，仲裁员主要来自法学、经济贸易等不同的专业领域。为了保证仲裁员公正、合理、合法地解决当事人之间的争议案件，法律法规对仲裁员的资格作出相应的规定。

（一）法律对仲裁员资格的规定

我国台湾学者认为，仲裁员的品质及公正就是仲裁庭的品质和公正，因而立法应对仲裁员的资格作出详尽而全面的规定。[①] 仲裁员能否公正独立地审理当事人之间的争议，并作出公正独立的裁决，不仅与仲裁员的道德修养、个人品行以及专业知识有关，而且也与其是否具有独立解决当事人之间争议的能力有直接关系。《仲裁法》第13条主要从3个方面对仲裁员的资格条件

① 参见杨崇森等：《仲裁法新论》，中国台湾地区仲裁协会2008年版，第133页。

作出了规定，包括以下几个方面：

（1）品行条件。仲裁员必须是品行优良，做事公道、作风正派。

（2）必须从事法定职业并达到法定年限或具有法定职称。①通过国家统一法律职业资格考试取得法律职业资格，从事仲裁工作满 8 年的；②从事律师工作满八年的；③曾任法官满八年的；④从事法律研究、教学工作并具有高级职称的；⑤具有法律知识、从事经济贸易等专业工作并具有高级职称或者具有同等专业水平的。

（3）国籍条件。根据仲裁法及其相关规定，国内仲裁委员会的仲裁员一般应为中国国籍的人；涉外仲裁委员会可以从具有法律、经济贸易、科学技术等专门知识的外籍人士中聘任仲裁员。涉外仲裁员既可以是中国公民，也可以是外国人。

我国通过立法对仲裁员的任职资格作出规定，确保仲裁员具有胜任公平独立的裁决仲裁纠纷的资质和能力。

（二）我国仲裁机构对仲裁员资格的规定

贸仲委发布的《中国国际经济贸易仲裁委员会授予仲裁员资格规定》第 2 条“仲裁员的条件”中，除了规定有《仲裁法》规定的仲裁员资格条件外，还作出进一步的细化规定。包括：

中国籍仲裁员应当具备以下条件：①热爱仲裁事业，公道正派、品行高尚，坚持独立公正办案原则；②通过国家统一法律职业资格考试取得法律职业资格，从事仲裁工作满八年的，或者从事律师工作满 8 年的，或者曾任法官满 8 年的，或者从事法律研究、教学工作并具有高级职称的，或者具有法律知识、从事经济贸易等专业工作并具有高级职称或者具有同等专业水平的；③拥护本委员会《章程》，愿意遵守本委员会《仲裁规则》《仲裁员守则》等有关规定；④掌握一门外语并可以作为工作语言，少数知名人士可适当放宽；⑤能够保证仲裁办案时间；⑥本委员会规定的其他条件。

外籍仲裁员应当具备以下条件：①热爱仲裁事业，公道正派、品行高尚，坚持独立公正办案原则；②具有法律、经济贸易等专业知识和实际工作经验；③拥护本委员会《章程》，愿意遵守本委员会《仲裁规则》《仲裁员守则》等有关规定；④具备一定的中文基础，少数知名人士可适当放宽；⑤仲裁委员会规定的其他条件。

仲裁机构在仲裁规则中都对仲裁员的选定作出规定，基本都备有供当事人选择的仲裁员名册，当事人可以在仲裁委员会提供的仲裁员名册里选定仲裁员，也可以在仲裁员名册以外指定仲裁员，但是确认当事人选定的方式存在差异。贸仲委规定，当事人约定在仲裁委员会仲裁员名册之外选定仲裁员的，当事人选定的或根据当事人约定指定的人士经仲裁委员会主任确认后可以担任仲裁员。中国海仲规定，当事人可以在仲裁委员会仲裁员名册外选定仲裁员，应当符合仲裁地法律的规定，除非仲裁委员会另有决定，首席仲裁员和独任仲裁员应从仲裁委员会仲裁员名册中产生。海南国际仲裁院规定，当事人在仲裁员名册外选择仲裁员的，应当向仲裁委员会提供该人选的专业资质、专业简历和联系方式等，经仲裁委员会确认后可以担任仲裁员。

对于现任法官是否具备担任仲裁员资格问题，世界各国主要形成了允许和禁止两种立法例。我国从1996年以来，各地仲裁机构为了各自不同的目的吸收现任法官担任仲裁员的情形不在少数。① 但最高人民法院于2004年7月13日发出《关于现职法官不得担任仲裁员的通知》，要求在仲裁机构担任仲裁员的现职法官在该通知下发后1个月内辞去仲裁员职务。有学者认为，对现任法官担任仲裁员持反对态度的主要原因在于：一是现任法官从事仲裁工作将会影响司法审理工作的效率；二是仲裁案件可能会因某些原因提交法院处理，法院法官自然也就不应该预先支配这种有可能提交法官本人的仲裁；三是法官担任仲裁员将有损法官尊严；四是法官担任仲裁员能够获得酬金，对法官职业有影响。② 而世界其他主要国家通常都允许现任法官担任仲裁员。比如，在瑞典，当事人完全可以在仲裁协议中约定仲裁庭的首席仲裁员应当是瑞典法官。③ 现任法官是否能够担任仲裁员的关键在于法官行使仲裁权与司法监督权之间是否存在可能的或潜在的利益冲突。

---

① 参见詹礼愿：《中国内地与中国港澳台地区仲裁制度比较研究》，武汉大学出版社2006年版，第40页。

② 参见罗楚湘：《英国仲裁法研究》，武汉大学出版社2012年版，第97页。

③ 参见［瑞典］费恩·迈德森：《瑞典商事仲裁》，李虎译，法律出版社2008年版，第80页。

二、仲裁员的行为

仲裁员的行为是指在仲裁活动中，仲裁员为解决争议案件而进行的职务行为。主要具有3个方面的特点，一是仲裁员行为的民间性。法律规范下的私人裁判行为，源于当事人通过仲裁协议的授权，并非行使国家权力的职权行为。二是仲裁员行为的独立性。在仲裁程序中独立行使仲裁权进行仲裁审理与作出裁决的行为，而不受任何机关、社会团体以及个人的干涉。三是仲裁员行为的公正性。在仲裁程序中，仲裁员应不偏不倚地进行审理和裁判，公正性是仲裁中对仲裁员的基本要求。

仲裁员的行为要受到有关仲裁立法、当事人合意、仲裁委员会的规则以及仲裁员的自我约束等多种形式、不同层次的规范约束。[①] 仲裁员的道德规范主要是依据仲裁机构制定仲裁员的行为准则和考察仲裁员的行为守则入手。仲裁员在仲裁活动中应遵守的行为规范主要集中在以下几个方面：

（一）独立公正地仲裁争议案件

仲裁员应依法独立公正地审理和裁判争议案件。《仲裁法》第7条规定："仲裁应当根据事实，符合法律规定，公平合理地解决纠纷。"第8条进一步规定，"仲裁依法独立进行，不受行政机关、社会团体和个人的干涉。"同时，《仲裁法》第14条明确规定，"仲裁委员会独立于行政机关，与行政机关没有隶属关系"，从仲裁组织上保障了仲裁程序的独立性。此外，仲裁员在仲裁程序中应平等地对待双方当事人，给双方当事人平等地行使其权利的机会，不得偏袒任何一方当事人。

贸仲委的《仲裁员守则》明确规定仲裁员应当独立、公正地审理案件。《仲裁员守则》第3条规定："仲裁员不代表任何一方当事人，应当平等地对待双方当事人。"《仲裁员守则》第4条规定："仲裁员依法独立裁决，不受任何行政机关、社会团体和个人的干涉，对案件裁决负责，并接受监督。"《仲裁员守则》第5条规定："事先与任何一方当事人（及其代理人，下同）讨论过案件或者提出过咨询意见的，不得担任该案仲裁员。"《仲裁员守则》

① 参见侯登华："论仲裁员的公正性保障"，载《仲裁与法律》2002年第3期，第41页。

第8条规定："仲裁员应当严格按照仲裁规则规定和当事人约定的程序审理案件，保证当事人充分陈述意见的机会。"

因此，仲裁员的独立性是仲裁结果公正的前提和保障。公正性是仲裁员应具备的最基本道德规范，并应当贯穿仲裁员仲裁行为的始终。

（二）回避与披露

仲裁员的回避和异议制度是确保仲裁公正性和独立性的重要措施。仲裁员的回避制度，是为了确保仲裁员的独立性，法律赋予当事人对仲裁员可能缺乏独立性时的一种程序救济，可以由被指定为仲裁员的人主动提出，或由当事人提出异议。也就是说，当事人对仲裁员公正性、独立性或者公正性以及独立性产生正当或者合理怀疑是当事人申请仲裁员回避最重要的原因。仲裁员的回避事项是仲裁法律或者仲裁规则所规定的回避事由，根据《仲裁法》第34条的规定，仲裁员有以下情形之一的，必须回避：是本案当事人或者当事人、代理人的近亲属；与本案有利害关系；与本案当事人、代理人有其他关系，可能影响公正仲裁的；私自会见当事人、代理人，或者接受当事人、代理人的请客送礼的。贸仲委的《仲裁员守则》第6条规定："仲裁员不得以任何直接或间接方式接受当事人馈赠或宴请等不当利益。仲裁员不得与任何一方当事人单独会见、讨论案件情况或接受案件材料。"另外，在贸仲委的《仲裁员行为考察规定（修订）》第7条规定了仲裁员应当主动申请回避的情形：①是本案当事人或者当事人、代理人近亲属的；②仲裁员或其近亲属与本案有利害关系的；③私自会见当事人、代理人，或者接受当事人、代理人不当利益的；④与本案当事人、代理人有其他关系，可能影响公正仲裁的。在第7条第4款规定了可能影响公正仲裁的情形：①事先就本案争议向当事人、代理人提供过咨询意见的；②为本案当事人推荐、介绍代理人的；③曾担任本案或与本案有关联案件的证人、鉴定人、勘验人、辩护人、诉讼或仲裁代理人的；④当前或两年内，与当事人、代理人曾在同一单位工作的；⑤当前或两年内，曾担任当事人或当事人关联单位法律顾问、代理人的；⑥近亲属在当事人或代理人所在单位工作的；⑦仲裁员或其近亲属对任何一方当事人可能存在追索权的；⑧仲裁员或其近亲属、所在工作单位，与当事人或代理人为共同权利人、共同义务人或有其他共同利益的。但是，披露并不必然导致仲裁员退出仲裁活动，只要在及时披露并使当事人知晓的情况下，当事人没有提出回避申请的，该仲裁员仍可接受指定或继续履行其仲裁员的职责。比如，ICSID 撤销 Eiser 案仲裁裁决：2020 年 6 月 11 日，ICSID 专门委员会作出决定，撤销了 ICSID 仲裁庭此前作出的 Eiser and Energia Solar Luxembourg v. Spain（Case No. ARB/13/36）一案的仲裁裁决。ICSID 专门委员会认为，在该案中，投资者指定的仲裁员并未披露其与专家证人之间存在的亲密的关系，损害了仲裁的公正性。ICSID 专门委员会的该项决定引发了仲裁界的广泛关注。

同时，为解决当事人无法全面详尽地获悉仲裁员回避事由的难题，仲裁员披露制度应运而生。仲裁员的披露义务是指仲裁员未披露的信息可能影响公正或者可能造成不公平、偏袒的任何利害关系以及可能影响公正的仲裁。贸仲委的《仲裁员守则》第 7 条规定："仲裁员与案件有利害关系或其他关系，可能引起对其公正性和独立性产生合理怀疑的，应当主动向本委员会披露。如果与当事人存在近亲属关系、财产与金钱关系、业务与商业合作关系等，仲裁员应当主动请求回避。"另外，在贸仲委的《仲裁员行为考察规定（修订）》第 6 条规定了仲裁员应当及时向仲裁委员会书面披露的情形：①仲裁员、所在工作单位与案件有关联，或者与当事人、代理人及其关联单位两年内有业务往来的；②当前或两年内，与同案仲裁员在同一个单位工作的；③仲裁员与当事人、当事人的主要管理人员或代理人在同一社会组织担任专职工作，有经常性工作接触的；④当前或两年内，仲裁员在与案件有关联的机构担任职务的；⑤仲裁员或其近亲属与当事人或代理人有较为密切私人关系的；⑥仲裁员两年内曾经接受同一当事人、代理人或律师事务所选定担任仲裁员超过 3 次（不含 3 次）的，关联案件或同类型案件除外；⑦其他可能导致当事人对仲裁员的独立性、公正性产生合理怀疑的情形。因此，通常认为仲裁员应披露的事项包括：第一，与仲裁结果有任何直接或间接的利害关系；第二，可能在程序上造成双方当事人之间不公平的情形；第三，所有现存的或者以往的金钱、商业、职业、家庭和社会交往方面的关系；第四，与案件有利害关系或者其他可能影响案件的公正审理的情形，如邻里关系、朋友关系、同事关系、师生关系等。[①] 显然，仲裁员的披露义务与仲裁员的回避制度是紧密相关的，实行仲裁员披露义务有利于增强仲裁员情况的透明度，同时也有助于仲裁员回避制度的有效实施。

（三）履行保密义务

仲裁的保密性是指仲裁案件不公开审理，即在一般情形下，与案件无关的人在未得到所有仲裁当事人和仲裁庭的允许之前，不得参与仲裁审理程序。保密性被认为是仲裁最主要的优点。[②]《仲裁法》第 40 条规定："仲裁不公开进行。当事人协议公开的，可以公开进行，但涉及国家秘密的除外。"该条规定，仲裁不公开是原则，在当事人一致同意公开的情形下，仲裁可以例外公开。不公开审理是指仲裁庭在审理案件时，只允许双方当事人、代理人、证人、有关的专家、翻译人员以及审理涉案的仲裁人员参加，不对社会公开，不允许其他与案件无关的人旁听。贸仲委的《仲裁员守则》第 15 条规定："仲裁员应当严格保守仲裁秘密，不得向外界透露有关案件的任何情况，包括程序、案情、审理过程、仲裁庭合议等情况；也不得向当事人透露案件情况，尤其是本人的看法和仲裁庭合议的情况。"

仲裁的保密性具体而言，是指仲裁程序的内容、仲裁过程中展示的证据、仲裁裁决等仲裁活动中的信息不对当事人以外的人披露。仲裁员参与了仲裁程序，通常认为仲裁员负有道德上的义务来维护仲裁的保密性，没有当事人的同意，仲裁员不应透露仲裁程序中的任何信息。仲裁员履行仲裁保密义务，即在仲裁的过程中不能引入其他人、不得向其他人透露仲裁的进展状况与相关文件，在仲裁程序结束后也不能因其他理由透露先前仲裁的文件，除非出现法律允许的仲裁保密的例外情况。仲裁员违反保密义务会导致其被撤换，甚至承担个人责任。

（四）勤勉尽责

仲裁员要依据仲裁员守则的规定，在法律或仲裁规则规定的时间内履行

① 参见宋朝武主编：《仲裁法学》，北京大学出版社 2013 年版，第 64 页。

② Philip Harris, *Law Society's Guardian Gazette —Arbitration and Confidentiality*, The Law Society, Vol. 85, p. 25 (1988).

仲裁员审理案件、作出裁决的义务，无正当理由不得有任何懈怠，要确保自己处于随时为案件工作的状态，要“能够按照当事人的合理期待，付出相应的时间和精力，并按照仲裁规则规定的期限处理案件”。仲裁员要量力而行，在自己能力、精力范围内接受仲裁。而且一旦接受了仲裁，就应当保证精力和时间的付出。在仲裁程序中应当认真审理卷宗，进行合议，若是首席仲裁员还应当注意对仲裁程序的适当控制。

贸仲委的《仲裁员守则》明确规定仲裁员应当勤勉尽责地审理案件，第9条规定：“仲裁员接受选定或指定后，应当充分保证开庭审理、合理的时间，不得因其他事务影响案件审理，遇有特殊情况应提前商本委员会仲裁院。”第10条规定：“仲裁员应当认真详细审阅案件全部文件和材料，总结争议焦点和审理重点。”第11条规定：“仲裁员应当在开庭前进行庭前合议，商定庭审提纲；首席仲裁员应当提出庭审提纲草案，作为讨论的基础。独任仲裁员应当在开庭审理前拟定庭审提纲。”第12条规定：“开庭审理时，仲裁员不得出现倾向性，要注意提问和表达意见的方式方法，避免对关键性问题过早作出结论，避免与当事人争执或对峙。”第13条规定：“开庭审理结束后，首席仲裁员应当无延迟地主持合议，提出下一步程序进行的意见或裁决书起草的意见。”第14条规定：“仲裁员尤其是首席仲裁员，应当及时全面掌握案件的程序进展情况，严格遵守仲裁规则关于结案期限的规定，认真撰写仲裁裁决。”

另外，在贸仲委的《仲裁员行为考察规定（修订)》第4条规定了仲裁员不得接受选定或指定的情形：“……2. 在接受选定或指定后，因个人原因两个月内不能参加开庭审理的；3. 因自身工作任务较重，不能保证有充足时间和精力处理案件，难以悉心完成案件审理工作的；4. 因健康原因难以参加案件审理工作的；5. 不熟悉案件涉及的专业领域，无法胜任审理工作的；……”

因此，仲裁员的勤勉尽责义务是仲裁员道德操守的重要体现，仲裁机构的明确规定不仅有利于保证仲裁的效率，也有利于增强当事人对仲裁的信任。

三、仲裁员的责任

仲裁员是仲裁争议案件中主持仲裁程序并对争议事实和权利义务关系作出审理和裁决的人，对仲裁案件进程和裁决结果起着决定性作用。在仲裁活动中出现与仲裁案件有关的、由于仲裁员的故意或过失的作为或不作为所导致仲裁当事人的损害，仲裁员应当承担相应的法律责任。在国际商事仲裁实践中，关于仲裁员的责任，主要有 3 种理论：一是仲裁员承担完全责任论。认为仲裁当事人直接或间接地指定仲裁员为解决其争议服务，并为此仲裁服务支付费用，仲裁当事人与仲裁员之间就构成了一种默示契约关系，若仲裁员未能如约完成义务，就应当承担法律责任。二是仲裁员责任完全豁免论。认为仲裁员的仲裁行为是一种替代法院解决争议的准司法行为，仲裁员对仲裁过程中因过失或其他情况而导致的不公正裁决以及给一方当事人带来的损失不承担任何个人民事责任。三是仲裁员责任有限豁免论。认为，仲裁员在一定范围内和一定条件下可以享受仲裁责任豁免，但超出一定的条件和范围则不免除其责任。

《仲裁法》尚未对仲裁员承担法律责任的具体方式作出明确规定，但仲裁制度要求仲裁员的仲裁行为应当具备独立性、民间性、公正性。《仲裁法》第 38 条规定了 2 种仲裁员应当承担法律责任的情形：一则私自会见当事人、代理人或接受当事人、代理人请客送礼，构成情节严重的；二则索贿受贿、徇私舞弊、枉法裁决行为的。两者均属于仲裁员故意实施的不当行为，对仲裁公正的影响非常严重，但该条未规定仲裁员应当承担何种法律责任。

练　习　题

一、思考题

1. 机构仲裁的主要职能有哪些方面？
2. 简述仲裁法与仲裁规则的关系。

3. 仲裁员的责任有哪些？

二、司法考试试题

1. 某仲裁委员会在开庭审理兰屯公司与九龙公司合同纠纷一案时，九龙公司对仲裁庭中的1名仲裁员提出了回避申请，经审查后该仲裁员被要求予以回避，仲裁委员会依法重新确定了仲裁员。关于仲裁程序如何进行，下列哪一选项是正确的？（2007年·卷三·50题）

A. 已进行的仲裁程序应当重新进行

B. 已进行的仲裁程序有效，仲裁程序应当继续进行

C. 当事人请求已进行的仲裁程序重新进行的，仲裁程序应当重新进行

D. 已进行的仲裁程序是否重新进行，仲裁庭有权决定

2. 关于法院与仲裁庭在审理案件有关权限的比较，下列哪些选项是正确的？（2012年·卷三·85题）

A. 在一定情况下，法院可以依职权收集证据，仲裁庭也可以自行收集证据

B. 对专门性问题需要鉴定的，法院可以指定鉴定部门鉴定，仲裁庭也可以指定鉴定部门鉴定

C. 当事人在诉讼中或仲裁中达成和解协议的，法院可以根据当事人的申请制作判决书，仲裁庭也可以根据当事人的申请制作裁决书

D. 当事人协议不愿写明争议事实和判（裁）决理由的，法院可以在判决书中不予写明，仲裁庭也可以在裁决书中不予写明

3. 甲市A县的刘某与乙市B区的何某签订了房屋买卖合同，购买何某位于丙市C区的1套房屋。合同约定，因合同履行发生的一切纠纷，应提交设立于甲市的M仲裁委员会进行仲裁。之后，刘某与何某又达成了1个补充协议，约定合同发生纠纷后也可以向乙市B区法院起诉。刘某按约定先行支付了部分房款，何某却迟迟不按约定办理房屋交付手续，双方发生纠纷。刘某向M仲裁委员会申请仲裁，请求何某履行交房义务，M仲裁委员会受理了此案。在仲裁庭人员组成期间，刘某、何某各选择1名仲裁员，仲裁委员会主任直接指定了1名仲裁员任首席仲裁员组成合议庭。第一次仲裁开庭审理过程中，刘某对何某选择的仲裁员提出了回避申请。刘某申请理由成立，仲裁委员会主任直接另行指定1名仲裁员参加审理。第二次开庭审理，刘某请求仲裁程序重新进行，何某则对仲裁协议的效力提出异议，主张仲裁协议无效，请求驳回刘某的仲裁申请。经审查，仲裁庭

认为刘某申请仲裁程序重新进行、何某主张仲裁协议无效理由均不成立。仲裁庭继续进行审理并作出裁决：何某在30日内履行房屋交付义务。因何某在义务履行期间内拒不履行房屋交付义务，刘某向法院申请强制执行，何某则向法院申请撤销仲裁裁决。(2009年·卷三·85题)

问题：

(1) 刘某、何某发生纠纷后依法应当通过什么方式解决纠纷？理由是什么？

(2) 刘某提出的回避申请和重新进行仲裁程序的申请，何某提出的仲裁协议效力的异议，分别应由谁审查并作出决定或裁定？

(3) 如何评价仲裁庭（委）在本案审理中的做法？理由是什么？

(4) 刘某可以向哪个法院申请强制执行？何某可以向哪个法院申请撤销仲裁裁决？对于刘某、何某的申请，法院在程序上如何操作？理由是什么？

(5) 如法院认为本案可以重新仲裁，应当如何处理？理由是什么？

(6) 如法院撤销仲裁裁决，刘某、何某可以通过什么方式解决他们的纠纷？理由是什么？

三、案例

案例一："背靠背"责任传导条款在国际工程分包合同中的适用

【案情简介】

A国际工程公司（以下称被申请人）在某"一带一路"沿线国家承接了世界银行集团融资的某大型地下天然气储库EPC总承包项目，并将其中的钻井工程分包给了B石油工程有限公司（以下称"申请人"）。双方签署了《钻井工程施工承包合同》，由申请人负责12口井的施工。

2015年10月，在其中1A井施工过程中，出现了8立方米泥浆漏失问题，后该井持续涌出大量二氧化碳，导致该井不能形成储气溶腔而无法通过验收，其他剩余11口井均已完工并通过了验收，由被申请人签发了付款里程碑证书。但就1A井问题，各方无法达成一致。随后，申请人向北京仲裁委员会/北京国际仲裁中心提起仲裁，要求支付剩余全部工程款。

被申请人认为，由于业主方主张申请人在施工过程中出现失误，引起泥浆漏失，进而导致二氧化碳涌出，使得被申请人面临业主巨额索赔风险，因此付款条件无法成就。

申请人则认为造成1A井二氧化碳涌出，系由于地质原因，并非前述事故造成，且被申请人在与业主的沟通中也认可了为地质原因造成，因此付款条件已经成就。①

【仲裁庭的意见】

一、本案的争议焦点

第一，在业主与被申请人未就二氧化碳涌出问题达成一致的情况下，本案仲裁庭是否可以径行就事故问题作出判断；

第二，在1A井未能通过验收的情况下，被申请人是否有权拒绝支付全部款项。

二、裁决的结果

针对第1个争议焦点，仲裁庭认为，本案项目所涉各方站在不同角度，针对泥浆漏失坚持不同的主张，均有其合理性。鉴于本案争议背景的特殊性，申请人以被申请人曾向业主主张泥浆漏失系由地质原因引发，进而推导出被申请人实质认可排除了申请人可能承担的责任，显然不符合本案实际。被申请人希望“泥浆漏失系由地质原因引发”的结论得到业主认可，是基于双方共同利益的积极作为，不应据此认定被申请人认可了“泥浆漏失系由地质原因引发”的结论。仲裁庭认为，尽管申请人也努力配合被申请人进行了理论分析和成因论证，但未能促使业主接受。按照合同约定，申请人的分析论证工作需进一步深入，以最终证明泥浆漏失与1A井不能形成储气溶腔之间是否有牵连。因此，仲裁庭目前无法对事故问题作出认定，申请人需继续履行其相关合同义务。

针对第2个争议焦点，本案项下12口井在钻井实施过程中，各单井的实施情况可以独立评估。虽然实际履行过程中，工程款支付是概括进行的，但通过现有证据材料可以明确归属于1A井的款项。鉴于1A井目前存在的前述情形尚无定论，而被申请人与业主之间开展后续事项，包括诉讼或仲裁，均需申请人的协助，因此仲裁庭认定被申请人应当向申请人支付其余11口井的施工款项，而对于支付1A井的款项的请求则暂不予支持。

---

① 本案例原载于中国法律服务网仲裁案例库，由北京仲裁委员会/北京国际仲裁中心仲裁员周显峰先生编写，北仲知识管理高级主管林晨曦、业务拓展处（国际案件处）顾问沈韵秋对本文亦有贡献。参见北京仲裁委员会官网，https：//www. bjac. org. cn/page/cbw/glhb. html，2022年1月20日访问。

【案例评析】

在国际工程分包合同争议解决实践中，总承包商常常面临上下游合同不同主张的困境。例如，在上游总承包合同中，总承包商通常向业主主张质量缺陷并非总承包商原因导致，但此类主张在下游分包合同中，很可能被分包商作为免责的依据。在本案中，仲裁庭认为总承包商向业主主张质量缺陷是客观原因导致，是基于双方共同利益的积极作为，不应简单认定总承包商已认可质量缺陷非分包商原因导致。根据这一裁判意见，总承包商避免了在上下游合同争议中因主张不一致而陷入自相矛盾的法律困境。

事实上，总承包商如何将其在总承包合同项下的风险和责任在分包合同项下向分包商进行传导，是国际工程分包合同风险管理的重点和难点。而此类“背靠背”条款的效力与适用，往往也是国际工程分包合同争议的主要源头和焦点。

在我国境内外建设工程争议解决实践中，对与支付有关的“背靠背”条款的研究和实践相对丰富，但与范围、工期、质量、暂停及终止等有关的“背靠背”责任传导条款的研究相对较少。在国际工程实践中，分包合同的“背靠背”条款通常表现为三种类型：

第1种是“概括式”，如约定分包商应详细阅读总承包合同（价格等敏感信息除外），并承担总承包合同项下与分包工程相关的总承包商的义务和责任等。在实践中，总承包商在分包合同采用“概括式”的责任传导条款的情形较为普遍，但此类责任传导条款可能会由于约定不够具体明确而在可执行性方面面临挑战。

第2种是“详尽式”，即将总承包合同中与分包工程有关的所有义务和责任充分识别后，逐项并入分包合同中。采用这种方式拟定责任传导条款，需要对总承包合同与分包工程相关的义务与责任进行充分识别和分析，这将使得分包合同的责任传导条款更具确定性和可执行性。但实践中，由于精细化管理水平不足，我国总承包商较少采用此种方式。

第3种是“结合式”，即在“概括式”基础上，进一步结合关键事项，如工作范围、缺陷责任、工期顺延、竣工和验收、暂停与终止、不可抗力、索赔及争议解决程序等设置“详尽式”责任传导条款。国际咨询工程师联合会（FIDIC）编制的《土木工程施工分包合同条件》（1994年第1版）、《施工分包合同条件》（2011年第1版）以及《生产设备和设计—施工分包合同条件》（2019年第1

版）基本采用了第3种方式。

（1）实体方面的“背靠背”条款

我国法律并未对“背对背”责任传导条款进行特别规定。在司法实践中，我国法院对“背靠背”责任传导条款的效力也未作特殊限制。例如，在“济南消防工程有限公司诉大连建工机电安装工程有限公司等建设工程施工合同纠纷案”中，法院认可分包合同约定总承包合同关于“所有条款及合约要求之全部内容均适用于分包单位，即为背靠背合同”有效。又如，在“东亚联合控股（集团）有限公司等与上海凌源钢结构工程有限公司建设施工合同纠纷上诉案”中，法院对于分包合同中“保障承包人免于承担因违约造成的工期延误、经济损失及根据总包合同承包人将负责的任何赔偿费”条款的效力不持异议。

总体而言，在分包合同本身有效的前提下，司法实践对于“背靠背”责任传导条款基本都按照一般的违约条款处理，其效力和适用取决于《民法典》的基本规则。例如，分包合同责任传导条款通常要求分包商就其违约行为对总承包商在总承包合同项下造成的损失进行赔偿，这符合《民法典》第577条、第581条下关于违约赔偿的基本原则。但需注意，此类条款的适用可能受限于以下几方面：

第一，约定是否具体明确。在国际工程分包合同争议解决实践中，如“承包合同中规定的与分包工程相关的一切责任”这样高度概括性的表述，可能因不够具体明确而被裁判机构认定为不具有可执行性。

第二，可预见原则。《民法典》第584条规定，违约方对非违约方的赔偿不得超过违反合同一方订立合同时预见到或者应当预见到的因违反合同可能造成的损失。在司法实践中，何种损失属于双方签署合同时可预见的损失是具体案件中双方应当举证证明的事实问题。就国际工程分包合同的责任传导条款而言，需要考虑以下2方面因素：一是分包商如果在项目开发阶段即介入，那么分包商将有更多的机会预见到因自身违约行为而导致总承包商在总承包合同项下遭受的损失，反之，分包商则可能有更多机会主张其在签署分包合同时不了解总承包合同签订情形，进而无法充分预见违约行为的潜在后果；二是总承包合同如果在订立分包合同之前已充分披露给分包商，那么总承包商则有更多机会主张分包商对总承包合同知情，并可充分预见到违约可能给总承包商造成的损失，但如果总承包商由于管理疏忽等原因实际未向分包商进行充分披露，那么分包商则可能会挑战总承包合同中的赔偿责任为其在订立分包合同时所无法预见。

第三，减损原则。《民法典》第591条规定，当事人一方违约后，对方应当采取适当措施防止损失扩大；没有采取适当措施致使损失扩大的，不得就扩大的损失要求赔偿。据此，对于总承包商因分包商违约而需向业主承担违约责任，总承包商应当履行法定减损义务，积极采取措施减少其在总承包合同项下的违约责任，进而增强分包合同中责任传导条款的可执行性。

第四，过失相抵原则。《民法典》第592条第1款规定，当事人双方都违反合同的，应当各自承担相应的责任。国际工程分包合同在约定“背靠背”责任传导机制的同时，通常会约定总承包商的相应义务。例如，《生产设备和设计—施工分包合同条件》（2019年第1版）第2.4款约定，总承包商应当采取所有合理步骤以保证分包商享有总承包商在总承包合同项下与分包工程相关的类似权利和救济；又如，就与分包工程有关的索赔，及时向业主发出索赔通知等。

（2）索赔及争议解决程序方面的“背靠背”条款

除了上述实体上的“背靠背”责任传导条款之外，国际工程分包合同在索赔与争议解决程序上的“背靠背”传导机制安排也非常重要，甚至比总承包合同下的索赔和争议解决机制需要考虑更多的维度。例如，在FIDIC系列分包合同专用条件的示例条款中，根据与总承包合同的索赔及争议是否有关联，分包商的索赔划分为“关联索赔（related claim）”和“非关联索赔（unrelated claim）”。其中，“非关联索赔”相对独立，但“关联索赔”主要取决于总承包合同项下的索赔程序，即在程序上形成“背靠背”传导机制。

这种程序上的“背靠背”传导机制需要精密的条款设计，其复杂程度远超常规的国际工程合同争议解决条款。以分包商索赔为例：

首先，对于分包商以通知发起的索赔，总承包商需要及时通知分包商该项索赔是“关联索赔”还是“非关联索赔”；

其次，如果总承包商将索赔认定为“关联索赔”，但分包商对此有争议，那么双方应当通过分包合同中约定的独立争议解决机制（如紧急仲裁员程序）对此争议作出对双方具有约束力的决定；

最后，如果分包商发起的索赔为“关联索赔”，那么在总承包商合同项下的相关索赔完成前，分包商无权向总承包商发起索赔；但相应地，总承包商也有义务尽所有合理努力，在总承包合同项下为双方共同利益进行索赔，并给予分包商参与权和否决权。

如果在分包合同项下双方正式形成争议，那么与“关联索赔”对应的“关联争议”在程序上也需要遵循“背靠背”传导机制，这在FIDIC的多级争端争议解决程序下更加复杂，但其核心原理与以上关于索赔的“背靠背”传导机制基本一致。

【结语】

国际工程分包合同中的“背靠背”责任传导条款由于与总承包合同履行密切相关，可能存在突破合同相对性的情形，因此在合同解释和法律适用方面具有一定的挑战性。鉴此，对于类似本案的相关实践案例，中国国际工程法律界有必要进行系统的整理和总结，提炼出既符合国际良好实践，又符合中国法律的裁判规则。

此外，国际工程分包合同在索赔与争议解决程序上的“背靠背”传导机制更加复杂和精密，尽管这在较大程度上影响了实践应用，但通过这个视角，可以在更深层次进一步感知国际工程分包合同争议解决的多样性、复杂性以及独特魅力，值得业界同人深入探索与实践。

案例二：仲裁庭组庭程序不符合仲裁规则

【案情简介】

2013年12月13日，各方当事人张×、盛兰公司、甜蜜生活集团公司、甜蜜生活美食控股有限公司（La Dolce Vita Fine Dining Holdings Limited，以下简称“甜蜜生活控股公司”）为买卖俏江南投资有限公司86.2%的有效权益签署了《买卖协议》，该协议第10.2条对仲裁庭的组成方式作出如下明确约定：

“因本协议、本协议的违约、终止或无效而引发或与之有关任何争议、争端或索赔（无论是合同、先合同或是非合同性的），均应当提交中国国际经济贸易仲裁委员会（‘贸仲’）依据本协议签署之日有效的贸仲仲裁规则（‘规则’）进行具有约束力的仲裁，该规则应被视为以引述的方式纳入本条，并可由本条其他规定予以修订。仲裁地应为北京。仲裁员应为三名。申请人应指定一名仲裁员，被申请人应指定一名仲裁员。第三名仲裁员（担任首席仲裁员）应按照下列程序指定：

10.2.1 贸仲秘书处应向各当事方提供一份相同的名单，其中包含至少三名候选人，并均（ⅰ）具有香港律师执业资格，且（ⅱ）非中国公民；

10.2.2 各当事方应删除名单中其反对的人选、对其余人选按照其倾向性排序，并在收到名单的15日内将其返还予贸仲秘书处（由最倾向排列至最不倾向的顺序)；

10.2.3 上述期限届满后，贸仲应在各当事方批准的相同人选姓名中按照各当事方的倾向性顺序指定首席仲裁员；以及

10.2.4 如果基于任何原因无法按照上述程序进行指定，贸仲主席应行使其酌情决定权，从贸仲仲裁员名册中指定一名符合以上第 10.2.1 款的资格及国籍要求的首席仲裁员，在此说明，各方同意可以选择贸仲仲裁员名册以外的仲裁员，但应经贸仲主席确认。”

涉案《买卖协议》签署之日有效的仲裁规则是 2012 年 5 月 1 日起施行的《中国国际经济贸易仲裁委员会仲裁规则（2012 版)》，该仲裁规则项下第 27 条规定：

“多方当事人仲裁庭的组成：(一) 仲裁案件有两个或两个以上申请人及/或被申请人时，申请人方及/或被申请人方应各自协商，各方共同选定或共同委托仲裁委员会主任指定一名仲裁员。(二) 首席仲裁员或独任仲裁员应按照本规则第二十五条第（二)、(三)、(四) 款规定的程序选定或指定。申请人方及/或被申请人方按照本规则第二十五条第（三）款的规定选定首席仲裁员或独任仲裁员时，应各方共同协商，并提交各方共同选定的候选人名单。(三) 如果申请人方及/或被申请人方未能在收到仲裁通知后 15 天内各方共同选定或各方共同委托仲裁委员会主任指定一名仲裁员，则由仲裁委员会主任指定仲裁庭三名仲裁员，并从中确定一人担任首席仲裁员。”

2015 年 5 月 26 日，贸仲委受理仲裁案，申请人为甜蜜生活集团公司，被申请人为张×、盛兰公司。贸仲委向双方当事人发出了第 1 份通知（2015）中国贸仲京字第 017438/017439 号《S20150474 号股份买卖协议争议案仲裁通知》。该通知确定仲裁程序适用《2012 贸仲仲裁规则》，并告知双方当事人：“请你方按照本案仲裁条款所约定的仲裁员资格要求指定一名仲裁员，并在收到本通知之日后 15 天内将你方指定仲裁员姓名以书面方式告知本会；若你方未能在上述期限内指定仲裁员，本会主任将代为你方指定一名仲裁员。”

甜蜜生活集团公司于 2015 年 6 月 8 日提交函件，在期限内指定莫×为仲裁员。

二仲裁被申请人分别于 2015 年 7 月 9 日、2015 年 7 月 15 日及 2015 年 8 月 24 日先后致函贸仲委表示，该方未能在规定时间内共同指定 1 名仲裁员，请求贸仲委根据《2012 贸仲仲裁规则》指定 3 名仲裁员。

鉴于二仲裁被申请人无法指定共同的仲裁员，贸仲委于2015年12月24日向二仲裁被申请人发出了第二份通知（2015）中国贸仲京字第046797号《关于S20150474号股份买卖协议争议案》。该通知明确了贸仲委的立场，称："鉴于双方当事人约定适用本会《仲裁规则》并约定可对《仲裁规则》有关内容进行变更，根据《仲裁规则》第四条第（三）款的规定，除非当事人在本案仲裁条款中的约定无法实施或与本案仲裁程序适用法强制性规定相抵触，本案仲裁程序应当按照双方当事人在仲裁条款中的约定进行。"

贸仲委在通知中决定："请被申请人方共同选定一名仲裁员，并在收到本通知之日后15天内将共同选定的仲裁员姓名以书面方式告知本会。若被申请人方未能在上述期限内共同选定一名仲裁员，本会主任将代被申请人方指定一名仲裁员。首席仲裁员将按照双方当事人在仲裁条款中的约定产生。"

二仲裁被申请人在第二份通知规定的期限内未作答复，贸仲委又于2016年1月8日向二仲裁被申请人发出第3份通知（2016）中国贸仲京字第000693号《关于S20150474号股份买卖协议争议案》。该通知告知二仲裁被申请人："考虑到本案的实际情况，请被申请人方于2016年1月25日之前共同选定一名仲裁员，并在上述期限内将共同选定的仲裁员姓名以书面方式告知本会。若被申请人方未能在上述期限内共同选定一名仲裁员，本会主任将代被申请人方指定一名仲裁员。"

张×于2016年1月22日向贸仲委发函，表示为避免仲裁程序权利遭受更大损害（即被剥夺选定仲裁员的机会），在声明保留异议的前提下指定周××为仲裁员。

同日，盛兰公司向贸仲委发函，表示为避免仲裁程序权利遭受更大损害，在声明保留异议的前提下，同意张×指定的周××作为该方指定的仲裁员。

此后，二仲裁被申请人仍于2016年2月7日、2016年7月11日向贸仲委发函，就仲裁庭的组成方式提出异议。

因二仲裁被申请人已选定仲裁员，贸仲委于2016年9月27日向该方发出第4份通知（2016）中国贸仲京字第037259号《S20150474号股份买卖协议争议案组庭通知》，正式确定仲裁庭组成成员。该通知称："申请人选定莫×博士担任本案仲裁员。被申请人方共同选定周××先生担任本案仲裁员。由于苏××博士为双方当事人在本会秘书局根据仲裁条款的约定所提供的首席仲裁员候选人名单中所批准的唯一相同人选，根据仲裁条款的约定，本会指定苏××博士担任本案首席仲裁员。上述3位仲裁员已于今日（2016年9月27日）组成仲裁庭，共同审理本案。”

2019年4月28日，贸仲委作出S20150474［2019］中国贸仲京裁（部）字第0592号裁决书。仲裁组庭时，张×是盛兰公司的唯一股东和唯一董事。根据案涉仲裁裁决查明的事实，甜蜜生活集团公司持有甜蜜生活控股公司82.7%的股份。甜蜜生活集团公司的多数股份由CVC基金持有控制。收购工作由CVC基金员工代表进行。在买卖协议的签署页，张×、盛兰公司签字处均由张×签名。甜蜜生活集团公司、甜蜜生活控股公司签字处均由同一人签名。①

【最高人民法院的裁定】

法院认为，本案审查的焦点在于，贸仲委组成仲裁庭的方式是否符合当事人约定的仲裁规则，是否构成《中华人民共和国民事诉讼法》第274条第1款第3项规定的情形。

首先，案涉《买卖协议》第10.2条对仲裁庭的组成方式特别是当事人指定仲裁员的程序作出明确约定。当事人选择适用的《中国国际经济贸易仲裁委员会仲裁规则（2012版）》第27条对多方仲裁的组庭方式作出规定，并于第27条第3款就多方不能选定仲裁员时的处理方式进行了规定。在这种情况下，如何理解案涉仲裁条款再次就各方选定仲裁员作出书面约定，但没有就多方不能选定仲裁员的情况予以约定。第1种理解是，该约定只是简单重复仲裁规则；第2种理解是，该约定在于强调各方有选择仲裁员的权利。本院认为，解释合同条款，应当尽可能赋予其有效性，而不应使其成为冗余或毫无意义的条款。如果没有其他更强有力的理由，案涉仲裁条款不应理解为是对《中国国际经济贸易仲裁委员会仲裁规则（2012版）》第27条的简单重复，否则仲裁条款的约定将变得毫无意义。根据案涉仲裁条款的表述，该条款应理解为，双方当事人根据约定分别获得了选择1名仲裁员的权利。当仲裁一方当事人因某种原因无法行使该权利时，不能因此影响另一方当事人的权利。在当事人约定各方均有选定1名仲裁员权利的前提下，仲裁机构仅在一方当事人无法选定仲裁员时即剥夺另一方当事人选定仲裁员的权利，将违反当事人意思自治原则。仲裁庭的权力来源于当事人的合意授权，仲裁程序的契约性特征决定了这种争端解决方式最为核心的内容是各方的意愿能够尽可能体现在仲裁的整个程序中，当然也包括仲裁庭的组成程序。因此，在仲

① 转引自https://www.fuzhou.gov.cn/，福州仲裁委员会推荐案例评析。案号：（2019）最高法民特5号。由环中仲裁团队作出案例评析。

裁条款明确赋予双方当事人享有指定仲裁员权利的前提下，贸仲委应尊重双方当事人依约定享有的指定1名仲裁员的权利，而非直接适用《中国国际经济贸易仲裁委员会仲裁规则（2012版）》第27条第3款同时为仲裁双方当事人各指定1名仲裁员。《中国国际经济贸易仲裁委员会仲裁规则（2012版）》第4条第3款规定："当事人约定将争议提交仲裁委员会仲裁但对本规则有关内容进行变更或约定适用其他仲裁规则的，从其约定，但其约定无法实施或与仲裁程序适用法强制性规定相抵触者除外。当事人约定适用其他仲裁规则的，由仲裁委员会履行相应的管理职责。"案涉仲裁条款特别强调了仲裁双方当事人各自指定1名仲裁员的权利，该约定并非无法实施或与仲裁程序法强制性规定相抵触，因此应当予以尊重。

其次，贸仲委给予了双方当事人充分的时间发表意见，认真听取了各方意见。贸仲委受理仲裁案后，先后4次就仲裁员的选定等问题向双方当事人发出通知，征求意见。贸仲委在通知中向二仲裁被申请人详细阐述了其立场及依据，贸仲委选择组成仲裁庭的方式依据充分，并已向二仲裁被申请人释明。应二仲裁被申请人的请求，贸仲委多次允许该方当事人延期选定仲裁员。从贸仲委发出第1份通知告知二仲裁被申请人要确定仲裁员起至贸仲委发出第4份通知确认仲裁庭的组成历时1年4个月，已经给予了二仲裁被申请人充分考虑时间指定仲裁员。本案中，仲裁被申请人方虽然有2个主体，但张×是盛兰公司的唯一股东和唯一董事，都被界定为协议卖方，属于利益一致的仲裁一方当事人。案涉仲裁条款赋予该方当事人共同指定1名仲裁员的权利，该约定事实上并无无法实施的障碍。二撤裁申请人以无法就仲裁员人选达成一致为由，多次拒绝共同指定1名仲裁员，有违诚实信用原则，该行为不应得到鼓励。

最后，虽然二撤裁申请人声明保留异议，但其还是共同指定周××为仲裁员，并非未共同指定1名仲裁员。当事人将在仲裁程序中声明保留异议作为最终仲裁裁决结果对其不利后申请撤销仲裁裁决的砝码的伺机行为，不应得到鼓励。

【案例评析】

仲裁员的公正、独立、专业是仲裁裁决质量和公信力的保障，同时也直接影响着仲裁裁决的结果。也因此，当事人双方以及仲裁委对于"仲裁员的选定"往往十分慎重。《仲裁法》第58条明确将"仲裁庭的组成或者仲裁的程序违反法定程序的"列为可撤销仲裁裁决的事由。本案中，申请人即以"仲裁庭的组成与仲裁规则不符"为由提出了撤裁申请。

(1) 仲裁是当事人双方所同意的约定程序，只有根据当事人双方真实意愿所组成的仲裁庭，按照当事人约定程序所作出的裁决才具有效力。根据各国国际商事仲裁立法与实践，组成仲裁庭的仲裁员通常都是当事人或者当事人委托的机构指定。仲裁机构在仲裁庭的成立、仲裁员的选定、重组的过程中发挥着重要作用，但其角色主要在于保障仲裁庭的公正性、独立性以及仲裁程序的顺利进行。

(2) 当事人有权于合同项下对仲裁程序进行约定，其中即包括仲裁庭的组庭程序。通常而言，当事人以选定"仲裁机构"的方式，间接地选择了可适用的仲裁规则，进而确立组庭程序。出于其重要性，许多当事人会选择在合同项下对组庭程序进行特别约定，包括一切特殊要求，如本案中有关"具有香港律师职业资格、非中国公民"等要求，都应当遵照执行。

(3) 从组庭方式的角度而言，国内的通行模式为，当事双方各指定1名仲裁员，第3名仲裁员由当事双方共同选定，或仲裁委员会指定。而实际情况是，由于现实利益纠纷的存在，当事人双方其实很难就仲裁庭的选择达成一致，在这种情况下，为保障仲裁程序的顺利进行，以及仲裁权的正当实现，第3名仲裁员往往由仲裁委员会主任指定。正如《仲裁法》第32条所明确规定的，"当事人没有在仲裁规则规定的期限内约定仲裁庭的组成方式或者选定仲裁员的，由仲裁委员会主任指定"。

(4) 仲裁的质量取决于仲裁员。仲裁庭的组成是仲裁程序得以顺利进行的关键前提，其不仅影响着争议双方的成败，对于仲裁程序自身的合法性及声誉同样至关重要。选择仲裁员是当事人选择仲裁的一项根本性考虑和权利，各当事人均对仲裁员的确定应给予最高程度的关注。本案中，由于存在多方当事人及涉案合同对组庭程序的特别约定，仲裁机构、当事双方就仲裁庭的组成问题经历了多轮函件往来，最终在一方当事人保留异议的前提下完成了组庭，仲裁程序方能继续推进。而后二仲裁被申请人又以"仲裁庭的组成与仲裁规则不符"为由，向最高院提出了撤裁申请，但最终遭遇驳回。从本案裁决思路来看，我们认为以下3方面值得借鉴：

(5) 本案中，当事人双方不仅就仲裁庭的组庭程序进行了明确约定，并且以引述的方式将《中国国际经济贸易仲裁委员会仲裁规则（2012版）》纳入于合同项下。而就"多方不能选定仲裁员的情形"，当事人双方不仅进行了特别约定，引述的《中国国际经济贸易仲裁委员会仲裁规则（2012版）》第27条亦有明确规定。就此，最高院认为，"解释合同条款，应当尽可能赋予其有效性，而不应使其成为冗余或毫无意义的条款”；“仲裁庭的权力来源于当事人的合意授权，仲裁程序的契约性特征决定了这种争端解决方式最为核心的内容是各方的意愿能够尽可能体现在仲裁的整个程序中，当然也包括仲裁庭的组成程序”。这一思路趋同于国际法项下的“有效性原则（validity principle）”，《维也纳公约条约解释法》第32条亦明确要求，对条约的解释应当避免使其含义“模糊不清（ambiguous or obscure）”或“明显的荒谬或不合理（manifestly absurd or unreasonable）”。

（6）从近年英国、新加坡、我国香港等国内外领先仲裁地的司法实践来看，适用有利于仲裁协议有效的有效性原则，已成为仲裁协议法律适用的最基本原则。最高院此次将有效性原则运用于当事人双方对于“仲裁程序”约定的解释当中，属符合国际主流趋势的创新型尝试。与此同时，也提醒仲裁员、仲裁律师等广大法律界同人，应当深入理解并审慎解释涉案合同项下的每一条文，尊重当事人的真实合意。

（7）本案中，就仲裁员选定问题，贸仲委给予了当事人双方充分时间发表意见，并先后4次向双方当事人发出通知，征求意见。这一做法不仅体现了仲裁机构对当事双方的尊重、决定之时的审慎。更深层次地讲，仲裁机构在致力于推进仲裁程序的同时，也给予了当事人双方变更合意的充分空间。并且最终基于涉案合同、以及当事人双方在组庭程序中的往来函件完成了组庭。

（8）实务中，仲裁与诉讼较为不同的一点在于，仲裁当事人就程序问题享有充分表达意见的机会，本案中亦是如此。与此同时，仲裁过程中，因当事双方的合作关系、约定事项均早已时过境迁，双方处于利益冲突之中，其实很难就仲裁员的选定问题达成共识。即便如此，当事一方仍然在保留异议的前提下，就首席仲裁员的选定达成了一致意见，贸仲委据此推进仲裁程序，尊重仲裁协议的约定，体现了当事人意思自治原则，值得推崇。

（9）与此同时我们注意到，二撤裁申请人都在往来函件中声明了保留异议，这其实是正当行使权利的行为，同样也是职业律师应有的做法。不管是本案所适用的《中国国际经济贸易仲裁委员会仲裁规则（2012版）》，还是现行贸仲规则都有关于“不及时、明示提出异议则视为放弃”的相关规定。与此同时，在当事双方本身就组庭程序便已争执不休的情况下，对于其认为不符合仲裁协议约定的行为，此刻保留提出异议的权利，合情合理。但值得我们注意的是，最高院在本案中同样也指出，“当事人将在仲裁程序中声明保留异议作为最终仲裁裁决结果对其不利后申请撤销仲裁裁决的砝码的伺机行为，不应得到鼓励”。

第六章

仲裁参加人

仲裁参加人是根据有效的仲裁协议或仲裁条款，参与到仲裁活动中的平等主体，包括公民、法人和其他组织。仲裁法律关系是指仲裁法律规范在调整仲裁行为过程中形成的以仲裁权利义务为内容的社会关系。仲裁法律关系主体分为两大类型：行使或辅助行使仲裁权的主体，包括常设仲裁机构、仲裁庭、仲裁员等；行使或者辅助行使仲裁实施权的主体以及其他参与仲裁程序的主体，统称为“仲裁参加人”。其中，行使仲裁实施权的主体是仲裁当事人、代理仲裁当事人，参加仲裁活动的主体是仲裁代理人。仲裁当事人及其代理人以外的其他参与仲裁程序的主体，谓“其他仲裁参加人”。

第一节　仲裁当事人

一、仲裁当事人的界定

仲裁当事人是指仲裁程序当事人，即依据仲裁协议，以自己的名义参加仲裁程序，并受仲裁裁决约束的主体。在国际商事仲裁实践中，仲裁当事人具有以下特征：

(1) 仲裁当事人的法律地位平等。《仲裁法》第 2 条明确规定，仲裁只适用于平等主体的公民、法人或其他组织之间的特定纠纷。仲裁双方当事人的仲裁关系，建立在彼此之间商事法律关系基础之上，双方当事人的法律地位是平等的。

（2）仲裁当事人之间必须订立有效的仲裁协议。仲裁协议是仲裁赖以存在的基础，也是仲裁机构受理当事人的仲裁申请的依据，是仲裁当事人产生、存在，以及进行仲裁程序的基础。

（3）仲裁当事人必须以自己的名义参与仲裁活动。当事人提起仲裁的目的是维护自己的权益，必须以自己的名义进行。

（4）仲裁当事人之间的纠纷必须具有可仲裁性。可仲裁性是以仲裁方式解决的民商事纠纷所特有的属性，当事人提请仲裁的事项必须符合《仲裁法》的规定，属于双方当事人仲裁协议所约定的仲裁范围内的事项。

（5）仲裁当事人受仲裁裁决的约束。依照法律的规定，仲裁庭对案件作出的裁决具有法律效力，当事人必须履行，是仲裁当事人的义务。因此，仲裁庭根据双方当事人的仲裁协议作出的裁决，对仲裁当事人具有法律上的约束力。

二、仲裁当事人的适格性

所谓仲裁当事人的适格性，又称为正当仲裁当事人，是指在具体的仲裁程序中，对解决纠纷最为恰当的程序法和实体法上的主体，即能够以自己的名义申请或被申请参加仲裁并受本案裁决约束的资格。

在仲裁立案审查阶段，仲裁机构对仲裁当事人进行形式审查，即申请人是否有合法理由以自己的名义申请仲裁，是否有明确的被申请人。仲裁当事人的判定标准，主要有以下标准：

（1）书面签署标准，也称为传统形式标准，即只有在仲裁协议上签字的人才能称为仲裁当事人。

（2）利害关系标准，也称为请求权标准，即根据仲裁申请人和被申请人的实体地位以及请求的实体属性来判断其主体身份。

（3）仲裁协议当事人标准，即以是否为仲裁协议的当事人来确定仲裁当事人，一般认为包括仲裁协议的书面签署人，以及虽不是仲裁协议的书面签署人，但是仲裁协议效力扩张后所涉及的人。

仲裁协议当事人的标准直接体现了仲裁当事人的特征，且包括利害关系标准的实质内涵，包括仲裁协议的书面签署人和仲裁协议效力扩张后的当事人，该标准能够最大限度地使实体权利义务主体与程序参与者保持一致性，确定当事人的范围，而且不至于使确定当事人的标准跨度过大，导致仲裁当事人范围的扩大。

在仲裁审理阶段，仲裁庭对仲裁当事人的适格性进行实质审查。作为当事人参加仲裁，应该具有相应的资格要求，仲裁庭主要审查的是仲裁当事人的权利能力和仲裁当事人的行为能力。

（1）仲裁当事人的权利能力。仲裁当事人的权利能力是指仲裁当事人基于仲裁协议以自己的名义进行仲裁的资格。仲裁作为一种替代性纠纷解决方式，具有契约性、民间性与自治性。《仲裁法》第17条第2项明确规定，无民事行为能力人或者限制民事行为能力人订立的仲裁协议属于无效的仲裁协议，依据该条的规定，仲裁权利能力的享有者的条件是具有完全民事行为能力。

（2）仲裁当事人的行为能力。仲裁当事人的行为能力是指当事人通过自己的行为进行仲裁的资格。根据《仲裁法》的规定，仲裁当事人以自己的名义进行仲裁的资格与当事人以自己的行为进行仲裁的资格是一致的，即具有完全民事行为能力。

三、仲裁当事人的权利义务

为确保仲裁当事人的合法权益获得应有的法律保护，《仲裁法》及相关法律规定既赋予仲裁当事人以广泛的权利，也规定仲裁当事人应履行相应的义务。

（一）仲裁当事人的权利

仲裁当事人的权利是仲裁当事人维护自己合法权益的有效手段，根据《仲裁法》的规定，当事人在仲裁中主要享有以下权利：

（1）请求仲裁保护权。即当事人有申请仲裁的权利和反驳对方当事人请求的权利，有增加、变更仲裁请求的权利，也有提出反请求的权利。

（2）委托代理权。即当事人、法定代理人有权委托律师和其他代理人代为进行仲裁活动。

（3）选择仲裁员的权利。《中国国际经济贸易仲裁委员会仲裁规则

(2015 版)》第 27 条规定 3 人仲裁庭的组成，当事人有权各自选择 1 名或委托仲裁委员会主任指定 1 名仲裁员，共同选定或者共同委托仲裁委员会主任指定首席仲裁员。

（4）申请回避的权利。为了保证仲裁的公正性，仲裁当事人有权申请具有法定回避情形的仲裁员和其他人员回避，即有权要求仲裁机构更换仲裁员及其他有利害关系的人员。

（5）收集、提供证据的权利。即当事人为了维护自己的合法权利，使仲裁委员会作出正确的裁决，任何一方当事人均有权依法收集证据和向仲裁机构提交证据。

（6）质证权。即当事人有权对证据质证，以维护自己的合法权利。

（7）辩论权。即当事人有权以口头或者书面的方式，与对方当事人就案件的实体和程序等问题进行辩论。

（8）请求调解的权利。即当事人有权请求仲裁庭对双方的争议进行调解。

（9）和解权。即当事人在仲裁程序进行的过程中，有权选择自行和解。只要当事人达成的和解协议不违反国家法律的规定，仲裁庭应当允许。

（10）申请撤销仲裁裁决的权利。即当事人认为仲裁裁决具有法定可撤销的情形的，在法定期限内，有权向法院申请撤销仲裁裁决。

（11）申请执行仲裁裁决的权利。即当事人有权就生效的仲裁裁决申请法院强制执行。

仲裁当事人在仲裁活动中，依法享有上述权利，除此之外仲裁当事人还有一些权利，包括查阅复印仲裁资料、阅读庭审笔录、申请对专门问题的鉴定等。

（二）仲裁当事人的义务

仲裁当事人有义务维护仲裁程序、保证仲裁活动有序进行，根据《仲裁法》的规定，当事人在仲裁活动中主要应承担以下义务：

（1）依法行使仲裁权利。仲裁当事人不得滥用仲裁权利，损害对方当事人的合意权益，影响仲裁程序的顺利进行。

（2）遵守仲裁程序，维护仲裁秩序。仲裁活动的参与人有义务维护良好的仲裁环境和秩序，有利于仲裁程序的顺利开展，即仲裁当事人应当自觉遵守仲裁庭的纪律，保障仲裁的秩序。

（3）自觉履行生效的裁决书和调解书。仲裁当事人应当自觉履行生效的仲裁裁决书和调解书，否则对方当事人有权申请法院强制执行。

仲裁当事人的权利和义务是对立统一的关系。在仲裁过程中，只有正确行使权利，履行义务，才能保证仲裁程序的顺利进行，才能实现仲裁当事人的合法权益。因此，仲裁机构及仲裁庭既要尊重当事人的仲裁权利，又要监督当事人滥用仲裁权利和正确履行仲裁义务。①

四、其他仲裁参与人

仲裁参与人通常分为仲裁参加人和其他仲裁参与人。仲裁参加人是指依照仲裁法和仲裁规则的规定，参加仲裁活动，享有仲裁权利并承担仲裁义务，以维护自己的合法权益或者被代理人合法权益的人，包括仲裁当事人和仲裁代理人。其他仲裁参与人是指除仲裁参加人以外的、参与到仲裁活动中的人，旨在辅助仲裁参加人参加仲裁活动和协助仲裁机构查清事实，确保仲裁程序顺利进行和仲裁庭作出公正裁决。其他仲裁参与人主要包括：证人、专家（含鉴定人）、翻译人员等。贸仲委《证据指引》中将查验报告、鉴定报告作为证据类型，国内大部分仲裁机构的仲裁规则将仲裁机构的查验视为仲裁庭调查证据的手段，对“专家报告”泛指仲裁庭聘请专家在鉴定、审计、评估、检测、咨询的基础上形成的书面报告，并将当事人就法律及其他专家问题聘请的专家直接称为“专家证人”。

（一）证人（事实证人）

根据《民事诉讼法》第75条、76条的规定，凡是知道案件情况且能够正确表达意思的人都有作证义务，证人以出庭作证为原则，以书面证言、视听传输技术或者视听资料等方式作证为例外。仲裁作为民间争议解决方式，其管辖权源于当事人授权，仲裁庭并不能强制了解案情且能够正确表达意思的主体向其作证。为了降低取证难度及提升仲裁效率，贸仲委《证据指引》

① 参见李政、徐秋菊、韩红俊编著：《仲裁法实训教程》，法律出版社2017年版，第152页。

第 8 条规定了事实证人：“（一）当事人安排证人作证的，应事先向仲裁庭确定证人身份及其证明事项。任何能够证明案件事实的人，包括当事人的雇员、代表人和代理人，均可作为证人。（二）证人应在庭审前提交其书面证言。书面证言应包括证人的姓名、地址、与各当事人间的关系以及个人背景介绍，对有关争议事实的详细说明及其信息来源，以及出具证言的日期和证人本人的签名。”根据该条的规定，仲裁庭不依职权通知证人出庭作证，当事人申请证人出庭也应当事先获得仲裁庭的同意，在确立证人原则上还应当采取书面形式作证。

《仲裁法》第 46 条规定了证据保全，在证据可能灭失或今后难以取得的情况下，仲裁机构将当事人的申请提交人民法院，并由人民法院审查后采取一定措施将有关证据加以提收或固定的活动。同时，当事人在申请仲裁之前都可以申请证据保全，进入仲裁程序以后更应当允许当事人向司法机关寻求协助，以法院的强制力保障仲裁程序的顺利进行。

（二）专家（含鉴定人）

专家是指利用专门知识协助仲裁庭行使仲裁权或者辅助仲裁参加人行使仲裁实施权的机构或者个人，前者是仲裁庭依职权或依据当事人申请聘请的专家，后者是仲裁参加人自行聘请的专家。《中国国际经济贸易仲裁委员会仲裁规则（2015 版）》第 44 条规定专家报告及鉴定报告，主要包括：①仲裁庭可以就案件中的专门问题向专家咨询或指定鉴定人进行鉴定，专家和鉴定人可以是中国或外国的机构或自然人；②仲裁庭有权要求当事人、当事人也有义务向专家或鉴定人提供或出示任何有关资料、文件或财产、实物，以供专家或鉴定人审阅、检验或鉴定；③专家报告和鉴定报告的副本应转交当事人，给予当事人提出意见的机会。一方当事人要求专家或鉴定人参加开庭的，经仲裁庭同意，专家或鉴定人应参加开庭，并在仲裁庭认为必要时就所作出的报告进行解释。因此，仲裁庭咨询专家的问题既可能涉及案件事实认定，也可能涉及法律适用问题，但仲裁庭交付鉴定人解决的只能是案件事实认定中牵涉的技术性问题。专家证人则是当事人或者代理人聘请来辅助其参加仲裁活动的专家，与对方当事人及仲裁庭聘请的专家均可能形成对抗性关系。固然，专家证人应当坚持中立性，其作用在于帮助缺乏专业知识的仲裁员更准确地了解双方提供的技术方面的证据与事实，而不是帮助当事人以使其技术性陈述与主张更加可信。因此，仲裁参加人聘请的专家不可避免地具有一定的倾向性，在双方均自行聘请专家的情形下，仲裁庭仍有可能需要就案件的专门知识问题咨询或聘请专家。

贸仲委《证据指引》第9条专家意见，主要包括：①当事人可就特定问题提交专家意见以支持己方的主张；②仲裁庭可自行指定1名或多名专家，双方当事人应对仲裁庭指定的专家予以协助，提供其要求的文件和信息，专家应出具专家意见，交由双方当事人评论；③当事人或仲裁庭选定某专业机构出具专家意见的，实际代表该机构出具意见的专家个人视为本条意义上的专家。《证据指引》第10条第1款规定："仲裁庭可依当事人的请求或自行决定，由仲裁庭或其指定的查验人对现场、货物、文件或其他有关证据进行查验，或由仲裁庭指定的鉴定人对某个专业或技术问题进行鉴定。当事人应事先得到查验的通知并有权到场。查验人、鉴定人完成查验或鉴定后，应出具报告，交由双方当事人评论。"显然，根据该《证据指引》的相关规定，专家在鉴定、审计、审价、审核、评估、检测、咨询的基础上作出的相关报告，其性质不因专家采取不同方法而有所区别，相关书面报告的采用以及相关专家接受询问的规则具有共通性。

（三）翻译人员

翻译人员是指当事人聘请或者仲裁委员会提供的出庭提供翻译服务的人员。《中国国际经济贸易仲裁委员会仲裁规则（2015版）》第81条第2款规定了仲裁语言："仲裁庭开庭时，当事人或其代理人、证人需要语言翻译的，可由仲裁委员会仲裁院提供译员，也可由当事人自行提供译员。"中国国际经济贸易仲裁委员会《证据指引》第14条规定了书证的翻译，主要包括：①其他文字的书证是否需要按照仲裁语言翻译，可由仲裁庭在与当事人协商后决定。在决定是否需要翻译，或者是否需要全部或部分翻译时，仲裁庭应考虑双方当事人及其律师的语言能力，以及费用的节省；②仲裁庭与当事人协商后决定书证需要翻译的，译文应与原文同时提交，以便对方当事人对译文的准确性进行核对；③译文与原文有出入的，仲裁庭应以能够正确反映书证原意的译文为准。

因此，当事人自行提供翻译可能产生的费用由当事人自行支付，但得请求败诉的对方当事人承担合理的翻译费用。仲裁委员会提供翻译产生的翻译费，属于仲裁委员会向当事人收取的实际费用，通常由需要翻译协助的一方当事人缴纳，最终由败诉方当事人承担。

第二节　仲裁第三人

一、仲裁第三人的概念

绝大多数国家的《仲裁法》都没有规定第三人，仲裁程序中是否像民事诉讼程序一样有第三人，是一个有争议的问题。一般认为，仲裁第三人是指对正在进行仲裁中争议的法律关系，认为自己有独立的请求权，或者虽无独立的请求权但是仲裁案件的审理与其有法律上的利害关系，为保护自己的合法权益而参加到仲裁中的非仲裁协议签约人。仲裁第三人的特征主要有以下几个方面：

（1）仲裁第三人不是仲裁协议的签约人，也不能依据仲裁协议效力扩张原则而实际受到仲裁协议的约束。

（2）仲裁第三人与仲裁争议法律关系具有相关性，其对仲裁标的具有独立的请求权或者与案件结果有法律上的利害关系，有参加到他人已经开始的仲裁程序中的必要；

（3）仲裁第三人是在仲裁程序进行过程中加入仲裁，原仲裁程序已经开始，裁决尚未作出之前；

（4）仲裁第三人进入仲裁程序必须是由仲裁当事人一方或多方提出申请，或者经过仲裁当事人一方或多方的同意，即仲裁第三人进入仲裁程序必须基于各方仲裁当事人的合意。

（5）仲裁第三人是以自己名义参加仲裁并受仲裁裁决的约束。

二、仲裁第三人的类型

根据仲裁第三人与仲裁当事人之间的牵连关系，仲裁第三人可以区分为独立仲裁参加人、辅助仲裁参加人、被申请人型仲裁第三人。①

（一）独立仲裁参加人

独立仲裁参加人是指以本案申请人和被申请人为共同被申请人，并对仲裁庭提出独立仲裁请求的仲裁第三人。独立仲裁参加的本质是第三人在他人仲裁过程中提起与本案仲裁相关的仲裁案件，并请求仲裁庭对2个仲裁案件予以合并。

独立仲裁参加人的身份系属于申请人，其启动仲裁程序需要与对方当事人达成仲裁协议。然而，独立仲裁参加人参加仲裁程序通常对申请人和/或被申请的实体法的权益造成威胁，通常难以指望仲裁当事人与独立参加人签订仲裁协议。为了保障独立仲裁参加人的实体权益和程序权益，应当承认其可以违背仲裁当事人的意愿参加仲裁程序。如果认为仲裁机构难以中立地保护案外人的合法权益，可以考虑赋予案外人请求法院裁定其参加仲裁程序的机会。然而，在我国当前语境下，既判力相对性原则上没有获得普遍认可，独立仲裁参加人通常不可以通过另行起诉的方式获得救济，而导致其会受确定裁决的不利影响。因而在解释论上，为损害他人合法权益而签订仲裁协议的行为，可以解释为相对特定第三人无效的民事行为。因该仲裁协议受有损害的第三人请求法院撤销该仲裁协议，无须经过申请人和被申请人的同意。②

（二）辅助仲裁参加人

辅助仲裁参加人是指与案件处理结果存在法律上的利害关系，而辅助申请人或者被申请人参加仲裁活动的第三人。辅助仲裁参加人没有独立的仲裁实施权，其仲裁地位依附于被辅助的仲裁当事人，不能独立启动仲裁程序，也不能被裁决承担民事责任，具有典型的从当事人属性，但是辅助仲裁参加人参加仲裁活动的宗旨在于保护自身合法权益，而不是单纯维护被辅助当事人的利益，或者是协助仲裁庭查明案件事实，所以其与仲裁代理人和事实证

① 也有学者采用程序法角度采用其他的划分标准认为仲裁第三人包括仲裁协议第三人、仲裁程序第三人以及仲裁裁决执行第三人。参见林一：“仲裁第三人引入模式及理论重思——兼论耦合的行为理论”，载《武大国际法评论》2014年第1期，第186页。

② 参见江伟、肖建国主编：《仲裁法》，中国人民大学出版社2016年版，第76页。

人存在本质的区别。

辅助仲裁参加人制度的关键在于如何理解辅助仲裁参加人和仲裁结果之间存在法律上的利害关系。通常认为，如果被辅助的当事人败诉，仲裁裁决的执行将直接或间接触犯第三人的权益；而如果当事人胜诉，则第三人的利益将获得保护。例如，保证人丙对债权人甲与债务人乙因债务纠纷发生的仲裁存在法律上的利害关系，如果乙败诉，则丙可能需要承担保证责任，间接危及其权益。如果乙胜诉，则丙无须承担保证责任。

（三）被申请人型仲裁参加人

被申请人型仲裁参加人是指由仲裁案件的申请人或者被申请人引入的第三人，包括申请人引入的被申请人型第三人以及被申请人引入的被申请人型第三人。被申请人型仲裁参加人与申请人或者被申请人之间的民事法律关系实际上已经构成仲裁标的，构成仲裁庭审理和采取的对象。因而被申请人型仲裁参加人的实质是被申请人及申请人或者被申请人将其作为被申请人提起新的仲裁案件，因2个仲裁案件之间存在法律上的牵连关系而予以合并仲裁。因而，被申请人型仲裁参加人制度的设置宗旨在于提高纠纷解决效率，但为保障被申请人型仲裁参加人的裁决请求权，未经其同意，不得通过追加被申请人的方式将与仲裁当事人订立仲裁协议的第三人强制性卷入仲裁程序。与此同时，为保障仲裁当事人的裁判请求权，即使不违背第三人的意志，仲裁庭或者法院也不能强制要求申请人或者被申请人通过仲裁的方式解决其与第三人之间的纷争。

三、仲裁第三人的立法例

（一）肯定“仲裁第三人”

对仲裁中存在仲裁第三人持肯定态度的国家的学者认为，仲裁在申请人和被申请人的参加下进行，但在某种特殊情况下有第三方参加，即承认特殊情况下的仲裁第三人的仲裁主体地位。根据第三人对仲裁标的是否存在独立请求权，进一步可以将仲裁第三人划分为有独立请求权的第三人和无独立请求权的第三人。也就是，仲裁第三人问题源于商事仲裁协议效力的扩张，基于特定事由导致仲裁协议的效力扩张到仲裁当事人以外的人。[①]

持肯定观点者认为，允许存在仲裁第三人制度有利于实现仲裁的公正与效率。公正是人们永恒追求的目标，设立仲裁第三人制度有利于实现仲裁结果与仲裁程序的公正性。同时，设立仲裁第三人制度实际上是将同一纠纷中的多个当事人或数个有牵连的纠纷纳入同一纠纷解决程序中合并处理。无论对仲裁机构还是对当事人都意味着投入的减少和效率的提高。而且，仲裁第三人制度的设立增加了仲裁结果的公正性，也会消除导致社会资源再次投入仲裁或诉讼的因素，节约诉讼或者仲裁的投入，降低纠纷解决成本。[②]比如，1996年1月，瑞士联邦法院曾作出1项裁决，认为如果商事仲裁条款约束子公司，那么该条款也同样对母公司具有约束力。[③]

（二）否定“仲裁第三人”

对仲裁中存在第三人持否定态度的国家的学者认为，仲裁程序中的当事人具有明确性和不可逾越的前提，即仲裁程序的申请人和被申请人在仲裁程序开始前就是确定的，并自始至终不应变更。根据这种观点，仲裁程序不应涉及第三人问题。尽管实践中会存在第三人对商事仲裁事项享有独立请求权，或虽无独立请求权但与裁判结果具有法律上的利害关系等情形，但由于第三人没有参与仲裁协议的订立，也就意味着仲裁协议双方当事人并未对采用仲裁方式解决争议的方式达成一致。因此，在仲裁程序中对仲裁第三人地位的承认，动摇了仲裁存在的前提和基础，是对仲裁协议双方当事人“意思自治”原则的挑战。[④]

在实践中，如果第三人不经已经开始的仲裁程序当事人的同意，通过自己申请或者依据仲裁庭通知而参加仲裁，有学者认为此种做法使得仲裁具有非契约性和强制性，给仲裁蒙上了诉讼化的阴影，与仲裁的本质相悖。[⑤]

---

① 参见谭兵：《中国仲裁制度研究》，法律出版社1995年版，第126～129页。

② 参见宋连斌、杨玲：“论仲裁第三人”，载《仲裁研究》（第五辑），法律出版社2005年版，第20页。

③ 参见李广辉、林泰松：《仲裁法学》，中国法制出版社2019年版，第208页。

④ 参见李广辉、林泰松：《仲裁法学》，中国法制出版社2019年版，第208页。

⑤ 参见林一飞：“论仲裁与第三人”，载《法学评论》2001年第1期，第65页。

（三）有条件地认可“仲裁第三人”

有条件地认可“仲裁第三人”是指经过双方当事人的同意，或者经过仲裁庭同意以确认仲裁第三人的仲裁主体地位。比如，《荷兰民事诉讼法典》第4编第1045条规定了仲裁第三人制度，该法规定：①根据与仲裁程序的结果有利害关系的第三人的书面请求，仲裁庭可以允许该第三人参加或介入程序，仲裁庭应毫不迟延地将1份请求发送给当事人；②声称第三人应予赔偿的一方当事人可以将1份通知送达该第三人，1份通知应毫不迟延地发送给仲裁庭和其他当事人；③如果第三人根据他与仲裁协议的当事人之间的书面协议参加仲裁，其参加、介入或联合索赔仅可由仲裁庭在听取当事人意见后许可；④一旦准许了参加、介入或联合索赔的请求，第三人即成为仲裁程序的一方当事人。除非当事人另有协议，仲裁庭应决定程序上如何进一步行事。

按照《荷兰民事诉讼法典》，仲裁中的第三人不同于民事诉讼中的第三人，也并不违背仲裁的自愿原则，该法所谓的仲裁第三人，实际上是基于效率考虑的合并审理，并且需要征得当事人、第三人、仲裁员的一致同意。

（四）我国仲裁机构关于仲裁第三人的规定

我国法律没有设立仲裁第三人制度。在江苏省物资集团轻工纺织总公司诉（香港）裕亿集团有限公司、（加拿大）太子发展有限公司侵权损害赔偿纠纷上诉案中，[①] 最高人民法院认为，各方当事人均应受合同中订立的仲裁条款的约束，所发生的纠纷应通过仲裁解决，人民法院无管辖权。即没有仲裁协议就不能通过仲裁解决，也就不能成为仲裁主体及仲裁当事人。显然，法院充分考虑了仲裁自主性和仲裁的独立性原则。[②]

但是，我国一些仲裁机构的仲裁规则均有对第三人加入仲裁作出程序性规定。比如，《中国（上海）自由贸易试验区仲裁规则》第38条、《上海国际经济贸易仲裁委员会（上海国际仲裁中心）仲裁规则（2015）》第31条、《重庆仲裁委员会仲裁规则》第23条、《广州仲裁委仲裁规则（2021）》第

① 参见《最高人民法院公报》1998年第3期。江苏省物资集团轻工纺织总公司诉（香港）裕亿集团有限公司、（加拿大）太子发展有限公司侵权损害赔偿纠纷案。

② 参见刘传慕：“对仲裁庭追加第三人的法律分析”，载《人民司法》1998年第9期，第76页。

27 条、《深圳国际仲裁院 2022 仲裁规则》第 20 条第 2 款都规定了第三人参与仲裁的程序规则。

第三节　仲裁代理人

一、仲裁代理人的概念及特征

仲裁代理人是指根据法律规定或者当事人、法定代理人的授权委托，以被代理人的名义，为维护被代理人的合法权益，在代理权限范围内代理一方当事人进行仲裁活动的人。仲裁代理人具有以下特征：

（1）仲裁代理人以被代理人的名义进行仲裁活动。在仲裁活动中，仲裁代理人只能以被代理人的名义参加仲裁程序，而不能以自己的名义参加仲裁程序。

（2）仲裁代理人应当在代理权限内进行仲裁活动。仲裁代理权是指代理当事人进行仲裁活动的权限，仲裁代理人只有在法律规定或者当事人授权的范围内从事代理行为才具有法律上的效力。

（3）基于代理活动所产生的法律后果由被代理人承担。仲裁代理人在代理期限内，依据代理权限行使代理行为所产生的法律后果，都由被代理人承担。

（4）仲裁代理人进行代理活动，以维护被代理人的利益为目的。由于仲裁代理人与仲裁案件没有直接的利害关系，仲裁代理人参与仲裁活动，其行使代理行为的目的是维护被代理人的利益。同时，由于争议双方当事人的实体利益处于对立状态，为有效地维护被代理人的合法权益，仲裁代理人在同一纠纷案件中只能代理一方当事人。

二、仲裁代理人的种类及权限

代理是指代理人代被代理人实施民事法律行为，其法律效果直接归属于被代理人的行为。《仲裁法》第 29 条规定："当事人、法定代理人可以委托律师和其他代理人进行仲裁活动。委托律师和其他代理人进行仲裁活动的，应当向仲裁委员会提交授权委托书。”根据该条的规定，基于当事人、法定代理人、法定代表人的授权委托并在授权范围内代为进行仲裁活动的人可以被委托而成为仲裁委托代理人，包括律师、其他人员。律师是指依法取得律师执业证书，接受委托或者指定，为当事人提供法律服务的执业人员。其他人员一般可以包括当事人近亲属、当事人所在单位推荐的或者经仲裁委员会许可的其他公民。《中国国际经济贸易仲裁委员会仲裁规则（2015 版）》第 22 条规定，当事人可以授权中国及/或外国的仲裁代理人办理有关仲裁事项。

（一）法定仲裁代理人

法定代理是指依照法律的规定来行使代理权的代理。法定代理人的代理权来自法律的直接规定，无须被代理人的授权，也只有在符合法律规定条件的情况下才能取消代理人的代理权。法定仲裁代理人，是指根据法律规定行使仲裁代理权的人。《民事诉讼法》第 60 条规定了法定诉讼代理人，无诉讼行为能力人的监护人是他的法定代理人。事先没有确定监护人的，可以由有监护资格的人协商确定；协商不成的，由人民法院在他们之间指定诉讼中的法定代理人。

由于法定代理人是根据法律规定行使代理权的人，因此，法定代理人的代理权限是具有完全代理的资格，即法定代理人不仅享有仲裁程序中的一般性权利，如代为提出仲裁申请、委托代理人、收集并提供证据、参与庭审等，而且还可以根据自己的意愿行使特殊权利，如代为承认、放弃、变更仲裁请求、进行和解或者调解等。

法定仲裁代理人代理权限的消灭，来自以下情形的出现：被代理人解除监护，恢复或者取得行为能力；法定仲裁代理人丧失行为能力或者死亡；法定仲裁代理人丧失监护权等。

（二）委托仲裁代理人

委托代理是指按照代理人的委托来行使代理权的代理。根据委托授权的不同，可以把委托代理分为一般委托代理和特别委托代理。一般委托代理，是指委托代理人只能代理被代理人的一般仲裁行为的代理，依据委托当然享有程序性的诉讼权利，但不能享有具有处分实体权利性质的诉讼权利。特别委托代理，是指代理人不仅可以为被代理人代理一般仲裁行为，而且还可以根据被代理人的特别授权，代为承认、放弃、变更仲裁请求、进行和解、调解等仲裁行为的代理。

委托仲裁代理人，是指基于委托代理关系，在仲裁当事人或者法定代理人的授权范围内行使代理权的人。仲裁代理人进行仲裁活动的，应当向仲裁委员会提交授权委托书。授权委托书应当载明委托事项和权限。同时，当事人或法定代理人可以变更委托代理人的代理权限，应书面通知仲裁庭。委托仲裁权产生以后，出现下列情形之一的，委托代理权即归于消灭：仲裁程序终结；委托代理人死亡或者丧失行为能力；委托人解除委托或者代理人辞去委托。

三、关于仲裁员能否担任该仲裁机构的案件代理人

（一）北京仲裁委员会禁止仲裁员担任本会案件代理人的规定

在一些具体的仲裁规则、仲裁员守则或仲裁案件中，仲裁代理人的资格可能会受到限制，这主要是与利益冲突、回避事宜等有关。例如，北京仲裁委员会2006年发布，至今仍然有效的《仲裁员守则》第9条规定："仲裁员不得在本会的仲裁案件（包括申请撤销或不予执行本会仲裁裁决的案件）中担任代理人……"也就是说，一旦成为北京仲裁委员会的仲裁员，该仲裁员就不得在北京仲裁委员会审理的仲裁案件中担任仲裁代理人，国内外绝大部分仲裁机构未作此限制。对于北京仲裁委员会仲裁员禁止担任本会案件代理人规定的去存，理论界与实务界也有过相当多的讨论，北京仲裁委员会也曾做出过解释。[①] 此外，考虑到相同目的，北京仲裁委员会还禁止本会仲裁员代理不予执行与撤销本会仲裁裁决的案件。

---

① 参见王红松："2004年关于北京仲裁委员会《仲裁守则》《仲裁员聘用管理办法》《关于提高仲裁效率的若干规定》的修改声明"，载北京仲裁委员会官网，https://www.bjac.org.cn/page/ckzl/szsm2004.html，2022年5月19日访问。

（二）《律师和律师事务所违法行为处罚办法》对律师仲裁员担任代理人的规定

司法部《律师和律师事务所违法行为处罚办法》第7条规定：“有下列情形之一的，属于《律师法》第四十七条第三项规定的律师‘在同一案件中为双方当事人担任代理人，或者代理与本人及其近亲属有利益冲突的法律事务的’违法行为……（五）曾经担任仲裁员或者仍在担任仲裁员的律师，以代理人身份承办本人原任职或者现任职的仲裁机构办理的案件的。”《律师法》第47条规定：“律师有下列行为之一的，由设区的市级或者直辖市的区人民政府司法行政部门给予警告……（三）在同一案件中为双方当事人担任代理人，或者代理与本人及其近亲属有利益冲突的法律事务的……”但是对该规定的理解不同，实务中确实给身为律师的仲裁员带来了影响。

（三）《律师执业管理办法》对于律师担任仲裁代理人的特别规定

2016年《律师执业管理办法》第28条第3款规定：“律师不得担任所在律师事务所其他律师担任仲裁员的案件的代理人。曾经或者仍在担任仲裁员的律师，不得承办与本人担任仲裁员办理过的案件有利益冲突的法律事务。”也就是说，对于律师担任仲裁员主要有以下两种限制：第一，同一案件中的代理人与仲裁员不得是同一律师事务所的律师；第二，对于其担任过仲裁员的案件，律师不得再承办与此案件有利益冲突的法律事务。①

练　习　题

一、思考题

1. 简述仲裁当事人适格。
2. 论述仲裁第三人制度。

二、司法考试试题

1. 刘某从海塘公司购买红木家具1套，价款为3万元，双方签订合同，约定如

① 参见孙巍：《中国商事仲裁法律与实务》，法律出版社2020年版，第275页。

发生纠纷可向北京仲裁委员会申请仲裁。交付后，刘某发现该家具并非红木制成，便向仲裁委员会申请仲裁，请求退货。如果裁决退货，向海塘公司提供木材的红木公司可以以何种身份参加该案件的仲裁程序？（2006 年·卷三·98 题）

A. 证人

B. 第三人

C. 鉴定人

D. 被申请人

2. 兴源公司与郭某签订钢材买卖合同，并书面约定本合同一切争议由中国国际经济贸易仲裁委员会仲裁。兴源公司支付 100 万元预付款后，因郭某为履约依法解除了合同，郭某一直未将预付款返还。兴源公司遂提出返还货款的仲裁请求，仲裁庭适用简易程序审理，并作出裁决支持该请求。由于郭某拒不履行裁决，兴源公司申请执行，郭某无力归还 100 万元现金，但可以收藏的多幅字画提供执行担保，担保期满后，郭某仍无力还款，法院在准备执行该批字画时，朱某向法院提出异议，主张自己是这些字画的所有权人，郭某只是代为保管。（2013 年·卷三·95 题）

（1）关于仲裁协议的表述，下列选项正确的是？

A. 买卖合同虽已解除，但仲裁条款具有独立性，兴源公司可以据此申请仲裁

B. 兴源公司返还贷款的请求是基于不当得利请求权，与买卖合同无关，不应据此申请仲裁

C. 仲裁协议未约定适用简易程序，仲裁庭不应适用简易程序审理

D. 双方选择的中国国际经济贸易仲裁委员会是涉外仲裁机构，本案不具有涉外因素，应当重新选择

（2）本案适用简易程序审理后，关于仲裁委员会和仲裁庭可以自行决定的事项，下列选项正确的是？（2013 年·卷三·96 题）

A. 指定某法院的王法官担任本案仲裁员

B. 由 1 名仲裁员组成仲裁庭独任审理

C. 依据当时的材料和证据书面审理

D. 简化裁决书未写明争议事实

3. 甲公司和乙公司签订 1 份买卖合同，约定因为履行本合同发生纠纷，可以向 A 市的仲裁机构申请仲裁，A 市有 2 个仲裁机构，分别为 A 仲裁委员会和中国

国际经济贸易仲裁委员会A市分会。现在甲公司和乙公司因为履行该合同发生争议，甲向A仲裁委员会申请仲裁，乙在A仲裁庭首次开庭前向A市中院申请确认仲裁协议无效，下列表述正确的是？（2019年·卷三·85题）

A. 乙向A市中级法院申请仲裁协议无效，A市中院应当受理

B. A市中院应当裁定确认仲裁协议无效

C. 甲乙如果协议选择其中1个机构，仲裁协议有效

D. A仲裁委应当继续仲裁

三、案例

案例一：投资者与私募基金管理人纠纷案

【案情简介】

2017年3月，投资者Y（本案申请人）与私募基金管理人A（本案被申请人）签署“基金合同”。合同约定：Y作为投资者购买由基金管理人A发起设立的一号基金份额；一号基金的募集对象为符合《私募投资基金监督管理暂行办法》规定的合格投资者，其中，普通合格投资者为符合下列相关标准的单位和个人：金融资产不低于人民币300万元（以下所涉货币币种均为人民币）或者最近3年个人年均收入不低于50万元的个人，金融资产包括银行存款、股票等。《基金合同》重要提示部分载明：私募基金管理人不保证基金一定盈利，也不保证最低收益。《基金合同》附件中合格投资者承诺书载明：本人/单位在参与贵公司发起设立的私募基金的投资过程中，因存在欺诈、隐瞒或其他不符合实际情况的陈述所产生的一切责任，由本人/单位自行承担，与贵公司无关。Y在该承诺书上签字。Y向基金管理人A提交了其金融资产证明，合计总资产为300余万元，具体包括银行及证券账户资金对账单、账户交易明细等。《基金合同》签署后，Y向一号基金募集账户转账认购款150万元，基金管理人A向Y确认交易成功。

2018年12月，一号基金完成清算，Y收到清算资金35万余元。2021年2月，Y以其自身不属于合格投资者、基金管理人A未尽适当性义务为由提起仲裁，要求基金管理人A就投资损失承担赔偿责任。①

① 本案例为上海仲裁委员会推荐的基金仲裁典型案例，中国政法大学民商经济法学院张子学教授对案件作出点评，上海仲裁委员会副法律顾问陆巧悦撰写案例，中国证券投资基金业协会沈晓宇为审校人。参见上海仲裁委员会官网，https：//www. accsh. org/，2022年1月20日访问。

【仲裁庭的意见】

关于基金管理人A是否履行了适当性义务，仲裁庭认为，《私募投资基金监督管理暂行办法》第12条规定："私募基金的合格投资者是指具备相应风险识别能力和风险承担能力，投资于单只私募基金的金额不低于100万元且符合下列相关标准的单位和个人……金融资产不低于300万元或者最近三年个人年均收入不低于50万元的个人。"鉴于Y在本案中的认购金额为150万元，满足最低投资要求，故本案中确认Y是否为合格投资者，主要衡量因素即为2点：第一，Y是否具备风险识别能力和风险承担能力；第二，Y的资产规模和收入水平是否满足上述要求。

关于第一点，《私募投资基金募集行为管理办法》第18条规定："在向投资者推介私募基金之前，募集机构应当采取问卷调查等方式履行特定对象确定程序，对投资者风险识别能力和风险承担能力进行评估。投资者应当以书面形式承诺其符合合格投资者标准。"本案中，从Y在"基金合同"附件"风险揭示书""风险调查问卷""风险评估结果确认书"上的签字结果来看，基金管理人A已经履行了特定对象确定程序。

关于第二点，根据《私募投资基金募集行为管理办法》第27条的规定："在完成私募基金风险揭示后，募集机构应当要求投资者提供必要的资产证明文件或收入证明。"本案中，一方面，基金管理人A已经要求Y提供相应的资产证明文件；另一方面，Y提交的金融资产证明包括证券和银行账户，合计金额超过300万元，形式上已经满足合格投资者的要求。即便如Y所述其并非合格投资者，也是由于其自身提供虚假证明，而不能苛求基金管理人A对Y主动提供的虚假资产证明进行过于严格的实质审查。

因此，仲裁庭认为基金管理人A已经履行了适当性义务。

【案例评析】

私募基金募集过程中，募集机构应当向投资者充分揭示投资风险，并根据投资者的风险承担能力销售不同风险等级的基金产品；基金募集机构未向投资者充分揭示投资风险并误导其购买与其风险承担能力不相当的基金产品的，除了会受到监管部门行政处罚、监管措施与纪律处分外，还可能需要赔偿因此导致的投资者损失。同时，投资者也应承担如实告知、如实提供材料与审慎投资等义务。《私募投资基金监督管理暂行办法》第18条规定："投资者应当如实填写风险识别能力和承担能力问卷，如实承诺资产或者收入情况，并对其真实性、准确性和完整性负责。填写虚假信息或者提供虚假承诺文件的，应当承担相应责任。”《证券期货投资者适当性管理办法》（2020 年修正）第 33 条进一步规定，投资者购买产品或者接受服务，按规定需要提供信息的，所提供的信息应当真实、准确、完整；投资者根据该办法第 6 条规定所提供的信息发生重要变化、可能影响其分类的，应当及时告知证券期货经营机构；投资者不按照规定提供相关信息或者提供信息不真实、不准确、不完整的，应当依法承担相应法律责任。这些需要如实提供与及时更新的信息主要包括但不限于收入来源和数额、资产、债务等财务状况，投资相关的学习、工作经历及投资经验，投资期限、品种、期望收益等投资目标，风险偏好及可承受的损失以及诚信记录。

最高人民法院 2019 年 11 月印发的《全国法院民商事审判工作会议纪要》（以下简称《九民纪要》）第 78 条为卖方机构提供了两个方面的免责事由。其一，因金融消费者故意提供虚假信息、拒绝听取卖方机构的建议等自身原因导致其购买产品或者接受服务不适当，卖方机构请求免除相应责任的，人民法院依法予以支持，但金融消费者能够证明该虚假信息的出具系卖方机构误导的除外。其二，卖方机构能够举证证明根据金融消费者的既往投资经验、受教育程度等事实，适当性义务的违反并未影响金融消费者作出自主决定的，对其关于应当由金融消费者自负投资风险的抗辩理由，人民法院依法予以支持。

《九民纪要》发布后，已经公开的裁判案例表明，司法实践一方面延续了侧重保护投资者、要求金融机构为其失职行为承担损失赔偿责任的导向；另一方面，也越来越多地要求存在过错的投资者依其过错程度承担部分乃至全部责任。目前，适用投资者“故意提供虚假信息”免责抗辩的司法案例还比较少见。本案仲裁庭在认定基金管理人 A 已经履行了适当性义务之后，裁决自行提供虚假资产证明的投资者不得据此主张管理人未履行适当性义务，具有开创性。由本案延伸，可以强调或者思考以下问题：第一，投资者需要提供与更新信息的范围，需要参照监管部门的规章与规范性文件；第二，所提供虚假信息的内容，应达到“重大性”程度，足以影响金融机构对客户适当性的判断；第三，金融机构对投资者所提供的信息，原则上限于形式审查，不进行实质调查，但是应保持合理怀疑，如对具有明显瑕疵的信息未进行必要的关注与追问，则难以免责；第四，有证据证明金融机构诱导、误导投资者提供虚假信息的，不能免责；第五，如果投资者基于“过失”提供了虚假信息，在金融机构已经合理履行了核查义务也难以发觉的情况下，也应当存在免除或者减轻其责任的空间。

总之，适当性义务的履行虽为“卖者尽责”的主要内容，也是“买者自负”的前提和基础，但是，在卖者已经尽责的情况下，买者需要为自己的故意或者过失行为买单。从私募基金市场乃至整个金融市场的发展看，突破法治化原则，过度保护投资者可能会纵容个别投资者非善意地曲解适当性义务的立法宗旨与内涵，放任自己不理性的投资决策行为，苛责金融机构以“刚兑”兜底，既不利于培养“负责任的投资者”，也不利于我国资本市场的高质量发展。

【结语】

履行合格投资者确认义务是私募基金管理人的主要适当性义务之一，而确认投资者是否属于合格投资者，需要从投资者是否具备风险识别能力和风险承担能力，及其资产规模和收入水平是否满足合格投资者要求两个方面考量。若管理人已履行确认投资者具备风险识别能力和风险承担能力的程序、已要求投资者提供资产证明，且对资产证明形式要件进行了适当审查，则投资者在投资亏损后提出管理人未能发现自己提供的资产证明系虚假的，并以此主张管理人未尽适当性义务的，仲裁庭不予认可。

私募基金管理人的适当性义务要求管理人将适当的产品销售给适当的客户，履行合理推荐、适当销售的义务。履行适当性义务是“卖者尽责”的主要内容，也是实现“买者自负”的前提和基础。适当性义务制度设计的目的主要在于保护投资者的利益，但私募基金管理人履行该义务亦应有边界。本案仲裁观点强调投资者主动提供虚假资产证明的，不得据此主张管理人未履行适当性义务，体现了公平正义、诚实信用的裁决理念。

案例二：洋马公司和豪嘉利公司纠纷案

【案情简介】

洋马公司是日本国企业法人洋马株式会社在中国上海投资设立的外商独资公司。2008 年，洋马公司和豪嘉利公司签订英文版本《出口和分销协议》，约定：“本协议的解释和法律效力均受新加坡法律管辖。因本协议或本协议项下进行交易而产生的任何或所有争议，均在新加坡仲裁。仲裁根据新加坡商事仲裁委员会的商事仲裁规则作出。”

2010 年，豪嘉利公司以上述仲裁条款约定的新加坡商事仲裁委员会及其商事仲裁规则客观上并不存在为由，向上海市第一中级人民法院申请确认该仲裁条款无效。上海市第一中级人民法院于2010年8月17日作出民事裁定认定双方在合同约定的仲裁条款有效。

2014年，豪嘉利公司向福建省高级人民法院对洋马公司提起诉讼，认为洋马公司在与豪嘉利公司发生经销权争议期间，向各关联方长期不断传递不实信息，导致豪嘉利公司在中国机械行业声誉受损，故要求洋马公司及洋马株式会社赔偿名誉损失。洋马公司提出管辖权异议，认为本案应由新加坡商事仲裁委员会管辖。虽然在另案中，洋马公司曾书面表示放弃仲裁管辖约定，接受法院管辖，但仅能表示洋马公司在特定诉讼中放弃仲裁管辖，并非对仲裁约定的完全放弃，因此该仲裁管辖约定仍具有效力，且其效力及于本案纠纷。即使本案应由人民法院管辖，也应由洋马公司住所地有一审管辖权的人民法院管辖。①

【福建省高级人民法院的裁定】

豪嘉利公司提起的系名誉侵权之诉，而非因履行“出口和分销协议”产生的合同纠纷。洋马公司以“出口和分销协议”约定仲裁为由，主张本案应由新加坡商事仲裁委员会管辖，理由不能成立，故不予支持。至于豪嘉利公司于本案中主张洋马公司、洋马株式会社侵犯其名誉权与其于另案中主张洋马公司违约解除合同是否存在请求权竞合，须择一主张权利的问题，则不属于管辖异议的审查范围。

【最高人民法院的裁定】

仲裁条款是当事人围绕争议解决方式而订立的合同，因此判断当事人关于仲裁事项的合意时，应当遵循合同解释的基本原则。从本案仲裁条款使用的措辞看，其约定的仲裁事项为“因协议或协议项下进行交易而产生的任何或所有争议”，采取的是概括性约定仲裁事项的方式。

依照通常理解，该条款约定了两方面的条件：一是提交仲裁的争议性质为任何争议，即不仅包括合同争议，也包括非合同性质的侵权争议或其他争议；二是提交仲裁的争议必须是因“出口和分销协议”或该协议项下进行交易而产生的，即争议应当基于“出口和分销协议”权利义务关系而产生，与该协议项下的权利行使或义务履行有关。

---

① 参见广州仲裁委员会推荐精选案例评析，载https：//www.gzac.org/，2022年1月20日访问。案号：（2015）民四终字第15号。

豪嘉利公司诉称的侵权行为不属于“出口和分销协议”合同权利义务的调整范畴，也不是因该协议项下权利的行使或义务的履行而产生的，而是1项独立的民事行为。因上述行为所产生的名誉权侵权责任，与“出口和分销协议”项下的违约责任并无竞合关系，不存在重复审理的问题。因此，福建省高级人民法院认定本案纠纷不属于涉案仲裁条款约定的仲裁事项，并无不当，本院予以维持。

需要指出的是，在解释仲裁条款范围时，如侵权争议因违反合同义务而产生，违约责任和侵权责任有竞合关系，则原告即使选择以侵权为由提出诉讼，仍应受到合同仲裁条款的约束，不应允许当事人通过事后选择诉因而逃避仲裁条款的适用。且即便原告提起诉讼时增列了未签订仲裁协议的其他被告，亦不影响有仲裁协议的原被告之间的纠纷适用仲裁协议。因此，福建省高级人民法院认为对仲裁协议范围的认定不涉及请求权竞合的审查，其关于法律适用的表述欠准确，本院予以纠正。

【案例评析】

《民法典》第186条规定：“因当事人一方的违约行为，损害对方人身权益、财产权益的，受损害方有权选择请求其承担违约责任或者侵权责任。”该条是关于违约责任与侵权责任的规定。违约责任与侵权责任的竞合，是指义务人的违约行为既符合违约要件，又符合侵权要件，导致违约责任与侵权责任一并产生。受损害方既可以就违约责任行使请求权，也可以就侵权责任行使请求权。根据《民法典》第186条的规定，受损方可以在2种请求权中选择行使一种请求权，如果受损方选择行使一种请求权并得到实现，那么另一种请求权即告消灭。由于合同纠纷与侵权纠纷在管辖和法律适用方面存在区别，允许受损方选择有利于自己的一种诉由提起诉讼或仲裁，既方便受损方，也有利于对受损方利益的保护。那么，当违约责任与侵权责任发生竞合时（例如，受损方主张侵权损害赔偿，而非主张违约金或违约损害赔偿），当事人约定的仲裁管辖条款还能否适用？笔者将结合以下两个案例进行分析。

从该案例可以看出最高院的观点：当违约责任和侵权责任发生竞合时，即使一方当事人选择以侵权为由提出诉讼，仍应受到合同仲裁条款的约束，不允许当事人通过选择诉讼因而逃避仲裁条款的适用。裁判思路通常是先审查仲裁协议约定的内容，确定仲裁协议约束的争议范围，再判断侵权行为是否因违反合同义务产生，即违约责任和侵权责任是否存在竞合关系。最高院认为“任何由本协议所引起的或与本协议有关的争议应由……仲裁解决”这样的表述，属于概括式的约定，其范围不仅包括合同争议，还应包括基于合同权利义务关系而产生的其他争议，如侵权争议。豪嘉利公司诉称的侵权行为不是涉案合同项下权利的行使或义务的履行而产生的行为，与涉案合同项下的违约责任并无竞合关系，故不属于仲裁协议约定的仲裁事项，仲裁条款不应适用。

因此，可以肯定的是，对仲裁协议范围的认定需要对违约责任和侵权责任是否发生竞合进行审查。但笔者认为，此处的侵权责任应是狭义的，即仅指损害财产权益的侵权行为。《仲裁法》第2条明确规定，平等主体的公民、法人和其他组织之间发生的合同纠纷和其他财产权益纠纷，可以仲裁。故对于人身权益，如生命权、健康权、姓名权、名誉权、荣誉权、肖像权、隐私权、婚姻自主权、监护权等等，并不能仲裁。因此，对于法院认为“豪嘉利公司提起的洋马公司名誉侵权行为不属于涉案合同调整范畴或因涉案合同权利义务的履行而产生的行为，而是一项独立的行为，故不存在竞合关系，不属于仲裁条款约定的仲裁事项”的观点，笔者倒是认为，名誉侵权行为本身就不属于仲裁调整的范围，故此时不应考虑侵权行为和违约行为是否发生竞合，而应考虑侵权行为的性质，如该侵权行为为侵犯人身权益的行为，不论是否存在仲裁协议，均不应适用。

第七章

仲裁程序

仲裁程序是指仲裁庭、当事人以及其他仲裁参与人进行仲裁活动所遵循的方式、步骤和时限等要素的总和，更是仲裁活动得以有效展开的保障，在很大程度上影响甚至决定着仲裁的质量。

第一节 仲裁的申请和受理

一、仲裁的申请

当事人向仲裁机构申请仲裁是启动仲裁程序的第一步，是《仲裁法》赋予发生争议的当事人的一项程序性权利，保障当事人之间的纠纷可以通过仲裁方式得以解决。

（一）仲裁申请的条件

根据《仲裁法》第 21 条的规定和有关司法解释的规定，当事人向仲裁机构申请仲裁，一般应符合以下条件：

（1）存在有效的仲裁协议。仲裁协议是当事人意思自治的最充分体现，是表明当事人双方愿意通过仲裁方式解决纠纷的依据。仲裁机构对当事人提交的仲裁协议进行实质性审查，包括审查当事人约定的仲裁事项是否超出法律规定的仲裁范围；仲裁协议中请求仲裁的意思表示是否真实；当事人有无行为能力等。

（2）有无具体的仲裁请求和事实、理由。当事人申请仲裁是为了通过仲裁方式维护自己的合法权益，因此其必须向仲裁庭提出针对被申请人的实体权利主张，即仲裁请求，以及支持该请求的事实和理由。具体的仲裁请求，是指仲裁申请人请求仲裁机构通过行使仲裁权予以确定和保护的民事权益的具体内容。而事实、理由是指支持申请人仲裁请求的具体事实和规范依据，用以说明申请人所提出的仲裁请求的合理性。因此，仲裁机构对当事人提交的仲裁申请书作实质性审查，如申请书是否说明了事实根据和法律根据，证据是否齐全等。

（3）是否属于仲裁委员会的受理范围。属于仲裁委员会的受理范围，是指当事人提请仲裁的争议事项是《仲裁法》所确定的具有可仲裁性的争议事项，以及当事人申请仲裁的仲裁委员会为双方当事人所共同选定。《仲裁法》第 2 条规定的平等主体的公民、法人和其他组织之间发生的合同纠纷和其他财产权益纠纷，同时不属于《仲裁法》第 3 条规定的婚姻、收养、监护、扶养、继承纠纷以及依法应当由行政机关处理的行政争议。而且申请仲裁的仲裁委员会必须是双方当事人在仲裁协议中确定的或根据仲裁协议所选定的，未约定仲裁机构或者无法确定仲裁机构的，除非双方当事人达成补充协议，否则当事人申请仲裁的仲裁委员会无权仲裁。

《中国国际经济贸易仲裁委员会仲裁规则（2015 版）》第 6 条规定了仲裁委员会依仲裁申请人提交的表面证据认定存在有效仲裁协议的，可根据表面证据作出仲裁委员会有管辖权的决定，使得仲裁程序继续进行。该仲裁规则第 12 条规定当事人提交仲裁申请应提交相应的证据材料，包括：①提交由申请人或申请人授权的代理人签名及/或盖章的仲裁申请书；②在提交仲裁申请书时，附具申请人请求所依据的证据材料以及其他证明文件；③按照仲裁委员会制定的仲裁费用表的规定预缴仲裁费。

（二）仲裁申请的方式

《仲裁法》第 22 条规定："当事人申请仲裁，应当向仲裁委员会递交仲裁协议、仲裁申请书及副本。"该条明确规定了当事人申请仲裁，必须采用书面方式并递交仲裁申请书及相应的文件。

仲裁申请书是指仲裁申请人根据仲裁协议将已发生的争议提请仲裁机构

进行审理的裁决，以保护其合法权益的法律文书。根据《仲裁法》第23条的规定，仲裁申请书应当载明下列内容：

（1）当事人的基本情况。包括申请人和被申请人的姓名、性别、年龄、职业、工作单位和住所。当事人是法人或者其他组织的，则应当写明该法人或者其他组织的名称、住所以及法定代表人或者主要负责人的姓名、职务。

如果申请人由法定代理人代为参加仲裁活动的，可以在申请人栏下写明法定代理人的姓名、性别、年龄、职业等基本情况；如果申请人委托律师或者其他人参加仲裁活动的，还应当在申请人栏目下写明委托代理人的基本情况。

（2）仲裁请求和事实根据、理由。该部分是仲裁申请书最核心的内容。仲裁请求要明确、具体，要具体写明申请人通过仲裁委员会向被申请人提出的具体的实体权利请求；如果申请人有多项仲裁请求，应当一一列明。

仲裁申请书中的事实、理由部分是仲裁请求的基石，既是支持仲裁申请人的仲裁请求的依据，也是仲裁庭查明争议案件事实的重要依据。仲裁申请人要详尽地陈述案情，准确援引法律和仲裁规则，说理充分，逻辑清楚，同时仲裁请求中的计算必须要有合理的依据。

（3）证据和证据来源、证人姓名和住所。《仲裁法》第43条第1款规定，当事人应当对自己的主张提供证据。该款要求仲裁申请人在提出仲裁请求时，应当提供仲裁请求所依据的证据。同时，为了便于仲裁庭审查证据的真实性与合法性，仲裁申请人还需要提供证据的来源；如果申请人提供证人作证，还需要提供证人的姓名和住所，以便通知证人作证。

（4）所申请的仲裁委员会的名称。依据《仲裁法》及相关仲裁委员会的仲裁规则的规定，当事人的仲裁申请应当提交给双方当事人一致选定的仲裁委员会，由该仲裁委员会进行审查和决定是否受理。因此，在仲裁申请书上需要写明选定的申请仲裁的仲裁委员会的全称，申请仲裁的时间，并在右下方写明申请人的姓名，申请人是法人或者其他组织的，要写全称，并另行写明法定代表人或主要负责人的姓名、职务，加盖法人或者其他组织的公章。在附项栏内注明仲裁申请书副本的份数，以及提交证据的名称、份数，并将其按编号顺序附于仲裁申请书后。

《中国国际经济贸易仲裁委员会仲裁规则（2015版）》第12条规定仲裁

申请人提交仲裁申请书时应写明：①申请人和被申请人的名称和住所，包括邮政编码、电话、传真、电子邮箱或其他电子通讯方式；②申请仲裁所依据的仲裁协议；③案情和争议要点；④申请人的仲裁请求；⑤仲裁请求所依据的事实和理由。

二、仲裁的受理

仲裁受理是指仲裁委员会对当事人的仲裁申请经过审查，认为案件符合规定的申请条件，从而决定立案的行为。

（一）仲裁申请的审查

当仲裁机构收到当事人的仲裁申请时，在立案阶段会首先从形式上进行审查看是否符合本仲裁委员会受理案件的条件，现行法律并未详细规定仲裁委员会如何进行审查，《仲裁法》第22条规定，当事人申请仲裁要向仲裁委员会提交仲裁协议、仲裁申请书及副本，所以仲裁委员会会对这几方面进行形式上的审查。

（1）仲裁协议。《仲裁法》第16条规定，仲裁协议包括合同中的仲裁条款和达成的仲裁协议，但要求具有书面形式。仲裁协议应当包含：①请求仲裁的意思表示；②仲裁事项；③选定的仲裁委员会。《中国国际经济贸易仲裁委员会仲裁规则（2015版）》第5条也规定，①仲裁协议包括合同中订明的仲裁条款和其他方式达成的仲裁协议；②仲裁协议以书面形式给出，包括合同书、信件、电报、电传、传真、电子数据交换和电子邮件等可以有形地表现所载内容的形式。《北京仲裁委员会仲裁规则（2022）》第4条也规定，①仲裁协议包括仲裁条款和其他形式的仲裁协议；②书面形式；③一方声称有仲裁协议另一方不予否认的也视为书面仲裁协议。

（2）仲裁申请书。《仲裁法》第23条规定，仲裁申请书应包含：①当事人的基本信息，如姓名、职业、单位、法人或其他组织的名称、地址等；②仲裁请求和依据的事实及理由；③证据和证据来源、证人姓名和住所。具体来说：

当事人的基本信息。审查当事人基本信息的目的在于：其一，从主体适格角度判断当事人是否是完全行为能力人、是否是平等主体等，若当事人不具有民事行为能力，则其实施的申请仲裁或被申请仲裁的行为在法律上将归于无效；若当事人一方是政府，则其也不可参与仲裁。其二，确保案件纠纷有明确的当事人，便于进行通知等程序。

仲裁请求和依据的事实及理由。当事人提请仲裁必须要有明确的诉求，这是仲裁委员会存在的目的及意义，受理纠纷案件，满足当事人诉求，维护社会秩序。同时，通过对当事人的仲裁请求和事实及理由，还可以判断纠纷是否具有可仲裁性，是否可以通过仲裁解决。

事实上，在我国仲裁实务中，当事人的基本信息、仲裁请求、依据的事实及理由是立案审查的必要项目，《仲裁法》第23条第3款则为非必要审查项目。《北京仲裁委员会仲裁规则（2022）》第7条将仲裁申请书与证据及证明文件相分离。《中国国际经济贸易仲裁委员会仲裁规则（2015）》第12条规定亦是如此：仲裁申请书只需要载明当事人基本信息、仲裁请求、依据的事实和理由即可。

只有仲裁协议、仲裁申请书在形式上符合仲裁机构的审查条件，仲裁委员会才会进行受理立案。

第二节　仲裁管辖权异议

仲裁管辖权（jurisdiction of arbitration），是仲裁庭对当事人协议提交的某些民商事争议具有的审理并作出有拘束力裁决的权力。因此，当事人之间订立的有效仲裁协议是确定仲裁机构或仲裁庭管辖权的依据，而仲裁机构只是在仲裁案件的初步受理、仲裁程序管理等方面发挥作用，仲裁管辖权的主体主要是仲裁庭，针对的对象是当事人约定提交仲裁的民商事争议。仲裁管辖权的取得，主要取决于两个要素：存在有效的仲裁协议和争议具有可仲裁性。因此，仲裁管辖权具有以下特征：

（1）当事人达成了有效的仲裁协议。当事人在法律允许的范围内，通过仲裁协议赋予仲裁庭解决纠纷的行为构成仲裁管辖权的基础。

（2）当事人通过仲裁协议约定可以自行处分的民商事争议。当事人以协议形式赋予仲裁庭作出仲裁裁决的权力。

（3）当事人可以修改仲裁协议。当事人既然可以授权仲裁机构行使管辖权，也可以通过明示或默示的形式合意收回授权，从而使得仲裁机构不再具有仲裁管辖权。

（4）仲裁管辖权的行使受到仲裁协议的制约。仲裁管辖权的运行只能按照当事人仲裁协议设定的或根据仲裁协议确定的仲裁规则设定的仲裁程序进行，对该程序的违反将导致裁决的效力受损。

（5）在意思自治原则下，当事人通过仲裁协议对自己的私权进行处分。当事人在法律允许的范围内，通过仲裁协议将纠纷解决的权力交给其信任的私人法官的行为本质上是一种合同的安排。

一、自裁管辖原则

仲裁庭的自裁管辖，是指仲裁庭有权调查并决定仲裁协议的有效性以及其自身对仲裁案件的管辖权，即当事人通过仲裁协议赋予仲裁庭管辖权，也可以在仲裁庭行使管辖权的过程中，当事人基于仲裁协议对其管辖权提出的异议，请求仲裁庭作出决定。正如 A. J. 范登伯格（A. J. van den Berg）教授所指出的：自裁管辖的关键不在于是否赋予仲裁庭决定的终局效力，也不在于是否完全排除法院确定仲裁管辖权的权力，而是在于限定法院干预仲裁管辖权的时间和条件。[①] 显然，仲裁庭自裁管辖权的作用并不在于是否排斥了法院的司法管辖权，只是突破了传统的管辖权理论，赋予了仲裁庭决定自己管辖权的权力，从而提高仲裁程序的效率。

仲裁庭自我管辖源于当事人意思自治原则，当事人通过仲裁协议约定将争议交由仲裁解决时，就意味着将协议项下的一切争议，包括对该协议效力的异议，交由仲裁解决。[②] 因此，当双方当事人就仲裁协议的效力产生争议时，仲裁庭依据当事人之间的仲裁协议，即可取得该案的管辖权，并就仲裁协议的效力以及其自身的管辖权作出裁定。但是，仲裁协议的有效与否与国家对仲裁的限制，尤其涉及争议事项的可仲裁性等问题密切相关，争议事项

① Albert Jan van den Berg, *Commentary on the UNCITRAL Model Law on International Commercial Arbitration*, Kluwer Law & Taxation Publshers, 1990, p. 74.

② 参见赵秀文：《国际商事仲裁及其适用法律研究》，北京大学出版社 2002 年版，第 41 页。

的可仲裁性对仲裁管辖权具有具体的制约性，争议事项是否可由仲裁解决，取决于它是否属于有关国家立法所允许采用仲裁方式处理的事项。因此，虽然涉及有关国内立法的适用问题，但并非仲裁庭或仲裁员力所不能及。[①]

二、我国关于仲裁管辖权异议的处理

实践中，就仲裁管辖权异议提出的时间，主要包括提起仲裁申请阶段、仲裁程序进行过程中以及仲裁裁决作出后。①发生在仲裁程序开始之前的仲裁管辖权异议，即一方当事人认为仲裁协议有效，将争议提交仲裁机构或仲裁庭仲裁，而另一方当事人认为仲裁协议无效，将争议提交法院审理；②发生在仲裁程序进行过程中的仲裁管辖权异议，即仲裁机构或仲裁庭虽然已经开始了仲裁案件的审理工作，但是一方当事人却认为仲裁机构或仲裁庭的仲裁超出了其受理案件的范围；③发生在仲裁裁决作出之后的仲裁管辖权异议，即一方当事人对仲裁机构或仲裁庭已经作出的裁决不满，继而向法院提出异议，理由是仲裁机构或仲裁庭没有依据有效的仲裁协议审理案件或者超出了其受理案件的范围。

对于大多数国家而言，在仲裁当事人提起仲裁申请阶段，依法规定仲裁当事人可以直接就仲裁协议的效力向有管辖权的法院提出。比如，《仲裁法》第20条规定，当事人对仲裁协议的效力有异议的，可以请求仲裁委员会作出决定或者请求人民法院作出裁定。一方请求仲裁委员会作出决定，另一方请求人民法院作出裁定的，由人民法院裁定，从而还确立了法院对仲裁协议效力认定的优先管辖权。

但是，对仲裁程序进行过程中，法院是否有仲裁协议的效力的决定权需要明确。比如，1998年我国《最高人民法院关于确认仲裁协议效力几个问题的批复》的司法解释第3条规定，当事人对仲裁协议的效力有异议，一方请求仲裁机构确认仲裁协议效力，另一方当事人请求人民法院确认仲裁协议无效，如果仲裁机构先于人民法院接受申请并已作出决定，人民法院不予受理；如果仲裁机构接受申请后尚未作出决定，人民法院应予受理，同时通知仲裁

① 参见杨荣新主编：《仲裁法理论与适用》，中国经济出版社1998年版，第170页。

机构中止仲裁。该条明确，一方面法院有权在仲裁程序进行中对仲裁协议的效力作出认定；另一方面，在仲裁程序进行中，对于仲裁机构已经作出的有关仲裁协议效力的决定，法院不具有复审权。在仲裁裁决作出后，仲裁当事人可以仲裁协议效力瑕疵为由，向法院起诉申请撤销或不予执行裁决，法院行使司法监督权。

《中国国际经济贸易仲裁委员会仲裁规则（2015 版）》第 6 条规定了管辖权异议的相关规定，仲裁委员会有权对当事人提交的仲裁案件的管辖权作出决定，也可以授权仲裁庭作出管辖权决定。仲裁庭作出管辖权决定时，可以在仲裁程序进行中单独作出，也可以在裁决书中一并作出。同时，仲裁当事人对仲裁案件的管辖权的异议，应当在仲裁庭首次开庭前书面提出；书面审理的案件，应当在第一次实体答辩前提出。《北京仲裁委员会仲裁规则（2022 版）》第 6 条规定了当事人提出管辖权异议的规则，应当在首次开庭前以书面形式提出，当事人约定书面审理的，应当在首次答辩期限届满前以书面形式提出。该条第 2 款规定，当事人未按照第 6 条第 1 款规定提出管辖权异议的，视为承认北京仲裁委员会对仲裁案件的管辖权。

第三节　仲裁保全

仲裁保全是指当事人申请仲裁前或仲裁案件受理后，为保证将来仲裁裁决得以实现，一方当事人向仲裁委员会提出申请，仲裁委员会将申请提交到有管辖权的法院，由法院对另一方当事人的财产或争议标的物采取强制措施的制度。《仲裁法》第 28 条第 1 款规定："一方当事人因另一方当事人的行为或者其他原因，可能使裁决不能执行或者难以执行的，可以申请财产保全。"根据《民事诉讼法》第 104 条规定，利害关系人可以在申请仲裁前提出保全申请，主要是指：①在紧急情况下，不申请保全将会使其合法权益受到难以弥补的损害；②应当向被保全财产所在地、被申请人住所地或者对案件有管辖权的人民法院提出申请；③应当提供担保；④应当在人民法院采取保全措施后 30 日内依法提起申请仲裁，否则人民法院应当解除保全。

一、仲裁财产保全

仲裁财产保全是指在申请仲裁前或仲裁过程中，为保障仲裁生效法律文书的顺利执行、保障申请人权益的实现，法院根据当事人的申请，对仲裁案件的当事人处分相关财产予以限制的一种诉讼保障制度。仲裁财产保全通常限于对于仲裁案件有关的财产所实施的查封、扣押、冻结等措施，或者是发布禁止当事人转移财产的禁令，或者将所涉财产交由第三者保管等，其目的是防止当事人在最终裁决作出前隐匿、转移、变卖有关财产导致裁决无法得到切实有效的执行。

（一）仲裁财产保全的措施

仲裁财产保全的范围限于被保全财产的金额应与仲裁请求的金额大致相等，仲裁庭不能任意裁定财产保全的范围。仲裁当事人申请财产保全应当具备几方面的特征：①申请财产保全的争议案件应当是具有财产给付内容的案件；②申请财产保全具有法定的事实和理由；③财产保全申请须在一定期间内提出；④财产保全申请应当向受理争议案件的仲裁委员会提出。因此，仲裁机构收到仲裁当事人提出的财产保全申请后，认为需要采取保全措施的，应当提请被申请人财产所在地或仲裁机构所在地的中级人民法院裁定。

根据《民事诉讼法》的规定，财产保全可以采取查封、扣押、冻结或者法律规定的其他方法。法律准许的其他方法包括责令被申请人提供担保等方式，人民法院责令保证人出具书面保证书或者责令被申请人提供银行担保、实物担保的一种财产保全措施。

查封是指对被申请人的财产实行就地封存，不允许被申请人使用或者处分的强制性措施，主要适用于涉案的土地、房屋、林地等不动产，以及涉案的车辆、船舶、航空器和大型机器、设备等特定动产。对于附着于土地上的不宜扣押、不宜移动的设施、家具等其他相关财产，可以一并查封。

扣押是指对被申请人的动产予以扣留并负责保管的一种针对财产的强制性措施，从而使得被申请人不能占有、使用和处分。人民法院对扣押的财产可以自行保管，也可以委托其他单位或个人保管，对扣押的财产，保管人不得使用。

冻结是为了防止被申请人转移存款、资产、债权、股权等收益采取的限制其流动的一种强制性措施。由人民法院发出协助执行通知书，请金融机构等相关部门冻结被申请人的存款、资产、债权、股权，不准提取和转移。人民法院冻结财产后，应当立即通知被冻结财产的人。

（二）申请仲裁财产保全的条件

（1）申请财产保全的争议案件应当是具有财产给付内容的案件。在仲裁程序中，申请人提出的仲裁请求既可以是给付请求，也可以是确认请求，即请求仲裁庭确认某种法律关系的存在或者不存在的请求。只有申请人提出给付请求时，也就是争议案件具有财产给付内容，所作出的仲裁裁决具有可执行性时，才有必要采取财产保全措施，以便将来实现生效的仲裁裁决。

（2）申请财产保全须具有法定的事实和理由。根据《仲裁法》的相关规定，只有出现因一方当事人的行为或者其他原因，可能使仲裁裁决不能执行或难以执行时，才可以申请财产保全。具体而言，在仲裁活动中所谓一方当事人的行为，主要是当事人在做出这些行为时具有主观上的故意，即当事人隐匿、转移、毁损、变卖财物，以逃避所应承担的实体义务的行为；所谓其他原因，主要是指客观上的原因，如争议的标的物或者其他财务系鲜活物品或者季节性很强的物品，不宜长期保存，或者由于风雨的侵蚀等自然原因导致财物的腐烂、变质等。上述原因出现后，如不及时采取财产保全措施，将可能使生效的仲裁裁决无法执行或者难以执行。

（3）财产保全申请须在一定期间内提出。仲裁法虽然没有对提出财产保全申请的时间作出明确的规定，但是，从设置财产保全制度的目的和我国仲裁实践的具体情况来看，财产保全的申请一般应当在争议案件受理后，仲裁庭作出仲裁裁决之前提出。

（4）财产保全申请应当向受理争议案件的仲裁委员会提出，而不得直接向有关的人民法院提出。仲裁委员会系民间性争议解决机构，虽然其无权采取具有国家强制性的财产保全措施，但是，在仲裁程序中，当事人申请财产保全时，只能向受理争议案件的仲裁委员会提出，由仲裁委员会提交人民法院。

（三）仲裁财产保全的程序

（1）仲裁财产保全的申请和递交。根据《仲裁法》第 28 条的规定，仲裁财产保全，必须由仲裁当事人向双方当事人约定的仲裁机构提出申请，对仲裁案件作出仲裁裁决前，仲裁财产保全的申请可以在申请仲裁前或仲裁程序中提出。根据 2016 年发布的《最高人民法院关于人民法院办理财产保全案件若干问题的规定》第 3 条，仲裁当事人不能直接向人民法院提交申请，仲裁委员会应将当事人的财产保全申请按照民事诉讼法的有关规定提交人民法院，由人民法院裁定采取保全措施或者裁定驳回申请，将裁定书送达仲裁申请人，并通知仲裁机构。

（2）仲裁财产保全的管辖。根据《最高人民法院关于人民法院办理财产保全案件若干问题的规定》第 11 条及《最高人民法院关于实施〈中华人民共和国仲裁法〉几个问题的通知》对国内仲裁作了明确规定，一般由被申请人住所地和被申请保全的财产所在地基层人民法院作出裁定并执行。属涉外仲裁案件的，依据《民事诉讼法》第 279 条规定，由被申请人住所地或者财产所在地的中级人民法院作出裁定。根据 2018 年发布的《最高人民法院办公厅关于确定首批纳入‘一站式’国际商事纠纷多元化解决机制的国际商事仲裁及调解机构的通知》（法办〔2018〕212 号），最高人民法院国际商事法庭支持当事人通过调解、仲裁、诉讼有机衔接的纠纷解决平台，选择其认为适宜的方式解决国际商事纠纷，对纳入“一站式”国际商事纠纷多元化解决机制的仲裁和调解机构所受理的国际商事纠纷案件，当事人可以依据《最高人民法院关于设立国际商事法庭若干问题的规定》以及《最高人民法院国际商事法庭程序规则（试行）》的规定，在申请仲裁前或者仲裁程序开始后，向国际商事法庭申请证据、财产或者行为保全；在仲裁裁决作出后，可以向国际商事法庭申请撤销或者执行仲裁裁决。根据该通知的规定，针对特殊的案件直接将相关材料移交最高人民法院，直接作出保全裁决，更加提高了仲裁保全对接的效率，为境内外商事主体提供优质、高效的多元化争议解决服务，服务和保障“一带一路”建设，也为维护中外当事人合法权益提供了制度的便利。

（3）仲裁保全裁定的作出和实施。由人民法院对财产保全申请进行审查，并决定是否采取财产保全措施以及何种措施。如果采取保全措施，可以责令当事人提供担保，包括现金担保、银行担保、资信担保、保险人提供担保函担保、实物担保等。而且申请人应该提供担保而拒不提供担保的，驳回其申请。《最高人民法院关于人民法院执行工作若干问题的规定（试行）》（法释〔2020〕21号）第3条规定："人民法院在审理民事、行政案件中作出的财产保全和先予执行裁定，一般应当移送执行机构实施。"《最高人民法院关于人民法院办理财产保全案件若干问题规定》第2条规定："人民法院进行财产保全，由立案、审判机构作出裁定，一般应当移送执行机构实施。"但是，符合紧急保全的，也可以由裁定作出部门直接行使实施权。至于仲裁财产保全裁定的作出和实施，相关法律均没有明确规定，参照诉讼保全程序，一般应由立案庭作出裁定，移送执行部门执行。

（4）当事人的权利救济。首先，仲裁当事人对人民法院财产保全的裁定不服，可以向人民法院申请复议一次，复议期间不停止裁定的执行。其次，如果仲裁财产保全措施存在的原因、条件发生了变化或者不复存在时，仲裁财产保全措施即应解除。最后，财产保全申请有错误的，申请人应当赔偿被申请人因财产保全所遭受的损失，《仲裁法》第28条第3款规定："申请有错误的，申请人应当赔偿被申请人因财产保全所遭受的损失。"因此，赔偿仲裁被申请人的损失包括：①申请人仲裁请求被仲裁庭裁决驳回不予支持的；②申请人的仲裁请求中一部分受到仲裁庭的支持，而另一部分请求被驳回的。对仲裁被申请人的损失赔偿，根据《最高人民法院关于适用〈中华人民共和国民事诉讼法〉的解释》第27条，由采取保全措施的人民法院管辖。

二、仲裁证据保全

仲裁证据保全是指在仲裁程序开始以后，仲裁庭调查、收集、审核证据之前，为保证仲裁案件能够公正合理地进行审理并作出裁决，人民法院根据仲裁机构转交的当事人申请，对可能灭失或以后难以取得的证据材料所采取的一种及时保全措施。《仲裁法》第46条规定："在证据可能灭失或者以后难以取得的情况下，当事人可以申请证据保全。当事人申请证据保全的，仲裁委员会应当将当事人的申请提交证据所在地的基层人民法院。"仲裁证据保全是仲裁活动中的一项措施，是取证制度的重要环节，在仲裁活动中具有十分重要的意义。

（一）申请仲裁证据保全的条件

（1）证据存在灭失或者以后难以取得的可能性。在仲裁程序中，有些证据如果不能及时收集、保存，就有灭失的可能，在仲裁审理中就无法有效地发挥其作用。因此，证据有灭失的危险是申请证据保全的必要条件。另外，有些证据随着时间的推移虽不一定有灭失的危险，但存在有可能难以取得的情形，使得证据在庭审时由于不能及时取得而使案件事实无法得到证明，因此，证据存在以后难以取得的情形或因素是申请证据保全的前提条件。

（2）被保全的证据具有证明性。证据是证明案件事实的根据，申请保全的证据是决定仲裁案件事实的主要证据，如果不及时保全将影响仲裁案件的处理。因此，要保全的证据必须能够与本案的证据对象具有关联性。

（3）证据保全须由当事人向仲裁委员会提出申请。按照现行法律的规定，仲裁证据保全必须由仲裁当事人申请。

（4）仲裁委员会应当将当事人的申请提交给证据所在地的人民法院。

（二）仲裁证据保全的程序

（1）当事人向仲裁机构提出书面申请。仲裁证据保全程序的启动，从当事人提出书面的证据保全申请开始。根据《仲裁法》的规定，当事人申请证据保全的，应当向当事人约定的仲裁委员会提出证据保全申请。

（2）仲裁机构向法院提交当事人的证据保全申请。根据《仲裁法》第46条的规定，仲裁委员会应当将当事人的申请提交证据所在地的基层人民法院。《仲裁法》第68条规定，涉外仲裁的当事人申请证据保全的，涉外仲裁委员会应当将当事人的申请提交证据所在地的中级人民法院。仲裁机构不能以自己的名义向法院申请保全，只能将当事人提出的证据保全申请依照《民事诉讼法》的有关规定提交人民法院，经审查决定是否受理保全。

（3）仲裁证据保全的执行管辖。根据《仲裁法》的规定，国内仲裁的证据保全由证据所在地的基层人民法院管辖，涉外仲裁的证据保全由证据所在地的中级人民法院管辖。

（4）人民法院审查并作出裁定。人民法院对仲裁机构提交的当事人的证据保全申请应当进行审查，经审查认为当事人的证据保全申请符合法律规定的，有充分理由，确有保全证据必要，应当依法及时作出证据保全的裁定。裁定中应明确：在何时、何地、以何种方法保全何种证据，存卷保管，以便仲裁庭调查使用。如果法院经审查认为不符法律规定的，即可驳回证据保全申请，并作出裁定，说明理由，同时通知仲裁委员会和当事人。

（5）采取仲裁证据保全措施。人民法院在作出仲裁证据保全的裁定后，应当及时采取保全措施。人民法院进行证据保全时，可以要求当事人或者诉讼代理人到场。

（三）仲裁证据保全的要求

收集证据的目的就是证明案件事实，对已提取的证据材料应该妥善保管，特别是各种物证、书证和音像证据。仲裁证据保全要符合相关的要求：

第一，各种物证均应在可能情况下提取原物，只有在原物灭失或无法搬动的情况下，方可提取副本或照片。

第二，对提取到的原物应妥善封存保管，防止其受潮或变质，以免措施不当而影响物证的客观真实性。

第三，提取、固定物证的过程应当制作笔录，应载明发现物证、提取物证、固定物证的时间、地点、物证的主要特征以及怎样发现等详细内容。

第四，物证在收集后任何人不得使用、调换、损毁或自行处理，对关系到国家秘密的物证，有关司法人员不得泄密，对不负责任的行为，将承担相应的法律责任。

第四节　仲裁答辩与反请求

一、仲裁请求

仲裁请求是当事人向仲裁庭提出的，通过仲裁程序予以确认和保护的实体权益请求。当事人的仲裁请求是仲裁程序中的重要因素，是仲裁案件得以受理和审理的前提之一，也约束着仲裁庭的审理范围和裁决的效力，即仲裁庭应当基于当事人的仲裁请求进行审理和裁决，超出仲裁请求进行审理并作出裁决属于仲裁权的不当行使，应当予以撤销。《仲裁法》第 27 条前段规定，申请人可以放弃或者变更仲裁请求。根据当事人仲裁请求的目的和内容的不同，可以将仲裁请求分为确认请求、给付请求和变更请求。

（一）确认请求

确认请求是指仲裁申请人向仲裁庭提出的依法确认其与被申请人之间存在或不存在一定的民商事法律关系的请求，即双方当事人对他们之间是否存在一定的民商事法律关系，以及该法律关系是否有效成立产生的争议，双方当事人可以达成仲裁协议请求仲裁庭予以确认。根据当事人确认请求目的不同，确认请求可以划分为肯定的确认请求和否定的确认请求。确认请求主要具有以下特点：

（1）确认请求只是当事人向仲裁庭提出的，确认他们之间的民商事法律关系是否存在、是否有效成立的请求，具有唯一性，并不同时请求仲裁庭裁决对方当事人履行一定的义务或变更现存的法律关系。

（2）确认请求必须是对现存法律关系是否存在、是否有效成立的确认，不包括对即将成立或未来可能成立的法律关系的确认。

（3）仲裁庭对基于当事人确认请求作出的裁决为确认裁决，由于该裁决中没有给付的内容，因此不具有可执行性。①

（二）给付请求

给付请求是指仲裁申请人向仲裁庭提出的，裁决被申请人履行特定民商事法律义务的请求，即双方当事人基于民商事实体法的规定形成了特定的民商事法律关系后，在当事人之间就形成了具体的权利义务关系，当义务方当事人拒绝履行其义务时，权利方当事人即可以基于仲裁协议向仲裁庭提出给付请求。给付请求根据不同的标志既包括现在给付请求，也包括将来给付请

---

① 参见乔欣：《仲裁法学》（第三版），清华大学出版社 2020 年版，第 119 页。

求；既包括对物的给付请求，也包括对行为的给付请求和对金钱、有价证券的给付请求。给付请求主要具有以下特点：

（1）双方当事人之间存在着特定的权利义务关系，这种权利义务关系所具有的给付内容是给付请求的最显著特征。

（2）给付请求的提出，是基于负有义务的一方当事人不履行义务或者不适当履行义务而产生的。

（3）仲裁庭基于给付请求作出的，裁决义务方当事人履行义务的给付裁决具有可执行性。

（三）变更请求

变更请求是指仲裁申请人向仲裁庭提出的，依法改变或消灭一定的民商事法律关系的请求，即申请人在案件受理后基于案件情况发生的变化，或者对纠纷有了新的认识而向仲裁委员会提出的更改仲裁请求。因此，变更请求作为一种独立的请求，是以对现存的法律关系无争议为前提，以不具有给付内容为条件，其只是对是否改变或者消灭所存在的法律关系产生争议。变更请求主要具有以下特点：

（1）变更请求以存在不争议的法律关系为前提，双方当事人只是对现有法律关系是否变更和如何变更存在争议。

（2）变更请求只涉及原有的法律关系是否变更和如何变更的问题，而不涉及义务的履行问题。

（3）在仲裁庭基于当事人的变更请求作出变更裁决之前，原有法律关系仍然存在并具有法律效力。只有仲裁庭作出的变更裁决产生法律效力后，当事人之间的原有法律关系才发生改变或者消灭。

二、仲裁答辩

仲裁答辩是指在仲裁程序中，被申请人为了维护自己的合法权益，针对申请人在仲裁申请书中所提出的仲裁请求和该仲裁请求所依据的事实、理由进行答复与辩解的行为。《仲裁法》第 25 条第 2 款规定，被申请人收到仲裁申请人提交的仲裁申请书副本后，应当在仲裁规则规定的期限内向仲裁委员会提交答辩书。不过，被申请人未提交答辩书的，不影响仲裁程序的进行。

因此，被申请人提交仲裁答辩书是一项基本权利，在答辩书中主要针对仲裁申请书作出回应，或反驳，或承认，阐明案情，说明理由，提供证据或证据线索等。如果被申请人不在规定的时间内提交答辩书，则不仅不利于被申请人维护自己的合法权益，也无益于仲裁庭迅速而全面地了解案情，作出公正合理的判断。①

《中国国际经济贸易仲裁委员会仲裁规则（2015 版）》第 15 条规定了被申请人提出书面答辩，包括：第一，被申请人应自收到仲裁通知后 45 天内提交答辩书。被申请人确有正当理由请求延长提交答辩期限的，由仲裁庭决定是否延长答辩期限；仲裁庭尚未组成的，由仲裁委员会仲裁院作出决定。第二，答辩书由被申请人或被申请人授权的代理人签名及/或盖章，并应包括详细的内容及附件。第三，仲裁庭有权决定是否接受逾期提交的答辩书。第四，被申请人未提交答辩书，不影响仲裁程序的进行。同时也规定了，答辩书内容包括：①被申请人的名称和住所，包括邮政编码、电话、传真、电子邮箱或其他电子通讯方式；②对仲裁申请书的答辩及所依据的事实和理由；③答辩所依据的证据材料以及其他证明文件。

三、仲裁反请求

反请求是指在已经开始的仲裁程序中，被申请人以原仲裁申请人为被申请人，向仲裁委员会提出的与原仲裁请求在事实上和法律上有牵连的、目的在于抵消或吞并仲裁申请人原仲裁请求的独立请求。《仲裁法》第 27 条后段规定，被申请人可以承认或者反驳仲裁请求，有权提出反请求。被申请人提出仲裁反请求是仲裁活动中用以维护其合法权益的重要手段，体现了双方当事人在仲裁程序中地位平等并享有平等的权利，即申请人可以基于仲裁协议提出仲裁请求，被申请人则可以在仲裁程序中针对仲裁请求提出反请求。事实上，赋予被申请人提出反请求的权利也可以极大地提高仲裁庭解决争议的效率。在仲裁活动中，被申请人针对申请人的仲裁请求提出反请求应当具备以下条件：

---

① 参见谢石松主编：《商事仲裁法学》，高等教育出版社 2003 年版，第 184 页。

（1）反请求应当由被申请人以原仲裁申请人为被申请人提出，否则，不能形成反请求。

（2）反请求须与本请求基于同一仲裁协议提出。仲裁协议是提出仲裁请求与仲裁反请求的基础，并且反请求提出所依据的仲裁协议必须与本请求提出所依据的仲裁协议是同一的。如果不同，通常认定是两个独立的案件，应当分别立案、分别审理，不应作为仲裁反请求与本请求合并审理。[①]

（3）反请求具有独立性。反请求是一个完全独立的仲裁请求，具有仲裁请求的全部要素，主要体现在两个方面：一方面，被申请人既可以在基于申请人的仲裁申请而开始的仲裁程序中以反请求的形式提出仲裁申请，也可以直接向仲裁协议约定的仲裁委员会提出独立的请求而开始新的仲裁程序；另一方面，仲裁反请求一经受理，不受仲裁申请人行为的影响，也就是，仲裁委员会受理被申请人提出的反请求后，如果申请人撤回仲裁申请，仲裁庭应当对被申请人的反请求继续进行审理并作出仲裁裁决。

（4）反请求在事实与理由上的牵连性。仲裁反请求是被申请人针对申请人的仲裁请求提出的，虽然仲裁反请求与仲裁本请求是对立的。但是，仲裁反请求应当与仲裁本请求存在事实与理由上的牵连性。

（5）反请求只能由被申请人向受理原仲裁申请的仲裁委员会提出，而不能向其他仲裁委员会提出，只有这样才能通过仲裁请求与反请求的合并审理，达到抵消或者吞并仲裁请求的目的。

（6）反请求提出的时间具有限定性。对于反请求与仲裁请求，仲裁庭一般应当合并审理，以达到经济仲裁的目的。因此，反请求应当在仲裁委员会受理原仲裁申请后，作出仲裁裁决之前提出，否则就无法实现与仲裁请求合并审理的目的。

中国国际经济贸易仲裁委员会《仲裁规则（2015版）》第16条对仲裁反请求作出规定：“（一）被申请人如有反请求，应自收到仲裁通知后45天内以书面形式提交。被申请人确有正当理由请求延长提交反请求期限的，由仲裁庭决定是否延长反请求期限；仲裁庭尚未组成的，由仲裁委员会仲裁院作

① 参见孙巍编著：《中国商事仲裁法律与实务》，北京大学出版社2011年版，第114页。

出决定。（二）被申请人提出反请求时，应在其反请求申请书中写明具体的反请求事项及其所依据的事实和理由，并附具有关的证据材料以及其他证明文件。（三）被申请人提出反请求，应按照仲裁委员会制定的仲裁费用表在规定的时间内预缴仲裁费。被申请人未按期缴纳反请求仲裁费的，视同未提出反请求申请。（四）仲裁委员会仲裁院认为被申请人提出反请求的手续已完备的，应向双方当事人发出反请求受理通知。申请人应在收到反请求受理通知后30天内针对被申请人的反请求提交答辩。申请人确有正当理由请求延长提交答辩期限的，由仲裁庭决定是否延长答辩期限；仲裁庭尚未组成的，由仲裁委员会仲裁院作出决定。（五）仲裁庭有权决定是否接受逾期提交的反请求和反请求答辩书。（六）申请人对被申请人的反请求未提出书面答辩的，不影响仲裁程序的进行。”

仲裁委员会收到被申请人提出的反请求后，应当对该反请求进行审查，对于符合条件的反请求，应当予以受理，并将反请求副本送达申请人；对于不符合条件的反请求，仲裁委员会不予受理。

第五节　仲裁审理程序

仲裁审理是指仲裁庭依法组成后，按照仲裁法以及仲裁规则规定的程序和方式，对当事人之间发生争议并交付仲裁的争议案件进行审理并作出仲裁裁决的活动。仲裁审理在整个仲裁程序中占有重要地位，是仲裁庭以一定方式和程序收集和审查证据，询问当事人、证人和鉴定人，并对当事人交付仲裁的整个争议事项进行全面审理的仲裁活动。仲裁审理的主要任务是审查、核实证据，查明案件事实，分清是非责任，正确适用法律，确认当事人之间的权利义务关系，解决当事人之间的纠纷。

一、仲裁审理的原则

《仲裁法》第39条规定：“仲裁应当开庭进行。当事人协议不开庭的，仲裁庭可以根据仲裁申请书、答辩书以及其他材料作出裁决。”《中国国际经济贸易仲裁委员会仲裁规则（2015版）》第35条第1款规定："除非当事人另有约定，仲裁庭可以按照其认为适当的方式审理案件。在任何情形下，仲裁庭均应公平和公正地行事，给予双方当事人陈述与辩论的合理机会。"

仲裁审理作为仲裁程序的核心环节，主要有两个审理原则：

（1）以开庭审理为主，书面审理为补充原则。开庭审理是指仲裁庭召集双方当事人及其仲裁参与人，在特定的时间及场所，在仲裁庭主持下，面对面地进行调查、质证、辩论等仲裁活动的审理方式。书面审理是指双方当事人不必亲自到庭，仲裁庭只是根据双方提供的仲裁申请书、答辩书以及其他书面材料对案件进行审理并作出裁决的审理方式。《中国国际经济贸易仲裁委员会仲裁规则（2015版）》第35条第2款规定："仲裁庭应开庭审理案件，但双方当事人约定并经仲裁庭同意或仲裁庭认为不必开庭审理并征得双方当事人同意的，可以只依据书面文件进行审理。"

（2）以不公开审理为主，公开审理为补充原则。仲裁活动遵循不公开原则，也为保密原则，仲裁应在保密状态下进行，即仲裁庭在审理案件时，只许双方当事人、代理人、证人、翻译人员等参加，不对社会公众公开，不许群众旁听，也不许新闻记者采访、报道。在仲裁程序中实行不公开原则，既包括案件的开庭审理不公开进行，也包括仲裁庭作出的仲裁裁决也不对外公开宣告。《仲裁法》第40条规定："仲裁不公开进行。当事人协议公开的，可以公开进行，但涉及国家秘密的除外。"

二、开庭前的准备

根据《仲裁法》的规定，以开庭审理为原则。开庭前的准备是开庭审理的预备阶段，是衔接审理前的准备与开庭审理的一个阶段。《中国国际经济贸易仲裁委员会仲裁规则（2015版）》第35条第5款规定，除非当事人另有约定，仲裁庭认为必要时可以就所审理的案件发布程序令、发出问题单、制作审理范围书、举行庭前会议等。《北京仲裁委员会仲裁规则（2022）》第36条前段规定，仲裁庭有权根据审理需要采取制作案件审理日程表、发出问题单、举行庭前会议、制作审理范围书等各项审理措施。《深圳国际仲裁院仲裁规则（2022）》第36条第3款规定，仲裁庭认为必要时，可以发布程序指令、发出问题清单、举行庭前会议、议定审理范围、要求当事人进行庭前证据交换、要求当事人披露相关文件、要求当事人共同拟定争议焦点问题、在适用法律许可的范围内行使释明权。因此，为保证开庭的高效，在开庭审理前，仲裁机构或仲裁庭需要做好以下准备工作。

（一）送达仲裁文书、仲裁规则及仲裁员名册

《仲裁法》第25条第1款规定："仲裁委员会受理仲裁申请后，应当在仲裁规则规定的期限内将仲裁规则和仲裁员名册送达申请人，并将仲裁申请书副本和仲裁规则、仲裁员名册送达被申请人。"在仲裁活动中，仲裁机构将仲裁文书须依照一定程序和方式，送交当事人和其他仲裁参与人，送达的方式主要有：直接送达、留置送达、邮寄送达和转交送达。被申请人收到仲裁申请书副本后，应当在仲裁规则规定的期限内向仲裁委员会提交答辩书。仲裁委员会收到答辩书后，应当在仲裁规则规定的期限内将答辩书副本送达申请人。如果被申请人不提交答辩书的，并不影响仲裁程序的进行。

《中国国际经济贸易仲裁委员会仲裁规则（2015版）》第13条第2款规定："仲裁委员会仲裁院收到申请人的仲裁申请书及其附件后，经审查，认为申请仲裁的手续完备的，应将仲裁通知、仲裁委员会仲裁规则和仲裁员名册各一份发送给双方当事人；申请人的仲裁申请书及其附件也应同时发送给被申请人。"第13条第3款规定："仲裁委员会仲裁院经审查认为申请仲裁的手续不完备的，可以要求申请人在一定的期限内予以完备。申请人未能在规定期限内完备申请仲裁手续的，视同申请人未提出仲裁申请；申请人的仲裁申请书及其附件，仲裁委员会仲裁院不予留存。"同时在第8条对"送达及期限"作出规定："（一）有关仲裁的一切文书、通知、材料等均可采用当面递交、挂号信、特快专递、传真或仲裁委员会仲裁院或仲裁庭认为适当的其他方式发送。（二）上述第（一）款所述仲裁文件应发送当事人或其仲裁代理人自行提供的或当事人约定的地址；当事人或其仲裁代理人没有提供地址或当事人对地址没有约定的，按照对方当事人或其仲裁代理人提供的地址发送。（三）向一方当事人或其仲裁代理人发送的仲裁文件，如经当面递交收件人或发送至收件人的营业地、注册地、住所地、惯常居住地或通讯地址，或经对方当事人合理查询不能找到上述任一地点，仲裁委员会仲裁院以挂号信或特快专递或能提供投递记录的包括公证送达、委托送达和留置送达在内的其他任何手段投递给收件人最后一个为人所知的营业地、注册地、住所地、惯常居住地或通讯地址，即视为有效送达。（四）本规则所规定的期限，应自当事人收到或应当收到仲裁委员会仲裁院向其发送的文书、通知、材料等之日的次日起计算。”

（二）将仲裁庭的组成情况书面通知双方当事人

《仲裁法》第33条规定：“仲裁庭组成后，仲裁委员会应当将仲裁庭的组成情况书面通知当事人。”依据该条的规定，仲裁庭组成后，仲裁委员会应当将仲裁庭的组成情况书面通知当事人。这样，既可以使当事人及时了解仲裁庭的组成人员，有利于当事人行使其申请回避的权利；而且也可以保证仲裁庭组成人员及组成程序的正当。仲裁庭的组成情况是指仲裁庭组成方式，及仲裁审理的方式（合议制仲裁庭或独任仲裁庭），仲裁庭组成人员。根据仲裁法的相关规定，仲裁当事人有权获知仲裁庭的组成情况，了解仲裁庭的组成情况进而确定是否行使申请回避权。

《仲裁法》第41条规定：“仲裁委员会应当在仲裁规则规定的期限内将开庭日期通知双方当事人。当事人有正当理由的，可以在仲裁规则规定的期限内请求延期开庭。是否延期，由仲裁庭决定。”仲裁庭确定第一次开庭审理的日期是仲裁活动中的重要环节，由仲裁庭和仲裁委员会予以确定，并向双方当事人进行通知，有利于切实保障当事人参加仲裁审理的权利，并使双方当事人按时参加仲裁审理。《中国国际经济贸易仲裁委员会仲裁规则（2015版）》第37条对“开庭通知”作出规定：“（一）开庭审理的案件，仲裁庭确定第一次开庭日期后，应不晚于开庭前20天将开庭日期通知双方当事人。当事人有正当理由的，可以请求延期开庭，但应于收到开庭通知后5天内提出书面延期申请；是否延期，由仲裁庭决定。（二）当事人有正当理由未能按上述第（一）款规定提出延期开庭申请的，是否接受其延期申请，由仲裁庭决定。（三）再次开庭审理的日期及延期后开庭审理日期的通知及其延期申请，不受上述第（一）款期限的限制。”

（三）审阅仲裁材料，调查必要的证据

《仲裁法》第43条规定：“当事人应当对自己的主张提供证据。仲裁庭

认为有必要收集的证据，可以自行收集。”根据该条的规定，仲裁中的证据来源主要包括：一是来源于当事人，即当事人按照“谁主张，谁举证”的原则提供证据；二是来源于仲裁庭，即在必要时，仲裁庭可以自行收集证据。另外，仲裁庭对专门性问题认为需要鉴定的，可以交由当事人约定的鉴定部门鉴定，也可以由仲裁庭指定的鉴定部门鉴定。但是，仲裁庭对证据的收集并不能免除当事人的举证责任。

为了保证仲裁审理的顺利进行，仲裁庭在审理之前，应当认真审阅仲裁申请书、答辩书等仲裁资料，通过审阅了解以下问题：①申请人的仲裁请求及事实、理由，被申请人答辩的主张及其事实、理由；②当事人提交的证据是否符合证据的本质特征，即是否具有合法性、关联性、客观性等三个特征；③仲裁庭对证据的审查要依法定程序进行，即证据应在开庭时出示，并予以质证，未经质证的证据不得作为定案依据；④仲裁庭对证据的审查要全面。对于证据的审查要结合全案事实并与其他证据对照审查，排除其他可能性，得出唯一结论。

贸仲委在《程序指南》中对证据规定：第一，申请人和被申请人均应当对其申请、答辩和反请求所依据的事实提出证据。仲裁庭认为必要时，也可以自行调查事实、收集证据。仲裁庭自行调查事实、收集证据时，认为有必要通知当事人到场的，应及时通知当事人到场。经通知而一方或各方当事人均不到场的，仲裁庭自行调查事实和收集证据的行动不受影响。第二，仲裁庭可以就案件中的专门问题向专家咨询或者指定鉴定人进行鉴定，当事人有义务向专家或鉴定人提供或出示任何有关资料、文件或财产、货物，以供专家或鉴定人审阅、检验或鉴定。当事人也可以自行聘请专家出庭作证。第三，专家报告和鉴定报告的副本，应送给各方当事人，给予各方当事人对专家报告和鉴定报告提出意见的机会。任何一方当事人要求专家或鉴定人参加开庭的，经仲裁庭同意后，专家或鉴定人应当参加开庭，并在仲裁庭认为必要和适宜的情况下就他们的报告作出解释。第四，所有证据材料，包括当事人提供的证据材料和专家报告均由仲裁庭审查后决定是否采纳。仲裁庭有权对证据的相关性、重要性和有效性作出决定。

（四）查明当事人和其他仲裁参与人是否到庭

《仲裁法》第42条规定了当事人缺席的处理，一是申请人经书面通知，无正当理由不到庭或者未经仲裁庭许可中途退庭的，可以视为撤回仲裁申请；二是被申请人经书面通知，无正当理由不到庭或者未经仲裁庭许可中途退庭的，可以缺席裁决。依据该条规定，开庭审理前，办案秘书应当查明当事人和其他仲裁参与人是否到庭。对未到庭的当事人或者其他仲裁参与人，办案秘书应查明通知书是否合法及时送达以及不到庭是否有正当理由等情况，及时报告仲裁庭，由仲裁庭根据具体情况作出决定。

《中国国际经济贸易仲裁委员会仲裁规则（2015版）》第39条对“当事人缺席”作出规定：“（一）申请人无正当理由开庭时不到庭的，或在开庭审理时未经仲裁庭许可中途退庭的，可以视为撤回仲裁申请；被申请人提出反请求的，不影响仲裁庭就反请求进行审理，并作出裁决。（二）被申请人无正当理由开庭时不到庭的，或在开庭审理时未经仲裁庭许可中途退庭的，仲裁庭可以进行缺席审理并作出裁决；被申请人提出反请求的，可以视为撤回反请求。”

（五）举行庭前预备会议

作为仲裁庭成员的仲裁员，应当仔细地审阅案件的全部材料，确定审理方案。《仲裁法》没有明确规定仲裁庭应举行庭前预备会议，各仲裁委员会也未在仲裁规则中作出规定。但在仲裁实践中，仲裁庭在阅卷基础上，根据案件材料制作阅卷笔记，在首次开庭前由首席仲裁员召集并主持案情评议，明确相关问题，主要包括：①需要审查的争议焦点、庭审的方向和重点；②举证、质证的范围并开列庭审证据明细表；③庭审顺序和步骤；④案件有关的法律、法规及有关的专业知识；⑤庭审中可能出现的情况及应对措施；⑥庭审中仲裁庭成员的配合与分工。显然，仲裁庭举行庭前预备会议，既有利于仲裁庭成员相互沟通，确定案件争议点和审理要点，也有利于督促仲裁员作好开庭准备，防止出现违反正当程序的情形，提高庭审效率。

三、开庭审理

开庭审理是指仲裁庭召集双方当事人及其仲裁参与人，在特定的时间及场所，在仲裁庭主持下，面对面地进行调查、质证、辩论等仲裁活动的审理方式。开庭审理便于当事人当庭出示证据、质证和进行口头辩论，有利于仲裁庭准确查实案情，但可能会因此拖延作出裁决的时间，并增加当事人的费用支出。

（一）预备阶段

我国法律以及各仲裁机构对庭审开始的内容并未作规定，通常由仲裁机构的办案流程或在开庭笔录示范格式中加以明确。在仲裁实践中，仲裁庭在案件进入实体审理的前置准备阶段，具体事项包括：①仲裁庭秘书查明仲裁当事人、代理人和其他仲裁参与人是否到庭；②首席仲裁员或者独任仲裁员核对当事人身份；③首席仲裁员或者独任仲裁员宣布案由和仲裁庭组成人员，告知当事人有关仲裁权利义务并询问当事人及其代理人是否申请仲裁员回避；④首席仲裁员或者独任仲裁员简要介绍仲裁庭此前的准备情况、本次开庭的计划安排以及开庭中应注意的问题；⑤首席仲裁员或者独任仲裁员代表仲裁庭发表履职承诺；⑥首席仲裁员或者独任仲裁员宣布正式开庭。

（二）庭审调查

庭审调查是指仲裁庭在双方当事人陈述、证人作证、出示相关证据并由双方当事人质证的情况下，对争议案件进行全面调查与实体审理的活动。仲裁的庭审调查是对案件进行实体审理的主要阶段，是开庭审理的中心环节，通过全面调查案件事实，特别是通过双方当事人之间的质证审查核实各种证据，保障正确解决争议。

（1）当事人陈述。当事人陈述阶段包含以下内容：①申请人陈述仲裁请求及事实和理由，或宣读申请书，代理人宣读的，应询问申请人有无补充意见；②被申请人针对申请人的请求作出承认或反驳的答辩，或宣读答辩书，代理人宣读的，应询问被申请人有无补充意见；③如被申请人提出反请求或宣读仲裁反请求书的，应讲明具体请求及事实和理由；④申请人针对被申请人的反请求作出承认或反驳的答辩或宣读答辩书；⑤当事人陈述时，应当陈述仲裁申请书、答辩书的要点，也可只陈述仲裁申请书、答辩书的补充意见。

（2）证人作证或者宣读未到庭的证人证言。仲裁庭应当核实出庭作证的证人身份及其与当事人的关系，告知有关作证的权利、义务以及应负的责任。仲裁庭应征询双方当事人对证言的意见，经许可，当事人可以向证人质询，要求证人作答。仲裁庭也可就有关问题提问，并要求证人回答。证人有 2 个以上的，应分别出庭作证或隔离询问。数个证人的证言之间有矛盾，可以当庭质对核实。证人确有困难不能出庭的，经仲裁庭许可，可以提交书面证言，仲裁庭应宣读书面证言。

（3）当事人出示证据，相互质证。《仲裁法》第 45 条规定："证据应当在开庭时出示，当事人可以质证。"在庭审调查中，当事人提供的和仲裁庭收集的证据，都应当庭出示、宣读和播放，并由当事人相互质证，当事人对另一方出示的证据的真实性、关联性与合法性进行质证。对于仲裁庭自行收集的证据，也应当由双方当事人提出意见。质证的顺序一般是：申请人出示证据，被申请人进行质证；被申请人出示证据，申请人进行质证；第三人出示证据，申请人、被申请人对第三人出示的证据进行质证；第三人对申请人或被申请人出示的证据进行质证。案件有两个以上独立存在的事实或者仲裁请求的，可以要求当事人逐项陈述事实和理由，逐个出示证据并分别进行调查和质证。对当事人无争议的事实，无须举证、质证。对于案件的同一事实，除应适用举证责任倒置的情形外，由提出主张的一方当事人首先举证，然后由另一方当事人举证。另一方当事人不能提出足以推翻前一事实的证据的，对这一事实可以认定；提出足以推翻前一事实的证据的，再转由提出主张的当事人继续举证。《仲裁法》第 44 条第 1 款规定："仲裁庭对专门性问题认为需要鉴定的，可以交由当事人约定的鉴定部门鉴定，也可以由仲裁庭指定的鉴定部门鉴定。"因此，仲裁庭对勘验笔录、调查笔录、鉴定结论或证人证言等证据材料应宣读，并交由当事人及其代理人审核。对于涉及国家机密、商业机密和个人隐私的证据应当保密，但需要在仲裁庭出示的，也不得在公开开庭时出示。

（4）仲裁庭认证。仲裁庭对经过庭审质证的证据的效力要予以确认。对于能够当庭认证的证据，仲裁庭应当即予以认定；不能当庭认证的，可在仲裁庭合议之时予以认定；合议之后认为需要继续举证或者进行鉴定、勘验的，可在下次开庭时经质证后再予认定。在庭审调查中，当事人应当对另一方当事人陈述的事实发表确定的意见，如果既不表示承认也不予否认，经仲裁庭充分说明并询问后，其仍不明确表示肯定或者否定的，视为当事人对该项事实予以承认。另外，当事人在仲裁申请书、答辩书、仲裁庭询问时的陈述以及其书面意见中承认的对己方不利的事实和证据，仲裁庭应予确认，但当事人反悔并有相反证据足以推翻的除外。有证据证明一方当事人持有证据而无正当理由拒不提供的，如果对方当事人最后主张该证据的内容不利于证据持有人，仲裁庭可推定该主张成立。[①]

（三）庭审辩论

庭审辩论是指在仲裁庭的主持下，当事人及其仲裁代理人根据已经庭审调查的事实和证据，结合法律的规定，在庭审中阐明自己的意见，反驳对方的主张，相互进行辩论的活动。《仲裁法》第47条规定："当事人在仲裁过程中有权进行辩论。辩论终结时，首席仲裁员或者独任仲裁员应当征询当事人的最后意见。"在实践中，一般接着按以下顺序进行辩论：

（1）申请人及其仲裁代理人发言。申请人针对被申请人主张的事实和理由，作出回答和进行辩解，论证自己的主张。

（2）被申请人及其仲裁代理人发言。被申请人针对申请人提出的事实和理由，作出回答并进行辩解，论证自己反驳的事实和理由。

（3）双方互相辩论。在仲裁庭的指挥下，就双方当事人争论的具体问题开展辩论，按照先申请人、后被申请人的顺序进行，保证双方当事人平等地行使辩论权。

（4）辩论终结时，询问当事人的最后意见。首席仲裁员或者独任仲裁员应当征询当事人的最后意见。至此，首席仲裁员或者独任仲裁员宣布辩论终结。

庭审辩论通常不受时间限制，可以进行多个来回。若遇到需要调查的问题，特别是在当事人提出新的事实、新的证据时，还可以回到调查阶段。调查完毕后，再回到辩论阶段。开庭辩论终结前，首席仲裁员或者独任仲裁员可以按照申请人、被申请人的顺序征询当事人的最后意见。庭审辩论阶段的

---

① 参见蔡虹、刘加良、邓晓静：《仲裁法学》（第二版），北京大学出版社2021年版，第128页。

主要任务是通过当事人及其仲裁代理人之间的口头辩论，进一步明确当事人各自的仲裁主张和理由，以达到查明案件事实、分清是非责任的目的，为仲裁庭正确适用法律，作出公正裁判奠定基础。

在庭审辩论环节，仲裁庭要注意保障各方当事人平等地行使辩论权，为他们提供同等的辩论机会。在主持辩论时，仲裁员切忌加入辩论，但可对当事人的不当辩论行为纠偏，以使辩论围绕案件的争议焦点进行。如果当事人在庭审辩论中提出符合规定的新事实或证据的，仲裁庭可以决定恢复庭审调查，待调查完毕，再继续庭审辩论。

（四）先行调解

先行调解是指仲裁庭在作出裁决前，主持双方当事人在自愿协商、互谅互让基础上达成协议，从而解决纠纷的一种制度，体现了我国仲裁制度的调解与裁决相结合的特色。《仲裁法》第 51 条第 1 款规定："仲裁庭在作出裁决前，可以先行调解。当事人自愿调解的，仲裁庭应当调解。调解不成的，应当及时作出裁决。"因此，仲裁庭可以根据双方当事人的共同申请，或者一方当事人的申请并经另一方当事人同意，或者经仲裁庭提出并经双方当事人同意，对双方当事人之间的纠纷进行调解。

庭审辩论终结后，根据情况能够调解的，仲裁庭还可以先行调解，调解达成协议的，终结仲裁程序；调解不成的，应当及时裁决。在仲裁庭的主持下，经双方当事人充分协商，双方当事人达成了一致的协议，仲裁庭依协议制作调解书或裁决书，结束调解程序，也结束仲裁程序。

调解书要写明仲裁请求和当事人协议的结果，并由仲裁员签名，加盖仲裁委员会印章。仲裁调解书经双方当事人签收后即发生法律效力。如果在调解书签收前当事人反悔的，仲裁庭应当及时作出裁决。

（五）开庭笔录

仲裁庭庭审笔录是指仲裁委员会的记录人员对仲裁庭开庭审理的全过程所做的记录，由仲裁员、记录人员签名或盖章后，应向当事人、其他仲裁参与人当庭宣读或交由其阅读。开庭笔录是仲裁程序中的重要文件，是案件评议、法院监督仲裁乃至总结仲裁工作经验的依据。如果当庭不能阅读，也可在一定时间内由当事人、其他仲裁参与人阅读。《仲裁法》第 48 条第 1 款规定："仲裁庭应将开庭情况记入笔录。当事人和其他仲裁参与人认为对自己陈述的记录有遗漏或者差错的，有权申请补正。如果不予补正，应当记录该申请。"

开庭笔录的首部应标明开庭的时间（包括起止时间）、地点、是否公开审理以及旁听人数；然后列出仲裁庭成员名单或者独任仲裁员的姓名，最后写明仲裁当事人姓名或者名称及案由。并且，对于开庭笔录的记录内容，当事人和其他仲裁参与人如果认为确有遗漏或差错的，则有权要求补正。仲裁庭认为申请无理的，可以决定不予补正，但必须将当事人和其他仲裁参与人的申请记录在案。当事人和其他仲裁参与人申请开庭笔录补正的，一般以口头形式提出。

开庭笔录的正文应完整记录庭审全过程。《仲裁法》第 48 条第 2 款规定："笔录由仲裁员、记录人员、当事人和其他仲裁参与人签名或者盖章。"如果当事人或其他仲裁参与人拒不签名或盖章的，记录人员应将这一情况记入笔录。笔录中的证人证言部分，应当当庭宣读或者交证人阅读，在认可不存在错漏后，由证人签名或者盖章。《中国国际经济贸易仲裁委员会仲裁规则（2015 版）》第 40 条规定庭审笔录："（一）开庭审理时，仲裁庭可以制作庭审笔录及/或影音记录。仲裁庭认为必要时，可以制作庭审要点，并要求当事人及/或其代理人、证人及/或其他有关人员在庭审笔录或庭审要点上签字或盖章。（二）庭审笔录、庭审要点和影音记录供仲裁庭查用。（三）应一方当事人申请，仲裁委员会仲裁院视案件具体情况可以决定聘请速录人员速录庭审笔录，当事人应当预交由此产生的费用。"

（六）仲裁庭评议

庭审辩论终结，如若当事人不同意调解，合议制仲裁庭应当休庭，对案件进行不公开的评议。仲裁庭成员应就案件的性质、认定的事实、适用的法律、是非责任和处理结果充分发表自己的看法、相互评议并得出结论，即仲裁庭在庭审调查和庭审辩论的基础上，对证据予以认定，对事实加以确认并正确适用法律，明确双方当事人之间权利义务关系的过程。仲裁庭评议遵循少数服从多数的原则，是我国民主集中制的体现。仲裁庭的评议过程及结果应由秘书记入笔录，评议笔录应详细记载评议的过程、内容和结论，由参加评议的仲裁员进行签署。评议笔录不得公开。

四、书面审理

书面审理是指双方当事人不必亲自到庭，仲裁庭只是根据双方提供的仲裁申请书、答辩书以及其他书面材料对案件进行审理并作出裁决的审理方式。书面审理常见两种情形：一是双方当事人共同约定书面审理；二是在简易仲裁程序中，仲裁庭根据案件的具体情况，认为不需要开庭审理而决定书面审理。在书面审理中，仲裁庭可以通过书面方式向双方当事人提出问题，当事人也可以用书面方式陈述事实和意见，进行辩论。仲裁庭在给予双方当事人充分陈述意见的机会后裁决结案。

在我国的仲裁实践中，书面审理只是作为开庭审理的一种辅助形式，根据《仲裁法》的规定，书面审理须经双方当事人达成一致协议或者经双方同意，且以仲裁庭认为不必要开庭为前提，因此绝大多数案件是通过开庭方式审理的，通常只有那些争议金额小、案情简单明了、事实清楚的案件，在符合书面审理条件的情况下，才进行书面审理。[①]

书面审理虽然有利于及时地作出仲裁裁决，有利于当事人节省开支，但由于当事人没有面对面地口头陈述意见，仲裁庭仅凭当事人提交的书面材料，可能实际上并没有充分了解案情，所作裁决的准确率并不高。

第六节　仲裁裁决

仲裁裁决是指在仲裁过程中，或审理终结后，仲裁庭根据认定的证据，查明案件事实，依法对当事人提出的仲裁请求或反请求及与之相关的事项作出的具有法律效力的书面处理决定。

---

① 参见李双元主编：《国际私法学》（第五版），北京大学出版社2018年版，第650页。

一、裁决的种类

按照裁决的内容和作出的时间，可以将商事仲裁裁决划分为以下类型。

（一）中间裁决

中间裁决（interlocutory award），又称临时裁决，是指在仲裁过程中对部分审理清楚的争议事项，仲裁庭为进一步审理和作出最终裁决所作出的一种临时性裁决。中间裁决只决定程序性问题，不涉及实体争议的判定，比如，仲裁庭的管辖权、仲裁中的财产或证据保全、仲裁可适用的法律等问题。中间裁决在性质上并非终局裁决，其法律效力不及部分裁决。如果一方当事人不同意仲裁庭的裁决，仲裁庭须待查清事实后，作出最终裁决。

我国仲裁实践中，中间裁决通常适用于下列事项：第一，要求当事人合作或采取措施，保存或出售容易腐烂、变质、贬值的货物，以防止损失进一步扩大。第二，要求当事人合作或采取措施，为仲裁庭亲自监督或在委派专家监督下设备调试和为生产提供保障条件。第三，要求当事人合作或采取措施，组织清算委员会对合资企业的债权债务进行清算，为责任划分和损害赔偿的确定打下基础。①

（二）部分裁决

部分裁决（partial award），也称为“初步裁决”，是指仲裁庭在审理案件过程中对整个争议中的某一个或某几个问题已经审理清楚，为了及时保护当事人的合法权益或有利于继续审理其他问题，仲裁庭对已审理清楚的部分实体争议所作出的终局性裁决。部分裁决一经作出，即具有法律效力。部分裁决有助于加速仲裁进程，提高工作效率，及时保护当事人的合法权益。《仲裁法》第55条规定：“仲裁庭仲裁纠纷时，其中一部分事实已经清楚，可以就该部分先行裁决。”

部分裁决一般在两种情况下作出：一是未查清的案件事实比较复杂，短期内不能得出结论；二是应当事人的迫切要求，不尽快裁决会使其生产或生

① 参见王存学主编：《中国经济仲裁和诉讼实用手册》，中国发展出版社1993年版，第314页。

活受到重大影响，造成重大损失。作出部分裁决的前提条件是被裁决部分的案件事实和法律关系相对独立，且这部分事实已经查清。

部分裁决一般可以适用于：①合同的成立与否；②合同的有效与否；③合同的归类；④无效合同发生的过错在哪一方；⑤侵权责任存在与否；⑥侵害身体的医疗费用赔偿等先行给付；⑦停止侵害或者排除障碍；⑧当事人申请或者仲裁庭认为应当作出先行裁决的其他事项。

（三）终局裁决

终局裁决（final award）是指仲裁庭对全部争议案件审理终结后，对当事人的所有仲裁请求（包括本请求和反请求）或部分裁决后存留下来的其他请求所作出的最后裁决。具有以下特征：

（1）终结性。最终裁决一经作出，整个仲裁程序即告终结。

（2）强制性。最终裁决具有强制执行力，当事人若不自动履行裁决，对方当事人有权向人民法院申请强制执行。

（3）排除性。最终裁决作出后，同一当事人即丧失了就同一实体争议重新要求仲裁或起诉的权利，仲裁机构和人民法院无权再就该争议进行仲裁和审判。

二、仲裁裁决的作出

仲裁裁决作出后即产生法律效力，双方当事人应当按照裁决的结果自动履行，不得再就该争议提起诉讼或者申请仲裁，同时仲裁裁决也对仲裁机构和法院产生约束力，也就是说，任何仲裁机构或者人民法院不得重新受理当事人就已经裁决的事项提出的请求。

（一）仲裁裁决的内容

《仲裁法》第54条规定了裁决书的内容，除了包括仲裁庭和双方当事人的基本情况外，还包括：当事人的仲裁请求、所争议的事实、裁决的理由、裁决的结果、仲裁费用的负担和裁决的日期以及仲裁员的签名等。但是，当事人协议不愿写明争议事实和裁决理由的，可以不写。

根据仲裁实践，仲裁裁决书的内容包括以下几部分：

第一，首部。作为仲裁裁决书的开头部分，应当写明以下几项内容：①仲裁裁决书名称、仲裁机构、年号及仲裁裁决书的编号；②双方当事人及其代理人的基本情况；③仲裁员的名字与地址等。

第二，引言部分。主要包括：①仲裁庭受理案件的依据；②仲裁庭组成情况；③仲裁审理情况。

第三，正文。这是仲裁裁决书的核心部分，主要包括：①仲裁请求，即仲裁申请人请求仲裁委员会通过仲裁审理所要解决的问题。②争议的事实，即双方当事人对争议案件的事实以及相应的证据，所产生的争议焦点及各自的不同观点。③裁决理由，主要载明仲裁庭根据认定的事实和适用的法律对双方当事人的主张及其理由表达的意见，对双方当事人责任的分析以及如何承担损失的判断等。④裁决结果，即仲裁庭对双方当事人之间实体权利义务的确定，这既是仲裁庭对当事人提请仲裁的争议案件的最终观点，同时也是双方当事人行使其权利、履行其义务的依据。⑤仲裁费用的负担，即仲裁庭对双方当事人就仲裁申请人预交的仲裁费用进行分担的确定。①

第四，尾部。主要包括：①载明“本裁决为终局裁决”，以及生效的时间。②仲裁员签名。对该仲裁裁决持不同意见的仲裁员可以签名，也可以不签名。③裁决作出的时间和地点。④加盖仲裁委员会印章。

（二）仲裁庭的意见

能够影响裁决实质性内容的最关键因素是仲裁庭的意见。《仲裁法》第53条规定：“裁决应当按照多数仲裁员的意见作出，少数仲裁员的不同意见可以记入笔录。仲裁庭不能形成多数意见时，裁决应当按照首席仲裁员的意见作出。”根据该条的规定，由合议仲裁庭作出仲裁裁决时，采取不同的方式：一是按多数仲裁员的意见作出仲裁裁决。仲裁实践中通常适用少数服从多数的原则，仲裁庭的3名仲裁员中至少有2名仲裁员的意见一致。二是按首席仲裁员的意见作出仲裁裁决。在仲裁庭无法形成多数意见的情况下，裁决应当按照首席仲裁员的意见作出，并不违背公平正义原则。除首席仲裁员外的其余2名仲裁员由当事人选择产生，在无法形成多数意见的情况下，将

---

① 李广辉、林泰松：《仲裁法学》，中国法制出版社2019年版，第393页。

决定权交给首席仲裁员，既保障仲裁裁决公平合理，也增加了仲裁制度的灵活性。

（三）仲裁裁决作出的期限

仲裁裁决的作出期限是指仲裁案件从仲裁庭组成到仲裁庭作出最终裁决的整个期间，目的在于督促仲裁庭在合理期限内审结案件，尽快解决争议，明确双方当事人的权利义务关系，避免因审理案件时间过长导致当事人承担不应有的损失。《中国国际经济贸易仲裁委员会仲裁规则（2015 版）》规定，仲裁庭应在组庭后 6 个月内作出裁决书，适用简易程序审理案件的裁决时限为 3 个月，国内商事案件的裁决时限为 4 个月。

根据《仲裁法》第 57 条的规定，裁决书自作出之日起发生法律效力。如果仲裁庭当庭宣告裁决内容，宣告裁决的时间即为裁决书的作出时间，仲裁裁决自宣告时生效；如果仲裁庭不是当庭宣告而是后来送达裁决书的，则裁决书制作完成，经仲裁员签名并加盖仲裁委员会印章的时间即为仲裁裁决的作出时间，自此时起裁决生效。

（四）仲裁裁决作出的方式

仲裁庭经过评议后，根据认定的事实对当事人提出的仲裁请求或反请求或与之相关的其他事项作出书面裁定，仲裁庭可以当庭宣布裁决结果，也可定期宣布裁决结果。仲裁裁决的作出，标志着当事人之间纠纷的最终解决和仲裁程序的终结。

在仲裁实践中，仲裁裁决的作出因仲裁庭的组成形式不同而有所不同，主要包括两种：

第一，独任仲裁庭作出仲裁裁决。独任仲裁庭由 1 名仲裁员组成，由于不存在仲裁员对争议案件意见的分歧，因此，独任仲裁员对当事人提请仲裁的争议案件，经过审理后，在事实清楚、权利义务关系明确且双方当事人又无法达成调解协议的情况下，可以直接作出仲裁裁决。

第二，合议制仲裁庭作出仲裁裁决。合议制仲裁庭由 3 名仲裁员组成，这就决定了在对当事人提请仲裁的争议案件进行认定时，仲裁庭成员经常会存在意见分歧。根据仲裁法的规定，合议制仲裁的裁决可以采取两种形式作出：①按照多数仲裁员的意见作出；②按照首席仲裁员的意见作出。如果形成的多数意见是2名仲裁员的意见一致，首席仲裁员也应服从多数意见，不同意见记入笔录。

（五）仲裁裁决的核阅

2018年12月31日，中共中央办公厅、国务院办公厅联合印发《关于完善仲裁制度提高仲裁公信力的若干意见》（中办发〔2018〕76号），该文件提出确保仲裁裁决质量，建立仲裁委员会对仲裁裁决的核阅制度。仲裁裁决的核阅是指仲裁机构对仲裁庭作出的裁决草稿，在格式、文字、审理程序、事实认定、法律适用等环节，认为其与法律、仲裁规则、仲裁机构的文书格式要求相抵触的，提出修改的意见，与仲裁庭协商，要求其修改完善。仲裁机构对裁决的核阅意见一般不对仲裁庭产生强制效力。仲裁机构对仲裁裁决书的核阅主要包括：

第一，审查仲裁裁决书的文字格式是否符合规范性要求；文字表达是否流畅、规范、准确，裁决的文字表述是否会引发不必要的争议，进而给败诉方在后续的司法监督程序中留下争辩的余地；裁决书的结构是否合理、严谨；裁决书有没有错别字或者计算问题，特别是关于利息和违约金的计算是否准确等。

第二，审查仲裁程序是否符合《仲裁规则》的规定，程序性事项的申请及审批手续是否完备，程序部分的表述是否准确无误。比如，仲裁送达需要仲裁机构仔细核对送达文件，并审核裁决书中程序部分关于送达的表述是否准确。

第三，对案件的证据认定、事实认定、适用法律和裁决结果进行审查，裁决书对裁决的每一项内容是否进行了充分的说理，或者是否存在超裁或漏裁的情形；是否在答辩中出现了新增加的隐形本请求或反请求，而仲裁庭忽略了；关于败诉方费用承担的部分，尤其是仲裁费承担的部分是否依据充分且说理到位，等等。

第四，仲裁裁决书草案形成前是否经过仲裁庭合议，仲裁庭合议的内容与裁决书草案的内容是否一致。

第五，仲裁案件的案卷材料是否完整、齐备；案卷材料和目录编制是否符合规范性的要求。

仲裁裁决核阅的程序，包括以下两项：一是仲裁裁决的核阅，仲裁机构应当通知当事人；二是核阅的期限应予以明确，避免核阅程序的拖延带来仲裁的低效率。

仲裁机构对裁决书进行核阅的主要目的在于确保裁决书形式上的正确性，同时对认为不适当的实体问题处理提出意见。至于对此意见是否作出回应，则当为仲裁庭的自由选择。

三、裁决的修正

裁决的修正是指对已作出的裁决中存在的计算、打印、誊抄等类似性质的错误进行的修正。裁决的修正原则上不应涉及实体内容，若对裁决的修正改变了原先的实体部分，则极有可能被认定为违反正当程序。根据《仲裁法》第56条的规定，对裁决书中的文字、计算错误或者仲裁庭已经裁决但在裁决书中遗漏的事项，仲裁庭应当补正；当事人自收到裁决书之日起30日内，可以请求仲裁庭补正。在仲裁实践中，裁决书在以下情况下可以补正：①裁决书中任何计算错误，任何抄写、排印错误或者任何类似的错误，当事人可以要求改正；②当事人在仲裁程序中提出但在裁决书中遗漏的申诉或反诉事项，或者仲裁庭在其意见中陈述过但裁决中遗漏了的应裁事项，当事人可以要求追加裁决；③裁决事项模棱两可或表达不清，当事人可以要求解释。

补正仲裁裁决书应遵循以下程序：①改正、追加和解释只能由仲裁案件的当事人向处理该案件的仲裁庭或仲裁机构提出；②改正、追加和解释的申请必须在当事人收到裁决书后一个相对较短的期间内提出，这个时间通常不超过收到裁决之日起2个月内；③改正、追加和解释裁决的申请仅在仲裁庭认为合理时方可接受；④改正、追加和解释裁决之前应给予另一方适当机会以便陈述其意见。

第七节 仲裁简易程序

仲裁简易程序是指仲裁机构对于简单仲裁案件或依双方当事人的协议审理案件时所适用的一种简便易行的仲裁程序，是以普通的仲裁程序为基础，实际上是普通仲裁程序的简化。

一、适用简易程序的条件

由于仲裁简易程序是在特定情形下适用的一种程序，因此必须符合以下条件。

（一）争议金额较小的案件

适用简易程序的案件往往都有对争议标的金额的要求，一般的要求是争议金额应在一定的数额以下。《中国国际经济贸易仲裁委员会仲裁规则（2015 版）》和《北京仲裁委员会仲裁规则（2022）》均规定，案件争议金额不超过人民币 500 万元的，适用简易程序。《中国国际经济贸易仲裁委员会仲裁规则（2015 版）》第 56 条第 2 款规定，没有争议金额或争议金额不明确的，由仲裁委员会根据案件的复杂程度、涉及利益的大小以及其他有关因素综合考虑决定是否适用简易程序。

（二）双方当事人约定或者同意的仲裁案件

《中国国际经济贸易仲裁委员会仲裁规则（2015 版）》第 56 条第 1 款规定，争议金额虽然超过人民币 500 万元，但经一方当事人书面申请并征得另一方当事人书面同意的，或双方当事人约定适用简易程序的，适用简易程序。《北京仲裁委员会仲裁规则（2022）》第 54 条第 2 款规定，当事人约定由 1 名仲裁员（独任仲裁员）组成仲裁庭审理案件的，适用简易程序。因此，即使争议金额超过仲裁规则所规定的适用简易程序的范围时，经一方当事人书面申请，在征得另一方当事人书面同意的情况下，适用简易程序。

二、简易程序的特点

（一）审限较短

在仲裁简易程序中，答辩和反请求的期限、提前通知开庭的期限及各方当事人提交材料和补交材料的期限等，相比于普通程序，都作了适当缩短。《中国国际经济贸易仲裁委员会仲裁规则（2015 版）》规定，被申请人应在收到仲裁通知后20天（普通程序则为45天）内提交答辩书及有关证明文件；如有反请求，也应在20天（普通程序则为45天）内提交反请求书及证据材料以及其他证明文件；申请人应在收到反请求书及其附件后20天（普通程序则为45天）内针对被申请人的反请求提交答辩。对于开庭审理的案件，仲裁庭确定第1次开庭日期后，应不晚于开庭前15天（普通程序则为20天）将开庭日期通知双方当事人。

（二）实行独任制仲裁庭

根据《中国国际经济贸易仲裁委员会仲裁规则（2015 版）》第58条规定，简易程序仲裁庭的组成，成立独任仲裁庭审理案件。在仲裁员名册中共同选定或者共同委托仲裁机构主任指定独任仲裁员。各方当事人逾期未能共同选定或者共同委托主任指定独任仲裁员的，由仲裁委员会主任指定。

（三）审理案件的方式灵活

适用简易程序的案件，仲裁庭可以按照其认为适当的方式审理。相较于普通程序的多以开庭审理为原则，简易程序的审理方式为，仲裁庭可以在征求当事人意见后决定只依据当事人提交的书面材料和证据进行书面审理，也可以决定开庭审理，还可以把开庭审理和书面审理相结合。

三、简易程序的进行和变更

各仲裁委员会的仲裁规则中对按照简易程序进行的仲裁审理都作出了明确的规定，具体程序一般包括：

（1）仲裁申请人向仲裁委员会提出仲裁申请后，经审查可以受理并适用简易程序的，仲裁委员会应立即向双方当事人发出仲裁通知。被申请人在仲裁规则规定的期限内提交答辩书及有关证明文件，也可提出反请求。

（2）双方当事人在仲裁规则规定的期限内，共同选定或者共同委托仲裁委员会主任指定独任仲裁员成立仲裁庭审理案件。如果双方当事人未能共同选定或者共同委托仲裁委员会主任指定独任仲裁员的，仲裁委员会主任应指定1名独任仲裁员审理此案。

（3）仲裁庭以其认为适当的方式审理案件，既可以征得当事人同意后，决定进行书面审理，也可以决定开庭审理。如果仲裁庭决定开庭审理，一般来说，仲裁庭只开庭1次。确有必要时，仲裁庭可以决定再次开庭。

（4）仲裁庭在仲裁规则规定的期限内作出仲裁裁决书。《中国国际经济贸易仲裁委员会仲裁规则（2015版）》第62条规定，仲裁庭应当在组庭后3个月内作出裁决书。经仲裁庭请求，仲裁委员会仲裁院院长认为确有正当理由和必要的，可以延长该期限。

由于在仲裁过程中申请人有权变更仲裁请求、被申请人有权提出反请求，而变更仲裁请求或提出反请求皆能够使得仲裁标的额发生变化，或增加或减少。如果经变更的仲裁请求或者提出反请求所涉及的争议金额与简易程序受理案件的范围相抵触，仲裁庭应当进行程序变更，对该不适宜简易程序审理的仲裁请求或者反请求适用通常程序进行审理。

《中国国际经济贸易仲裁委员会仲裁规则（2015版）》第63条规定了程序变更："仲裁请求的变更或反请求的提出，不影响简易程序的继续进行。经变更的仲裁请求或反请求所涉争议金额分别超过人民币500万元的案件，除非当事人约定或仲裁庭认为有必要变更为普通程序，继续适用简易程序。"

《北京仲裁委员会仲裁规则（2022）》第58条规定简易程序变更为普通程序："（一）简易程序进行中，各方当事人共同申请或者一方当事人申请、其他当事人同意的，可以将简易程序变更为普通程序。（二）仲裁请求的变更或者反请求的提出、变更导致案件争议金额超过500万元的，不影响简易程序的进行。任何一方当事人认为影响的，可以向主任申请变更为普通程序。是否同意，由主任决定。（三）因简易程序变更为普通程序而增加的仲裁费用，由当事人协商确定预交比例。无法协商达成一致意见的，由本会确定。未能按照本会要求预交仲裁费用的，程序不予变更。（四）仲裁庭组成后简易程序变更为普通程序的，当事人应当自收到程序变更通知之日起 5 日内，按照本规则的规定各自选定或者各自委托主任指定一名仲裁员。除非当事人另有约定，原独任仲裁员作为首席仲裁员。新仲裁庭组成前已进行的审理程序是否重新进行以及重新进行的范围，由新仲裁庭决定；新仲裁庭决定审理程序全部重新进行的，本规则第四十八条、第六十八条规定的期限自新仲裁庭组成之日起计算。”

练 习 题

一、思考题

1. 简述仲裁程序的各个主要步骤。
2. 比较简易程序与普通程序的区别。

二、司法考试试题

1. 美国 A 公司与中国 B 公司在履行合同过程中发生了纠纷。按合同中的仲裁条款，A 公司向中国某仲裁委员会提交了仲裁申请。问该仲裁庭的组成可以有哪几种方式？(2002 年 · 卷三 · 67 题)

A. 双方当事人各自选定 1 名仲裁员，第 3 名仲裁员由当事人共同选定

B. 3 名仲裁员皆由当事人共同选定

C. 3 名仲裁员皆由当事人委托仲裁委员会主任指定

D. 双方当事人各自选定 1 名仲裁员，第 3 名仲裁员由当事人共同委托仲裁委员会主任指定

2. 甲、乙两厂签订 1 份加工承揽合同，并在合同中写明了仲裁条款。后因甲厂加工的产品质量达不到合同的要求，乙厂遂向法院起诉。法院受理了该案，在法院辩论过程中，甲厂提出依合同中的仲裁条款，法院对该案没有管辖权。下列对该案的处理意见中哪些是错误的？(2002 年 · 卷三 · 68 题)

A. 法院应当中止审理，待确定仲裁条款是否有效后再决定是否继续审理

B. 法院应当继续审理

C. 法院应当与仲裁机构协商解决管辖权问题

D. 法院应当征求乙厂对管辖权的意见，并依乙厂的意见决定是否继续审理

3. 法院对仲裁活动的支持表现在下列哪些方面？(2002年·卷三·96题)

A. 当事人在仲裁中申请财产保全且符合条件的，由人民法院裁定采取财产保全措施

B. 在仲裁过程中，出现妨害仲裁秩序的情形，仲裁委员会可以向法院请求排除妨碍

C. 具有给付内容的仲裁裁决生效后，在义务人拒不履行义务时，权利人可以向有关法院申请执行仲裁裁决

D. 法院可以适当的方式对仲裁委员会的仲裁业务进行业务指导

4. 吉林市甲公司与长春市乙公司发生服装买卖合同纠纷，由北京仲裁委员会进行仲裁，双方当事人约定，请求仲裁庭在裁决书中不要写明下列事项。对此请求，下列哪些事项仲裁庭可以准许？(2003年·卷三·65题)

A. 仲裁请求

B. 争议事实

C. 裁决理由

D. 仲裁费用

5. 甲公司与乙公司之间的买卖合同纠纷，双方在仲裁过程中达成和解协议，此种情况下甲公司不具有下列哪一种权利？(2004年·卷三·42题)

A. 请求仲裁庭根据和解协议作出裁决书

B. 撤回仲裁申请

C. 对仲裁协议进行反悔，请求仲裁庭依法作出裁决

D. 请求法院执行仲裁过程中达成的和解协议

6. 根据我国《仲裁法》的规定，下列哪些关于仲裁程序的表述是正确的？(2004年·卷三·79题)

A. 仲裁应当开庭进行，但当事人可以约定不开庭

B. 仲裁不公开进行，但如不涉及国家秘密，当事人也可以约定公开进行

C. 对仲裁庭的组成，当事人可以约定由3名仲裁员组成仲裁庭

D. 当事人对仲裁的调解书不得申请撤销，对裁决书可以申请撤销

7. 根据我国《仲裁法》的规定，在不同的情况下仲裁庭可以作出不同的裁决。下列有关仲裁裁决的说法哪些是正确的？(2004年·卷三·80题)

A. 仲裁庭仲裁纠纷时，其中一部分事实已经清楚的，可以就该部分先行

裁决

B. 被申请人经书面通知，无正当理由不到庭的，仲裁庭可以据此认定申请人的主张成立，缺席裁决

C. 当事人调解达成协议的，仲裁庭应制作调解书或根据调解协议制作裁决书

D. 仲裁裁决一经作出即发生法律效力，但对裁决书中的文字、计算错误，当事人可以请求仲裁庭补正

8. 中国甲公司与某国乙公司发生买卖合同纠纷，在中国仲裁过程中，乙公司申请财产保全，即要求扣押甲公司在某港口的1批机器设备。仲裁委员会对此申请应如何处理？（2005年·卷三·47题）

A. 不予受理，告知当事人直接向有关法院提出申请

B. 审查后直接作出财产保全裁定，由有关法院执行

C. 将乙公司的申请提交甲公司所在地的中级法院裁定

D. 将乙公司的申请提交机器设备所在地的基层法院裁定

9. 海云公司与金辰公司签订了一份装饰工程合同。合同约定：金辰公司包工包料，负责完成海云公司办公大楼的装饰工程。事后双方另行达成了补充协议，约定因该合同的履行发生纠纷，由某仲裁委员会裁决。在装饰工程竣工后，质检单位鉴定复合地板及瓷砖系不合格产品。海云公司要求金辰公司返工并赔偿损失，金辰公司不同意，引发纠纷。假设某法院受理了海云公司的起诉，金辰公司应诉答辩，海云公司在首次开庭时，向法院提交了仲裁协议，对此，该法院应如何处理？（2005年·卷三·93题）

A. 裁定驳回海运公司的起诉

B. 裁定不予受理，告知当事人通过仲裁方式解决

C. 裁定将案件移送仲裁机构处理

D. 继续审理本案

10. 甲公司与乙公司就某一合同纠纷进行仲裁，达成和解协议，向仲裁委员会申请撤回仲裁申请。后乙公司未按和解协议履行其义务。甲公司应如何解决此纠纷？（2006年·卷三·36题）

A. 甲公司可以依据仲裁协议重新申请仲裁

B. 甲公司只能向法院提起诉讼

C. 甲公司既可以向法院提起诉讼，也可以与乙公司重新达成仲裁协议申请

仲裁

D. 甲公司可以向仲裁委员会申请恢复仲裁程序

11. 下列关于仲裁裁决的哪些观点是正确的？（2006 年・卷三・85 题）

A. 当事人可以请求仲裁庭根据双方的和解协议作出裁决

B. 仲裁庭可以根据双方当事人达成的调解协议作出裁决

C. 仲裁裁决应当根据仲裁庭多数仲裁员的意见作出，形不成多数意见的，由仲裁委员会讨论决定

D. 仲裁裁决一经作出立即发生法律效力

12. 刘某从海塘公司购买红木家具 1 套，价款为 3 万元，双方签订合同，约定如发生纠纷可向北京仲裁委员会申请仲裁。交付后，刘某发现该家具并非红木制成，便向仲裁委员会申请仲裁，请求退货。双方在仲裁过程中对仲裁程序所作的下列何种约定是有效的？（2006 年・卷三・97 题）

A. 双方不得委托代理人

B. 即使达不成调解协议，也以调解书的形式结案

C. 裁决书不写争议事实和裁决理由

D. 双方对裁决不得申请撤销

13. 南沙公司与北极公司因购销合同发生争议，南沙公司向仲裁委员会申请仲裁，在仲裁中双方达成和解协议，南沙公司向仲裁庭申请撤回仲裁申请。之后，北极公司拒不履行和解协议。下列哪一选项是正确的？（2008 年・卷三・39 题）

A. 南沙公司可以根据原仲裁协议申请仲裁

B. 南沙公司应与北极公司重新达成仲裁协议后，才可以申请仲裁

C. 南沙公司可以直接向法院起诉

D. 仲裁庭可以裁定恢复仲裁程序

14. 关于仲裁调解，下列哪些表述是正确的？（2010 年・卷三・81 题）

A. 仲裁调解达成协议的，仲裁庭应当根据协议制作调解书或根据协议结果制作裁决书

B. 对于事实清楚的案件，仲裁庭可依职权进行调解

C. 仲裁调解达成协议的，经当事人、仲裁员在协议上签字后即发生效力

D. 仲裁庭在作出裁决前可先行调解

15. 关于仲裁调解，下列哪些表述是正确的？根据《仲裁法》，仲裁庭作出的裁决书生效后，在下列哪一情形下仲裁庭不可进行补正？（2011 年・卷三・

50 题）

A. 裁决书认定的事实错误

B. 裁决书中的文字错误

C. 裁决书中的计算错误

D. 裁决书遗漏了仲裁评议中记录的仲裁庭已经裁决的事项

16. B 市的京发公司与 T 市的蓟门公司签订了 1 份海鲜买卖合同，约定交货地在 T 市，并同时约定“涉及本合同的争议，提交 S 仲裁委员会仲裁”。京发公司收货后，认为海鲜等级未达到合同约定，遂向 S 仲裁委员会提起解除合同的仲裁申请，仲裁委员会受理了该案。在仲裁规则确定的期限内，京发公司选定仲裁员李某作为本案仲裁庭的仲裁员，蓟门公司未选定仲裁员，双方当事人也未共同选定第 3 名仲裁员，S 仲裁委主任指定张某为本案仲裁庭仲裁员、刘某为本案首席仲裁员，李某、张某、刘某共同组成本案的仲裁庭，仲裁委向双方当事人送达了开庭通知。

开庭当日，蓟门公司未到庭，也未向仲裁庭说明未到庭的理由。仲裁庭对案件进行了审理并作出缺席裁决。在评议裁决结果时，李某和张某均认为蓟门公司存在严重违约行为，合同应解除，而刘某认为合同不应解除，拒绝在裁决书上签名。最终，裁决书上只有李某和张某的签名。

S 仲裁委员会将裁决书向双方当事人进行送达时，蓟门公司拒绝签收，后蓟门公司向法院提出撤销仲裁裁决的申请。

（1）关于本案中仲裁庭组成，下列说法正确的是？（2014 年 · 卷三 · 98 题）

A. 京发公司有权选定李某为本案仲裁员

B. 仲裁委主任有权指定张某为本案仲裁员

C. 仲裁委主任有权指定刘某为首席仲裁员

D. 本案仲裁庭的组成合法

（2）关于本案的裁决书，下列表述正确的是？（2014 年 · 卷三 · 99 题）

A. 裁决书应根据仲裁庭中的多数意见，支持京发公司的请求

B. 裁决书应根据首席仲裁员的意见，驳回京发公司的请求

C. 裁决书可支持京发公司的请求，但必须有首席仲裁员的签名

D. 无论蓟门公司是否签收，裁决书自作出之日起生效

（3）关于蓟门公司撤销仲裁裁决的申请，下列表述正确的是？（2014 年 · 卷三 · 100 题）

A. 蓟门公司应向S仲裁委所在地中院提出申请

B. 法院应适用普通程序审理该撤销申请

C. 法院可以适用法律错误为由撤销S仲裁委的裁决

D. 法院应以缺席裁决违反法定程序为由撤销S仲裁委的裁决

三、案例

案例一：股票质押式回购纠纷案

【案情简介】

2015年4月24日，申请人A证券公司受“某资产管理合同”委托人的委托，以管理人的名义与被申请人B公司签订“股票质押式回购交易业务协议”，约定被申请人将其持有的×股票出质给申请人以融入资金，并在约定的时间返还资金、解除质押。双方约定质押股票24 990 000股，初始交易金额为300 000 000元，初始交易日期为2015年5月4日，回购日期为2016年5月4日，回购利率为7.55%，违约金比例为0.05%/日，补仓线为160%，平仓线为140%等。

2015年5月4日，申请人与被申请人在上海证券交易所交易系统完成前述股票质押初始交易，申请人通过交易系统向被申请人支付了初始交易金额300 000 000元，中国证券登记结算有限责任公司对被申请人出质的24 990 000股股票办理了质押登记，质权人为申请人。

因被申请人无法于2016年5月4日回购交易日履行回购义务，2016年4月29日，申请人与被申请人签订了“股票质押式回购交易业务补充协议”（以下简称“补充协议”），约定将回购日期延期至2017年5月4日。

2016年5月18日、5月24日至5月27日、5月30日，质押的股票价格多次跌破履约保障比例预警线，申请人通过电子邮件、电话等方式向被申请人发出“股权质押式回购交易预警通知书”，通知被申请人补仓，但被申请人未进行任何补仓。2016年5月31日，申请人向被申请人寄送了“股票质押式回购交易违约通知书”（以下简称“违约告知函”），要求被申请人及时补仓。但是，被申请人未采取补仓或其他行动。

另，2016年3月至7月，被申请人持有的X股票被司法冻结，包括质押给申请人的股票也在冻结范围之内。

2016年7月，申请人向深圳国际仲裁院提请仲裁，提出如下仲裁申请：

（1）裁决被申请人向申请人偿还融资本金3亿元及利息8 053 333.33元（自2016年3月21日起，以3亿元为基数，按7.55%/年的利率计算至实际清偿之日止）；

（2）裁决被申请人向申请人支付违约金8 700 000元（自2016年5月30日起，以3亿元为基数，按每日0.05%/天的标准计算至欠款实际清偿之日止）；

（3）裁决申请人有权对被申请人质押给申请人的股票折价或者以拍卖、变卖所得价款优先受偿；

（4）裁决被申请人承担申请人为本案支出的律师费用4 700 000元；

（5）裁决被申请人承担本案的仲裁费用。

在仲裁程序进行过程中，某中级人民法院作出民事裁定，裁定受理对被申请人进行重整的申请，并指定管理人。之后该法院又作出民事决定，准许被申请人在重整期间在管理人的监督下自行管理财产和营业事务。[①]

【仲裁庭的意见】

仲裁庭认为，申请人与被申请人在自愿平等、协商一致的基础上签订股票质押式回购交易一系列协议，并通过上海交易所交易系统完成了该笔交易，其行为体现了各方当事人的真实意思表示，不违反国家法律和行政法规的强制性规定，所签订的协议依法成立，合法有效。

双方当事人对被申请人自2016年3月21日起未再支付利息的事实和申请人在2016年5月31日向被申请人发出"违约告知函"，被申请人此后未采取任何补仓或回购措施，已构成违约的事实意见一致，没有异议，仲裁庭对此予以认定。

基于本案事实和有关法律法规，仲裁庭对本案争议焦点认定如下。

（一）关于申请人既主张逾期利息又主张违约金的合法性问题

申请人因被申请人质押的×股票多次跌破履约保障比例警戒线，于2016年5月31日向被申请人发出"违约告知函"。被申请人在接到"违约告知函"之后，始终未采取补仓或任何回购措施，已构成"股票质押式回购交易业务协议"约定的违约情形。

---

① 本案例为深圳国际仲裁院（深圳仲裁委员会）受理的真实案例。本案仲裁庭由首席仲裁员洪艳蓉女士、仲裁员笪恺女士和付彦女士组成，经办仲裁秘书为深圳国际仲裁院（深圳仲裁委员会）尹冠军先生。本案例由深圳国际仲裁院（深圳仲裁委员会）赵枫女士编撰整理。深圳国际仲裁院官网，http：//www.scia.com.cn/，2022年5月18日访问。

"股票质押式回购交易业务协议"约定，发生双方约定的情况的，被申请人可提出申请，经申请人同意后，双方可择日进行回购交易或补充质押交易；同时，被申请人应向申请人缴纳违约金，并在回购交易时支付给申请人。从该协议有关释义可知，回购交易金额=初始交易金额+利息。因此，当申请人要求被申请人提前回购交易而被申请人未能履行构成逾期时，申请人根据上述约定可向被申请人既主张逾期利息，又主张违约金。

与此同时，双方当事人签订的"补充协议"中约定：由于此次因为被申请人原因导致该笔股票质押式回购交易业务不能于2016年5月4日到期偿还本金，在展期期间（协议签署日起至2017年5月4日），申请人有权在任意工作日宣布该笔业务提前终止，要求被申请人提前回购主协议项下的所有未回购的股票质押式回购交易业务且归还截至回购日的剩余本息，被申请人在接到申请人的提前回购通知后，需在指定时间归还申请人剩余本息，否则视同构成主协议"其他因甲方原因导致的违约情形"，申请人有权采取包括但不限于主协议所提及的任意处理方式进行违约处置，并自被申请人逾期支付之日起按照主协议约定收取违约金，并保留对被申请人进行资产处置及法律诉讼的相关权利。这也肯定了在被申请人未能按照要求履行提前回购交易时，申请人有权向被申请人既主张逾期利息，又主张违约金的合法性。

被申请人主张在违约之后只算罚息，不算利息，其理由是申请人要求被申请人提前回购股票并偿付本息之日起，"股票质押式回购交易业务协议"及其"补充协议"即已终止，被申请人不再享有融资款的期限利益。仲裁庭认为这种主张并不具有合法性和合理性，不予支持，理由如下：

其一，只有被申请人履行了回购义务，"股票质押式回购交易业务协议"及其"补充协议"才会真正终止。在被申请人逾期回购期间，双方的权利义务仍然受到前述协议的约束。

其二，被申请人在逾期回购期间仍然占用申请人提供的融资本金，实质上同样获得了融资款的期限利益。根据《合同法》第207条的规定，借款人未按照约定的期限返还借款的，应当按照约定或者国家有关规定支付逾期利息。可见，在被申请人继续占用申请人提供的资金，获得融资款的期限利益期间，其应继续按照原来股票质押式回购交易业务约定的回购利率，向申请人支付占用资金的利息。被申请人虽然提出类似的银行贷款到期之后只计算罚息，不计算利息，但从罚息的构成来看，是在合同载明的正常贷款利率水平基础上上升一定幅度得来的，正常的贷款利息被包含于罚息之中，因此呈现出只计罚息，不计利息的假象，实际上借款人仍要为其逾期还款支付利息。

其三，申请人向被申请人既可主张逾期利息又可主张违约金，所依据的是上述双方在自愿平等、协商一致基础上签署的业务协议，具有合法性。从功能上看，如果只允许申请人主张有限的违约金，势必不能弥补申请人所提供的资金被占用的损失；如果只允许申请人主张逾期利息，那与正常情况下的回购交易无异，不足以敦促被申请人及时纠正违约行为，恢复正常的商业秩序。因此，允许申请人向被申请人同时主张逾期利息和违约金，符合商业交易中的习惯做法，具有合理性和公平性。

本案中，只要被申请人持续占用申请人提供的资金，就应按照合同的约定，以300 000 000元本金为基数，按7.55%/年的回购利率向申请人支付相应的利息。由于被申请人自2016年3月21日起未再向申请人支付过利息，2016年3月21日应作为利息的起算日；某中级人民法院已受理了有关被申请人的重整申请，根据《企业破产法》的规定，破产受理之日应作为计算利息的最迟终止日。按照本案申请人的仲裁请求，利息从2016年3月21日起算，计至破产受理日。

（二）关于申请人主张的违约金标准是否过高的问题

根据“股票质押式回购交易业务协议”和“股票质押式回购交易协议书（初始交易）”的约定，申请人可以向被申请人主张的违约金标准为0.05%/天，也即利率为0.05%/天×365天=18.25%/年。

被申请人主张这一违约金标准过高，应当参照《中国人民银行关于人民币贷款利率有关问题的通知》（银发〔2003〕251号）第3条第1款的规定进行调整，在合同约定的年利率基础上加收30%，也即违约金的年利率应为7.55%×（1+30%）=9.815%。

仲裁庭认为，《中国人民银行关于人民币贷款利率有关问题的通知》作为部门规范性文件，主要用于规范政策性银行和商业银行的贷款利率行为，参照适用于申请人并不恰当；本案中，申请人虽然是金融机构，但并非使用自有资金从事贷款业务，而是作为管理人，使用第三方提供的资金为被申请人通过股票质押式回购交易解决资金融通问题，在性质上更符合民间借贷的特征。

仲裁庭据《合同法》第114条第2款规定认为对低于或过分高于损失的违约金，有权应当事人的请求进行调整。

如上所述，被申请人逾期回购时，申请人可同时向其主张逾期利息和违约金，这种安排是为了弥补申请人资金被占用的损失和敦促被申请人尽快履约。考虑到被申请人提供给申请人的质押品为资本市场上可自由流通的上市公司股票，其价格波动性大，对被申请人是否满足履约保障比例具有重大影响。在股票质押式回购交易的情形下，设置高于一般贷款罚息利率的违约金比例，以敦促融资方在违约时加快采取补救措施，有效降低出资方风险并维护资本市场的稳定，具有一定的合理性，是商业活动中的习惯做法。本案中，申请人可向被申请人主张的回购利率为7.55%/年，违约金率为18.25%/年，两项相加共计25.8%/年，高于一般贷款的罚息利率水平。仲裁庭认为，尽管股票质押式回购交易设置较高的违约金具有正当性，但总体上应固守违约金以补偿性为主、惩罚性为辅的属性。最高人民法院在《最高人民法院关于审理民间借贷案件适用法律若干问题的规定》（法释〔2015〕18号）第30条规定，“出借人与借款人既约定了逾期利率，又约定了违约金或者其他费用，出借人可以选择主张逾期利息、违约金或者其他费用，也可以一并主张，但总计超过年利率24%的部分，人民法院不予支持”，体现了既尊重商业实践又注意平衡双方当事人利益的精神。仲裁庭综合考虑逾期利息和违约金两项救济措施对申请人的保障程度，认为两项相加的利率总水平以不超过24%/年为宜，也即在保持7.55%/年回购利率的基础上，将违约金率调整为16.45%/年。

根据“股票质押式回购交易业务协议”的约定，违约行为发生的当日，为违约金起始计算日；违约金额为该笔交易对应的回购交易金额；而根据第1条释义，回购交易金额=初始交易金额+利息。被申请人在5月18日、5月24日至27日、5月30日多次发生质押股票的履约保障例低于预警线的情况，申请人选择以2016年5月30日作为违约金起始计算日，视为放弃部分预期利益；同时，申请人选择以300 000 000元本金为违约金额，未包括对应的利息，也视为放弃部分预期利益。仲裁庭对此予以认可。

同理，由于某中级人民法院受理了有关被申请人的重整申请，根据《企业破产法》第46条第2款的规定，“附利息的债权自破产申请受理时起停止计息”，违约金的计算参照适用，破产受理日应作为计算违约金的最迟终止日。按照本案申请人的仲裁请求，违约金以300 000 000元为基数，按照16.45%/年的标准，从2016年5月30日起算，计至破产受理日。

（三）关于本案的律师费、仲裁费问题

本案中，双方当事人对4 700 000元律师费的合理性存在分歧。申请人向仲裁庭提交了“法律服务委托合同”及相应的费用单据。根据“法律服务委托合同”的约定，律师的法律服务范围包括：①申请人与被申请人300 000 000元股票质押式回购纠纷一案的诉讼/仲裁及生效判决/仲裁裁决的执行代理；②申请人涉及与1项相关股票质押式回购纠纷案的其他民事案件的其他民事程序的全程代理。

仲裁庭认为，尽管目前律师服务收费主要由市场调节，没有统一的收费标准，但律师费用的确定应有所依据，综合考虑案件标的额、复杂和创新程度、律师服务时间等因素，具有合理性。本案因被申请人陷入债务危机，仲裁过程中又启动了重整程序，具有不同于普通案件的复杂性和危急性，律师需要提供的法律服务较多，专业程度也较高，因此可以具有适当高于一般按标的额计算的案件收费。但与此同时，本案看似标的金额巨大，但双方当事人开展的是资本市场上受到监管的规范化的股票质押式回购交易，各种取证工作相对容易，加上被申请人承认违约，法院目前已受理有关被申请人的重整申请，指定管理人按照法律程序处理与被申请人相关的债权债务，有相对明确的规则和程序保障，这些因素可能在某种程度上减少律师的工作量和降低工作难度；同时，从申请人关于律师费的答辩中可知，本案律师费具有某种包干的成分，存在对未来司法风险处理的溢价。从平衡当事人的利益出发，考虑律师费用的计算以解决纠纷所需的基本法律服务为必要，仲裁庭认为应当适当调整本案的律师费，以4 200 000 元为宜。

申请人请求由被申请人承担本案的仲裁费和律师费。仲裁庭认为，被申请人迟延履行回购义务，构成违约，是造成纠纷的主要原因，理应负担申请人因此实际发生的相关合理费用。因此，仲裁庭认可申请人的部分仲裁请求，由被申请人负担本案的仲裁费用和申请人为本案所支出的4 200 000 元律师费。

此外，根据《担保法》的规定，本案中，申请人是股票质押回购式交易中的合法质权人，作为质押品的×股票，其担保范围包括主债权及利息、违约金、损害赔偿金、质物保管费用和实现质权的费用。当被申请人不履行回购义务时，申请人有权根据《担保法》的规定，以质押给申请人的×股票折价或者以拍卖、变卖该股票的所得价款优先受偿。

【案例评析】

本案中，申请人A证券公司要求B公司偿还融资本金并支付利息、违约金及高额律师费，涉及违约赔偿范围的问题。

被申请人以其持有的×股票作为质押，向申请人融资3 亿元。后×股票价格多次跌破履约保障比例警戒线，在申请人发出预警通知和违约告知之后，被申请人仍未采取补仓或者任何回购措施，其承认已构成违约。申请人遂向深圳国际仲裁院提请仲裁。

双方争议的第一个主要焦点是申请人是否有权既主张利息，又主张违约金。仲裁庭认为：一方面，案涉合同约定了当事人可以在主张逾期利息的同时主张违约金；另一方面，如果只允许申请人主张有限的违约金，势必不能弥补因申请人所提供的资金被占用而产生的损失；如果只允许申请人主张逾期利息，那与正常情况下的回购交易无异，不足以敦促被申请人及时纠正违约行为，恢复正常的商业秩序。因此，允许申请人向被申请人同时主张逾期利息和违约金，符合商业交易中的习惯做法，具有合理性和公平性。

双方争议的第二个主要焦点是申请人主张的违约金标准是否过高。仲裁庭认为：在股票质押式回购交易的情形下，设置高于一般贷款罚息利率的违约金比例，以敦促融资方在违约时加快采取补救措施，有效降低出资方风险并维护资本市场的稳定，具有一定的合理性，是商业活动中的习惯做法。然而，尽管股票质押式回购交易设置较高的违约金具有正当性，但总体上应固守违约金以补偿性为主、惩罚性为辅的属性，要既尊重商业实践又注意平衡双方当事人利益。仲裁庭综合考虑逾期利息和违约金两项救济措施对申请人的保障程度，认为两项相加的利率总水平以不超过24%/年为宜。

该案例的突出特点在于，仲裁庭的裁决思路充分理解和尊重商业实践，体现了行业仲裁的专业化优势。

第八章

仲裁司法监督

仲裁质量是仲裁的生命，是仲裁具有“公信力最可靠、最坚实的来源和保障”。[①] 加强对仲裁工作的监督，是保证仲裁质量的重要手段。仲裁司法监督是指对于符合法定情形的仲裁裁决，经当事人的申请，有管辖权的人民法院审查核实后裁定撤销仲裁裁决或不予执行仲裁裁决的制度。仲裁司法监督的功能在于如何妥当地处理仲裁裁决的终局性和仲裁裁决的公正性之间的关系以及如何妥当地处理仲裁自主权与司法审查权之间的关系。根据《仲裁法》规定，我国仲裁监督体系包含3种监督形式：内部监督、行业监督和司法监督。[②] 内部监督是指仲裁委员会对仲裁员和仲裁程序的监督；行业监督是指中国仲裁协会的监督；司法监督是指人民法院对仲裁的监督。

一、仲裁司法监督的概述

仲裁司法监督揭示的是法院与商事仲裁之间的关系，法院对商事仲裁依法作出的积极和消极的法律影响和干预。积极司法监督是指法院对商事仲裁通过采取支持和协助的强制性措施而施加的积极影响，比如，支持以仲裁方式解决纠纷、裁定合并仲裁、支持和协助组成仲裁庭、采取仲裁临时保全措施、协助仲裁庭取证、执行仲裁裁决等。消极司法监督是指法院通过纠正仲裁庭的不当程序、裁定仲裁庭重新仲裁、撤销仲裁裁决、拒绝承认和执行商事仲裁裁决等手段对商事仲裁给予校正与否定评价，比如，审查仲裁庭管辖

---

① 函志锋：“仲裁质量是仲裁的生命”，载《上海仲裁》2004年第2期，第21页。

② 参见徐前权：“论我国仲裁监督体制”，载《法学评论》1997年第6期，第67页。

权、对仲裁裁决进行司法追诉、裁定拒绝承认与执行仲裁裁决。

商事仲裁是一种非诉讼替代纠纷解决方式，坚持当事人意思自治的基本原则，与法院的司法强制力之间始终存在着张力，其所具有的民间性、契约性与私力救济的性质，决定其需要司法的支持与协助。也就是，商事仲裁只有置于司法监督之下，方能真正实现个人意思自治与国家主权强制、当事人个体正义与社会公共正义的和谐与平衡。法院对仲裁的监督，主要表现在两个方面：其一是开庭前的监督，即对仲裁协议的效力的审查与确认；其二是仲裁裁决后的监督，即对仲裁裁决的司法复审，包括申请撤销仲裁裁决和申请不予执行仲裁裁决。

（一）仲裁司法监督的范围

仲裁司法监督既要保护效率的价值追求，也要保护公正的价值追求；既要维护仲裁的独立价值，也要保持法院的适当监督，也就是要把握司法监督的适度性。其主要表现在对仲裁程序进行合法性监督，而对于裁决的实体内容，则原则上不监督或者不严格监督。因此，仲裁司法监督体现出促进仲裁独立健康发展的价值取向，坚持非因公共政策和当事人协议，法院不得监督仲裁实体内容。这既尊重了当事人意思自治，同时维护了社会公共利益，兼顾了公正与效益两种价值追求。同时，仲裁司法监督也将对实体公正的追求有限化，把司法监督的范围置于当事人意愿的制约下，主要监督仲裁是否依据当事人选定的仲裁规则进行。①

（二）仲裁司法监督的方式

仲裁司法监督主要有两种方式：其一是仲裁裁决的撤销，应当事人的申请，法院依法对仲裁裁决的有效性行使司法监督权后作出予以撤销的司法裁决；其二是不予执行仲裁裁决。义务人不自动履行仲裁裁决确定的义务，权利人向执行地法院申请执行裁决，受理申请的法院以执行裁决可能与执行地国的公共秩序不符，或根据该国的国内法或加入国际条约的规定应不予执行该裁决为由而作出不予执行该裁决的司法决定。

---

① 参见宋家法：“论我国国际商事仲裁司法监督制度的立法完善”，载《海南大学学报（人文社会科学版）》2014 年第 32 卷第 3 期，第 78 页。

（三）仲裁司法监督的价值取向

罗尔斯指出："凡发现有形式正义的地方……一般也能发现实质正义。公正一致的遵循规范的愿望、类似情况类似处理的愿望、接受公开规范的运用所产生的推理的愿望等，本质上是与承认他人的权利和自由、公平的分享社会合作的利益和分担任务的愿望有联系的，有前一种愿望，就会倾向于后一种愿望。"① 有效的仲裁司法监督，可以充分保护商事主体的意思自治，促进商事交易的有序发展，同时提高商事仲裁的权威性，从而激励商事主体通过仲裁途径解决他们之间的纠纷。完善的仲裁司法监督制度，既保持仲裁的自由高效优势，又发挥司法的公正与强制性的效力，促进程序正义和实体正义构成正义的均衡。

商事仲裁作为重要的纠纷解决方式，有其特定的程序与规则，遵循仲裁规则是仲裁司法监督的重要原则，尊重当事人选择仲裁的意愿，鼓励和支持商事仲裁，确立仲裁的公信力，遵循仲裁构建的秩序与规则。法院对仲裁裁决的司法监督，主要在两个方面：一是司法监督的必要性；二是司法监督的有限性。对仲裁裁决的司法监督范围必然决定了仲裁程序的功效，如果法律规定对实体问题进行广泛的审查，仲裁就会成为通向诉讼的"前奏"，成为不具有强制性的程序或仅仅是裁决将受到上诉审查的私人审判法庭。因此，只有在公共利益明显压倒了当事人的利害关系时，法院才应对仲裁的争议予以干涉并主张专属支配权。除此之外，如果法律没有规定对仲裁裁决的司法审查，该程序就会被质疑"正义"的适当性，必要的程序监督一方面是为了确保仲裁程序具有最基本的公平性和公正性；另一方面也由于程序正义是一种"看得见的正义"，需要具有明确、具体且可操作的道德标准，纠正可能有问题的仲裁案件更有利于维护仲裁的公信力。反之，过度的司法监督一方面违背了当事人排除法院管辖的初衷，使原本有限的司法监督变成了对仲裁的事实上的上诉审；另一方面也降低了仲裁的优越性，增加了法院的负担，与支持仲裁的政策背道而驰。因此，司法监督的范围主要限于程序性事项，

① ［美］罗尔斯编：《正义论》，何怀宏译，中国社会科学出版社1988年版，第55页。

而且只能是对有碍于仲裁权公正行使的程序问题进行监督。①

二、仲裁裁决的撤销

(一) 仲裁裁决的撤销概述

所谓仲裁裁决的撤销是指对符合法定应予撤销情形的仲裁裁决，经由当事人提出申请，人民法院组成合议庭审查核实，裁定将已作出的仲裁裁决予以撤销的制度。《仲裁法》第 5 章设置申请撤销仲裁裁决的程序，对于确保仲裁裁决的合法性和公正性，具有非常重要的意义。其主要体现在 3 个方面：第一，有利于维护当事人的合法权益。《仲裁法》规定当事人有权申请撤销仲裁裁决，一方面确立了人民法院对仲裁的监督权；另一方面也为当事人提供了一条有效的主动寻求救济的途径。第二，有利于督促仲裁员公正仲裁。设置申请撤销仲裁裁决的程序，有利于督促仲裁机构加强对仲裁员的管理，督促仲裁员珍惜声誉、正确行使权力。第三，有利于完善我国的仲裁监督机制。申请撤销仲裁裁决具有以下特征：

第一，撤销仲裁裁决是法院的司法行为。仲裁机构无权撤销其已作出的裁决，是否撤销仲裁裁决，只能由法律规定的人民法院作出裁定。行使司法监督权的法院一般是仲裁机构所在地法院。

第二，当事人提出撤销申请是法院启动监督的前提，法院不可以依职权自行启动监督仲裁裁决的程序。撤销仲裁裁决的申请主体既可以是依据仲裁裁决享有权利的权利人，也可以是仲裁裁决所确定的需要承担实体义务的义务人，任何第三人无权提出，人民法院也不得依职权撤销仲裁裁决。但是，人民法院在认定仲裁裁决违反公共利益的情形时，可以依职权撤销仲裁裁决。当事人向人民法院提出撤销仲裁裁决的申请，是法院行使仲裁监督权、裁定是否撤销仲裁裁决的前提条件。提出撤销仲裁裁决的当事人，是指仲裁案件的申请人或被申请人，案外第三人不具备申请撤销仲裁裁决的主体资格。

第三，撤销裁决必须履行严格的法定程序，以尽可能支持仲裁解决纠纷。当事人申请撤销仲裁裁决必须具有法定的撤销情形，因此，法院必须对当事

① 参见宋连斌主编：《仲裁法》，武汉大学出版社 2017 年版，第 241 页。

人提出的撤销仲裁裁决的申请进行审查核实。

（二）撤销仲裁裁决的事由

《国际商事仲裁示范法》第34条第2款列举了仲裁裁决可以被法院撤销的六种情形：①当事人一方缺乏具体行为能力，或仲裁协议无效；②提出申请的一方当事人没有得到有关指定仲裁员或仲裁程序的通知，或未能获得机会陈述案情；③裁决超过仲裁协议确定的范围；④仲裁庭组成或者仲裁程序与仲裁协议不同；⑤争议标的不具可仲裁性；⑥裁决违反公共政策。该示范法还规定，在撤销裁决程序中，法院只应监督程序事项，除非存在公共政策事由，不应就实体事项进行司法监督。

《仲裁法》第58条第1款规定了当事人申请撤销仲裁裁决的法定事由："当事人提出证据证明裁决有下列情形之一的，可以向仲裁委员会所在地的中级人民法院申请撤销裁决：（一）没有仲裁协议的；（二）裁决的事项不属于仲裁协议的范围或者仲裁委员会无权仲裁的；（三）仲裁庭的组成或者仲裁的程序违反法定程序的；（四）裁决所根据的证据是伪造的；（五）对方当事人隐瞒了足以影响公正裁决的证据的；（六）仲裁员在仲裁该案时有索贿受贿，徇私舞弊，枉法裁决行为的。"该条第3款规定："人民法院认定该裁决违背社会公共利益的，应当裁定撤销。"在我国仲裁实务中，法院依当事人的申请应当撤销仲裁裁决的情形主要有3个方面：没有仲裁协议或者仲裁协议无效、违反仲裁的法定程序及仲裁裁决违背仲裁地社会公共利益。依据该条的规定，当事人申请撤销仲裁裁决，必须具有以下法定事由。

（1）没有仲裁协议。有效的仲裁协议是仲裁程序得以启动和进行的前提和基础，仲裁协议是仲裁管辖权的基础，是整个仲裁制度的灵魂和基石。因而，仲裁协议的基础性作用当然及于仲裁裁决的效力，没有仲裁协议的当事人申请仲裁，仲裁委员会应当不予受理。根据《最高人民法院关于适用〈中华人民共和国仲裁法〉若干问题的解释》第18条的规定，仲裁协议被认定无效或者被撤销的，视为没有仲裁协议。同时，根据《最高人民法院关于适用〈中华人民共和国仲裁法〉若干问题的解释》第27条的规定，当事人以仲裁协议无效为理由主张撤销仲裁裁决的，必须在之前的仲裁程序中依法对仲裁协议的效力提出了异议且未获支持。

（2）仲裁的事项不属于仲裁协议的范围或者仲裁委员会无权仲裁。当事人申请仲裁的事项，必须是争议双方在仲裁协议中明确约定的事项，且符合法律规定，仲裁机构才能就该事项进行审理并作出仲裁裁决。此种情形包括：第一，仲裁的事项不具有可仲裁性，即仲裁机构无权仲裁。争议事项的可仲裁性是各国立法对仲裁的审查范围实施的一种公共秩序限制，属于强制性法律规则，对仲裁当事人和仲裁庭均产生法律约束力。《仲裁法》第2条、第3条采取列举的方式作出明确规定。第二，争议双方并未对提交的仲裁事项达成一致协议，即仲裁事项是仲裁协议范围之外的事项。因此，仲裁机构不应受理。第三，仲裁机构超出争议双方提交的仲裁事项进行了仲裁，该超出部分的争议事项为不属于仲裁协议范围的事项，即仲裁庭越权仲裁的事项。

（3）仲裁活动违反正当程序。《最高人民法院关于适用〈中华人民共和国仲裁法〉若干问题的解释》第20条规定："仲裁法第五十八条规定的'违反法定程序'，是指违反仲裁法规定的仲裁程序和当事人选择的仲裁规则可能影响案件正确裁决的情形。"所谓正当程序，主要包括两个方面：第一，仲裁庭的组成符合法定程序，即符合当事人的约定，或者无此约定时应符合《仲裁法》的规定。第二，仲裁程序的进行应当符合法律规定，即当事人均应受到公正、平等的对待，进行仲裁的通知均应适当地向当事人送达，当事人都有权获得充分的陈述案件的机会。此种情形包括：仲裁员有应当回避的法定情形而没有回避的；没有将仲裁庭的组成情况、仲裁开庭时间、地点等事项书面通知当事人；没有当事人不开庭审理的协议而进行书面审理的；当事人在开庭时未能陈述、辩论等。

（4）裁决所依据的证据是伪造的。证据是指能够证明案件真实情况的一切事实材料，是仲裁庭查明案件事实、分清是非、确定双方当事人之间的权利义务关系以及划分民事责任界限的根据。参照人民法院基于"仲裁裁决所依据的证据是伪造的"认定，应符合如下条件：第一，该证据已被仲裁庭采信，作为仲裁裁决的依据；第二，该证据属于认定案件基本事实的主要证据；第三，该证据经查明确属通过捏造、变造、提供虚假证明等非法方式形成或者获取，违反证据的客观性、关联性、合法性的要求。如果仲裁庭没有发现当事人提交的证据是伪造的，并以此为依据认定事实并作出仲裁裁决，该仲裁裁决必然有失公允，当事人有权以裁决所依据的证据是伪造的为由，申请人民法院撤销仲裁裁决。

（5）对方当事人隐瞒了足以影响公正裁决的证据。所谓“足以影响公正裁决的证据”，是指对确定争议案件的事实起着决定性作用的证据，是直接关系到仲裁裁决最终结果的证据。该证据是认定案件事实的核心证据，缺少该证据必定会对公正裁决造成严重影响。参照人民法院基于“对方当事人隐瞒了足以影响公正裁决的证据”的认定，应符合如下条件：第一，该证据属于认定案件基本事实的主要证据；第二，该证据仅为对方当事人掌握，但未向仲裁庭提交；第三，仲裁过程中知悉存在该证据，且要求对方当事人出示或者请求仲裁庭责令其提交，但对方当事人无正当理由未予出示或者提交。由于仲裁裁决与仲裁当事人的实体权利义务有直接的利害关系，缺乏与仲裁争议事项有直接关系的证据将可能导致仲裁庭所认定的案件事实不真实，从而影响裁决的公正性与准确性，损害一方当事人的正当利益。

（6）仲裁员在仲裁活动中有索贿受贿、徇私舞弊、枉法裁决的行为。索贿受贿是指仲裁员在仲裁案件的过程中，非法索要或者非法接受当事人财物或者其他不正当利益的行为。徇私舞弊是指仲裁员为了牟取私利或为了报答一方当事人已经或承诺给予自己的某种利益，在仲裁案件时弄虚作假的行为。枉法裁判是指仲裁员在仲裁案件时玩忽职守，无原则迁就一方当事人，颠倒是非，曲解法律甚至故意错误地适用法律的行为。[①] 根据最高人民法院《最高人民法院关于审理仲裁司法审查案件若干问题的规定》第18条规定，仲裁员在仲裁活动中有索贿受贿、徇私舞弊、枉法裁决的行为，是指已经由生效刑事法律文书或者纪律处分决定所确认的行为。因此，仲裁员作为争议案件的裁判者，其公正性、独立性直接关系到仲裁裁决的公正。仲裁员的严重违法行为危害了仲裁的权威性，有损仲裁的中立性和公正性。

（7）法院依职权自行认定的撤销仲裁裁决的情形。根据《仲裁法》第58条第2款规定，仲裁裁决违背了社会公共利益，人民法院应当裁定撤销该仲

① 参见黄进、宋连斌、徐前权：《仲裁法学》（第三版），中国政法大学出版社2007年版，第159页。

裁裁决。所谓社会公共利益是指社会全体成员的重大利益、基本政策、道德的基本观念或法律的基本原则。社会公共利益和个人利益、局部利益既有统一协调的一面，又有矛盾冲突的一面。保护社会公共利益，是现代各国的通例，也是我国的仲裁的重要准则之一，因此，违反社会公共利益的仲裁裁决应当由法院依职权予以撤销。

由于撤销仲裁裁决是仲裁监督中的重要内容和形式，直接导致仲裁裁决被撤销而归于无效。因此，必须严格把握撤销仲裁裁决事由的范围。最高人民法院在《最高人民法院关于适用〈中华人民共和国仲裁法〉若干问题的解释》中作出明确规定。

第一，根据《最高人民法院关于适用〈中华人民共和国仲裁法〉若干问题的解释》第 17 条的规定，当事人以不属于《仲裁法》第 58 条规定的事由申请撤销仲裁裁决的，人民法院不予支持。1997 年 4 月，最高人民法院也曾发布《最高人民法院关于不得以裁决书送达超过规定期限而裁定撤销仲裁裁决的通知》，该通知指出一些地区人民以仲裁裁决书送达超过规定期限，不符合仲裁程序，违反国务院有关规定为由，裁定撤销仲裁裁决，既于法律无据，也不利于保护当事人合法权益，应当及时依法予以纠正。

第二，《最高人民法院关于适用〈中华人民共和国仲裁法〉若干问题的解释》第 27 条规定，当事人在仲裁程序中未对仲裁协议的效力提出异议，在仲裁裁决作出后以仲裁协议无效为由主张撤销仲裁裁决的，人民法院不予支持。该条规定确立了仲裁程序中的先行抗辩原则，即在仲裁程序中对仲裁协议的效力提出异议，是在仲裁协议作出后以仲裁协议无效为由主张撤销仲裁裁决的前提条件。该规定既完善了仲裁程序，又保证了仲裁程序的正当性、公正性和高效性。①

（三）申请撤销仲裁裁决案件的审理程序

（1）申请撤销仲裁裁决案件程序的启动。《仲裁法》第 58 条规定，撤销仲裁裁决程序的启动以当事人申请、法院被动审查为主，人民法院在认定仲裁裁决违背社会公共利益时，才可以依职权主动撤销仲裁裁决。提出申请撤

① 参见乔欣：《仲裁法学》（第三版），清华大学出版社 2020 年版，第 160 页。

销仲裁裁决的主体是当事人，包括仲裁中的申请人和被申请人。

（2）法院受理申请撤销仲裁裁决的案件。2018 年 1 月 1 日施行的《最高人民法院关于审理仲裁司法审查案件若干问题的规定》第 1 条规定：“本规定所称仲裁司法审查案件，包括下列案件：（一）申请确认仲裁协议效力案件；（二）申请执行我国内地仲裁机构的仲裁裁决案件；（三）申请撤销我国内地仲裁机构的仲裁裁决案件；（四）申请认可和执行香港特别行政区、澳门特别行政区、台湾地区仲裁裁决案件；（五）申请承认和执行外国仲裁裁决案件；（六）其他仲裁司法审查案件。”《仲裁法》第 58 条第 1 款规定，当事人可以向仲裁委员会所在地的中级人民法院申请撤销仲裁裁决。第 59 条规定，当事人申请撤销裁决的，应当自收到裁决书之日起 6 个月内提出。故而，人民法院在接到当事人撤销仲裁裁决的申请后，应当依法对申请主体、申请期间、本院是否有管辖权、是否符合撤销裁决理由进行审查。经审查认为符合法律规定条件的，即依法予以受理。

（3）法院审理。人民法院审理申请撤销仲裁裁决之诉，适用的是特别程序，一审终审。撤销仲裁裁决的裁定一旦作出，使该仲裁裁决失去其法律效力。依据《最高人民法院关于审理仲裁司法审查案件若干问题的规定》第 11 条规定：“人民法院审查仲裁司法审查案件，应当组成合议庭并询问当事人。”合议庭对案件的审查主要集中在仲裁裁决是否具有应予撤销的法定情形，对此，当事人有提供证据加以证明的责任。《仲裁法》第 60 条规定：“人民法院应当在受理撤销仲裁裁决申请之日起两个月内作出撤销裁决或者驳回申请的裁定。”

（四）当事人申请撤销仲裁裁决的法律后果

《最高人民法院关于审理仲裁司法审查案件若干问题的规定》第 20 条规定：“人民法院在仲裁司法审查案件中作出的裁定，除不予受理、驳回申请、管辖权异议的裁定外，一经送达即发生法律效力。当事人申请复议、提出上诉或者申请再审的，人民法院不予受理，但法律和司法解释另有规定的除外。”因此，经合议庭审查，人民法院可能作出 3 种处理：第一，裁定驳回撤销仲裁裁决的申请。由于该审查为特别程序，一审终审，当事人不得就该裁定上诉。第二，裁定撤销仲裁裁决。仲裁裁决被人民法院依法撤销后，法律效力溯及既往地消灭，当事人之间的纠纷并未解决，可以重新寻求解决纠纷的方法。第三，通知仲裁庭重新仲裁。《仲裁法》第61条规定："人民法院受理撤销仲裁的申请后，认为可以由仲裁庭重新仲裁的，通知仲裁庭在一定期限内重新仲裁，并裁定中止撤销程序。仲裁庭拒绝重新仲裁的，人民法院应当裁定恢复撤销程序。"根据该条规定，人民法院受理当事人的申请后，在未作出撤销仲裁裁决的裁定之前，如果认为当事人双方的争议可以由仲裁庭重新仲裁的，通知仲裁庭在一定期限内重新仲裁，从而使得撤销仲裁裁决程序暂时停止的状态。基于当事人一定理由提出撤销仲裁裁决申请时，人民法院可以通知仲裁庭重新仲裁，主要包括：仲裁的程序违反法定程序；裁决所依据的证据是伪造的；对方当事人隐瞒了足以影响公正仲裁的证据等情形。仲裁庭是否重新仲裁，由仲裁庭自行决定，如果仲裁庭重新进行仲裁，则撤销仲裁裁决程序中止；如果仲裁庭拒绝重新仲裁，则人民法院应当裁定恢复仲裁裁决的撤销程序。

三、仲裁裁决的不予执行

（一）不予执行仲裁裁决的概述

不予执行仲裁裁决是指仲裁的一方当事人向法院申请承认和执行的仲裁裁决，另一方当事人认为仲裁裁决具备不予执行的法定理由，侵害了自己的合法权益，而向法院申请不予执行仲裁裁决，法院经过审查认为仲裁裁决应拒绝承认和执行，使裁决不产生对当事人法律上的约束力。《仲裁法》第63条、第64条、第71条，《民事诉讼法》第244条、第281条，《最高人民法院关于适用〈中华人民共和国仲裁法〉若干问题的解释》第25条、第26条、第27条、第28条、第30条及《最高人民法院关于人民法院办理仲裁裁决执行案件若干问题的规定》，对不予执行仲裁裁决作出具体的规定。

申请执行是仲裁裁决胜诉方的权利，而申请不予执行仲裁裁决也是被申请执行人享有的相对应的一项权利，是对申请执行人申请执行的抗辩。不予执行仲裁裁决作为一种法律制度，具有以下特征：第一，不予执行仲裁裁决只能由有管辖权的法院作出。有管辖权的法院一般是指被执行人所在地或被执行财产所在地法院。第二，不予执行仲裁裁决的程序也是因申请人的申请启动，法院不主动启动该程序。第三，不予执行仲裁裁决的司法决定也必须履行严格的法定程序。

不予执行仲裁裁决是法院监督仲裁的特定形式，对仲裁制度的发展与完善具有积极意义。这主要体现在：①不予执行仲裁裁决制度有利于完善司法对仲裁的监督机制；②不予执行仲裁裁决制度有利于维护被执行人的合法权益；③不予执行仲裁裁决制度有利于保障仲裁裁决的公正性。

（二）不予执行仲裁裁决的事由

人民法院接到当事人的执行仲裁裁决的申请后，应当及时按照仲裁裁决书中所确定的内容予以执行。但是，如果被执行人提出证据证明仲裁裁决有法定不予执行的原因和依据，可以在执行终结前请求人民法院不予执行该仲裁裁决。

《纽约公约》第5条规定了不予承认和不予执行裁决的事由，主要分为两类：一类是申请人申请并承担举证责任证实的事由；另一类是有管辖权的法院认定存在的事由。第一类事由有5项：①仲裁协议当事人法律行为能力缺失，或仲裁协议无效；②当事人未得到有关指派仲裁员或仲裁程序的适当通知，或者被申请人没有得到申辩机会；③仲裁超过仲裁协议范围的（但未超过仲裁协议范围的裁决不符应当予以承认和执行）；④仲裁庭组成或仲裁程序违反仲裁协议，或者仲裁地国法律；⑤裁决没有生效，或者被撤销，或者被停止执行。第二类事由有两项：①依照受理国法律规定，纠纷事项属于不能通过仲裁解决的；②承认或执行裁决违反该国的公共政策的。

2018年3月1日施行的《最高人民法院关于人民法院办理仲裁裁决执行案件若干问题的规定》第3条规定：“仲裁裁决或者仲裁调解书执行内容具有下列情形之一导致无法执行的，人民法院可以裁定驳回执行申请；导致部分无法执行的，可以裁定驳回该部分的执行申请；导致部分无法执行且该部分与其他部分不可分的，可以裁定驳回执行申请。（一）权利义务主体不明确；（二）金钱给付具体数额不明确或者计算方法不明确导致无法计算出具体数额；（三）交付的特定物不明确或者无法确定；（四）行为履行的标准、对象、范围不明确。仲裁裁决或者仲裁调解书仅确定继续履行合同，但对继续履行的权利义务，以及履行的方式、期限等具体内容不明确，导致无法执行的，依照前款规定处理。”

不予执行仲裁裁决的法定事由与撤销仲裁裁决的法定事由相同，其目的是达到仲裁裁决司法监督标准的一致性，有利于保障司法监督的公正性与统一性。根据《仲裁法》第 63 条、《民事诉讼法》第 244 条、第 281 条，《最高人民法院关于人民法院办理仲裁裁决执行案件若干问题的规定》的规定，不予执行仲裁裁决的法定事由可分为 3 种情形：

第一种情形是由被执行人提出证据证明裁决具有的法定事由，包括：①当事人在合同中没有订立仲裁条款或者事后没有达成书面的仲裁协议；②裁决的事项不属于仲裁协议的范围或者仲裁机构无权仲裁；③仲裁庭的组成或者仲裁的程序违反法定程序；④认定事实的主要证据不足；⑤适用法律确有错误；⑥仲裁员在仲裁案件时有贪污受贿，徇私舞弊，枉法裁决的行为。如果被申请人提出证据证明裁决具有以上法定事由之一的，经人民法院组成合议庭审查核实，裁定不予执行。

第二种情形是由案外人提出证据证明仲裁裁决具有不予执行的事由。最高人民法院以杜绝虚假仲裁为目的作出规定，允许作为仲裁程序之外的案外人向人民法院申请不予执行仲裁裁决。《最高人民法院关于人民法院办理仲裁裁决执行案件若干问题的规定》第 18 条规定：“案外人根据本规定第九条申请不予执行仲裁裁决或者仲裁调解书，符合下列条件的，人民法院应当支持：（一）案外人系权利或者利益的主体；（二）案外人主张的权利或者利益合法、真实；（三）仲裁案件当事人之间存在虚构法律关系，捏造案件事实的情形；（四）仲裁裁决主文或者仲裁调解书处理当事人民事权利义务的结果部分或者全部错误，损害案外人合法权益。”由此可见，案外人申请不予执行仲裁裁决，只能以仲裁当事人恶意仲裁或者虚假仲裁，损害了该案外人合法权益为事由。

第三种情形是不需被申请执行人提出证据证明，而是由人民法院依职权启动审查不予执行的法定事由，即人民法院认定执行该裁决违背社会公共利益的，裁定不予执行。

（三）裁定不予执行仲裁裁决的程序

（1）申请不予执行仲裁裁决的启动。《仲裁法》第 63 条规定：“被申请人提出证据证明裁决有民事诉讼法第二百一十三条规定的情形之一的，经人民法院组成合议庭审查核实，裁定不予执行。”依据该条规定，有权向人民法院申请不予执行的主体是依据该仲裁裁决需要承担实体义务的义务人，包括被申请人、有利害关系的案外人等。《最高人民法院关于人民法院办理仲裁裁决执行案件若干问题的规定》第2条第3款前段规定，被执行人、案外人对仲裁裁决执行案件申请不予执行的，负责执行的中级人民法院应当另行立案审查处理。

（2）人民法院受理不予执行仲裁裁决的案件。《最高人民法院关于人民法院办理仲裁裁决执行案件若干问题的规定》第8条第1款前段规定，被执行人向人民法院申请不予执行仲裁裁决或者仲裁调解书的，应当在执行通知书送达之日起15日内提出书面申请。在当事人根据上述规定请求不予执行时，必须提供充分证据，证明至少存在一种不予执行的情形。没有提供证据或所提供证据不充分的，人民法院应驳回不予执行申请，依申请人的申请予以强制执行。同时，在《最高人民法院关于人民法院办理仲裁裁决执行案件若干问题的规定》第9条规定了案外人向人民法院申请不予执行仲裁裁决或者仲裁调解书的情形，应当提交申请书以及证明其请求成立的证据材料，并符合下列条件：①有证据证明仲裁案件当事人恶意申请仲裁或者虚假仲裁，损害其合法权益；②案外人主张的合法权益所涉及的执行标的尚未执行终结；③自知道或者应当知道人民法院对该标的采取执行措施之日起30日内提出。《最高人民法院关于人民法院办理仲裁裁决执行案件若干问题的规定》第2条第3款规定，被执行人、案外人对仲裁裁决执行案件申请不予执行的，执行案件已指定基层人民法院管辖的，受理申请的人民法院应当于收到不予执行申请后3日内移送原执行法院另行立案审查处理。《最高人民法院关于人民法院办理仲裁裁决执行案件若干问题的规定》第8条规定，被执行人向人民法院申请不予执行仲裁裁决的，应当在执行通知书送达之日起15日内提出书面申请；有《民事诉讼法》第237条第2款第4项、6项规定情形且执行程序尚未终结的，应当自知道或者应当知道有关事实或案件之日起15日内提出书面申请。期限届满前，被执行人已向有管辖权的人民法院申请撤销仲裁裁决且已被受理的，自人民法院驳回撤销仲裁裁决申请的裁判文书生效之日起重新计算期限。由于仲裁裁决的执行取决于当事人法律人格的存在或当事人可供执行的财产的存在，可能有多个人民法院同时对仲裁裁决的执行享有管辖权，根据《最高人民法院关于人民法院办理仲裁裁决执行案件若干问题的规定》第 10 条规定，被执行人申请不予执行仲裁裁决，对同一仲裁裁决的多个不予执行事由应当一并提出。不予执行仲裁裁决申请被裁定驳回后，再次提出申请的，人民法院不予审查，但有新证据证明存在《民事诉讼法》第 237 条第 2 款第 4、6 项规定情形的除外。同时，根据《最高人民法院关于人民法院办理仲裁裁决执行案件若干问题的规定》第 11 条的规定，人民法院对不予执行仲裁裁决案件应当组成合议庭围绕被执行人申请的事由、案外人的申请进行审查；对被执行人没有申请的事由不予审查，但仲裁裁决可能违背社会公共利益的除外。由于不予执行仲裁裁决关涉仲裁活动的权威性以及当事人合法权益的保护，为慎重起见，合议庭应当全部由审判员组成，不宜吸收陪审员参加。

（3）人民法院审理。人民法院对不予执行申请的审查，是不予执行仲裁裁决程序的关键，直接决定着正在被执行的仲裁裁决是否能够作为执行根据，以及仲裁裁决所确定的内容能否得到实现。因此，合议庭对案件的审查主要集中在仲裁裁决是否具有不予执行的法定情形，主要围绕着被执行人申请的事由、案外人的申请进行审查。对此，被执行人和案外人应当负提供证据加以证明的责任。同时，合议庭还需要对被执行人、案外人进行询问，并对询问终结前提出其他不予执行的事由一并审查。根据案件审理的实际需要，人民法院可以要求仲裁机构作出说明或者向相关的仲裁机构调阅仲裁案卷。

人民法院对不予执行仲裁裁决案件的审查，应当在立案之日起两个月内审查完毕并作出裁定；有特殊情况需要延长的，经本院院长批准，可以延长一个月。

（4）人民法院作出裁定。人民法院经过审查，认为仲裁裁决不符合法律规定的不予执行仲裁裁决的情形的，应当裁定驳回被执行人不予执行仲裁裁决的申请，执行程序恢复进行。根据 2022 年 1 月 1 日施行的《最高人民法院关于仲裁司法审查案件报核问题的有关规定》（法释〔2017〕21 号）规定，非涉外涉港澳台仲裁司法审查案件，高级人民法院经审查，拟同意中级人民法院或者专门人民法院以违背社会公共利益为由不予执行或者撤销我国内地仲裁机构的仲裁裁决的，应当向最高人民法院报核，待最高人民法院审核后，方可依最高人民法院的审核意见作出裁定。同时，由高级人民法院审核的案件，高级人民法院应当在作出审核意见之日起十五日内向最高人民法院报备。

人民法院不予执行仲裁裁决的，应将不予执行仲裁裁决的裁定书送达双方当事人和仲裁委员会，并终止仲裁裁决的执行程序。该裁定一经送达即发生法律效力，当事人不得就该裁定提出异议。

第一，根据《最高人民法院关于适用〈中华人民共和国仲裁法〉若干问题的解释》第 27 条的规定，即当事人以仲裁协议无效为由申请不予执行仲裁裁决的，应当审查当事人是否在仲裁程序中对仲裁协议的效力提出异议。当事人在仲裁程序中未对仲裁协议的效力提出异议，在仲裁裁决作出后以仲裁协议无效为由提出不予执行抗辩的，人民法院不予支持。如果当事人在仲裁程序中对仲裁协议的效力提出异议，在仲裁裁决作出后又以此为由提出不予执行抗辩，经审查符合《民事诉讼法》第 281 条规定的，人民法院应予支持。

第二，根据《最高人民法院关于适用〈中华人民共和国仲裁法〉若干问题的解释》第 28 条的规定："当事人请求不予执行仲裁调解书或者根据当事人之间的和解协议作出的仲裁裁决书的，人民法院不予支持。"显然，调解书和根据当事人之间的和解协议作出的仲裁裁决书不属于被申请人申请不予执行的依据。但案外人根据《最高人民法院关于人民法院办理仲裁裁决执行案件若干问题的规定》第 9 条，可以对申请执行人基于仲裁调解书的执行请求，申请不予执行。

第三，根据《最高人民法院关于适用〈中华人民共和国民事诉讼法〉的解释》第 475 条的规定，仲裁机构裁决的事项，部分有《民事诉讼法》第 244 条第 2 款、第 3 款规定不予执行情形的，人民法院应当裁定对该部分不予执行。应当不予执行部分与其他部分不可分的，人民法院应当裁定不予执行仲裁裁决。

第四，根据《民事诉讼法》第 281 条第 2 款、第 3 款的规定，人民法院裁定不予执行仲裁裁决后，当事人对该裁定提出执行异议或者复议的，人民法院不予受理。当事人可以就该民事纠纷重新达成书面仲裁协议申请仲裁，也可以向人民法院起诉。

第五，根据《最高人民法院关于人民法院办理仲裁裁决执行案件若干问题的规定》第22条第3款的规定，人民法院基于案外人申请裁定不予执行仲裁裁决或者仲裁调解书，当事人不服的，可以自裁定送达之日起10日内向上一级人民法院申请复议；人民法院裁定驳回或者不予受理案外人提出的不予执行仲裁裁决、仲裁调解书申请，案外人不服的，可以自裁定送达之日起10日内向上一级人民法院申请复议。[①]

（四）不予执行仲裁裁决的法律后果

仲裁裁决被人民法院裁定不予执行，意味着该裁决不具有强制执行力，但不能说明仲裁裁决已经完全失效、不复存在。法律未规定，当事人嗣后自愿履行该仲裁裁决的，应如何处理？《纽约公约》规定，裁决已经由作出地国或者裁决所依据的法律的所属国主管机关停止执行的，其他国家可予拒绝承认和执行。根据我国法律的规定和仲裁实践，人民法院作出不予执行仲裁裁决的裁定，会产生如下法律后果：

（1）仲裁裁决的执行程序终结。不予执行仲裁裁决的裁定，实质上是对仲裁裁决所具有的执行力的否定。因此，当人民法院裁定对仲裁裁决不予执行后，已经开始的对仲裁裁决的执行程序即失去了有效的执行根据，任何依该仲裁裁决的执行活动都是违反法律的，对仲裁裁决的执行程序应当终结。

（2）不予执行的裁定为终局不得申请再审的裁定。人民法院作出的不予执行仲裁裁决的裁定为终局裁定，当事人必须服从。执行当事人无权对该裁定提出上诉，也无权申请再审。

（3）当事人重新选择纠纷解决方式。人民法院作出的不予执行仲裁裁决的裁定，只是否定了仲裁裁决的执行力，使仲裁裁决所确定的内容无法通过司法手段得以实现。但双方当事人选择以仲裁为解决方式的纠纷并未最终解决。此时，法律赋予了双方当事人重新选择纠纷解决方式的机会，即就该纠纷双方当事人可以重新达成仲裁协议，并依据该仲裁协议申请仲裁，也可以

---

① 参见乔欣：《仲裁法学》（第三版），清华大学出版社2020年版，第185页。

向人民法院提起诉讼。

（五）仲裁裁决的中止执行、终结执行和恢复执行

执行程序开始后，可能会出现某些特殊情况，从而影响仲裁程序的正常进行，并导致仲裁裁决执行程序的中止、终结和恢复。根据《仲裁法》及相关司法解释的规定，中止执行的情形包括：①一方当事人申请执行仲裁裁决，另一方当事人申请撤销仲裁裁决的，人民法院应裁定中止执行；②人民法院受理当事人撤销仲裁裁决的申请后，另一方当事人申请执行同一仲裁裁决的，受理执行申请的人民法院应当在受理后裁定中止执行；③被执行人申请撤销仲裁裁决并已由人民法院受理的，或者被执行人、案外人对仲裁裁决执行案件提出不予执行申请并提供适当担保的，执行法院应当裁定中止执行。

（1）仲裁裁决的中止执行是指在执行程序开始后，由于出现某种特定的原因，暂停执行程序，等到该特定原因消除之后，再决定执行程序是否继续进行的制度。

（2）仲裁裁决的终结执行是指在执行过程中，由于特殊情况的发生，执行工作无法继续进行或者没有必要继续进行时，停止执行程序，以后也不再恢复的一种结束执行方式。根据《仲裁法》第 64 条第 2 款前段规定，人民法院裁定撤销仲裁裁决的，应当裁定终结执行。同时，依照《民事诉讼法》第 264 条规定，导致执行程序终结的情形包括：申请人撤销申请的；据以执行的法律文书被撤销的；作为被执行人的公民死亡，无遗产可供执行，又无义务承担人的；作为被执行人的公民因生活困难无力偿还借款，无收入来源，又丧失劳动能力的；人民法院认为应当终结执行的其他情形。

（3）仲裁裁决的恢复执行是指对已中止执行的裁决，由于中止原因消失而继续进行原来执行程序。根据《仲裁法》第 64 条及《最高人民法院关于人民法院办理仲裁裁决执行案件若干问题的规定》第 21 条的规定，当事人提出的撤销仲裁裁决的申请被人民法院裁定驳回的，或者人民法院裁定驳回了不予执行仲裁裁决、仲裁调解书申请的，人民法院应当裁定恢复已经中止的执行程序，继续执行。同时，依照《民事诉讼法》第 263 条的规定，当导致中止执行的情形消失后，人民法院应当裁定恢复对仲裁裁决的执行。

练　习　题

一、思考题

1. 对仲裁裁决提出异议的方式有几种？

2. 仲裁裁决被撤销后将产生何种后果？

3. 简述仲裁裁决之不予执行与仲裁裁决撤销的异同。

二、司法考试试题

1. 根据我国《仲裁法》和《民事诉讼法》的规定，出现下列哪些情形时，人民法院对仲裁裁决不予执行？（2002 年·卷三·78 题）

A. 载有仲裁条款的合同被确认无效

B. 一方当事人申请执行裁决，另一方当事人申请撤销仲裁裁决

C. 仲裁裁决书认定事实的主要证据不足的

D. 仲裁庭的组成违反法定程序

2. 法院对仲裁裁决的监督主要表现在哪些方面？（2002 年·卷三·95 题）

A. 当事人不服仲裁裁决的，可以到法院另行起诉

B. 当事人认为仲裁裁决具有可撤销情形的，可以向有关法院申请撤销仲裁裁决

C. 人民法院在仲裁裁决具有不应当执行的情形下，裁定不予执行仲裁裁决

D. 人民法院在执行仲裁裁决过程中，发现仲裁裁决有错误，可依职权予以改变

3. 甲乙两公司因贸易合同纠纷进行仲裁，裁决后甲公司申请执行仲裁裁决，乙公司申请撤销仲裁裁决，此时受理申请的人民法院应如何处理？（2003 年·卷三·28 题）

A. 裁定撤销仲裁裁决

B. 裁定终结执行

C. 裁定中止执行

D. 将案件移交上级人民法院处理

4. 当事人申请撤销仲裁裁决须符合下列哪些条件？（2003 年·卷三·74 题）

A. 必须向仲裁委员会提出申请，由仲裁委员会提交给有管辖权的人民法院

B. 必须向仲裁委员会所在地的中级人民法院提出

C. 必须在自收到裁决书之日起 6 个月内提出

D. 必须有证据证明裁决有法律规定的应予撤销的情形

5. 刘某从海塘公司购买红木家具 1 套，价款为 3 万元，双方签订合同，约定如发生纠纷可向北京仲裁委员会申请仲裁。交付后，刘某发现该家具并非红木制成，便向仲裁委员会申请仲裁，请求退货。如果裁决退货，海塘公司不服，可以以何种方式获得救济？（2003 年·卷三·99 题）

A. 向仲裁委员会所在地的中级人民法院申请撤销仲裁裁决

B. 向本公司所在地的中级人民法院申请撤销仲裁裁决

C. 向仲裁委员会所在地的中级人民法院申请裁定不予执行

D. 向执行法院申请裁定不予执行

6. 张某根据与刘某达成的仲裁协议，向某仲裁委员会申请仲裁。在仲裁审理中，双方达成和解协议并申请依和解协议作出裁决。裁决作出后，刘某拒不履行其义务，张某向法院申请强制执行，而刘某则向法院申请裁定不予执行该仲裁裁决。法院应当如何处理？（2007 年·卷三·49 题）

A. 裁定中止执行，审查是否具有不予执行仲裁裁决的情形

B. 终结执行，审查是否具有不予执行仲裁裁决的情形

C. 继续执行，不予审查是否具有不予执行仲裁裁决的情形

D. 先审查是否具有不予执行仲裁裁决的情形，然后决定后续执行程序是否进行

7. 某仲裁委员会对甲公司与乙公司之间的买卖合同一案作出裁决后，发现该裁决存在超裁情形，甲公司与乙公司均对裁决持有异议。关于此仲裁裁决，下列哪一选项是正确的？（2008 年·卷三·41 题）

A. 该仲裁委员会可以直接变更已生效的裁决，重新作出新的裁决

B. 甲公司或乙公司可以请求该仲裁委员会重新作出仲裁裁决

C. 该仲裁委员会申请法院撤销此仲裁裁决

D. 甲公司或乙公司可以请求法院撤销此仲裁裁决

8. 关于法院对仲裁的司法监督的说法，下列哪一选项是错误的？（2010 年·卷三·44 题）

A. 仲裁当事人申请财产保全，应当向仲裁机构申请，由仲裁机构将该申请

移交给相关法院

B. 仲裁当事人申请撤销仲裁裁决被法院驳回，此后以相同理由申请不予执行，法院不予支持

C. 仲裁当事人在仲裁程序中没有提出对仲裁协议效力的异议，此后以仲裁协议无效为由申请撤销或不予执行，法院不予支持

D. 申请撤销仲裁裁决或申请不予执行仲裁裁决程序中，法院可通知仲裁机构在一定期限内重新仲裁

9. 甲公司因与乙公司合同纠纷申请仲裁，要求解除合同。某仲裁委员会经审理裁决解除双方合同，还裁决乙公司赔偿甲公司损失6万元。关于本案的仲裁裁决，下列哪些表述是正确的？（2010年·卷三·86题）

A. 因仲裁裁决超出了当事人请求范围，乙公司可申请撤销超出甲公司请求部分的裁决

B. 因仲裁裁决超出了当事人请求范围，乙公司可向法院提起诉讼

C. 因仲裁裁决超出了当事人请求范围，乙公司可向法院申请再审

D. 乙公司可申请不予执行超出甲公司请求部分的仲裁裁决

三、案例

案例一：仲裁当事人之间没有仲裁条款，裁决不予执行

【案情简介】

三官庙信用社与刘天祥、朱海军、杨小梅、王晓强、李太永借款保证合同纠纷一案，安阳仲裁委员会于2015年11月8日作出（2014）安仲裁字第222号裁决，裁决杨小梅归还三官庙信用社本金20万元及利息，刘天祥、朱海军、王晓强、李太永对上述给付义务承担连带保证责任。刘天祥、朱海军、杨小梅、王晓强、李太永逾期未履行该裁决确定的义务，三官庙信用社于2018年1月25日向本院申请执行，本院于2018年1月26日作出（2018）豫05执41号执行裁定，冻结杨小梅、刘天祥、王晓强、朱海军、李太永的银行存款600 000元或查封其他等值财产。

另查明，2007年8月7日，三官庙信用社与借款人杨小梅、保证人刘天祥、朱海军、王晓强、李太永签订“个人保证借款合同”。该合同第9条“争议解决”记载：本合同履行中发生争议，由各方协商解决。协商不成，选择以下2种

方式解决：一是仲裁。“提交金融仲裁委员会按其仲裁规则进行仲裁”。二是诉讼。其中“提交金融仲裁委员会按其仲裁规则进行仲裁”的空格处画有斜线。该合同第10条“其他约定事项”系两行空格，画有斜线，斜线旁盖有“因本合同发生争议，提交安阳仲裁委员会仲裁”的长条印章。①

【河南省安阳市中级人民法院的裁定】

三官庙信用社与借款人杨小梅、保证人刘天祥、朱海军、王晓强、李太永签订的“个人保证借款合同”第9条已明确争议解决的方式为诉讼。该制式合同第10条“其他约定事项”已画有斜线，却又加盖长条印章约定其他事项，明显不合常理，且长条印章显示的内容“因本合同发生争议，提交安阳仲裁委员会仲裁”，不但与合同第9条约定争议解决方式不符，而且与该第9条仲裁项空格所画斜线矛盾，综上所述，长条印章显示的内容不足采信。《中华人民共和国民事诉讼法》第二百三十七条第二款第一项规定，当事人在合同中没有订有仲裁条款或者事后没有达成书面仲裁协议的，经人民法院审查核实，不予执行。申请人申请不予执行仲裁裁决的理由成立，本院予以支持。故，依照《中华人民共和国民事诉讼法》第二百三十七条第二款第一项规定，裁定如下：不予执行安阳仲裁委员会（2014）安仲裁字第222号裁决。

【案例评析】

对于仲裁裁决的司法监督，分别通过《仲裁法》第58条及《民事诉讼法》第二百三十七条设置了撤销仲裁裁决和不予执行仲裁裁决的双重监督体制。最高人民法院发布的《最高人民法院关于人民法院办理仲裁裁决执行案件若干问题的规定》虽就个别不予执行事由进行了明确，但如何协调撤销仲裁裁决事由与不予执行仲裁裁决事由之间的关系，仍需进一步澄清。

（1）根据《仲裁法》第58条的规定，仲裁裁决存在没有仲裁协议、无权仲裁及违反法定程序等情形的，人民法院应将该裁决予以撤销。同时，《民事诉讼法》第281条亦规定，仲裁裁决存在没有订有仲裁条款或者事后没有达成书面仲裁协议、无权仲裁及违反法定程序等情形的，人民法院应裁定不予执行该仲裁裁决。总体而言，《仲裁法》规定的撤销仲裁裁决事由与《民事诉讼法》规定的不

① 长春仲裁委员会推荐案例。案号：（2018）豫05执异14号。由环中仲裁团队作出案例评析，转引自长春仲裁委员会官网，https://www.ccac.org.cn/f/view-5a6dbb30755544c9b8ff16074784c3b5-f18fc6d6fbc845a2a106caa6e770189a.html，2022年7月10日访问。

予执行仲裁裁决事由高度重合。也正因此，有观点认为我国所采取的这种双重监督体制存在浪费司法资源、损害仲裁效率诸多弊端，应取消不予执行仲裁裁决制度。也有观点认为，裁决撤销和不予执行制度的功能不一样，均应当予以保留。需要注意的是，在实践中，确实存在着未被撤销，但却被不予执行的裁决，这类裁决的效力如何以及如何减少杜绝这种情况的发生，仍然存在疑问。

(2) 根据《民事诉讼法》第281条第2款第1项的规定，当事人之间没有订有仲裁条款或者事后没有达成书面仲裁协议的，人民法院应不予执行该仲裁裁决。这也是本案法院最终裁定不予执行涉案仲裁裁决的理由和法律依据。实践中就“没有订有仲裁条款或者事后没有达成书面仲裁协议”的具体范围存在一定争议，新近发布的《最高人民法院关于人民法院办理仲裁裁决执行案件若干问题的规定》也未就此进一步予以解释或规定。不过个别地方法院存在相关规定，如《北京市法院执行局局长座谈会（第八次会议）纪要——关于仲裁裁决执行与不予执行申请审查若干问题的意见》第13条规定：“仲裁条款或书面仲裁协议未签订、不成立、未生效、已撤销、已解除、无效的，属于民事诉讼法第237条第2款第1项规定的‘当事人在合同中没有订有仲裁条款或者事后没有达成书面仲裁协议的’情形。”

(3)《最高人民法院关于人民法院办理仲裁裁决执行案件若干问题的规定》第13条、第14条、第15条及第16条分别就“裁决的事项不属于仲裁协议的范围或者仲裁机构无权仲裁的”“仲裁庭的组成或者仲裁的程序违反法定程序的”“裁决所根据的证据是伪造的”“对方当事人向仲裁机构隐瞒了足以影响公正裁决的证据的”不予执行仲裁裁决事由进行了说明。但存在疑问的是，《仲裁法》第58条与之相对应的撤销仲裁裁决事由是否应保持同样的理解。

(4) 本案裁定并未披露仲裁被申请人是否参与了仲裁、是否在庭审中对仲裁协议的存在提出了异议。如果仲裁被申请人曾提出过异议，但仲裁庭未采纳，法院经审查不存在仲裁协议的，当然可以裁定不予执行仲裁裁决；如果仲裁被申请人在庭审中并未提出异议，但法院经审查认定载有仲裁条款的长条印章不足以采信的，是否仍能裁定不予执行该裁决？一般认为，这种情况下，如果仲裁被申请人参与了仲裁，应视为被申请人通过行为与仲裁申请人达成了仲裁协议；如果仲裁被申请人未参与庭审，那么，这种不作为的默示并不能在双方之间产生仲裁协议。

案例二：仲裁员接受当事人请吃，所作裁决被撤销

【案情简介】

2016年8月4日，安庆仲裁委员会作出宜仲裁［2015］20号裁决：①王孝志与张向文、操亚梅于2014年6月18日签订的“房屋所有权转让协议书”无效。②对王孝志其他仲裁请求不予支持。③仲裁费94 230元，由王孝志承担28 269元，张向文承担65 961元；鉴定费由安庆长键商贸有限公司承担。

又查明，安庆仲裁委员会成立至今尚未换届。祖兵、徐光明、刘和文、汪富贵、潘方平等均系该仲裁委员会聘任仲裁员。

王孝志于2015年1月向安庆仲裁委员会提起仲裁，请求确认其与张向文、操亚梅、长键公司2014年6月18日所签订“房屋所有权转让协议书”合法有效并裁决张向文、操亚梅、长键公司向其交付涉案房产及协助办理房屋产权变更登记手续。安庆仲裁委员会受理后，依法由祖兵担任首席仲裁员，徐光明、刘和文组成仲裁庭进行审理。

后王孝志申请仲裁庭全体回避，徐光明、刘和文及办案秘书××亦自行申请回避，安庆仲裁委员会遂作出决定，同意徐光明、刘和文、××予以回避，但对王孝志要求首席仲裁员祖兵回避的请求，口头予以驳回。

后安庆仲裁委员会依法选定汪富贵、潘方平重新组成仲裁庭并仍由祖兵担任首席仲裁员，王孝志依然多次申请首席仲裁员祖兵回避并以祖兵接受其宴请及购物卡为申请回避理由，安庆仲裁委员会对此均予以驳回。

仲裁庭开庭审理时，王孝志因其要求首席仲裁员祖兵回避的请求未予采纳拒绝参与庭审并宣告退庭，仲裁庭随即宣布该案书面审理。

后王孝志书面申请撤回仲裁申请，安庆仲裁委员会作出宜仲决［2015］20-2号决定，不同意王孝志撤回仲裁申请。

案外人陈某向本院陈述，其与王孝志系亲戚关系且与祖兵熟悉，其邀请祖兵、徐光明吃饭并由王孝志公司工作人员马厚宏陪同，吃饭时其向祖兵提起王孝志仲裁一案并请求尽快办理，且由马厚宏结账。后陈某就王孝志仲裁一案联系祖兵，祖兵也向其介绍了相关案情。

徐光明向本院陈述，陈某邀请其与祖兵吃饭，陈某席间谈论了王孝志仲裁一案，陪同吃饭的还有王孝志公司工作人员马厚宏。

马厚宏庭审中陈述，陈某受王孝志之托请祖兵、徐光明吃饭并由其陪同，吃饭

时也谈论了王孝志仲裁一案，饭后由其结账且费用系王孝志支付。①

【安徽安庆中级人民法院的裁定】

王孝志称，请求撤销安庆仲裁委员会2016年8月4日作出的宜仲裁［2015］20号裁决。事实和理由如下：首先，安庆仲裁委员会超期裁决，违反了审限规定；其次，安庆仲裁委员会对王孝志申请首席仲裁员祖兵回避的请求不予准许后，在王孝志退庭没有参加庭审且操亚梅对仲裁条款持有异议的情况下径行作出错误的裁决；最后，本案仲裁员无仲裁资质且首席仲裁员祖兵违反规定接受当事人吃请并拒绝回避，就此仲裁庭的组成违反了法律规定。

被申请人的答辩意见：张向文、操亚梅、长键公司称，安庆仲裁委员会作出的宜仲裁［2015］20号裁决是正确的，该裁决认定事实清楚、程序合法，王孝志要求撤销该裁决的请求不能成立。

法院认为，根据《仲裁法》第34条规定，仲裁员私自会见当事人、代理人，或者接受当事人、代理人的请客送礼的必须回避，当事人也有权提出回避申请。祖兵作为王孝志仲裁一案仲裁员，其接受王孝志所委托的陈某吃请并谈论案情，就此祖兵应自行回避，不得继续担任该仲裁一案仲裁员况且王孝志亦以此为由申请其回避，安庆仲裁委员会对王孝志的回避申请不予准许显然错误，程序违法。据此，依照《仲裁法》第34条第4项、第35条、第36条、第58条第1款第3项、第2款规定，裁定如下：撤销安庆仲裁委员会宜仲裁［2015］20号裁决。

【案例评析】

仲裁员私自会见当事人、代理人或者接受当事人、代理人请客送礼的，属于应回避事由。如仲裁员未回避或者仲裁机构主任决定不予回避，将可能导致仲裁庭的组成违反法定程序，从而导致该仲裁庭作出的仲裁裁决被撤销。此种情形下，除涉及仲裁裁决的效力外，如果触犯《刑法》的，仲裁员还可能需要承担相应的法律责任。同时，仲裁员也将接受仲裁机构内部的纪律处分。仲裁员的职业素养和业务水平决定了一个仲裁机构乃至整个国家的仲裁制度的竞争力，完善我国仲裁制度、提高我国仲裁制度的竞争力，仲裁员相关制度的建设应当被赋予更多的重视。

（1）正如皮埃尔·拉里夫（Pierre Lalive）先生所言，“仲裁的好坏完全取决

① 长春仲裁委员会推荐案例。案号：（2016）皖08民特19号。由环中仲裁团队作出案例评析，转引自长春仲裁委员会网，https：//www. ccac. org. cn/，2022年7月10日访问。

于仲裁员的好坏”，仲裁员的职业素养和水平很大程度上能够决定一个仲裁机构的优劣，甚至一个国家仲裁制度的声誉。也正因此，对仲裁员独立性、公正性的要求往往是仲裁相关法律的规范重点。据学者考察，对于仲裁员独立性与公正性的规范，大致有3种模式：第1种模式是在制定法中明确将独立性和公正性作为仲裁员的一项义务予以规定；第2种模式则是在制定法中仅将独立性或公正性中的其中一项作为仲裁员的义务予以规定；第3种模式则是制定法中并未予以明确规定，而是通过撤销、拒绝承认和执行仲裁裁决理由的方式予以体现。

（2）仲裁员的独立性与公正性要求，在《仲裁法》中更多地是以“规范群”的形式出现。如根据《仲裁法》第13条的规定，仲裁员应公道正派；《仲裁法》第34条规定的仲裁员回避制度；《仲裁法》第38条规定的仲裁员除名制度；根据《仲裁法》第58条的规定，仲裁员在仲裁案件时有索贿受贿，徇私舞弊，枉法裁决行为的，所作裁决应予撤销等。

（3）仲裁员回避制度系仲裁员独立性与公正性的当然要求，其旨在保障仲裁庭的独立性和公正性，进而确保仲裁程序与结果的公平、公正。从《仲裁法》第34条有关“仲裁员有下列情形之一的，必须回避，当事人也有权提出回避申请……”的规定来看，我国仲裁员回避制度由自行回避与申请回避两部分构成。同时，从《仲裁法》第34条“必须回避”，以及“当事人也有权提出回避申请”的表述来看，自行回避与申请回避系2项相互独立的回避路径。进一步而言，存在“必须回避”情形时，自行回避实际上是仲裁员的一项法定义务，其并不以一方当事人提出回避申请为前提。在这一点上，司法实践的认知较为统一。如在“中国移动通信集团安徽有限公司淮南分公司与淮南市洞山房地产开发有限公司申请撤销仲裁裁决”一案【（2016）皖04民特314号】中，安徽省淮南市中级人民法院即指出：“本案中，洞山房开公司选定的仲裁员任文改与洞山房开公司的代理人胡弟昌、胡继超是一个律师事务所的律师，属于同事关系，可能影响公正仲裁的，该仲裁员符合法定回避情形，即使对方当事人没有提出回避申请，该仲裁员也应当自行回避，故淮南仲裁委的仲裁庭组成违反法定程序，移动淮南分公司要求撤销仲裁裁决的主张应予支持。”我国仲裁实践中，仲裁员的回避主要包括3种情形：第一，当事人未申请回避，仲裁庭自行回避；第二，当事人申请回避，仲裁经决定回避；第三，当事人申请回避后，仲裁员自行回避（此时情况包括仲裁机构决定不回避以及仲裁机构尚未就回避事项作出决定）。

（4）披露制度作为与仲裁员回避制度相关的一项重要制度，对于提高仲裁回避制度的可操作性具有重大的作用，但遗憾的是《仲裁法》并无相关的规定。仲裁员的披露义务一般包括两种：第一，在接受指定时，就可能与案件相关的可能影响其公正性和独立性的情况进行披露；第二，在仲裁进行中，就随时发生的可能影响仲裁员独立性公正性的情况进行及时披露，这种披露是持续性的。尽管《仲裁法》并未对披露制度作出具体规定，但一些仲裁机构在其制定的约束仲裁员行为的文件中进行了较为细致的规定。比如，贸仲委《仲裁员行为考察规定》第7条即规定了仲裁员应当披露的情形。

（5）根据法院查明的事实，本案仲裁员存在《仲裁法》第34条第4项所规定的“私自会见当事人、代理人，或者接受当事人、代理人的请客送礼的”情形。根据《仲裁法》第34条规定，该情形属于仲裁员应当回避的情形，仲裁员应当自行回避，否则仲裁裁决将很可能被认定为存在“仲裁庭的组成或者仲裁程序违反法定程序”的情形；另外，虽然是否回避的决定权归属于仲裁机构主任，但在出现仲裁员应当回避而未主动回避的情形时，仲裁机构也应当决定其回避。否则，裁决同样将很可能被认定为存在“仲裁庭的组成或者仲裁程序违反法定程序”的情形。另外，根据《仲裁法》第38条的规定，仲裁员私自会见当事人、代理人，或者接受当事人、代理人的请客送礼，如果情节严重，还应当承担相应的法律责任以及仲裁机构内部的纪律责任。

（6）仲裁本是一种私人间的纠纷解决机制，其核心竞争力即在于对当事人意思自治的尊重和维护。但这种核心竞争力能否有效发挥既依赖于仲裁员本身（如仲裁员是否独立、公正），也依赖于仲裁当事人（如仲裁当事人能否做到诚实守信）。

案例三：从 W vs. AW 一案看香港法院对仲裁裁决的司法审查

【案情简介】

WG是注册在英属维京群岛的一家个人独资公司，PY是内地居民也是WG唯一的股东。BJAW是1家内地公司，从事移动端广告业务。在2015年9月前，BJAW通过一系列的可变利益实体合同（variable interest entity contract，以下简称“VIE合同”），将其收益输送给一家注册地为开曼群岛的AW公司。WG是AW的股东之一。

2012年，PY和W作为一方当事人与L、Wg和F签订了股权转让协议。根据协议，W同意将其在AW的部分股权转让给上述3人。

2015年6月左右，1位内地第三方投资人有意收购BJAW公司大概80%的股份（以下简称“BJAW收购”）。此次收购交易的收益将会根据股东的类别和持股比例分配给各位股东，PY将会因此获得1.52亿元人民币。随后，为了BJAW交易的顺利进行，各方进行了一系列的交易。

2015年9月11号和12号，W重新购买了其于2012年卖给Wg和F的AW的股份。同月，上述“VIE合同”均基于一份终止合同（以下简称“VIE终止合同”）而终止。

2015年9月21日，各方达成协议（以下简称“框架协议”），明确了BJAW收购交易中各方的权益。此时，根据“框架协议”，PY将会获得的收益增加到1.75亿元人民币。

2015年12月5日，基于BJAW收购交易的要求，W和AW签订了股权赎回协议（以下简称“赎回协议”）。“赎回协议”约定，W同意将其所持158万股卖给AW。在仲裁程序2中，AW声称，在签订“赎回协议”前或者在签订当时，PY出具了股权持有陈述（shareholding representation，以下简称“持有陈述”）和股权所有权无异议陈述（disputes representation，以下简称“无异议陈述”）。

最终：BJAW收购没有完成。①

【仲裁庭的审理】

本案主要涉及W和AW双方当事人，以及两个仲裁程序和两份仲裁裁决。根据两次仲裁的发生时间，将其分为仲裁程序1和仲裁程序2，相应的仲裁庭为仲裁庭1和仲裁庭2，仲裁裁决则相应为仲裁裁决1和仲裁裁决2。

仲裁程序1：

2017年1月25日，PY与W作为申请人，以AW、BJAW和其他相关人员为被申请人，基于“框架协议”提请仲裁。申请人认为被申请人违反“框架协议”的相关约定，在BJAW收购未能完成的情况下，未能根据约定将PY和W在BJAW的持股比例分别恢复到34%和16.4%。因此申请人请求仲裁庭裁决被申请人继续履行；如无法履行则裁决被申请人予以赔偿。

被申请人提出了反请求，认为申请人在签订“框架协议”前或者签订时所做

---

① 本案例为广州仲裁委员会的推荐案例。参见广州仲裁委员会官网，https：//www.gzac.org/，2022年1月20日访问。

的“持有陈述”和“无异议陈述”存在虚假陈述，应承担相应法律责任，且申请人违反了“框架协议”，PY也违反了诚信勤勉义务。

仲裁裁决1：仲裁庭1于2020年3月13日作出裁决，支持了申请人PY和W的请求，认为不存在虚假陈述行为，并对被申请人的反诉不予支持。

仲裁程序2：

2017年6月23日，AW作为申请人，以W为被申请人，基于赎回协议提请仲裁。申请人认为签订“赎回协议”前W的持有陈述存在虚假陈述，因为在2012年PY将其在AW所持部分股份转让给Wg，F和L，所以在2015年9月10日签订“VIE终止合同”前和签订时，PY并没有持有16.4%的股权。申请人基于上述理由，请求仲裁庭撤销“赎回合同”。

仲裁裁决2：仲裁庭2于2020年7月13日作出裁决，支持了申请人AW的请求，认为存在虚假陈述行为，裁决W向AW支付3 792 558.70美元。

关于仲裁庭1和仲裁庭2的组成成员，2个合议庭中存在1名相同的仲裁员Tao，均由AW指定。

【原讼法庭审理与判决】

2020年10月12日，W向法院提起诉讼，请求法院撤销仲裁裁决2，理由为该裁决违反香港公共政策，违反公平正义和程序合法原则，并认为仲裁庭忽视了仲裁裁决1中已经认定的事实，在仲裁裁决2中作出不一致的认定。W在起诉状中指出，Tao作为两次仲裁程序中的合议庭成员，在先后的仲裁裁决中作出不一致的认定，该认定对PY的“持有陈述”和“无异议陈述”中是否存在虚假陈述这一关键问题上起到了决定性作用。

2020年12月30日，AW向法院提出申请许可执行仲裁裁决2，同时请法院就裁决2作出判决，并要求W基于该裁决提供担保以及支付上述相关费用。

对于是否撤销仲裁裁决2，原讼法庭审理如下：法庭认为，当一份判决/裁决将形成请求权的争点的认定作为其推理论证中的必要步骤（an essential step in its reasoning），则该判决/裁决将形成既判力，该认定将产生争点禁反言（issue estoppel）的效力。争点禁反言适用于前诉中作为判决基础的、已认定的基本争点。

从表面上看来，虽然本案仲裁庭1需要认定的争议点在于“框架协议”签订前和签订时是否存在虚假陈述行为，而仲裁庭2所需认定的争议点在于“赎回协议”签订前和签订时是否存在虚假陈述，但相同的持有陈述和无异议陈述均存在于相关协议中，而且仲裁程序1中的反请求与仲裁程序2的仲裁请求实质上是一致的。再者，在仲裁庭2的审理过程中，W曾告诉过仲裁庭存在仲裁裁决1，W的代理人也指出过Tao也是仲裁庭1的合议庭成员，Tao必然知晓仲裁裁决1。Tao也并没有在两份相抵触的仲裁裁决中提出反对意见，这说明Tao自己对相同的事实作出不一致的认定。因此，仲裁庭1和仲裁庭2就与请求权形成相关的同一事实和法律问题得出了两份不一致的裁决，违背了争点禁反言原则。

原讼法庭进一步认为，法院并不会对仲裁裁决中事实认定和法律适用的正确性进行审查，但会审查仲裁程序和仲裁裁决的结构完整性。当存在严重违反程序完整性和合法性的情况发生时，法院会考虑是否准许执行仲裁裁决，或者基于公共政策原则撤销该裁决。如上所述，Tao就同一事实作出不一致的认定，也并没有在仲裁裁决2中就其作出不一致认定的原因进行说明，或者为什么W和AW不应该受到仲裁裁决1的约束。另一方面，在仲裁程序2中，W对仲裁庭2，尤其是对Tao会基于争点禁反言原则作出裁决有着合理的期待，但Tao却得出了不一致的认定且没有作出解释，这对W严重不公。出于公平原则和法律的公正性，Tao应当提醒仲裁庭2，这有利于当事人权益的主张，也有利于仲裁庭查清事实。

基于上述原因，原讼法庭最终撤销了仲裁裁决2。

结合本案的情况，为了避免仲裁裁决因争点禁反言原则被香港法院撤销，仲裁员和当事人均可采取相应的措施或方式，确保仲裁程序的合法性。

【结语】

在W vs. AW一案中，香港高等法院原讼法庭（Court of First Instantce，High Court of the Hong Kong Special Administrative Region）基于争点禁反言或一事不再理原则（issue estoppel），撤销了某仲裁机构的仲裁裁决。争点禁反言原则是指当一份判决/裁决将形成请求权的争点的认定作为其推理论证中的必要步骤（an essential step in its reasoning），则该判决/裁决将形成既判力，该认定将产生争点禁反言（issue estoppel）的效力。争点禁反言适用于前诉中作为判决基础的、已认定的基本争点（fundamental issue）。

对于仲裁员而言，如果正在审理的案件涉及争点禁反言的问题，应当主动提醒合议庭，让当事人提交相关材料，对于当前仲裁庭和当事人是否应受到先前仲裁裁决的约束作出判断，并且确定受约束的程度和范围。此外，在不一致的认定作出前，应当充分保障当事人的陈述权和申辩权。

对于当事人而言，如果双方会产生一系列的商事交易，可明确约定是否将系列交易中所产生的全部纠纷均通过一次仲裁程序解决。如果采用此种纠纷解决方式，双方应当在相关合同中使用相同的或者至少相兼容的仲裁条款。这样可以减少同时存在多个仲裁程序的风险和不一致结果的产生。虽然上述措施不能完全消除风险，比如，可能前一仲裁案件已经完成了绝大部分的程序而导致后续案件无法合并审理，或者已经组成了不同的合议庭（如本案），但当事人在选择将相关案件信息提交给仲裁庭时仍应当谨慎为之，避免违反争点禁反言原则。如果发现违反争点禁反言的情形，应当明确向仲裁庭提出，而不是期望仲裁庭自行作出相应裁决。